■2025年度中学受験用

江戸川学園取手中学校

3年間(＋3年間HP掲載)スーパー過去問

●収録内容一覧

入試問題と解説・解答の収録内容

2024年度　１回	※算数・社会・理科・国語
2024年度　１回適性型	※適性Ａ・適性Ｂ（解答のみ）
2024年度　２回	※算数・社会・理科・国語（解答のみ）
2023年度　１回	※算数・社会・理科・国語
2023年度　１回適性型	※適性Ａ・適性Ｂ（解答のみ）
2023年度　２回	※算数・社会・理科・国語（解答のみ）
2022年度　１回	※算数・社会・理科・国語
2022年度　１回適性型	※適性Ａ・適性Ｂ（解答のみ）
2022年度　２回	※算数・社会・理科・国語（解答のみ）
2021～2019年度(HP掲載) 「カコ過去問」 （ユーザー名）koe （パスワード）w8ga5a1o	問題・解答用紙・解説解答DL **◇著作権の都合により国語と一部の問題を削除しております。** ◇一部解答のみ（解説なし）となります。 ◇９月下旬までに全校アップロード予定です。 ◇掲載期限以降は予告なく削除される場合があります。

※2024～2022年度の英語(20分・リスニングのみ)につきましては，学校ＨＰに音声つきのサンプル問題が掲載されておりますので，そちらをご参照ください。

～本書ご利用上の注意～　以下の点について，あらかじめご了承ください。

★別冊解答用紙は巻末にございます。本書に収録している試験の実物解答用紙は，弊社サイトの各校商品情報ページより，一部または全部をダウンロードできます。

★編集の都合上，学校実施のすべての試験を掲載していない場合がございます。

★当問題集のバックナンバーは，弊社には在庫がございません（ネット書店などに一部在庫あり）。

合格を勝ち取るための
『スーパー過去問』の使い方

本書に掲載されている過去問をご覧になって，「難しそう」と感じたかもしれません。でも，多くの受験生が同じように感じているはずです。なぜなら，中学入試で出題される問題は，小学校で習う内容よりも高度なものが多く，たくさんの知識や解き方のコツを身につけることも必要だからです。ですから，初めて本書に取り組むさいには，点数を気にしすぎないようにしましょう。本番でしっかり点数を取れることが大事なのです。

過去問で重要なのは「まちがえること」です。自分の弱点を知るために，過去問に取り組むのです。当然，まちがえた問題をそのままにしておいては意味がありません。

本書には，長年にわたって中学入試にたずさわっているスタッフによるていねいな解説がついています。まちがえた問題はしっかりと解説を読み，できるようになるまで何度も解き直しをしてください。理解できていないと感じた分野については，参考書や資料集などを活用し，改めて整理しておきましょう。

このページも参考にしてみましょう！

◆どの年度から解こうかな　「入試問題と解説・解答の収録内容一覧」

本書のはじめには収録内容が掲載されていますので，収録年度や収録されている入試回などを確認できます。

※著作権上の都合によって掲載できない問題が収録されている場合は，最新年度の問題の前に，ピンク色の紙を差しこんでご案内しています。

◆学校の情報を知ろう!!「学校紹介ページ」

このページのあとに，各学校の基本情報などを掲載しています。問題を解くのに疲れたら息ぬきに読んで，志望校合格への気持ちを新たにし，再び過去問に挑戦してみるのもよいでしょう。なお，最新の情報につきましては，学校のホームページなどでご確認ください。

◆入試に向けてどんな対策をしよう？「出題傾向＆対策」

「学校紹介ページ」に続いて，「出題傾向＆対策」ページがあります。過去にどのような分野の問題が出題され，どのように対策すればよいかをアドバイスしていますので，参考にしてください。

◇別冊「入試問題解答用紙編」

本書の巻末には，ぬき取って使える別冊の解答用紙が収録してあります。解答用紙が非公表の場合などを除き，(注) が記載されたページの指定倍率にしたがって拡大コピーをとれば，実際の入試問題とほぼ同じ解答欄の大きさで，何度でも過去問に取り組むことができます。このように，入試本番に近い条件で練習できるのも，本書の強みです。また，データが公表されている学校は別冊の１ページ目に過去の「入試結果表」を掲載しています。合格に必要な得点の目安として活用してください。

本書がみなさんの志望校合格の助けとなることを，心より願っています。

株式会社　声の教育社　編集部

江戸川学園取手中学校

所在地	〒302-0025 茨城県取手市西1-37-1
電　話	0297-74-8771（代）
ホームページ	http://www.e-t.ed.jp
交通案内	JR常磐線「取手駅」西口より徒歩20分またはバス10分 つくばエクスプレス「守谷駅」西口よりスクールバス20分

くわしい情報は
ホームページへ

トピックス

★2020年4月，創立40周年記念アリーナ（サクラアリーナ）が完成しました。
★受験生と保護者は，例年10月実施の文化祭にチケットなしで入れる（昨年度は予約制）。

創立年 昭和62年　男女共学　高校募集あり

応募状況

年度	募集数	応募数		受験数	合格数	倍率
2024		適東	181名	178名	20名	8.9倍
		適医	106名	105名	17名	6.2倍
	東大 80名	適難	144名	142名	73名	1.9倍
		①東	327名	309名	101名	3.1倍
		①医	181名	176名	72名	2.4倍
	医科 80名	①難	251名	236名	230名	1.0倍
		②東	252名	175名	47名	3.7倍
		②医	157名	107名	35名	3.1倍
	難関 160名	②難	188名	126名	98名	1.3倍
		③東	190名	70名	15名	4.7倍
		③医	133名	56名	11名	5.1倍
		③難	143名	52名	3名	17.3倍

※合格数（難）は，スライド合格を含む。
※募集数は帰国生枠と一貫生を含んだ人数です。

2024年春の主な大学合格実績（現役生のみ）

＜国立大学・大学校＞
東京大，京都大，東京工業大，一橋大，東北大，北海道大，筑波大，東京医科歯科大，千葉大，横浜国立大，茨城大，防衛医科大

＜私立大学＞
慶應義塾大，早稲田大，上智大，東京理科大，明治大，青山学院大，立教大，中央大，法政大，学習院大，東京医科大，日本医科大

本校の特色

「東大ジュニアコース」「医科ジュニアコース」「難関大ジュニアコース」の３コースを設置。「東大ジュニアコース」は高校の「東大コース」に，「医科ジュニアコース」は高校の「医科コース」に直結する，６か年一貫のコースです。「難関大ジュニアコース」は高校の「難関大コース」に進学し，高２からは理系・文系ごとにクラスを編成，高３では志望大学別のクラス編成となります。本人の希望と学力によって「東大コース」や「医科コース」にチャレンジできます。

入試情報（参考：昨年度）

【適性型】2023年12月16日　８：40集合
【第１回】2024年１月17日　８：40集合
【第２回】2024年１月25日　８：40集合
【第３回】2024年２月５日　８：40集合
試験科目：
【適性型】適性検査・英語
【第１～３回】国語・算数・社会・理科・英語／国語・算数・英語　※第２回は適性型も選択可
合格発表：試験日翌日の10：00～（第１回は12：00～）〔HP・掲示〕
※ただし，適性型・第２回はのぞく。

＊東大ジュニアコースと医科ジュニアコースの合格点に達していない場合は，難関大ジュニアコースへのスライド合格制度があります。スライド合格になった場合，以降の入試で東大ジュニアコース，医科ジュニアコースへの「再チャレンジ」もできます。

編集部注―本書の内容は2024年4月現在のものであり，変更されている場合があります。正式な情報は，学校のホームページ等で必ずご確認ください。

算数 出題傾向&対策

◆基本データ(2024年度1回)

試験時間/満点	50分/100点
問題構成	・大問数…6題 計算・応用小問1題(4問) /応用問題5題 ・小問数…19問
解答形式	解答のみを記入するもののほかに，応用問題の一部では，途中の計算や考え方を記入するらんが設けられている。
実際の問題用紙	A4サイズ，小冊子形式
実際の解答用紙	A3サイズ

◆出題傾向と内容

▶過去3年の出題率トップ3
1位：角度・面積・長さ，四則計算・逆算16%　3位：体積・表面積12%
▶今年の出題率トップ3
1位：角度・面積・長さ22%　2位：四則計算・逆算15%　3位：体積・表面積11%

小数・分数の四則計算をふくむ応用小問は1題ほど出されており，数の性質，場合の数，特殊算などから一行問題形式で取り上げられています。あまり複雑なものは見られませんが，条件を整理して解くものもあります。

応用問題は5題ほど出されています。出題範囲ははば広く，くふうされたものもあるので，問題文をじっくり読んで条件を整理し，落ち着いて取り組みましょう。よく出題される分野としては，平面図形，立体図形，グラフを読み取らせるもの，場合の数，数列などがあげられます。

◆対策～合格点を取るには？～

計算力は算数の基本的な力です。毎日5問でもかまいませんから，欠かさずに練習しておきましょう。

数量分野では，数の性質，規則性，場合の数などに注目してください。特に，場合の数は，もれや重複なしに数えあげることが大切です。そのためには，いろいろなパターンの問題にあたって慣れておくとよいでしょう。

図形分野では，補助線を引いたり，辺の比や割合を利用してすばやく解ける力を養っておきましょう。

分野 ＼ 年度		2024		2023		2022	
		1回	2回	1回	2回	1回	2回
計算	四則計算・逆算	◎	◎	◎	○	●	●
	計算のくふう	○	○	○	◎		
	単位の計算						
和と差	和差算・分配算	○					
	消去算						
	つるかめ算						
	平均とのべ			○		○	
	過不足算・差集め算						○
	集まり						
	年齢算						
割合と比	割合と比						
	正比例と反比例						
	還元算・相当算						
	比の性質		○				
	倍数算						
	売買損益						
	濃度		○	○	○		○
	仕事算	○					
	ニュートン算						
速さ	速さ					○	
	旅人算					○	
	通過算				○		
	流水算						
	時計算			○			
	速さと比						
図形	角度・面積・長さ	●	◎	●	○	◎	◎
	辺の比と面積の比・相似		○				
	体積・表面積	○	◎	◎	○	●	◎
	水の深さと体積				○		
	展開図				○		
	構成・分割	○	○	○			○
	図形・点の移動	○			○	○	○
表とグラフ					○		
数の性質	約数と倍数	○					
	N進数						
	約束記号・文字式						
	整数・小数・分数の性質						
規則性	植木算						
	周期算					○	
	数列		○				○
	方陣算						
	図形と規則						
場合の数		○	○	○	○	○	○
調べ・推理・条件の整理				○		○	
その他							

※　○印はその分野の問題が1題，◎印は2題，●印は3題以上出題されたことをしめします。

社会　出題傾向＆対策

◆基本データ(2024年度１回)

試験時間／満点	理科と合わせて60分／50点
問題構成	・大問数…３題 ・小問数…20問
解答形式	用語の記入や記号選択，２～６行程度で書かせる記述で構成されている。
実際の問題用紙	Ａ４サイズ，小冊子形式
実際の解答用紙	Ａ３サイズ

◆出題傾向と内容

●地理…日本の地形や気候，農業や自然，地形図，世界地理の問題などが出されています。山脈名と山脈の位置，県名と県の形というように，あることがらについて複数の知識を答えさせる問題が見られます。図表を読み取る能力を必要とするものも多く出され，その中には世界の地理の知識を問うものもふくまれています。

●歴史…知識だけでなく，その背景などが問われています。内容としては，文化の特色についての理解度をためすものや，特定の分野にしぼってかなりつっこんだ内容を問うものなど，バラエティーに富んでいます。具体的には，古代から近世にかけての政治，外交についての問題などが出題されています。

●政治…日本国憲法の基本原則や基本的人権，地方自治，三権分立のしくみなどについての出題がめだっています。また，経済や生活と福祉などにもふれられており，はば広い知識が求められます。なかには，近現代の歴史もふくめ，総合的に問うようなものもあります。

分野＼年度			2024		2023		2022	
			1回	2回	1回	2回	1回	2回
日本の地理		地図の見方	○		○	○	○	○
		国土・自然・気候	★	★		★	○	
		資源						
		農林水産業	○		○		○	
		工業		○			○	○
		交通・通信・貿易						○
		人口・生活・文化		○	○		○	○
		各地方の特色		○			★	
		地理総合			★			★
世界の地理			○		○	○		○
日本の歴史	時代	原始～古代	○	○	○		○	○
		中世～近世	○	○	○	○	○	○
		近代～現代	○	★	★	○	○	★
	テーマ	政治・法律史						
		産業・経済史						
		文化・宗教史						
		外交・戦争史						
		歴史総合	★	★	★	★	★	★
世界の歴史								
政治		憲法	○	○	★	○	★	★
		国会・内閣・裁判所	○	○	○	★	○	○
		地方自治		○				
		経済						
		生活と福祉						
		国際関係・国際政治						
		政治総合	★	★				
環境問題								
時事問題					○			
世界遺産								
複数分野総合								

※　原始～古代…平安時代以前，中世～近世…鎌倉時代～江戸時代，近代～現代…明治時代以降
※　★印は大問の中心となる分野をしめします。

◆対策～合格点を取るには？～

全分野に共通することとして，形式面では，①基礎的知識としての数字(地理では，国土の面積，歴史では，重要なできごとが起こった年，政治では，重要事項を規定した憲法の条文の番号など)にかかわる問題，②地名，人名，憲法上の用語などを漢字で書く問題，③基本的な資料の空所を補充させる問題などに慣れておくことが必要です。内容面では，基本的事項はもちろんのこと，時事とからめたものや，わが国と諸外国との関係まで視野を広げ，知識を整理しておくとよいでしょう。

地理的分野については，ふだんから地図に親しんでおき，学習した地名は必ず地図で確認し，白地図の上におもな平野，山脈，火山帯，川，都市などをかきこめるくらいにしておきたいものです。

歴史的分野については，歴史の流れを大まかにとらえる姿勢が大切です。そのためには，つねに年表を見ながら勉強する態度を，日ごろから身につけておくべきです。重要な事件が起こった年の前後の流れを理解するなど，単純に暗記するだけでなく，くふうして覚えていきましょう。

政治的分野では，日本国憲法が中心になります。主権，戦争の放棄，基本的人権，三権分立などの各事項を教科書で理解するほか，憲法の条文を確認しておくとよいでしょう。

理科　出題傾向＆対策

◆基本データ（2024年度１回）

試験時間／満点	社会と合わせて60分／50点
問題構成	・大問数…４題 ・小問数…17問
解答形式	用語や数値を記入するもののほかに，記号選択や短文記述なども見られる。
実際の問題用紙	Ａ４サイズ，小冊子形式
実際の解答用紙	Ａ３サイズ

分野＼年度		2024		2023		2022	
		1回	2回	1回	2回	1回	2回
生命	植物		★		★		
	動物					★	
	人体						
	生物と環境						★
	季節と生物						
	生命総合	★					
物質	物質のすがた	★					
	気体の性質						★
	水溶液の性質						
	ものの溶け方		★			★	
	金属の性質						
	ものの燃え方						
	物質総合			★			
エネルギー	てこ・滑車・輪軸	★			★		
	ばねののび方						
	ふりこ・物体の運動		★				
	浮力と密度・圧力	○		★	○		
	光の進み方						★
	ものの温まり方				★		
	音の伝わり方						
	電気回路						
	磁石・電磁石						
	エネルギー総合					★	
地球	地球・月・太陽系				★		
	星と星座						
	風・雲と天候		○			★	○
	気温・地温・湿度	★					○
	流水のはたらき・地層と岩石			★			
	火山・地震						
	地球総合		★				★
実験器具				★			
観察							
環境問題							
時事問題							
複数分野総合							

※　★印は大問の中心となる分野をしめします。

◆出題傾向と内容

「生命」「物質」「エネルギー」「地球」の各分野からかたよりなく出題されています。試験時間に対してやや多めの分量となっているため，スピーディーに解くことが必要です。

●生命…ヒトのからだのつくりとはたらき，植物のつくりとはたらき，実験器具の使い方，こん虫の生活やからだのつくりと成長，食物連鎖などが出題されています。

●物質…水の状態変化，ものの溶け方，気体の性質，金属の性質，水溶液の性質，中和などが取り上げられています。さらに，濃度，重さ，体積など，計算問題も多く見られます。

●エネルギー…てこのつり合い，ふりこ，浮力，圧力，光の進み方，エネルギーなどが出されています。この分野も計算問題が多いため，注意が必要です。

●地球…太陽系の惑星，雲画像と天気，気温・湿度・気圧の変化，地層と岩石や化石，流水のはたらき，風のふき方と台風などについて出題されています。

◆対策～合格点を取るには？～

本校の理科は，実験・観察のようすをのべた文章が図やグラフなどとともにあたえられ，それにそって問題に答えるというスタイルがほとんどです。問題文，図やグラフなどの読み取りに慣れておくことが大切です。

「生命」は身につけなければならない基本知識の多い分野ですが，ヒトのからだのしくみ，植物の成長などを中心に，ノートにまとめながら知識を深めましょう。

「物質」では，気体や水溶液の性質を中心に学習してください。そのさい，中和反応や濃度など，表やグラフをもとに計算させる問題にも積極的に取り組むことが必要です。

「エネルギー」では，よく出題されるてんびんとものの重さ，輪軸，滑車，ふりこ，電気回路などについて，それぞれの基本的な考え方をしっかりマスターし，さまざまなパターンの計算問題にチャレンジしてください。

「地球」では，太陽と月の動きと地球の関係，季節と星座の動き，天気と気温，湿度の変化などが重要なポイントです。

国語 出題傾向＆対策

◆基本データ（2024年度１回）

試験時間／満点	50分／100点
問題構成	・大問数…２題 　文章読解題２題 ・小問数…20問
解答形式	記号選択と，適語・適文の書きぬきが大半をしめる。そのほかに，漢字の書きとりや，100字程度で書かせる要約問題（指定語句を用いる）も出題されている。
実際の問題用紙	Ａ４サイズ，小冊子形式
実際の解答用紙	Ａ３サイズ

◆出題傾向と内容

▶近年の出典情報（著者名）
説明文：山口　創　小西行郎　佐宗邦威
小　説：早見和真　青山美智子　伊与原新
随　筆：野田祥代　松井智子　村上春樹

●**論理的文章**…設問内容は，筆者の主張，文脈にそった内容理解，理由や原因などオーソドックスな読解問題に加え，漢字の書き取り，比ゆ，対義語，熟語など，ことばの知識に関するものも問われます。また，本校の特ちょうとして，100字程度の要約問題が出題されることがあります。

●**文学的文章**…小説や随筆が出されており，登場人物の行動や気持ちとその理由，性格などを問うもののほか，空らん補充などが見られます。

◆対策〜合格点を取るには？〜

内容理解が多く問われるため，まずは，主題，段落構成，あらすじ，要旨といった文章の骨格をつかめるようになりましょう。総合的な国語力を身につけるために，なるべく多くの問題にあたること。あまり難しくない，平均的な問題集を何冊かやってみるのも効果的です。

漢字や知識問題には応用的なものもあるため，類義語・対義語，同音異義語，四字熟語，外来語の意味，慣用句などをはば広く学ぶ姿勢が大切です。

論説文を100字程度で要約させる問題に対しては，教科書など身近な文章を字数を決めて要約する練習を重ね，簡潔にまとめる力をつけましょう。

分野		年度	2024 1回	2024 2回	2023 1回	2023 2回	2022 1回	2022 2回
読解	文章の種類	説明文・論説文		★	★	★	★	★
		小説・物語・伝記	★	★	★	★	★	★
		随筆・紀行・日記	★					
		会話・戯曲						
		詩						
		短歌・俳句						
	内容の分類	主題・要旨	○	○	○	○	○	○
		内容理解	○	○	○	○	○	○
		文脈・段落構成		○				
		指示語・接続語	○	○	○	○		
		その他	○	○	○	○	○	○
知識	漢字	漢字の読み						
		漢字の書き取り	○	○	○	○	○	○
		部首・画数・筆順						
	語句	語句の意味				○		
		かなづかい						
		熟語	○	○	○	○	○	
		慣用句・ことわざ	○	○	○		○	
	文法	文の組み立て						
		品詞・用法						
		敬語						
	形式・技法							
	文学作品の知識							
	その他							
	知識総合							
表現	作文							
	短文記述							
	その他							
放送問題								

※　★印は大問の中心となる分野をしめします。

カコを追いかけ
ミライをつかめ
「今の説明、もう一回」を何度でも
web過去問
ストリーミング配信による入試問題の解説動画
もっと古いカコモンないの?
カコ過去問
「さらにカコの」過去問をHPに掲載(DL)
声の教育社
詳しくはこちらから

2024年度 江戸川学園取手中学校

〈編集部注：一般の５科目型受験者は算数・社会・理科・英語・国語，英語型受験者は算数・英語・国語を選択します。〉

【算　数】〈第１回試験〉（50分）〈満点：100点〉

注意　・円周率は3.14としなさい。

・比を答える問題はもっとも簡単な整数の比で答えなさい。

1　(1)　次の計算をしなさい。

①　$(4.2\times1.2-4.2\times0.7)\div(1.5+2.7)$

②　$2.75\times\left(1\frac{2}{5}-0.8\right)+0.6\div\left(\frac{1}{3}+0.25\right)$

③　$\frac{1}{12\times13}+\frac{1}{13\times14}+\frac{1}{14\times15}+\frac{1}{15\times16}$

(2)　1 から 9 までの数字を１個ずつ書いた９枚のカードが箱の中に入っています。この箱の中からカードを１枚取り出したところ，そのカードに書いてある数と箱の中に残ったカードに書いてある数の合計との差が29になりました。取り出したカードに書いてある数はいくつですか。

(3)　下の図１は正方形とおうぎ形を組み合わせたものです。２つのおうぎ形が交わる点をＰとし，ＰとＣ，ＰとＤをそれぞれ結びます。このとき，斜線部分の面積を求めなさい。

図１

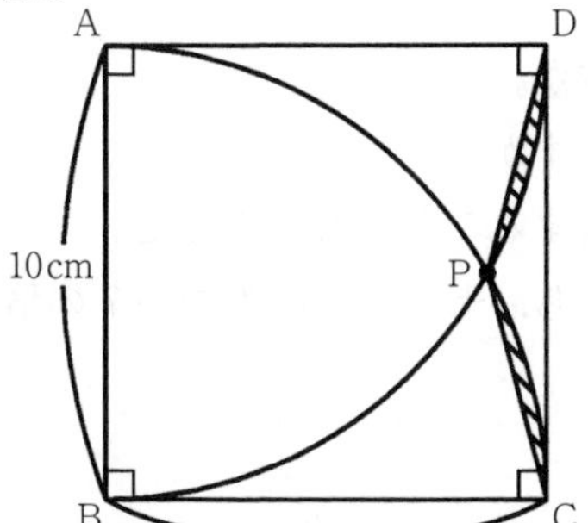

図２

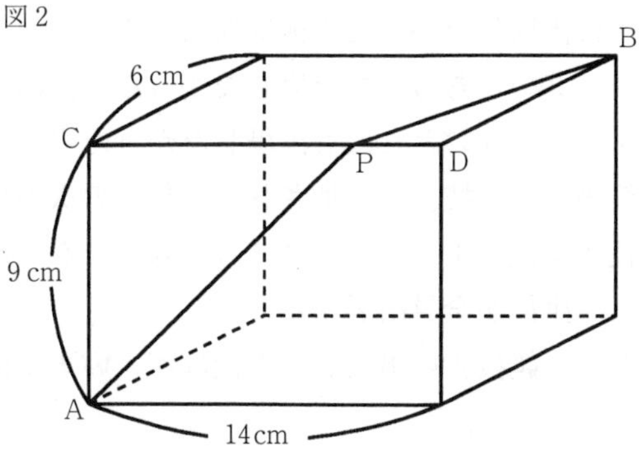

(4)　上の図２は，たて６cm，横14cm，高さ９cmの直方体です。辺CD上に点Ｐをとり，AP＋PBが最短になるとき，PDの長さを求めなさい。

2　ある仕事を仕上げるのに，Ａさん，Ｂさんの２人では24日，Ａさん１人では40日，Ｃさん１人では50日かかります。

(1)　この仕事を仕上げるのに，Ｂさん１人では何日かかりますか。

(2)　この仕事を始めてから仕上がるまで，Ａさん→Ｂさん→Ｃさん→Ａさん→……の順に５日ずつ交代で作業するとき，全部で何日かかりますか。

3　次の図のように直線の上に２つの図形ア，イがあります。図形アは直角二等辺三角形で，図形イは台形です。はじめ，図形ア，イは次の図のような状態にあり，この状態から図形アが毎分１cmの速さで直線上を矢印の向きに進みます。動き始めてから６分後には図形ア，イの重なっている部分の面積が９cm^2となります。このとき，下の問いに答えなさい。

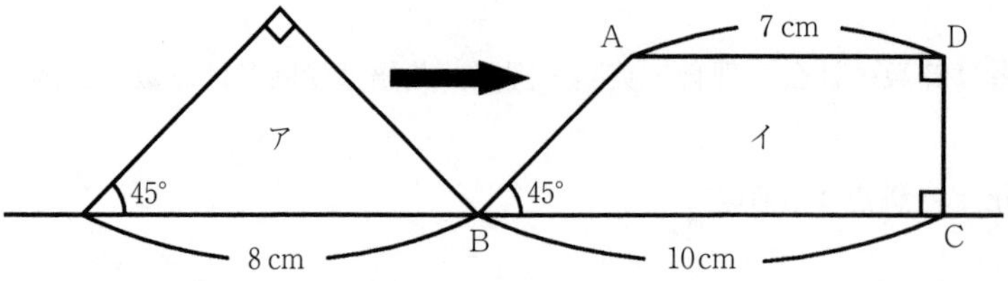

⑴　図形イのCDの長さを求めなさい。

⑵　動き始めてから12分後に図形アと図形イの重なっている部分の面積を求めなさい。

⑶　図形アと図形イの重なっている部分の面積が９cm^2となるときは２回あります。１回目は動き始めてから６分後です。２回目は動き始めてから何分何秒後か求めなさい。

4　Ｅ中学校１年生320人が体育祭に参加します。生徒は全員１から320までの整数のうち１つが書かれたゼッケンを付けて競技に出場します。２人以上の生徒が同じ番号のゼッケンを付けることはありません。

１年生が競技①～③に出場します。出場する生徒は次のように指定されています。

競技①：ゼッケンの番号が２の倍数の生徒が全員出場する。
競技②：ゼッケンの番号が３の倍数の生徒が全員出場する。
競技③：ゼッケンの番号が５の倍数の生徒が全員出場する。

これについて，次の問いに答えなさい。

⑴　競技①に出場しなかった生徒は何人いますか。

⑵　競技①，②のどちらにも出場しなかった生徒は何人いますか。

⑶　競技①，②，③のどれにも出場しなかった生徒は何人いますか。

⑷　体育祭当日に競技④が追加され，１年生の次の生徒が出場することになりました。

競技④：競技①～③のどれにも出場しなかった生徒のうち，ゼッケンの番号が７の倍数の生徒が全員出場する。

このとき，競技④に出場した生徒は何人いますか。

5 　今日はＡさんの誕生日です。ＢさんとＣさんの２人でケーキを６個買い，Ａさんの家で誕生日パーティーをすることになりました。このケーキを３人で分けるとき，次の問いに答えなさい。ただし，誕生日のＡさんは必ずケーキを１個以上もらえるものとします。

⑴　ケーキの種類がすべて異なるとき，６個のケーキを２個ずつ３人に分ける分け方は何通りありますか。

⑵　ケーキの種類がすべて同じとき，６個のケーキを３人に分ける分け方は何通りありますか。ただし，ＢさんとＣさんは１個ももらえなくても良いものとします。

⑶　ケーキの種類がすべて異なるとき，６個のケーキを３人に分ける分け方は何通りありますか。ただし，１個ももらえない人がいてはいけないものとします。答えだけでなく，途中の計算や考え方も書きなさい。

6 　右の図のように１辺の長さが６cmの立方体ABCD-EFGHがあります。

　辺AB，AD，AE上に

　　AP：PB＝AQ：QD＝ER：RA＝1：2

となるように，３点Ｐ，Ｑ，Ｒをそれぞれとります。

　このとき，次の問いに答えなさい。

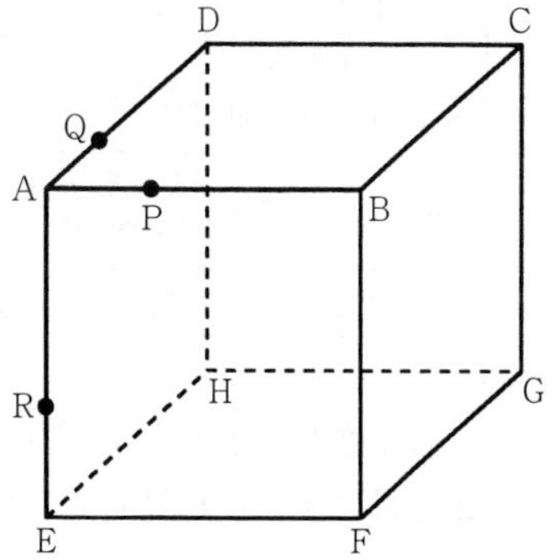

⑴　三角形PQRの面積を求めなさい。

⑵　三角形PQRと対角線AGの交わる点をＸとするとき，AX：XGを求めなさい。

⑶　三角すいA-PQXの体積を求めなさい。

【社　会】〈第１回試験〉（理科と合わせて60分）〈満点：50点〉

1　次の文章を読んで，以下の問いに答えなさい。

天明３(1783)年，長野県と群馬県の県境にある浅間山で大噴火が発生しました。歴史上稀《まれ》にみるこの大きな噴火は，「天明の浅間焼け」と呼ばれ，各地に大きな影響をもたらしたとされています。当時の大噴火の経過をまとめると，以下の表１のようになります。

表１　天明３年の大噴火の経過

日時	出来事
５月９日	最初の噴火が発生する。
６月25日	噴火，鳴動《めいどう》，降灰が発生する。
７月17日	鳴動，＊1北麓《ほくろく》に軽石が降下する。
７月26日 ～８月３日	噴火・鳴動・短時間の休止を繰り返すも，噴火は次第に激しくなる。
８月４日夜 ～８月５日早朝	最大規模の噴火で吾妻《あがつま》火砕流が発生する。
８月５日午前	大爆発と同時に，鎌原《かんばら》溶岩流および土石なだれが発生する。土石なだれは吾妻川と合流し，「天明泥流」となり，沿岸に大きな被害をもたらす。
８月５日午後	噴火がおさまる。

嬬恋郷土資料館・やんば天明泥流ミュージアムの展示資料をもとに作成しています。

表１から，長い期間にわたり，繰り返し噴火が発生した様子がわかります。群馬県内の上流域だけでも，「天明泥流」による被害者数はおよそ1500名に及ぶと考えられています。後に発掘調査により見つかった建物からは，途中まで燃えた線香が残った＊2香炉《こうろ》や，火をつければほどなく灰になる刻みタバコが残ったままの煙管《きせる》など，被災の直前まで村人の日常があったことがわかる資料が見つかっています。

こうした噴火の被害だけを聞くと，火山は悪いものだと考えがちですが，実は我々は火山から多くの恵みを受け取っています。例えば，浅間山北麓には「鬼押し出し」と呼ばれる雄大な景観が広がっており，多くの観光客が訪れる場所となっています。また，火山から流れ出た噴出物や，厚く積もった軽石や火山灰などにより，植生の破壊と再生が繰り返された結果，浅間山北麓の大地には「黒土」や「黒ボク土」と呼ばれる土が広がっています。火山灰起源の土は，作物の生育に必要な養分が含まれ，水はけもよいので，大根やキャベツなどの農作物の栽培に適するといわれています。

＊１　山の北側のふもと

＊２　お香を焚《た》くために使う器

問１　平成元(1989)年以降に噴火した火山として**適切でないもの**を，次の地図１中のア～エから一つ選び，記号で答えなさい。

地図１

地理院地図(電子国土 Web)を一部加工して作成しています。

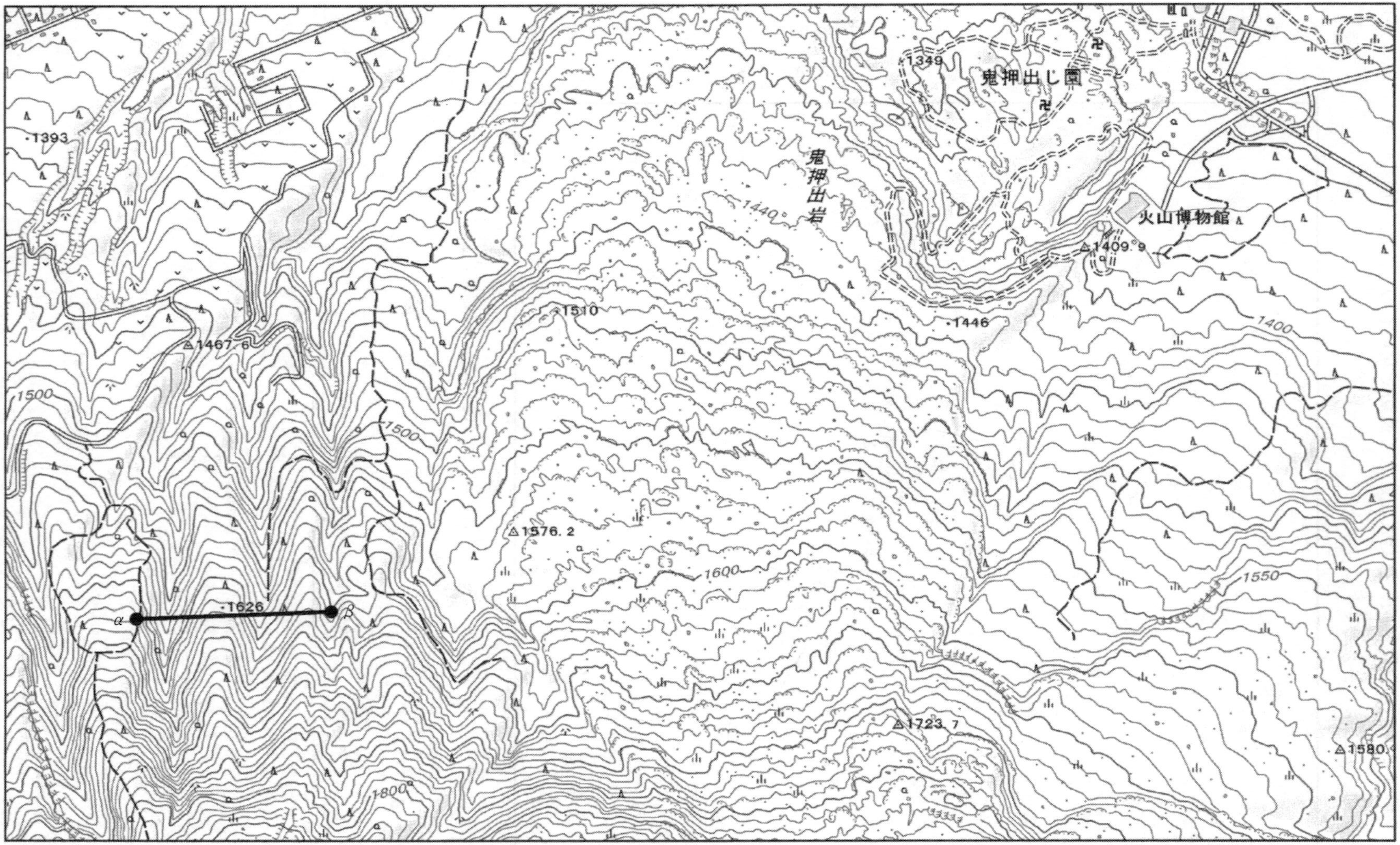

地図２　嬬恋周辺の地形図（地図の上方向を北として考えること）

「電子地形図25000」を一部加工して作成しています。

問２　前のページにある地図２は，嬬恋村周辺を示した２万５千分の１地形図です。これに関して，以下の問いに答えなさい。なお，地形図は出題の都合により拡大してありますが，２万５千分の１地形図として扱うこと。

⑴　地図２から読み取れることについて述べた文Ｘ・Ｙの正誤の組み合わせが適切なものを，下のア～エから一つ選び，記号で答えなさい。

Ｘ　針葉樹林が広がっていて，広葉樹林は見られない。

Ｙ　地図２の範囲では，北西部に畑が，南東部に田んぼが広がっている。

ア　Ｘ：正　Ｙ：正

イ　Ｘ：正　Ｙ：誤

ウ　Ｘ：誤　Ｙ：正

エ　Ｘ：誤　Ｙ：誤

⑵　地図２中のα－β間の断面図を描いたものとして適切なものを，次のア～ウから一つ選び，記号で答えなさい。

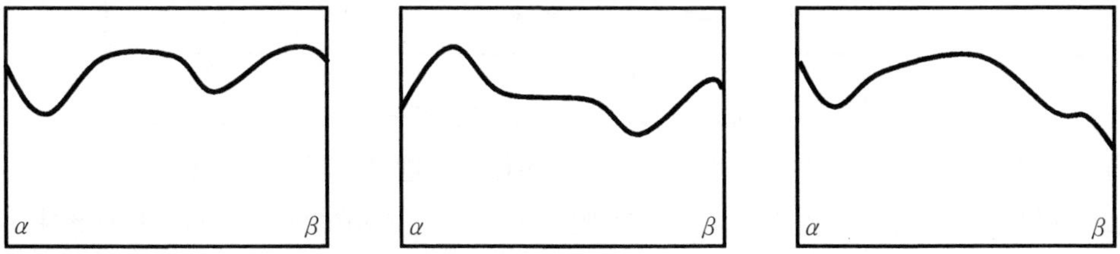

ア　イ　ウ

問３　嬬恋村は，火山災害を受けたという共通の歴史を持つことを縁に，イタリアのポンペイと交流を続け，2022年には友好都市協定を締結しています。イタリアの場所を示したものを，下の地図３中のア～エから一つ選び，記号で答えなさい。

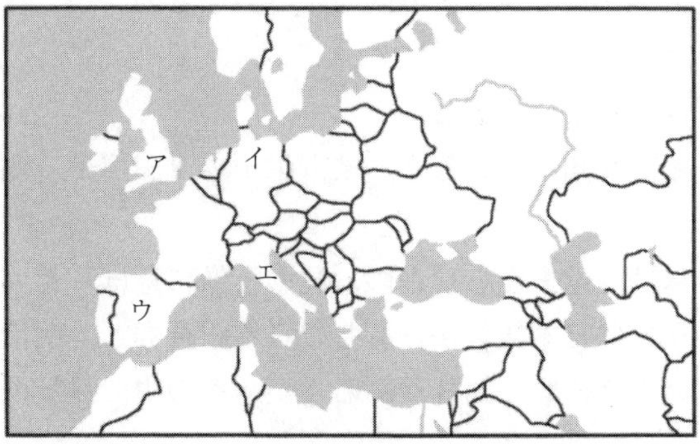

地図３
Esri，HERE，Garmin，FAO，NOAA，USGS
※但《ただ》し，原図を一部加工して作成しています。

問４　嬬恋村はキャベツの生産で有名な都市です。次のページの図４は，令和４年に東京都中央卸売市場で取引されているキャベツの量を表したグラフであり，図中ア～エは，愛知県・茨城県・群馬県・千葉県のいずれかを示しています。これを見て，以下の問いに答えなさい。

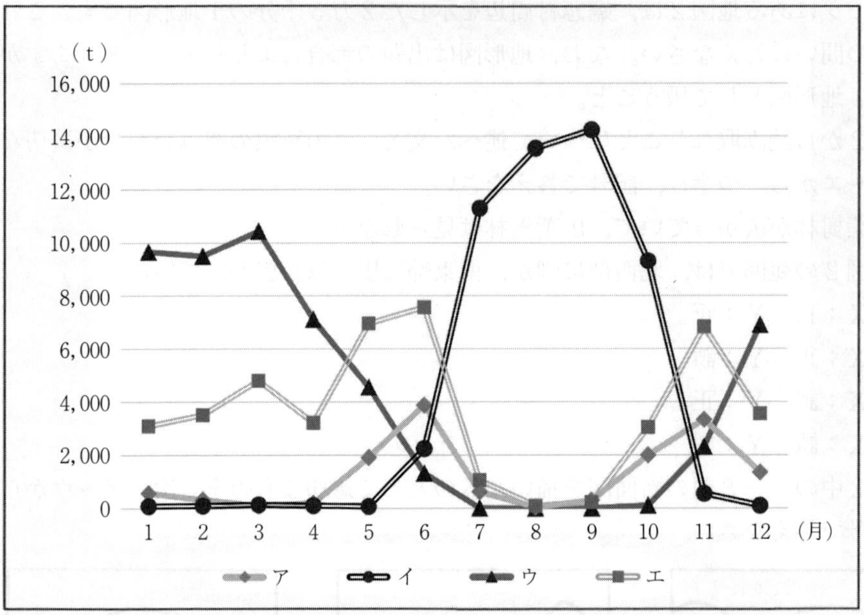

図４

東京都中央卸売市場の市場統計情報をもとに作成しています。

⑴　群馬県を示したものを図４中のア～エから一つ選び，記号で答えなさい。

⑵　嬬恋村がキャベツの生産で有名な理由の一つに「抑制栽培」があげられます。嬬恋村で抑制栽培が盛んな理由を説明しなさい。但し，解答の際には，抑制栽培がどのような農法であるかもあわせて説明すること。

問５　火山がもたらす恵みの例として考えられるものを，文中の例以外に二つ答えなさい。

2　紙幣《しへい》に関する花子さんと太郎さんの会話を読んで，以下の問いに答えなさい。

【会話その１】

花子さん　2024年７月に新しいお札が発行される予定だよね。

太郎さん　結構前から話題になっていたから僕も知っているよ。渋沢栄一・津田梅子・北里柴三郎が肖像《しょうぞう》として選ばれているね。

花子さん　そうだね。そこで，歴史好きの私は，過去から現在のお札の肖像に選ばれた人を調べてみようと思ったんだ。お札というのは日本銀行が発行した日本銀行券と，明治の初期に明治政府が発行した政府紙幣という２種類のお札があるんだ。その中で以下の17名の人物が肖像に用いられているよ。

神功皇后（じんぐうこうごう）	岩倉具視（いわくらともみ）
板垣退助（いたがきたいすけ）	高橋是清（たかはしこれきよ）
菅原道真（すがわらのみちざね）	伊藤博文（いとうひろぶみ）
和気清麻呂（わけのきよまろ）	福沢諭吉（ふくざわゆきち）
武内宿禰（たけのうちのすくね）	新渡戸稲造（にとべいなぞう）
藤原鎌足（ふじわらのかまたり）	夏目漱石（なつめそうせき）
聖徳太子（しょうとくたいし）	野口英世（のぐちひでよ）

日本武尊(やまとたけるのみこと)　樋口一葉(ひぐちいちよう)
二宮尊徳(にのみやそんとく)

出典：国立印刷局ホームページ(https://www.npb.go.jp/ja/intro/faq/index.html)

太郎さん　授業で習った人が多いね。①十七条の憲法をつくった聖徳太子とかね。

花子さん　私も，最初に注目したのは聖徳太子だったよ。お札の肖像に最も多く描かれた人だからね。戦前，戦後を含め７回採用されているんだよ。はじめは1930年発行の百円券で使用されたんだ。そして７回目は1958年に発行された初の一万円券で使用されているよ。

太郎さん　なるほど，②1930年代の百円券，③1950年代の一万円券と昭和を知っている人には高額紙幣と言えば聖徳太子という感じになるだろうね。

問１　会話文の下線部①について，次の資料１を読んで，以下の問いに答えなさい。

第１条　（　Ａ　）を大切にして，人と争わないようにしなさい。
第２条　仏教をあつく信仰しなさい。
第３条　X詔《みことのり》を受けたら，必ずつつしんで従いなさい。

資料１：十七条の憲法(一部)　(口語訳してあります)

⑴　資料１の空欄(Ａ)に当てはまる語句を**漢字１字**で答えなさい。

⑵　資料１の下線部Ｘについて，詔とは何ですか。**５字程度**で答えなさい。

問２　会話文の下線部②について，1930年代の出来事として適切なものを，次のア～エから一つ選び，記号で答えなさい。

ア　ラジオ放送が始まる。

イ　関東大震災が起こる。

ウ　25歳以上の全ての男子が，衆議院議員の選挙権をもつようになる。

エ　日本が国際連盟に脱退を通告する。

問３　会話文の下線部③について，1950年代の出来事として適切なものを，次のア～エから一つ選び，記号で答えなさい。

ア　日本国憲法が公布される。

イ　日本が国際連合に加盟する。

ウ　初めて東京でオリンピック・パラリンピックが開かれる。

エ　初めて大阪で万国博覧会が開かれる。

【会話その２】

花子さん　次に，私が注目したのは伊藤博文だよ。伊藤博文は1963年に発行された千円券に用いられているよ。伊藤博文は，④1885年に初代内閣総理大臣になっているね。一方，日本銀行が発行したお札の中で現在でも使える最古のものが，1885年に発行された一円券なんだよ。

太郎さん　1885年に発行されたお札が現在でも使えるとはおどろいたよ。伊藤博文といえば，他に⑤大日本帝国憲法の制定にも関わりがあるよね。

問４　会話文の下線部④について，1885年より前の出来事として適切なものを，次のア～エから一つ選び，記号で答えなさい。

ア　初めて衆議院議員選挙が行われる。

イ　官営八幡製鉄所で鉄の生産がはじまる。

ウ　関税自主権の回復に成功する。

エ　西南戦争が起こる。

問５　会話文の下線部⑤について，伊藤博文は憲法案をまとめるにあたり，ドイツの憲法を手本にしたとされています。その理由を**15字程度**で説明しなさい。

【会話その３】

花子さん　３人目に注目したのは⑥二宮尊徳だよ。理由は肖像として⑦江戸時代から選ばれているただ一人の人物だからだよ。二宮尊徳は1946年に発行された一円券に用いられているんだ。このお札も現在でも使えるよ。

太郎さん　確かに肖像に選ばれている人物は，平安時代以前か，明治時代以降の人が多いね。鎌倉時代や⑧室町時代から肖像に用いられている人はいないね。

花子さん　お札の肖像というテーマで調べていくうちに，多くの学びがあったよ。何事にも歴史はあるんだね。

問６　会話文の下線部⑥について，二宮尊徳が活躍したころ，幕府では水野忠邦が天保の改革を行っていました。水野忠邦の政治について述べた文として適切なものを，次のア～エから一つ選び，記号で答えなさい。

ア　大名に対し，石高１万石につき100石の米を幕府に差し出すよう命じた。

イ　同業者組合である株仲間を積極的に認め，見返りとして商人から営業税をとった。

ウ　江戸に出かせぎにきている農民を強制的に故郷の村に帰らせた。

エ　『海国兵談』を著し，海防を主張した林子平を処罰した。

問７　会話文の下線部⑦について，資料２は江戸時代の浮世絵『富嶽三十六景』の一つです。作者として適切なものを，次のア～エから一つ選び，記号で答えなさい。

ア　葛飾北斎　　イ　狩野永徳

ウ　歌川広重　　エ　菱川師宣

資料２

出典：国立国会図書館「錦絵でたのしむ江戸の名所」（https://www.ndl.go.jp/landmarks/）

問８　会話文の下線部⑧に関して，室町時代の貨幣は中国の明から輸入したものを使用していました。明から輸入した貨幣として適切なものを，次のア～エから一つ選び，記号で答えなさい。

ア　和同開珎　　イ　永楽通宝

ウ　寛永通宝　　エ　万延通宝

3　次の文章を読んで，以下の問いに答えなさい。

■損な立場に立たされている経済学

効率性という概念は，経済学以外の学問領域では，それほど明確な形では姿を出さない。例えば，法学の世界では，（　A　）。法の執行や適用の面で，効率性は少なくとも一義的には追求されない。また，最近では社会福祉の問題を経済学者が検討することも多くなっている。しかし，社会福祉の分野では，支援を必要とする人をいかに救済するかということが重要であって，政府による介入に対しては，むしろそれを積極的に求める傾向がある。財源やコストの問題ももちろん認識されるが，力点の置き方という点では経済学に及ばないように見える。

ところが，この効率性の議論には人間的な温かみが感じられない。資源の効率的な配分のためには競争が重要だという理屈も，頭では理解できるが，あまり厳しい競争は避けたいと思うのが人情だろう。競争に負けた人はどうするのか，と反論してみたくなる。コストが大事であることもわかるが，コストのことばかり気にしていると息が詰まる。お金の話は大事だが，していてあまり面白くない。財政のあり方をめぐっては，批判はさらに先鋭化する。経済学者，とりわけ財政学者の主張は結局のところ財政の論理であり，人間不在の理屈ではないか，と。財政改革の必要性を唱えると，（　B　）省の言いなりになっていると批判されることも少なくない。

経済学は，このように多くの人々ができれば議論したくない，避けて通りたいと考えるコストの問題，財政の問題を正面から扱う。これは，研究対象として効率性を取り上げる以上，致し方のないことである。だからこそ，経済学には人々からの風当たりがどうしても強くなる。財政均衡化の必要性を唱えるより，福祉の充実を主張するほうがはるかに聞こえがよいし，①人々の同意も得られやすい。経済学は，人々が嫌がることもあえていわなければならない。この意味で，経済学は損な立場に立たされている。これは，効率化の追求を重要なテーマとして位置づけている経済学の宿命といえる。

■公平性という観点

（中略）　経済学にとって，効率性と同じくらい重みのあるテーマとして公平性がある。②豊かさは一部の人々だけでなく，多くの人々が共有したほうがよい，不平等な社会より平等な社会のほうが望ましい，そして，そうした世の中をどうすれば実現できるか，といったことを経済学はつねに考えている。こうした観点を公平性という。この公平性の問題を効率性の観点と合わせて考え，効率性の問題を公平性の観点を交えて考える。効率性と公平性は，経済学にとっていわば車の両輪なのである。

よく知られているように，③イギリスの有名な経済学者Ａ．マーシャル(1842–1924)は，ケンブリッジ大学の政治経済学教授に就任する際の演説の中で，「周囲の社会的な苦難に取り組むために，冷静な頭脳をもって，しかし温かい心情を持って(cool heads but warm hearts)力を差し出す者の育成に全力を尽くすことが自分の志である」と述べた。もちろん，効率性が冷静な頭脳に対応し，公平性が暖かい心情に対応するという，単純な二分法が成り立つわけではない。しかし，④効率性と公平性を両睨《にら》みにすることは，冷静な頭脳と温かい心情を合わせて議論する姿勢とかなりの程度重なり合う。

小塩隆士『効率と公平を問う』（日本評論社・2012年）p.5～p.7

※但《ただ》し，出題の都合により，本文の内容を尊重しつつ一部編集を加えています。

問1　文中の空欄(A)に入る，最も適切な文章を次のア〜エから一つ選び，記号で答えなさい。
ア　「法の下の平等」という観点が重視される。税金を徴収する際にかかる費用は可能な限り少なくなければならない
イ　「法の下の平等」という観点が重視される。法のもとでは誰もが平等に扱われなければならない
ウ　「徴税の効率性」という観点が重視される。税金を徴収する際にかかる費用は可能な限り少なくなければならない
エ　「徴税の効率性」という観点が重視される。法のもとでは誰もが平等に扱われなければならない

問2　文中の空欄(B)に当てはまる語句を**漢字**で答えなさい。

問3　問2で答えた機関は三権のいずれに属するか，最も適切なものを次のア〜エから一つ選び，記号で答えなさい。
ア　立法　　イ　行政　　ウ　司法　　エ　いずれにも属さない

問4　下線部①に関して，税金などのお金を政府が集めて管理し，活動に必要なお金を支払っていく活動を財政といい，そのなかでも特に一年間の歳入・歳出の計画を予算といいます。現在の日本において，国民はどのようなかたちでこの予算に対して同意していると言えますか。最も適切なものを次のア〜エから一つ選び，記号で答えなさい。
ア　国民のなかからくじで選ばれた代表者による投票が実施されており，過半数がこれに同意するまで，予算の審議と投票が繰り返されている。
イ　会計検査院が予算を毎年チェックしているが，会計検査院の設置は憲法を根拠にしており，その憲法は国民が定めたという形で，間接的に同意している。
ウ　衆議院議員選挙の時に，過去の予算についての信任投票が同時に行われており，国民は事後的に予算に対して同意している。
エ　予算案は内閣が作成し，国会がこれを議決するが，その国会議員を国民が選挙しているという形で，間接的に同意している。

問5　下線部②に関して，以下に列挙する制度のなかで，平等な社会の実現を**直接の目的**とした制度はどれですか。最も適切なものを次のア〜オから一つ選び，記号で答えなさい。
ア　議院内閣制　　イ　二院制　　ウ　三審制
エ　累進課税制度　　オ　オンブズマン制度

問6　下線部③に関して，イギリスについての記述として**適切でないもの**を次のア〜エから一つ選び，記号で答えなさい。
ア　首都はロンドンであり，面積は日本より小さい。
イ　グレートブリテン島，アイルランド島北東部，その他の島々を領土としている。
ウ　北海油田が発見されたことで，産業革命に成功した。
エ　国際連合の常任理事国である。

問7　下線部④に関して，あなたの身の周りで効率性と公平性が対立する事例を一つあげなさい。その事例において，効率性だけを追求した場合はどのような結論になるか，公平性だけを追求した場合はどのような結論になるか，それぞれ説明し，そのうえで，あなたはどのような結論が望ましいと考えるか説明しなさい。

【理　科】〈第１回試験〉（社会と合わせて60分）〈満点：50点〉

1　次の各問いに答えなさい。

問１　太さが一様ではない長さ 70 cm の棒があります。下図のように，棒の左はし(太い方)にばねばかりを取り付けてゆっくり少しだけ持ち上げたところ，ばねばかりの目盛りが 900 g を示したところで棒がゆかからはなれました。次に，棒の右はし(細い方)にばねばかりを取り付けてゆっくり少しだけ持ち上げたところ，ばねばかりの目盛りが 500 g を示したところで棒がゆかからはなれました。

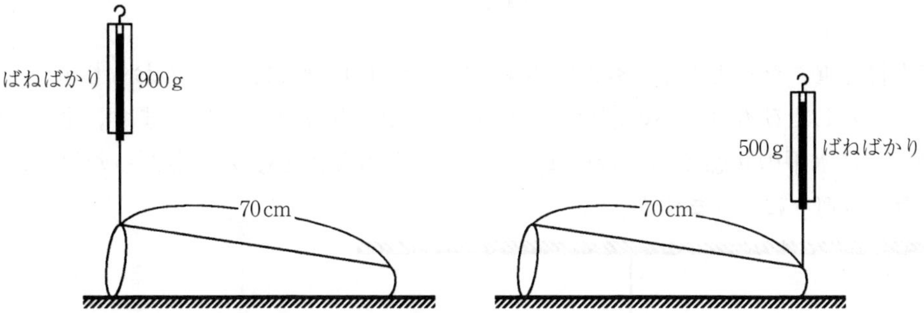

(1)　この棒の重さは何 g になりますか。

(2)　この棒を右図のようにひもを使って支えたい場合，棒の左はしから水平きょりで何 cm の所にひもを巻き付けて支えればよいでしょうか。

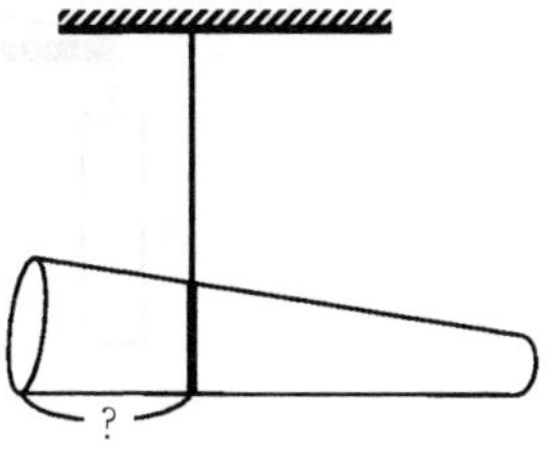

(3)　この棒を，O を中心とするなめらかな半球形の容器内に静かに置いたとき，棒が動き出さずに置いたままの状態になる図として最も適当なものを①～⑤の中から一つ選び，番号で答えなさい。

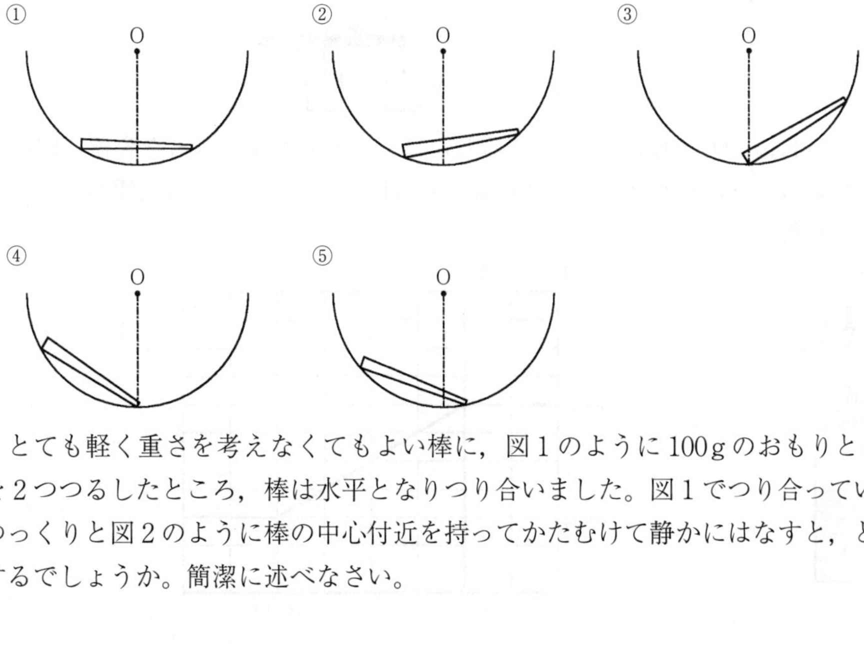

問２　とても軽く重さを考えなくてもよい棒に，図１のように 100 g のおもりと 300 g のおもりを２つつるしたところ，棒は水平となりつり合いました。図１でつり合っている状態から，ゆっくりと図２のように棒の中心付近を持ってかたむけて静かにはなすと，どのように運動するでしょうか。簡潔に述べなさい。

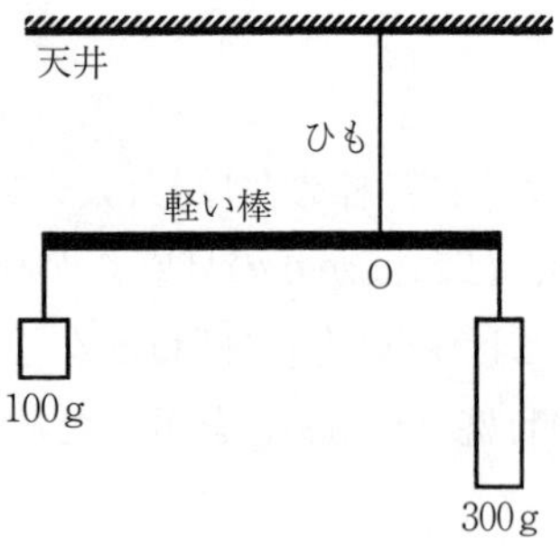

図１

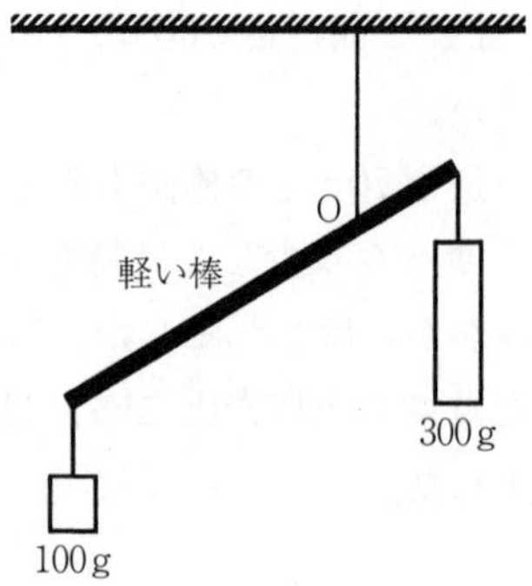

図２

問３　とても軽く重さを考えなくてもよい棒４本に，下図のようにA～Eのおもりをつるしました。棒をつるしたひもは，棒の左はしから全て３：２の場所となっています。全ての棒は，下図のように水平の状態でつり合いました。Cのおもりが18gの重さだった場合，Aのおもりの重さは何gになりますか。

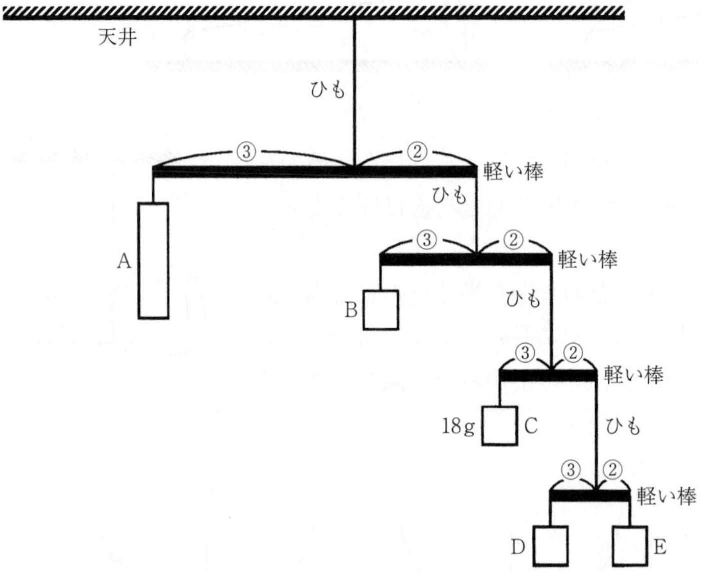

問４　下図のように，400gのおもりHをつるしたばねばかりを水の入った容器に向けてゆっくりと下げていき，下がったきょりとばねばかりの目盛りから読み取った重さの値を調べた結果，グラフが得られました。

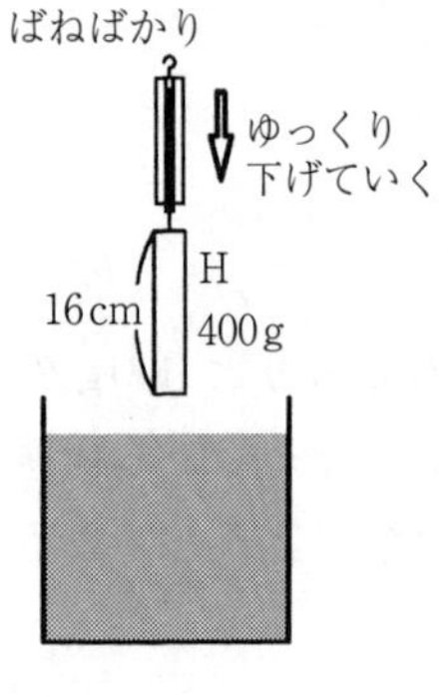

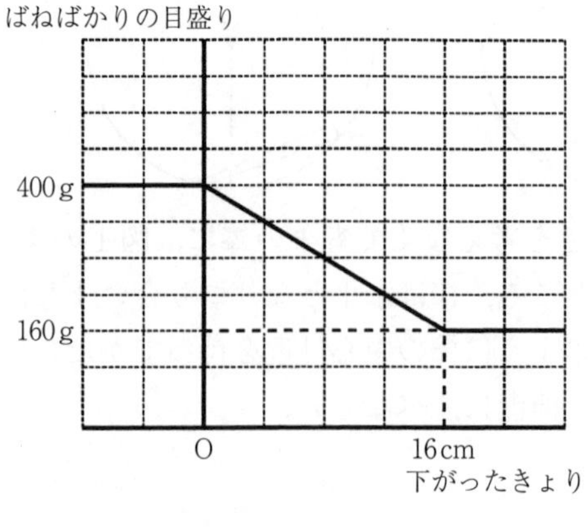

おもりＨは高さ16cmの直方体です。底面積は等しく，同じ材料でできているＦとＧを，とても軽く重さを考えなくてもよい棒を使って下図のように天井からつるしました。Ｆの高さは4cm，Ｇの高さは8cm，Ｆは全て，Ｈは一部水にしずみ，ひもが棒の左はしから３：２の場所で水平につり合いました。Ｈのしずんでいる部分の体積は，Ｈの元の体積の何倍になりますか。割り切れない場合は，分数のままで答えなさい。

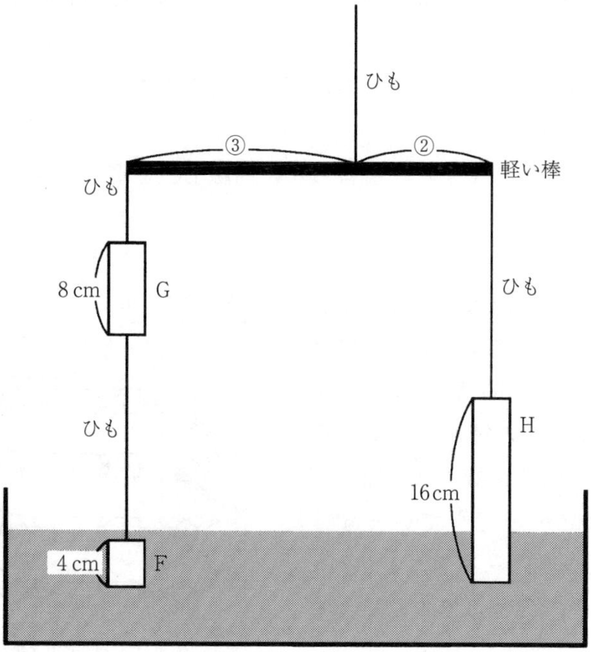

2　文章を読んで，次の各問いに答えなさい。

身の回りの純すいな物質は「固体」・「液体」・「気体」のいずれかの状態で存在します。これらの状態は温度を変えることによって変化させることができます。

温度の他にも，物質にかかる気圧などの力(圧力)によっても状態は変化します。さまざまな温度と圧力(気圧)においてどのような状態にあるかを表したグラフを状態図といいます。図は水の状態図を表しています。横じくは温度を表し，縦《たて》じくは圧力(気圧)を表します。図の状態では，固体，液体，気体の各状態の境界を曲線AB，曲線BC，曲線BDで表しています。例えば図において，①圧力を１気圧にしたままで温度を高くしていくと，温度が低いうちは固体で存在しますが，やがて液体になり，最後は気体になると読み取ることができます。

図

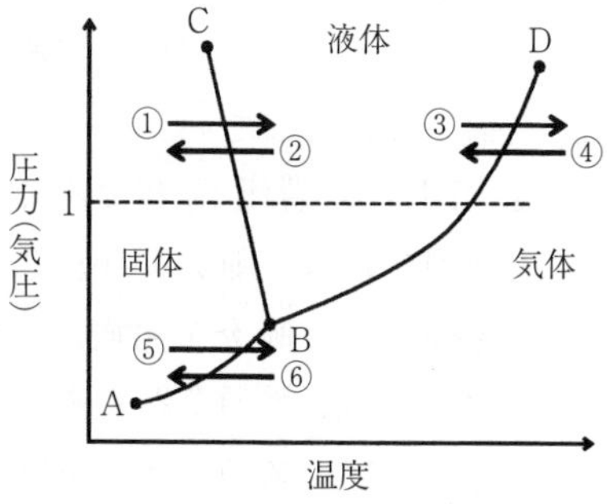

ここで，液体と固体の状態の変化において，温度を一定にしたまま圧力のみを上げる変化を考えます。水の場合，固体から液体に変化していくことを図から読み取ることができます。しかしながら，水以外の多くの物質は，温度を一定にしたまま圧力のみを上げると，液体から固体に変化します。これは，②水の密度(物質の一定体積あたりの重さ)が他の物質に比べて特別

であることが原因になっています。

問1　文章中の下線部①の状態の変化を何といいますか。

問2　次のア～ウは，水が関係する現象の説明です。それぞれ図の矢印①～⑥のどの変化に当てはまりますか。①～⑥から選び，番号で答えなさい。

ア　日かげでも洗たく物がかわく。

イ　やかんでお湯をわかすと，やかんの口から少しはなれたところでゆげが見られる。

ウ　冷とう庫の氷が小さくなった。

問3　下線部②の水の密度について，固体(氷)と液体(水)の密度はどちらの方が大きいと考えられますか。正しい方を〇で囲みなさい。

問4　水以外の多くの物質の状態図はどうなりますか。解答らんに曲線BCを書きなさい。

3　文章を読んで，次の各問いに答えなさい。

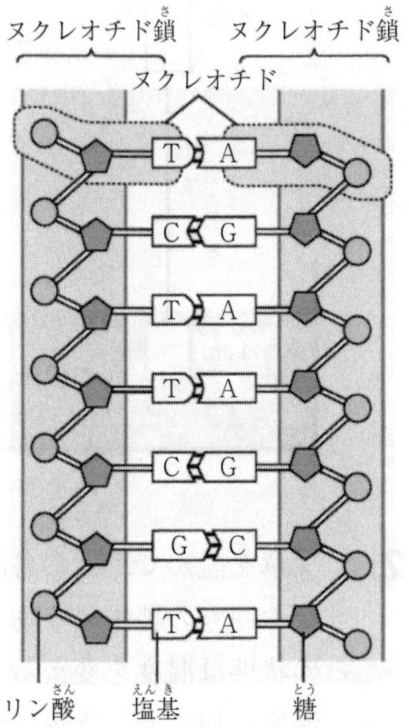

わたしたちヒトをふくめて，生物のからだは①多数の小さな部屋のような構造体《こうぞうたい》が集まってできています。その中には②染色液でよく染まる構造体《こうぞうたい》があり，生物の遺伝情報《いでんじょうほう》であるDNAが含《ふく》まれています。DNAは2本の鎖《くさり》からなる二重らせん構造をしており，それぞれの鎖《くさり》はリン酸《さん》・糖《とう》・塩基《えんき》が結びついたヌクレオチドという単位からできています。DNAの塩基《えんき》にはアデニン(A)・チミン(T)・グアニン(G)・シトシン(C)の4種類があり，AとT，GとCでのみ結合する性質があります。

問1　文章中の下線部①と②の構造体《こうぞうたい》の名称《めいしょう》をそれぞれ答えなさい。

問2　DNAの一方の鎖《くさり》の塩基配列《えんきはいれつ》がTACTGGGのとき，対《つい》になる鎖《くさり》の塩基配列《えんきはいれつ》を記号で答えなさい。

問3　あるDNAに含《ふく》まれるそれぞれの塩基《えんき》の割合を調べたところ，Aの割合が15%であった。このとき，T，G，Cの割合はそれぞれ何%になりますか。数字で答えなさい。

問4　DNAが遺伝情報《いでんじょうほう》であることを調べるために，過去には多くの研究がなされてきました。その中には，肺炎球菌《はいえんきゅうきん》とマウスを用いて研究を行ったグリフィスがいます。肺炎球菌《はいえんきゅうきん》には，感染《かんせん》すると肺炎《はいえん》を発病する病原性《びょうげんせい》のS型菌《きん》と，感染《かんせん》しても発病しない非病原性《ひびょうげんせい》のR型菌《きん》と呼ばれる2種類があります。

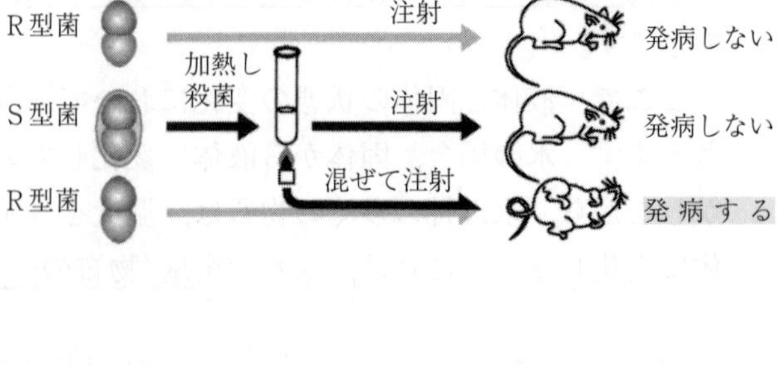

グリフィスの行った実験では，肺《はい》炎球菌《えんきゅうきん》のうち，病原性《びょうげんせい》のS型菌《きん》をマウスに注射すると発病し，非病《ひびょう》原性《げんせい》のR型菌《きん》をマウスに注射すると発病しませんでした。また，加熱して殺菌《さっきん》したS型菌《きん》をマウスに注射するとマウスは発病せず，非病原性《ひびょうげんせい》

のＲ型菌《きん》と，病原性《びょうげんせい》のＳ型菌《きん》を加熱して殺菌《さっきん》したものを混ぜてマウスに注射するとマウスが発病するという結果になりました。この結果から，Ｒ型菌《きん》にどのようなことが起きたと考えられますか。

4　文章を読んで，次の各問いに答えなさい。

太郎くんは４月の天気予報を毎日見ていくうちに，天気と朝の気温について，関連性があることに気付きました。前日の夜から天気が晴れの日は，早朝の気温がくもりや雨の日に比べて［　あ　］ことが多く，前日の夜からくもりや雨の日は，早朝の気温が晴れの日に比べ［　い　］ことが多いとわかりました。このような気温の変化が起こる原因の一つには，上空に［　う　］があるかどうかが関係しています。地表は太陽から放射されるエネルギーを受け取っており，地表も宇宙空間へエネルギーを放射しています。

問１　文章中の［あ］～［う］に適切な言葉を書き入れなさい。ただし，［あ］と［い］は「高い」か「低い」かを○で囲み，［う］は漢字一文字で答えなさい。

問２　１日の気温の変化が少ないのは，「晴れの日」と「雨の日」のどちらになりますか。○で囲みなさい。

問３　下図は４月のある３日間の気温，湿度《しつど》，気圧をグラフにしたものです。横じくは24時間で表記した時間を表し，縦《たて》じくは気温(℃)，湿度《しつど》(%)，気圧(hPa)のいずれかを表します。３日間の天気は，「晴れ」「雨」「晴れのちくもり」のいずれかでした。以下の(1)・(2)に答えなさい。

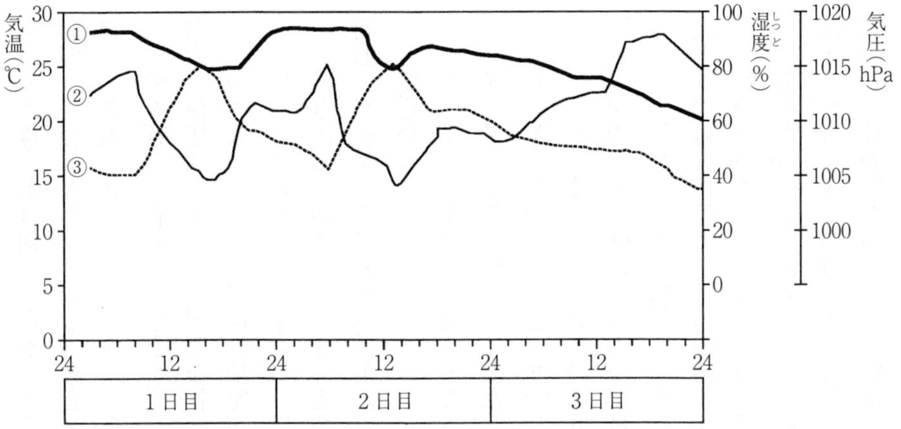

(1)　①～③のグラフのうち，気圧を表すグラフを①～③で答えなさい。

(2)　晴れのちくもりだった日は，何日目ですか。○で囲みなさい。

問４　［う］があるときとないときで翌日の朝の気温に差が出る理由を，「上空に［　う　］があるときには～」に続く文章で，気温が高くなるか低くなるかを明記して書きなさい。

問５　空気はあたためられると上昇《しょう》します。あたためられること以外で空気が上昇《しょう》する場合を簡潔に説明しなさい。

の話題は全世界の共通項で、全員が当事者（主人公）です。

　では、当事者の一人、これを読むあなたは何からチャレンジしてみますか？　参考までに、ある小学校で宇宙のお話をした後に子どもたちが書いたメッセージを紹介しましょう。大人も子どもも、まずはここが出発点です。

〝みんなこの小さい地球に住んでいると思うと、もっと世界は広がっているんだし、いろいろな見方をして生きていかなければいけないな、と思いました〟

〝ぼくは、プラネタリウムを見て、どうして自分がうまれたか考えました。このちきゅうでうまれてうれしいと思いました〟

　さて、そんなわけで私は今日も言ってまわるとしましょう。

「⑧キミはいつ地球に生まれたの？
地球が何回まわったとき？」

ご一緒に、身近な人といかがですか。

（野田祥代「地球がまわるとき」より　講談社　群像
二〇二三年二月号掲載　問題のため一部文章を改めた）

問一　空欄Xに入れるのに適切な言葉を文中から五字で抜き出しなさい。

問二　傍線①とあるが、その内容として正しいものを次から選び、記号で答えなさい。

ア　幼い時から宇宙とつながる言葉を意識的に発することが、宇宙とつながりを持つ最大の方法であることを伝えること。

イ　全てを宇宙と関連付けて考えることが、人生を充実させる唯一の方法であり、常に宇宙を身近に感じる方法を伝えること。

ウ　宇宙のことを知ることによって、自分にとって本当に大切なものを捉え直すことができることを多くの人に伝えること。

エ　世界を戦争や災害から守るためには、人類がみな宇宙の知識を身につけ、理系の学力を向上させる必要があると世間に訴えること。

問三　傍線②とは何のことか。文中から抜き出しなさい。

問四　傍線③と対比となる言葉を文中から抜き出しなさい。

問五　傍線④とあるが、その内容を具体的に述べたひとかたまりの部分を探し、初めの三字を答えなさい。

問六　傍線⑤とあるが、困難な状況に置かれ精神的に疲れきってしまった人に対して、宇宙の話題がどのような効果をもたらすと筆者は考えているか。「～する。」に続くように、文中から二十六字で抜き出し、初めの三字を答えなさい。

問七　空欄Y・Zに入れる言葉の組み合わせとして正しいものを記号で選びなさい。

ア　Y　つまり　　Z　ところが

イ　Y　ところが　Z　ただし

ウ　Y　ただし　　Z　また

エ　Y　また　　　Z　つまり

問八　傍線⑦の空欄に入れるのに最も適切なものを記号で選びなさい。

ア　保証　　イ　保障　　ウ　補償

問九　傍線⑧は筆者が宇宙の話をするきっかけとして用いられているものである。こうした宇宙の話の特徴を表現した十四字の言葉を文中から探し、初めの三字を答えなさい。

問十　傍線ア～オのカタカナを漢字に直しなさい。

問十一　傍線⑥とあるが、宇宙が「無慈悲な現実世界」であることについての筆者の考えを【　】内の文章を要約する形で、八〇字以上百字以内で説明しなさい。ただし、「衝突」「日常」「選択肢」の三語を必ず用いること。

て11年ほどのところです。

さらに地球1万個分ぐんと離れれば、太陽に出会います。太陽は大きく、直径は地球の１０９倍、月の４００倍もあります。

もっと遠くから太陽系全体を俯瞰しましょう。太陽のまわりを公転する天体のうち、3番目の軌道にのる小さな岩の惑星が地球です。地球は46億年、物理法則にしたがって46億回まわった岩は、太陽がある限りこの先もまわり続けるでしょう。地上の私たちは皆、宇宙からは見分けることはおろか、見つけることすら難しい存在です。それでも悠久の時間の中で、②淡々とまわり続ける岩の表面に確かに存在していて、同じ時代の地上すべてと一緒に、命あるかぎり広大な宇宙空間を旅してゆく、ともいえます。

人は日々、目の前のことに一生懸命です。気づけば③近視眼的になっているし、現代社会でひたむきに頑張るほど、情報に振り回されたり人と比べたりして心が疲弊することもあります。私の周りでは、学校になじめないことで苦しむ子どもも少なくありません。

人生においてどうにも前に進めない時、大きく自分を俯瞰することで目の前の問題がちっぽけに思えたり、少しィレイセイになったり、心が軽くなったりした経験はないでしょうか。宇宙の話をしていてもそんな声をよく耳にします。時間空間ともに極端な値をとる宇宙の話題は、④マクロとミクロの視点を自然に行き来することになって、余裕をなくした私たちの心を癒し、ものごとを大きく俯瞰する良いツールになるのでしょう。巨大な宇宙空間と小さな自分。宇宙１３８億年の歴史と限りある命の時間。何者でもない自分とかけがえのない自分。同一性と多様性——。宇宙を知ることは、ゥユウゲンの命をもつ自分を知り、時間をどう使うか、自分にとっての幸せや、本当に大切なもの、守るべきものは何なのかを捉え直すことにもつながります。

【さて、⑤ロマンであり癒しである宇宙は、同時に⑥無慈悲な現実世界でもあります。地球は宇宙空間を運動する岩の塊だからです。内部が活発な天体ですから、地表ではこれからも火山の噴火や大地震が起きていくでしょう。太陽の表面では太陽フレア(爆発現象)が起きていて、巨大なフレアは地球でェシンコクな磁気嵐を引き起こし、あらゆる電子機器に甚大な被害を与える恐れがあります。（Ｙ）、あまり知られていませんが、地球には常に天体衝突の脅威(巨大隕石の落下)があります。これは太陽系内を運動する天体の宿命です。実際、２０２２年にも危険性の高い小惑星が新たに発見されています。

（Ｚ）、今日の暮らしは宇宙のできごとの上にあります。生命は運よく38億年にわたって地球表面でバトンをつないできましたが、だからといって明日の⑦□□はないのです。私たちが宇宙の現実に無頓着で、大きく手を組むことも渋っていれば、ささやかな日常はいつか全停止してしまうでしょう。

とはいえ、高度な知的生命体には選択肢があります。たとえば、天体衝突の問題では、２０２２年に小惑星の軌道を直接変えるォヤシン的な実験がありました。世界的に天体衝突の問題に取り組むプラネタリー・ディフェンスの活動は、個人が支援することもできます。また、宇宙という「究極の共通テーマ」で各国の子どもや大人をオンラインでつなぐ実践もあります。これは、世界共通の天文現象を軸にそれぞれの文化や学びを紹介し合いながら、文化的背景をこえてつながろうとする取り組みです。ロマンと癒しがつまった宇宙の話題でより多くの人が大きな視点を鍛えれば、地球規模の課題に対する選択肢も増えそうです。】

宇宙から俯瞰する疑似体験は、自分の心に作用することも、人間存在を巨視的に問うこともあります。しかも、お金はかからず、時も場所も選びません。誰でも自分のために今すぐ実践できるし、身近な人はもちろん、その気になれば世界中で共有することもできます。宇宙

イ　「たしか」という先生の言葉に、父の職業を意識せずに話をしていた先生に不信感を覚えたから。

ウ　「父そのものを知りません」という先生の事情も考えずに、親の職業が子に影響する話をしている自分に腹が立ったから。

エ　先生の「吉田さんのお父さんも」という言葉に、母親の存在が軽く扱われたような気がしたから。

問四　傍線③とあるが、それはどのような事実があったからか。それを述べた部分を含む段落を探し、初めの三字を答えなさい。

問五　傍線④とあるが、その「違和感」を具体的に述べた一文を探し、初めの三字を答えなさい。

問六　傍線⑤とあるが、その理由として最も適切なものを次から選び、記号で答えなさい。

ア　母親に自分のミスを認めるメッセージを送らせずに済むから。

イ　「忘れていたのなら仕方がない」と考えることができるから。

ウ　妹に自分の誕生日を知られてしまうのは気が重いから。

エ　大事なことを忘れるくらい嬉しいことがあったと思えるから。

問七　傍線⑥とあるが、「教師という仕事」に対する「愛憎」について具体的に述べた部分を含む段落を傍線部より後から探し、初めの三字を答えなさい。

問八　傍線⑦とあるが、その「見覚え」のある表情が書かれている部分を含む一文を探し、初めの三字を答えなさい。

問九　千紗子は母がどのような教師生活を送っていると考えているか。答えとして最も適切な一文を探し、初めの三字を答えなさい。

二

次の文章を読んで、後の問いに答えなさい。（抜き出し、論述の問題に答える場合、句読点・記号は全て一字とする）

「え、それいつだよぉ！　何時何分何秒？」

「地球が何回まわったときぃ⁉」

子どもの頃のこんな口げんかに身に覚えのある人も多いかもしれません。私は負けん気の強い子どもでした。幼馴染みの男の子たちとの言い合いがエスカレートすれば冒頭のセリフは常套句です。言われたほうは返事に困ってごにょごにょするので、先に「言ったモン勝ち」。

あれから約45年の今思うに、「　X　」の起点はいつなのか。そもそも「まわる」は公転なのか自転なのか……。起点が地球誕生時ならば、地球は46億歳だから、公転した回数はざっくり46億回ほどでしょうか。自転も割り切ってえいやっと公転を３６５倍してみれば、１兆６７９０億回。あるいは、起点を人ひとりの誕生の瞬間にするなら、私の場合は公転51回、自転１万８６００回余り。

地球に比べてわずかな回数の私は、5年前に天文学の研究機関を飛び出して①宇宙を届ける仕事を始めました。届け先は、保育園や児童センター、学校、公民館など、コンパクトな機材をもって、あるいは一緒に活動してくれる演奏家やボランティアの皆さんと一緒に、地域の方々に宇宙の話をしています。本稿は、読者の皆さんもどうでしょうか、というお誘いです。

今、大きくジャンプして宇宙へ飛び出すとしましょう（ぜひ想像してください）。足元に輝く地球、その先の黒い空間に目をやれば、人がどれほど願っても触れることのできない領域が広がっています。宇宙空間にはもちろん空気がなく、そのため音もありません。足をつけるべき地面はなく、温度はマイナス２７０度の極寒。目には見えませんが、太陽や銀河系の彼方からやってきた高エネルギーの放射線（宇宙線）が飛び交います。

宇宙空間を地球30個分ほど行くと、一番近い天体に到着します。地球のアエイセイ、月です。距離にして約38万km、大人の足で歩き続けなんとか落ち着こうと努めた。先生にこちらを気にする素振りは見られない。「それはわかりませんね。いまの自分にそんな気持ちはありませんが、いつかの自分は喜ぶのかも知れません」

「どうして？」

「やっぱり自分の生き方を肯定してもらえる気がするからじゃないですか。取り繕うことのできない、むき出しの父の姿を見ていますからね、あの子たちは。そんな父の姿を見て育った子たちが、いつか自分の頭で考えて教師という道を選択してくれたのなら、それはやっぱりうれしいことなのだと思います」

きっとその日のことを想像したのだろう。先生はふっと目を細めた。

⑦千紗子はその表情に見覚えがあった。『二十年後の私』というタイトルだけが与えられた小学校の卒業文集。悩みに悩み、先生に提出するクラスメイトが少しずつ出始めた頃、千紗子はようやくペンを執った。

そんな作文ですら納得がいかなければ書き始められない自分の不器用さは、間違いなく母譲りのものだ。

最後はその気づきがペンを走らせる力になった。

『二十年後の私は小学校の先生になっている。大学で知り合った先輩と結婚もしていて、二人の娘に恵まれている。

もちろん子どもはかわいくて仕方がないけれど、私は一つのことに集中すると他のことが手につかなくなる性格だ。子どもたちにうしろめたい気持ちを抱きながら、生徒たちと真剣に向き合う毎日を送っている。』

必死に母を想像した。すると、母を母としてでもなく、もちろん教師としてでもなく、一人の人間として捉え始めるという不思議な現象が起きた。

自分の将来にかこつけて、母という人間の物語を紡いだ気がする。そうして完成させた作文を読み、母は今の先生と同じように柔らかく目尻を下げたのだ。

最後の一文に、千紗子はこんな言葉を選び取った。

『それでも私は自分の信じた道を突き進むしかないのだ。教師になったことを、私は絶対に後悔しない。』

壁の時計が目に入った。面談が終わる時間まであとわずか。このあとも何人かの生徒の面談が控えている。

「先生は教師になって良かったと思っていますか？」

二十分間、ほとんど千紗子の方から質問していた。その自覚はあったが、ギリギリまで先生と話をしてみたかった。

（早見和真「春までのセンセイ」より　双葉社「小説推理」
二〇二三年三月号掲載　問題のため一部文章を改めた）

問一　空欄１・２に入れるのに適切な言葉を記号で答えなさい。

ア　火が消えた　イ　判で押した　ウ　口車に乗る
エ　舌を巻く　オ　腑に落ちる

問二　傍線①とあるが、自分の性格について、周囲からの評価とは別に自分でどう考えているかを述べた段落を探し、初めの三字を答えなさい。

問三　傍線②とあるが、なぜ「自分でも驚くほど刺々しく」なったかの理由として最も適切なものを本文全体を踏まえて次から選び、記号で答えなさい。

ア　「いたずらっぽく肩をすくめた」先生の姿に、生徒の前に立つ教師としての資質に疑問を感じたから。

と心配する結花子の声までわずらわしくて、その夜は自分の部屋に引きこもった。

母という人間に対しても、⑥教師という仕事にも、愛憎が常に入り混ざっていた。どちらにしても、子どもはその煽りを受けている。少なくとも千紗子はそれをずっと感じていたが、こんなふうに誰かに認められた記憶はこれまでない。

そんなことを思う一方で、先生自身の家族の存在が言葉の端に見て取れた。始業式の日、最初のホームルームで、先生はたしか「娘が二人」「上の子はみんなと同じ今年中学三年生」と言っていた。

「先生も家族に迷惑をかけてるんですか？」

口にしてはじめて恩着せがましい言葉だと認識するが、訂正しようとは思わない。泣きたいのを堪えるのに必死だった。

先生は小さくうなずいた。

「間違いなくかけていますね」

「先生の娘さんは先生のことどんなふうに思っているんですか？」

「さあ、それはどうでしょう。頼りない父親と思われているのは間違いないと思いますが。幸いうちは妻と娘たちの関係は良好ですので」

「先生の――」

そこまで言ったところで言葉に詰まった。千紗子は唇を嚙みしめる。先生は上目遣いに千紗子を見つめた。

「なんでしょう？」

気づかないフリもできたはずなのに、先生は逃してくれなかった。続きの言葉が気になったのだろう。

千紗子も先生の目を見つめ続けた。視線を逸らした瞬間、涙がこぼれそうでこわかった。

「先生の娘さんたちも、やっぱりいつか教師になろうとしているんですか？」

しばらくの沈黙のあと、千紗子はようやく切り出せた。それは自問に近かった。子供を蔑ろにしてまで生徒たちに情熱を注ぐ両親が許せない。その気持ちは間違いないのに、教師として働く二人を、とくに母親を尊敬してしまう自分もいる。

自分はどうせ教師を目指す。その確信があればこそ、尋ねなければならなかった。どうして自分はそれでも教師になろうとするのだろう。

「どうなんでしょうね。いまはそんな素振りをまったく見せていませんが」

千紗子は食らいつくように質問を続けた。

「仮に教師になろうとしていたら、いまの娘さんたちにどんな声をかけますか？」

「うーん、そうですね。学校の行事を楽しむ努力をしなさいって伝えるかもしれません」

「行事？」

「ええ。修学旅行も、体育祭も、文化祭も、合唱コンクールも。もちろん普段の学校生活も、すべてです。楽しめなくてもいいんです。苦しい経験も血肉になる。ですが、せめて学校を楽しもうとしなかった人間に、親としての僕は子どもを預けたいと思いませんから。最初から諦めている人に教師になってほしくありません」

心の内を見透かされた気がした。千紗子は学校が楽しい場所だなんて思ったことがない。気の合う友人もいないし、合唱部だって暇つぶしのために所属しているだけだ。

先週の修学旅行も観光地を巡っただけだった。ワクワクするようなドラマなんて一つも起きない。そんなものだと決めつけていたし、楽しもうなんて思えなかった。

「もし、娘さんたちが教師になるって言いだしたら、やっぱり先生はうれしいですか？」

から」

「百万人ってなんですか？」

「この国の幼稚園から、小、中、高、それに養護学校なども含めた教師の総計です。すごいですよね。日本人の百数十人に一人が教師なんですから。そのうちのどれほどの人が家庭を築き、子どもを持っているのかは知りませんが、やはり他の職業の方よりは目につくのではないでしょうか。ただ――」

先生は何かを言いかけてためらった。普段冷静な加賀美先生にしてはめずらしいことだ。

「ただ、なんですか？」

追及するように続きの言葉を求めると、先生はいたずらっぽく肩をすくめた。

「すみません。べつにたいした話ではないのですが、僕の場合は状況が少し違って、教師をしていた父の姿を見たことはないんです。というよりも、父そのものを知りません。僕が二歳のときにガンで亡くなっていますので。なので、きっと父の影響はあるだろうと思いつつ、具体的にどう影響しているのかというのはあまり考えたことがありませんね」

だったら、どうして先生になったのか？　その疑問は形を変えて胸の中に居残ったが、それ以上の質問は受けつけまいというふうに先生は首を横に振った。

「そうか。吉田さんのお父さんもたしか小学校の教師でしたね」

加賀美先生が手もとの資料を手に取った。「母もです」という言葉が、②自分でも驚くほど刺々《とげとげ》しく口をつく。

先生はやさしい笑みを崩さない。

「ご両親ともですか。それは、きっと大変だったでしょう」

「誰がですか？」

「もちろん、吉田さんがですよ。ご両親も大変でしょうけど、その煽りを受けている吉田さんはもっと大変だろうとお察しします」

③千紗子は不意を打たれた。誰にも明かしたことのなかった心の内だ。たいして広くもない家で、父も、母も、自分こそが世界で一番忙しいという顔をしている。小さい頃は教育に理想を抱くそんな両親を千紗子も誇りに思っていたが、いつの頃からか④違和感を抱くようになっていた。

そのきっかけも覚えている。帰宅の遅くなった母の代わりに夕飯を作り、三つ下の妹と二人でテーブルについたときだった。そんなの慣れっこだったし、むしろそうして両親が自分を信頼してくれることを得意に思っていたはずなのに、その日はなぜか心がささくれ立ち、苛立ちを抑えることができなかった。

どうして他の家の子どものために、自分の家の子どもが蔑《ないがし》ろにされなければいけないのだろう？

そんな疑問がはじめて芽生えた。いや、ずっと蓋をしていた不満や憤りが、はじめて堰《せき》を切ったように溢れ出たのだ。

それが千紗子の十一歳の誕生日だったのもきっかけの一つだったと思う。普段の母は自分の考えこそが正しく、ミスを認めず、決めつけるようなことばかり口にする。そんな人が、千紗子だけが持たされていたキッズ携帯に『本当にごめんね。誕生日なのに。日曜日にちゃんとみんなでお祝いしようね』と、妙にやさしいメッセージを送ってきた。

⑤いっそ妹の結花子のように忘れていてくれた方が気は楽だったかもしれない。気づくと、千紗子は涙をこぼしていた。具体的な内容は知らなかったが、その時期、母が勤めている小学校で大変な問題に巻き込まれているのは気配でわかっていた。

だから帰れないのは当然だという気持ちと、許せないという思いとが胸の中に複雑に入り乱れた。『どうしたの、お姉ちゃん。大丈夫？』

2024年度 江戸川学園取手中学校

【国　語】〈第一回試験〉（五〇分）〈満点：一〇〇点〉

一　次の文章を読んで、後の問いに答えなさい。（抜き出しの問題に答える場合、句読点・記号は全て一字とする）

（吉田千紗子は中学三年生。担任である加賀美先生との個人面談に臨んでいる場面である。）

「私、ずっと知りたかったんです。先生たちが若い頃に何を考えていたのか。先生はいつ教師になろうと思ったんですか？」

「そうですね。わりと小さい頃から教師という仕事は意識の中にあったと思いますよ」

「どうしてですか？」

「父も教師だったからですかね」

ああやっぱりそうか……と、千紗子は（　1　）思いがした。これまでも三人の先生に教師を志した理由を聞いたことがある。年齢も、性別もまちまちだった彼ら、彼女らは、みんな（　2　）ように同じことを言っていた。親が教師だったから――

わかるようで、わからない理由だ。

「親が教師だとどうして子どもも教師になろうとするんですか？」

「不思議なことですか？　その仕事に就いている人が同じ屋根の下にいるんです。イメージは湧きやすいでしょう」

「それでも不思議です。だって他の職業ではあんまり聞かない話じゃないですか。なんか教師って異様に多いと思うんです。親が教師だから自分もっていう人。先生の親はそんなに尊敬できる人だったんですか？」

話しているうちに少しずつ気持ちが昂ぶっていく。千紗子の弱点だ。①幼いころから気が強いとよく指摘されていた。千紗子が熱くなると、波が引くように周囲の空気は冷めていく。困惑したような笑みがいくつも並ぶ。

先生は笑いはしなかったが、難しそうな表情を浮かべていた。

「それは絶対数の問題じゃないですかね」

国語科準備室に足を踏み入れたのは、中一の冬以来だ。当時、クラスの中で小さなイジメが起きていた。周囲の人間はおろか、いじめを受けている本人さえ事を荒らげようとせず、嵐が過ぎるのを静かに待とうとする中で、千紗子はそれを許すことができなかった。

一年次の担任を訪ねて戸をノックしたあの日の国語科準備室にも他の教師の姿はなく、今日と同じように静まり返っていたのを覚えている。

「絶対数って？」

べつに自分が特別正義感が強い人間とは思っていない。友だち思いであるわけでもなく、周囲の人が言うように気が強いとさえ思わない。ただ、納得できない話を「そういうものだから」と受け流すことができないだけだ。ちゃんと納得したいだけ。その気持ちがたぶん人よりも強いから、クラスメイトと同じようにイジメをやり過ごそうとした当時の担任を許すことができなかった。

加賀美先生が千紗子の目を見つめている。はじめて直視する先生の瞳は子どものように澄んでいて、白目の部分がやけにキレイなことが印象的だった。

「たとえば野球選手やタレントの子がその職業に就く割合とそう変わらないのではないかと思うんです。何せ百万人いると言われています

2024年度

江戸川学園取手中学校　▶解説と解答

算数　＜第１回試験＞（50分）＜満点：100点＞

解答

[1] (1) ① 0.5　② $2\frac{19}{28}$　③ $\frac{1}{48}$　(2) 8　(3) $2\frac{1}{3}cm^2$　(4) 5.6cm　[2] (1) 60日　(2) 48日　[3] (1) 3 cm　(2) $13cm^2$　(3) 13分30秒後　[4] (1) 160人　(2) 107人　(3) 86人　(4) 12人　[5] (1) 90通り　(2) 21通り　(3) 540通り　[6] (1) $6\ cm^2$　(2) 2 ：13　(3) $\frac{8}{15}cm^3$

解説

[1] 四則計算，計算のくふう，和差算，面積，長さ

(1) ① $(4.2\times1.2-4.2\times0.7)\div(1.5+2.7)=4.2\times(1.2-0.7)\div4.2=4.2\times0.5\div4.2=0.5$　② $2.75\times\left(1\frac{2}{5}-0.8\right)+0.6\div\left(\frac{1}{3}+0.25\right)=\frac{11}{4}\times\left(\frac{7}{5}-\frac{4}{5}\right)+\frac{3}{5}\div\left(\frac{1}{3}+\frac{1}{4}\right)=\frac{11}{4}\times\frac{3}{5}+\frac{3}{5}\div\left(\frac{4}{12}+\frac{3}{12}\right)=\frac{33}{20}+\frac{3}{5}\div\frac{7}{12}=\frac{33}{20}+\frac{3}{5}\times\frac{12}{7}=1\frac{13}{20}+1\frac{1}{35}=1\frac{91}{140}+1\frac{4}{140}=2\frac{95}{140}=2\frac{19}{28}$　③ A，Bを連続する２つの整数($A<B$)とすると，$\frac{1}{A\times B}=\frac{1}{A}-\frac{1}{B}$が成り立つ。よって，$\frac{1}{12\times13}+\frac{1}{13\times14}+\frac{1}{14\times15}+\frac{1}{15\times16}=\frac{1}{12}-\frac{1}{13}+\frac{1}{13}-\frac{1}{14}+\frac{1}{14}-\frac{1}{15}+\frac{1}{15}-\frac{1}{16}=\frac{1}{12}-\frac{1}{16}=\frac{4}{48}-\frac{3}{48}=\frac{1}{48}$と求められる。

(2) １から９までの数の合計は，$1+2+3+\cdots+9=(1+9)\times9\div2=45$である。箱の中から取り出した１枚のカードの数を$A$，箱に残ったカードの数の合計を$B$とすると，$A+B=45$となる。また，$B-A=29$なので，下の図Ⅰより，$A=(45-29)\div2=8$となり，取り出したカードに書いてある数は８とわかる。

図Ⅰ

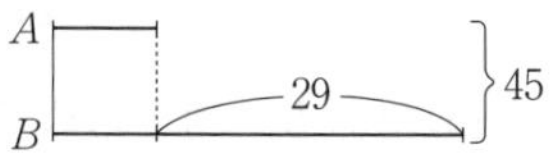

図Ⅱ

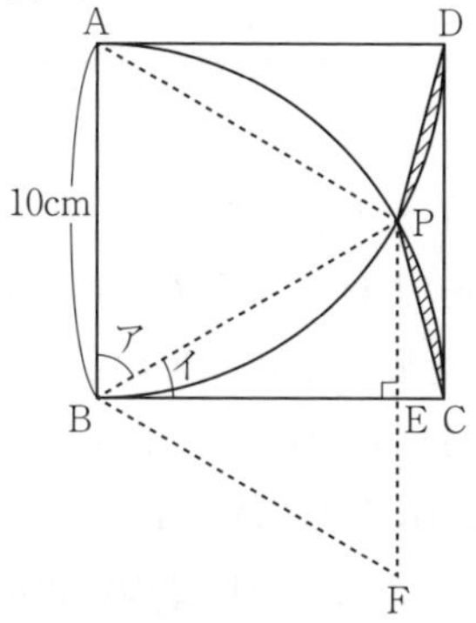

図Ⅲ

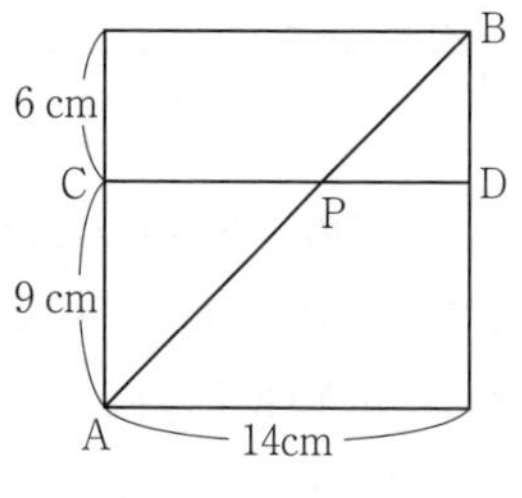

(3) 上の図Ⅱで，PA，PBはそれぞれおうぎ形の半径にあたるので，長さは10cmである。すると，三角形PABは正三角形で，角アの大きさは60度，角イの大きさは，90－60＝30(度)となる。ここで，ＰからBCに向かって垂直な直線PEを引き，直角三角形PBEを作る。この直角三角形PBEは，正三角形PBFを２等分したものなので，PEの長さは，10÷２＝５(cm)である。よって，図Ⅱの斜《しゃ》

線《せん》部分の合計は，半径10cm，中心角30度のおうぎ形から，三角形PBCを除いてできた図形２つ分なので，面積は，$\left(10\times10\times3.14\times\frac{30}{360}-10\times5\div2\right)\times2=\left(\frac{25}{3}\times3.14-25\right)\times2=\frac{25}{3}\times3.14\times2-25\times2=\frac{50}{3}\times3.14-50=\frac{157}{3}-50=52\frac{1}{3}-50=2\frac{1}{3}(\text{cm}^2)$と求められる。

(4)　問題文中の図２の直方体の面のうち，AP，PBが通る面だけを展開図にすると，上の図Ⅲのようになる。AP＋PBを最短にするには，展開図にしたときにABが直線になればよい。このとき，三角形ACPと三角形BDPは相似で，相似比は，AC：BD＝９：６＝３：２となるから，PDの長さは，$14\times\frac{2}{3+2}=5.6$(cm)とわかる。

2　仕事算

(1)　全体の仕事量を，24，40，50の最小公倍数である600とすると，Ａさんと Ｂさんの１日での仕事量の合計は，600÷24＝25，Ａさん１人の１日の仕事量は，600÷40＝15となる。すると，Ｂさん１人の１日の仕事量は，25－15＝10なので，この仕事を仕上げるのに，Ｂさん１人では，600÷10＝60(日)かかる。

(2)　(1)より，Ｃさん１人の１日の仕事量は，600÷50＝12である。この仕事を，Ａさん，Ｂさん，Ｃさんの順で，５日ずつ交代で作業すると，５×３＝15(日)で，15×５＋10×５＋12×５＝185の仕事ができる。これをくり返していくと，600÷185＝３余り45より，15日の周期を３回くり返した後，残っている仕事量が45になる。次に仕事をするのはＡさんで，45÷15＝３より，Ａさんがあとちょうど３日作業をすれば，すべての仕事が仕上がる。よって，この仕事を始めてから仕上がるまで，15×３＋３＝48(日)かかる。

3　平面図形―図形の移動

(1)　下の図１のように，図形イのＡからBCに向けて垂直な直線AEを引くと，三角形ABEは，AE＝BEの直角二等辺三角形で，BEの長さは，10－７＝３(cm)だから，AEの長さも３cmである。よって，CDの長さも３cmとなる。

図１

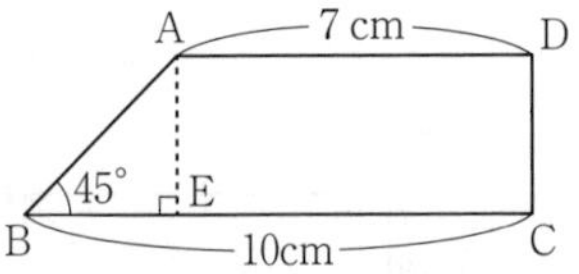

図２

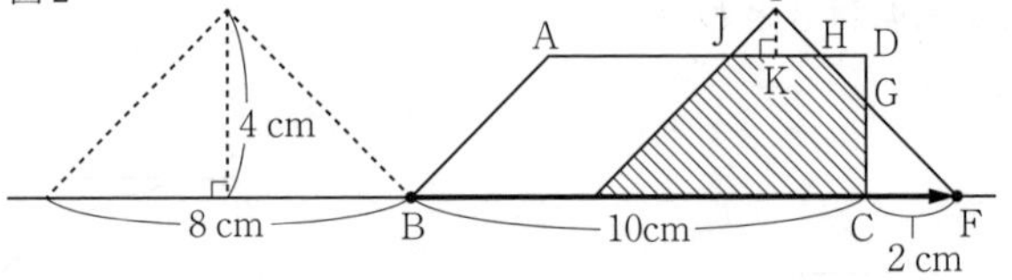

(2)　図形アの，８cmの辺を底辺としたときの高さは，８÷２＝４(cm)である。動き始めてから12分後に，図形アは，１×12＝12(cm)だけ進み，図形アと図形イは，上の図２のように重なる。図２で，三角形GCFは直角二等辺三角形なので，GCの長さはCFと等しく，２cmである。また，三角形GDHも直角二等辺三角形で，DG＝HD＝３－２＝１(cm)となる。さらに，三角形IJHは，図形アと相似な直角二等辺三角形で，IKの長さは，４－３＝１(cm)，JHの長さは，１×２＝２(cm)である。図形アと図形イの重なっている部分(図２の斜線部分)の図形は，図形アから，三角形IJH，三角形GCFを除いたものだから，その面積は，８×４÷２－２×１÷２－２×２÷２＝16－１－２＝13(cm^2)とわかる。

(3)　下の図３で，台形JLNHの面積は，(２＋３＋２)×３÷２＝10.5(cm^2)だから，重なっている部分の面積が２回目に９cm^2になるのは，図３のようになるときである。図３で，(JD＋LC)×３÷

２＝９(cm^2)より，JD＋LC＝９×２÷３＝６(cm)である。また，LCはJDより３cm長いから，LC＝(６＋３)÷２＝4.5(cm)とわかる。よって，図３のようになるのは，図形アが，８＋10－4.5＝13.5(cm)動いたときだから，動き始めてから，13.5÷１＝13.5(分後)，60×0.5＝30(秒)より，13分30秒後と求められる。

図３

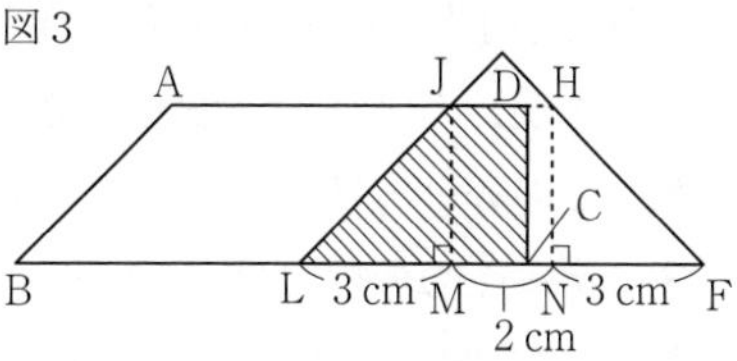

4 約数と倍数

⑴　１から320までの整数の中で，２の倍数は，320÷２＝160より160個ある。よって，競技①に出場しなかった生徒は，320－160＝160(人)である。

⑵　１から320までの整数の中で，３の倍数は，320÷３＝106余り２より，106個ある。また，２と３の公倍数，つまり，６の倍数は，320÷６＝53余り２より，53個ある。すると，６の倍数の番号のゼッケンを付けていた53人は，競技①，②のどちらにも出場したことになるので，競技①，②の少なくともどちらかに出場した生徒は，160＋106－53＝213(人)になる。以上から，競技①，②のどちらにも出場しなかった生徒は，320－213＝107(人)いる。

⑶　１から320までの整数の中で，２の倍数，３の倍数，５の倍数のいずれでもない数を求める。２，３，５の最小公倍数は30だから，あてはまる数を30まで調べると，１，７，11，13，17，19，23，29の８個ある。そこで，30を周期とすると，320÷30＝10余り20より，１から320までにはこの周期が10回くり返されて，残り20個の数がある。残りの20個の中にあてはまる数は６個あるから，１から320までの整数の中で，２の倍数，３の倍数，５の倍数のいずれでもない数は，８×10＋６＝86(個)ある。よって，競技①，②，③のどれにも出場しなかった生徒は86人いる。

⑷　１から320までの整数の中で，２の倍数，３の倍数，５の倍数のいずれでもなく，７の倍数である数を求めればよい。すると，320÷７＝45.7…より，７に１，７，11，13，17，19，23，29，31，37，41，43をかけた積の，７，49，77，91，119，133，161，203，217，259，287，301の12個があてはまる。したがって，競技④に出場した生徒は12人いる。

5 場合の数

⑴　Ａさん，Ｂさん，Ｃさんの順でケーキを選ぶことを考える。Ａさんは，６個のケーキから２個を選べるので，選び方は，$\frac{6\times5}{2\times1}$＝15(通り)ある。次に，Ｂさんは，４個のケーキから２個を選べるので，選び方は，$\frac{4\times3}{2\times1}$＝６(通り)ある。最後に，Ｃさんは，残った２個のケーキを選ぶので，選び方は１通りしかない。よって，６個のケーキを２個ずつ３人に分ける分け方は，15×６×１＝90(通り)ある。

⑵　Ａさんが６個のケーキをもらうとき，Ｂさん，Ｃさんは０個に決まるので，分け方は１通りである。Ａさんが５個のケーキをもらうとき，ＢさんとＣさんのケーキのもらい方は，(１個，０個)，(０個，１個)の２通りある。Ａさんが４個のケーキをもらうとき，ＢさんとＣさんのケーキのもらい方は，(２個，０個)，(１個，１個)，(０個，２個)の３通りある。Ａさんが３個のケーキをもらうとき，ＢさんとＣさんのケーキのもらい方は，(３個，０個)，(２個，１個)，(１個，２個)，(０個，３個)の４通りある。Ａさんが２個のケーキをもらうとき，ＢさんとＣさんのケーキのもらい方は，(４個，０個)，(３個，１個)，(２個，２個)，(１個，３個)，(０個，４個)の５通りある。

Ａさんが１個のケーキをもらうとき，ＢさんとＣさんのケーキのもらい方は，（５個，０個），（４個，１個），（３個，２個），（２個，３個），（１個，４個），（０個，５個）の６通りある。よって，ケーキの分け方は全部で，$1+2+3+4+5+6=21$(通り)ある。

⑶　ケーキの分け方は，｛1個，1個，4個｝，｛1個，2個，3個｝，｛2個，2個，2個｝の３種類ある。｛1個，1個，4個｝の場合，４個もらえる人の選び方は３通りあるから，人と個数の組み合わせは３通りになる。また，はじめに１個もらえる人のケーキの選び方が６通り，次に１個もらえる人のケーキの選び方が残りの５通りだから，ケーキの組み合わせは，$6\times5=30$(通り)ある。よって，｛1個，1個，4個｝の場合の分け方は，$3\times30=90$(通り)となる。次に，｛1個，2個，3個｝の場合，はじめに１個もらえる人の選び方が３通り，次に２個もらえる人の選び方が残りの２通りあるから，人と個数の組み合わせは，$3\times2=6$(通り)になる。また，はじめに１個もらえる人のケーキの選び方が６通り，次に２個もらえる人のケーキの選び方が，$\frac{5\times4}{2\times1}=10$(通り)だから，ケーキの組み合わせは，$6\times10=60$(通り)ある。よって，｛1個，2個，3個｝の場合の分け方は，$6\times60=360$(通り)となる。最後に，｛2個，2個，2個｝の場合の分け方は，⑴より90通りあるから，ケーキの分け方は全部で，$90+360+90=540$(通り)と求められる。

6　立体図形—分割，面積，長さ，体積

⑴　下の図１のように，３点Ｐ，Ｑ，Ｒを通る平面で立方体を切ると，三角すいR－APQができる。AP，AQの長さは，$6\times\frac{1}{1+2}=2$(cm)，ARの長さは，$6-2=4$(cm)なので，この三角すいの展開図は，下の図２のように１辺が4 cmの正方形になる。よって，三角形PQRの面積は，$4\times4-2\times2\div2-4\times2\div2\times2=16-2-8=6$(cm^2)となる。

図１

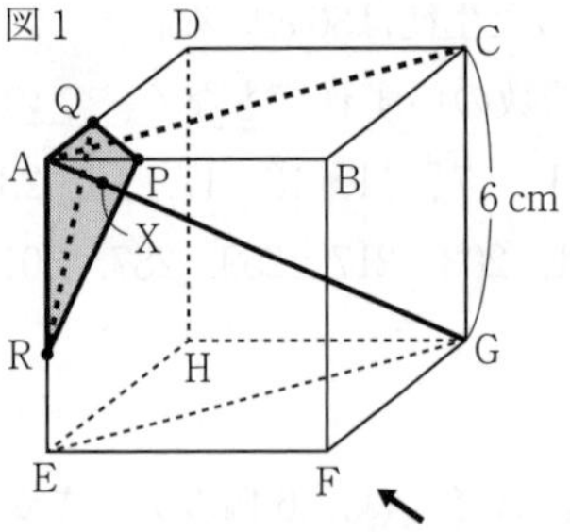

図２

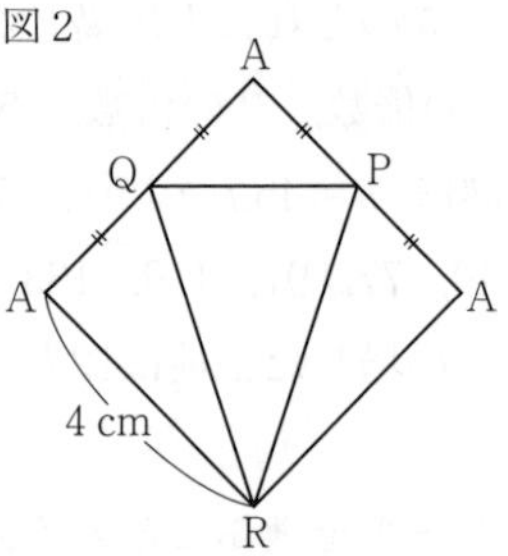

図３

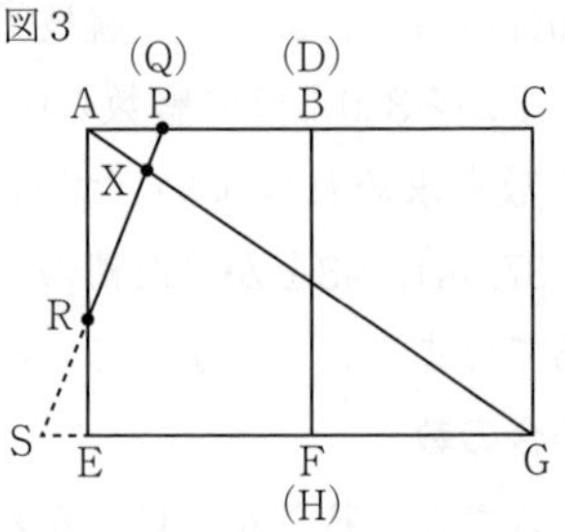

⑵　図１で，対角線AGは長方形AEGC上にあるので，Ｘも長方形AEGC上の点である。図１のＦとＨが重なる方向(矢印の方向)から立方体を見ると，上の図３のように見える。図３で，PRをＲの方向に延長した直線と，GEをＥの方向に延長した直線の交点をＳとすると，三角形APRと三角形ESRは相似で，相似比は，AP：ES＝AR：ER＝２：１である。また，AP：PB＝１：２なので，ESの長さを１，APの長さを２とすると，ABの長さは，$2\times\frac{1+2}{1}=6$，GSの長さは，$6\times2+1=13$となる。以上より，三角形APXと三角形GSXは相似で，相似比は，AP：GS＝２：13なので，AX：XG＝２：13とわかる。

⑶　⑵より，AX：XG＝２：13となるので，Ｘは面ABCDから，$6\times\frac{2}{2+13}=0.8$(cm)の高さだけ離《はな》れた点である。三角すいA－PQXは，右の図４に色をつけて示した三角すいで，三角形APQを底面とすると，高さは0.8cmだから，体積は，$2\times2\div2\times0.8\times\frac{1}{3}=\frac{8}{15}$(cm^3)と求められる。

図４

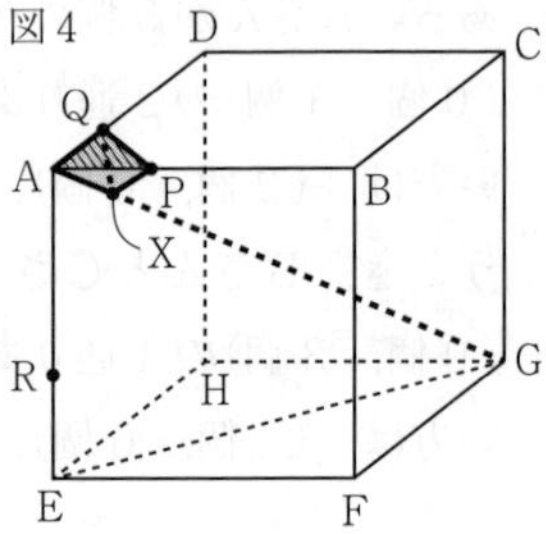

社 会 ＜第１回試験＞（理科と合わせて60分）＜満点：50点＞

解 答

1 **問１** ウ **問２** (1) エ (2) ア **問３** エ **問４** (1) イ (2) （例） 嬬恋村では夏の高原の冷涼な気候を生かして，通常の収穫・出荷時期よりも遅らせて栽培する抑制栽培をおこなっている。それによって商品が流通していない時期に取引でき，高値で売ることができる。 **問５** （例） 温泉，地熱発電 2 **問１** (1) 和 (2) （例） 天皇の命令 **問２** エ **問３** イ **問４** エ **問５** （例） 君主権が強い憲法だったから。 **問６** ウ **問７** ア **問８** イ 3 **問１** イ **問２** 財務 **問３** イ **問４** エ **問５** エ **問６** ウ **問７** **事例**…（例） 学芸会の演目決め **説明**…（例） 効率性を追求するならば，学級委員長１人で決める方法が考えられ，時間がかからない。公平性を追求すれば，全員に発言の機会を必ず与え，納得するまで話し合う方法が考えられ，不満を最小限にできる。どちらも現実的ではないため，全員に発言できる機会を与え，最終的に多数決によって決めることが望ましい。

解 説

1 火山と嬬恋《つまごい》村についての問題

問１ ウの大山《だいせん》は，鳥取県西部にそびえる中国地方最高峰《ほう》の火山である。100万年ほど前から噴火《ふんか》活動を始め，２万年ほど前に最後の活動をして以降は噴火活動が確認されていない。なお，アの有《う》珠《す》山(北海道)は2000年，イの御嶽《おんたけ》山(長野県・岐阜県)は2014年など，エの雲仙普賢岳《ふげんだけ》(長崎県)は1991年などに噴火している。

問２ (1) 特にことわりのないかぎり，地形図上では上が北となる。この地形図で表された地域には針葉樹林(Λ)が広がっているほか，火山博物館の北側や地形図の南西部に広葉樹林(Q)も見られる(X…誤)。北西部に畑(∨)は広がっているが，南東部に広がっているのは水田(॥)ではなく荒《あ》れ地(ılı)である(Y…誤)。 (2) 地形図において，等高線が標高の高いところに向かって食い込《こ》んでいる場合は谷，逆に低いところに向かって張り出している場合は尾根を表している。α—βの地形を見ると，中央の標高1626mの地点とα，βそれぞれとの間に谷があることがわかる。また，αとβの標高がほぼ同じであることも読み取れる。したがって，両端《りょうはし》の高さがほぼ等しく，２つの谷が描《えが》かれているアがα—βの断面図である。

問３ エのイタリアは南ヨーロッパに位置しており，南部は地中海に面している。ポンペイはイタリア南部にある古代ローマ帝国《ていこく》の地方都市で，ヴェスヴィオ山の噴火によって発生した火砕流《かさいりゅう》と降り注いだ火山灰で埋《う》まり，１日にして消滅《しょうめつ》した。なお，アはイギリス，イはドイツ，ウはスペインの位置を示している。

問４ (1) 群馬県はキャベツの生産量が全国一多く(2022年)，ほかの地域からの出荷量が少ない夏に大消費地である東京に向けてキャベツを出荷している。したがって，７月から８月に取引量が多いイが群馬県を表している。なお，アは茨城県，ウは愛知県，エは千葉県の取引量である。 (2) 浅間山山麓《さんろく》に位置する嬬恋村では，夏でも涼《すず》しい高冷地の気候を利用した野菜の抑制栽培《よくせいさいばい》がさかんである。抑制栽培とは，収穫《しゅうかく》・出荷時期をほかの地域から遅《おく》らせて栽培することで，市場での取引量が少ない時期に農作物を出荷し，高値で売ることができる栽培方法である。

問5　文章では火山がもたらす恵《めぐ》みとして，雄大《ゆうだい》な景観と農作物の栽培に適する土壌《どじょう》があげられている。このほかにも，火山の恵みとして温泉や地熱発電があげられる。火山地帯では地下深くにしみ込んだ雨水や海水が火山内部のマグマから出る熱で温められて再び地表に湧《わ》き出し，温泉となっているところがある。また，火山の地中深くから得られた熱(蒸気)を利用して電気を起こす地熱発電を行うこともできる。

2　紙幣《しへい》を題材とした歴史についての問題

問1　(1)　推古天皇の摂政《せっしょう》として政治を行っていた聖徳太子は，604年に十七条の憲法を定め，役人としての心構えを示した。第1条では，和を大切にして人と争わないようにすること，としている。　(2)　詔《みことのり》とは，天皇が出す命令のことである。第3条では，役人は天皇の命令を受けたら必ずそれに従わなくてはならないとしている。

問2　1931年，日本は，関東軍(満州に置かれた日本軍)が南満州鉄道を爆破《ばくは》した柳条湖《りゅうじょうこ》事件を中国側のしわざであるとして軍事行動を起こし，満洲のほぼ全域を占領《せんりょう》して1932年に満州国の建国を宣言した(満州事変)。しかし，国際連盟が満州国を認めず，日本軍の満州からの撤退《てったい》を求める勧《かん》告《こく》案を採択《さいたく》したため，日本は1933年に国際連盟からの脱退《だったい》を通告した(エ…○)。なお，アのラジオ放送の開始は1925年，イの関東大震災《だいしんさい》は1923年，ウの普通《ふつう》選挙法の制定は1925年の出来事である。

問3　1956年に日ソ共同宣言が調印され，日本とソビエト社会主義共和国連邦《れんぽう》(ソ連)との国交が回復したため，日本の国際連合への加盟が実現した(イ…○)。なお，アの日本国憲法の公布は1946年，ウの東京オリンピックの開催《かいさい》は1964年，エの大阪万博の開催は1970年の出来事である。

問4　1877年，征韓論にやぶれて故郷の鹿児島県に帰っていた西郷隆盛は，特権をうばわれ不満を高める士族たちの中心となり，新政府に対して反乱を起こしたが，徴兵《ちょうへい》制により組織された新政府軍に敗れた。西郷隆盛が起こした西南戦争は，士族最後で最大の内乱であった(エ…○)。なお，アの初の衆議院議員選挙は1890年，イの八幡《やはた》製鉄所の操業開始は1901年，ウの関税自主権の回復は1911年の出来事である。

問5　大日本帝国憲法(明治憲法)は，伊藤博文らが君主権の強いドイツ(プロシア)の憲法を手本として作成したもので，1889年2月11日に欽定《きんてい》憲法(天皇が定めた憲法)として発布された。この憲法では主権が天皇にあり，国民を治める権限や軍隊を率いる権限を持つなど，天皇に大きな力があった。

問6　天保の改革を行った老中の水野忠邦は，減少していた農村の人口を増やして農村を再建するために，江戸に出かせぎにきていた農民を強制的に故郷の村に帰す人返しの法を出したが，効果はなかった(ウ…○)。なお，大名に対して石高《こくだか》1万石につき100石の米を幕府に出させる上米の制は，江戸幕府第8代将軍の徳川吉宗が享保《きょうほう》の改革で行った政策である(ア…×)。老中の田沼意次は商人の経済力を利用して幕政を建て直そうと考え，株仲間を認めた(イ…×)。老中の松平定信は幕府の政策を批判したとして，『海国兵談』を著《あらわ》した林子平を処罰《しょばつ》した(エ…×)。

問7　アの葛飾北斎は江戸時代後半の化政文化の時期に活躍《かつやく》した浮世絵師で，さまざまな地域から富士山を描いた『富嶽《ふがく》三十六景』が代表作である。なお，イの狩野永徳は『唐獅子《からじし》図屏風《びょうぶ》』などを描いた安土桃山時代の絵師である。ウの歌川広重(安藤広重)は葛飾北斎と同時代に活躍した浮世絵師で，『東海道五十三次』を描いたことで知られる。エの菱川師宣は江戸時代前期の元禄《げんろく》文化の浮世絵師で，代表作には『見返り美人図』がある。

問８　室町時代には，室町幕府第３代将軍を務めた足利義満が始めた日明《にちみん》貿易（勘合貿易）や，密貿易を行った倭寇《わこう》によってイの永楽通宝や洪武《こうぶ》通宝など大量の明銭（銅銭）が日本にもたらされた。なお，アの和同開珎は飛鳥時代，ウの寛永《かんえい》通宝は江戸時代に鋳造《ちゅうぞう》された貨幣である。

3　効率性と公平性についての問題

問１　法学の世界で重視されるのは「法の下の平等」という観点であり，誰《だれ》もが法の下では平等に扱《あつか》われることが求められる。一方，「徴税《ちょうぜい》の効率性」という観点やかかる費用を少なくするという考え方は，経済学の世界で重視される概念《がいねん》である。

問２　財務省は，財政に関することを主に担当している行政機関である。国民から税金を集め，各省庁が要求している予算の調整を行ったり，国が持っている建物や施設《しせつ》などが正しく使われているか確認したり，経済について世界の国々の代表と話し合ったりしている。

問３　国会が決めた法律や予算にもとづいて政治を行う権限を行政権といい，行政権は内閣に属している。また，その具体的な行政事務は，内閣の下に置かれた省庁などが担当している。

問４　予算案は内閣が作成して国会に提出し，通常国会（常会）において審議《しんぎ》・決定される。間接民主制（議会制民主主義・代議制）をとる日本では，国民の直接選挙によって選ばれた衆議院議員と参議院議員とで国会が構成されているので，国民は選挙を通して間接的に同意していると言える（エ…○）。なお，予算に関する国民の投票は行われていない（ア…×）。会計検査院は内閣から独立している行政機関で，国の決算を毎年チェックしている（イ…×）。過去の予算についての信任投票は行われていない（ウ…×）。

問５　エの累進《るいしん》課税制度は，所得の再分配や平等な社会の実現を直接の目的として採用された仕組みである。収入が多くなるほど税率を高くすることで，収入の多い人からは多く税金を集めて所得格差を少なくしている。なお，アの議院内閣制は議会の信任によって内閣が成り立つ制度，イの二院制は性格の異なる２つの院で議会を構成する制度，ウの三審制は裁判の過《あやま》ちを防ぐために１つの事件（事案）について３回まで裁判を受けられる制度，オのオンブズマン制度は第三者のオンブズマンが行政に対する苦情を受け付け，中立の立場から問題の解決を図《はか》る制度である。

問６　産業革命は，18世紀後半にイギリスで始まり，エネルギー源が木炭から石炭へ変化したことで世界の急激な工業化をもたらした（第１次エネルギー革命）。北海油田が発見されたのは1960年のことで，その後の開発によってイギリスは石油の自給と輸出が可能になった（ウ…×）。なお，1950年代から1960年代にエネルギーの中心が石炭から石油に代わったことを第２次エネルギー革命という。

問７　何かを決めるさい，効率性を追求するのであれば，時間をかけない方法が選ばれるので，１人または限られた少数で決定するとよい。一方，公平性を追求するのであれば，全員が納得する方法が選ばれるので，全員が合意するまで話し合わなくてはならない。前者の方法では不満を持つものが多くなり，後者の方法では時間がかかりすぎたり結論が出なかったりする。したがって，全員の意見を確認し，一定時間話し合ったうえで，多数決によって決めることが望ましいと考えられる。

理　科　＜第１回試験＞（社会と合わせて60分）＜満点：50点＞

解　答

1　**問１**　(1)　1400ｇ　(2)　25cm　(3)　②　**問２**　（例）　静止したまま動かない。　**問３**　50ｇ　**問４**　$\frac{1}{6}$　**2**　**問１**　ゆう解　**問２**　**ア**　③　**イ**　④　**ウ**　⑤　**問３**　液体　**問４**　（例）　解説の図を参照のこと。　**3**　**問１**　①　細ぼう　②　核　**問２**　ATGACCC　**問３**　**T**　15　**G**　35　**C**　35　**問４**　（例）　Ｓ型菌からＲ型菌が何かを得て，Ｓ型菌になった。　**4**　**問１**　**あ**　低い　**い**　高い　**う**　雲　**問２**　雨の日　**問３**　(1)　①　(2)　２日目　**問４**　（例）　（上空に[う]があるときには）地面からの熱が温室効果でこもり，気温が高くなるから。　**問５**　（例）　空気が山とぶつかり，しゃ面をはい上がる。

解　説

1　**力のつり合いについての問題**

問１　(1)　棒の重さは，棒の両はしをそれぞればねばかりでつるしたときの重さの合計と同じなので，900＋500＝1400(ｇ)である。　(2)　棒の重さがすべて一点にかかっていると考えることができる点を重心という。棒のつり合いは，(加わる力の大きさ)×(支点からのきょり)で求められる，棒を回そうとするはたらき(これをモーメントという)で考える。モーメントが右回りと左回りで等しいときに，棒はつり合って静止する。ここで，棒の右はしをばねばかりで持ち上げたときの棒のつり合いについて，棒の左はしから重心までのきょりを□cmとすると，1400×□＝500×70が成り立ち，□＝25(cm)と求められる。重心の位置で棒をつるせば静止するので，求める長さは25cmとわかる。　(3)　棒の重心が，半球形の容器の中心Ｏの真下にくるように置くと，右回りと左回りのモーメントがつり合い，棒は容器内で動かない。よって，②が最も適当である。

問２　図１から，点Ｏは100ｇのおもりと300ｇのおもりの重心にあたることがわかる。このとき図２のように軽い棒をかたむけても，重心を支えていることには変わりがないから，棒は静止したまま動かない。

問３　上から３番目の棒のつり合いから，(３番目の棒の右はしにかかる力)×２＝18×３が成り立ち，(３番目の棒の右はしにかかる力)＝18×３÷２＝27(ｇ)である。上から２番目の棒のつり合いでは，(18＋27)×２＝(Ｂのおもりの重さ)×３から，(Ｂのおもりの重さ)＝45×２÷３＝30(ｇ)となる。さらに，１番上の棒のつり合いを考えると，(30＋45)×２＝(Ａのおもりの重さ)×３なので，(Ａのおもりの重さ)＝75×２÷３＝50(ｇ)と求められる。

問４　グラフを見ると，おもりＨが水面についてからすべて水中にしずむ16cmまで下がると，ばねばかりの目盛りが400ｇから160ｇに変化している。水にしずめた物体は，水中にしずんでいる部分がおしのけた水の重さと同じ大きさの上向きの力(浮力《ふりょく》)を受ける。このとき，おもりＨが16cm下がったときにおもりＨが受ける浮力は，400－160＝240(ｇ)だから，水の重さを１cm^3あたり１ｇとするとおもりＨの体積は，240÷１＝240(cm^3)とわかる。すると，問題の下の図で，Ｆの重さは，400×$\frac{4}{16}$＝100(ｇ)，体積は，240×$\frac{4}{16}$＝60(cm^3)なので，Ｆを下げているひもにかかる力は，

100−60×１＝40(ｇ)となる。また，Ｇの重さは，$400\times\frac{8}{16}$＝200(ｇ)より，軽い棒の左はしにかかる力は，200＋40＝240(ｇ)とわかる。よって，棒のつり合いから，240×３＝(棒の右はしにかかる力)×２より，(棒の右はしにかかる力)＝240×３÷２＝360(ｇ)である。したがって，Ｈにはたらく浮力は，400−360＝40(ｇ)で，しずんでいる部分の体積は，40÷１＝40(cm^3)だから，Ｈのしずんでいる部分の体積は，元の体積の，40÷240＝$\frac{1}{6}$(倍)と求められる。

２ 状態変化についての問題

問１　固体が液体に変化することをゆう解という。なお，液体から気体になる変化は気化，気体から液体はぎょう縮(液化)，液体から固体の変化をぎょう固，固体から気体と，気体から固体への変化は，昇華《しょうか》とよぶ。

問２　**ア**　洗たく物がかわくのは，洗たく物が含《ふく》む液体の水が気体の水蒸気に変化するからなので，③が選べる。　　**イ**　やかんの湯をわかすと，液体の水が水蒸気になるが，やかんの口から出た水蒸気は，まわりの空気に冷やされて液体の水にもどり，湯気として白く見える。よって，④が選べる。　　**ウ**　冷とう庫の氷は固体だが，表面から少しずつ気体の水蒸気に変化し，だんだん小さくなる。したがって，⑤が選べる。

問３　図より，固体の氷は温度を保ったまま気圧を上げると，液体の水になることがわかる。このとき，水は圧力によっておし縮められて体積が小さくなるので，液体の水の方が固体の氷よりも密度が大きいと考えられる。なお，氷を水に入れると浮《う》くことからも水の密度の方が氷の密度より大きいことがわかる。

問４　問題文中に，「水以外の多くの物質は，温度を一定にしたまま圧力のみを上げると，液体から固体に変化します」とある。このようになるためには，つねに固体と液体の境界である曲線BCの上側が固体，下側が液体となるように，曲線が右上がりになっていればよい。よって，右の図のようにかける。

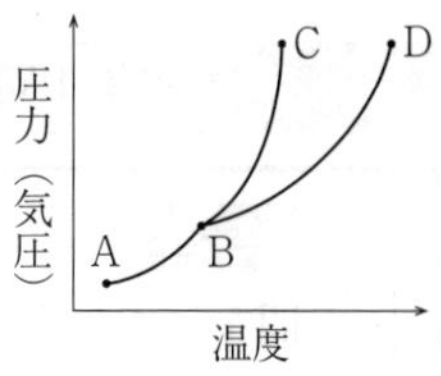

３ 遺伝子の構造についての問題

問１　①　生物のからだには，まくに仕切られた小さな部屋のような構造をしている細ぼうとよばれる構造体があり，生物の体を構成するもっとも小さな単位である。　　②　ふつう，１つの細ぼうの中に核《かく》は１つあり，核の中にはDNAが含《ふく》まれている。

問２　DNAの塩基配列は，アデニン(Ａ)はチミン(Ｔ)と，グアニン(Ｇ)はシトシン(Ｃ)と対になっている。したがって，一方の鎖《くさり》の塩基配列がTACTGGGならば，対になる鎖の塩基配列は，ＡとＴ，ＣとＧが入れかわった，ATGACCCである。

問３　ＡとＴ，ＣとＧは，それぞれ数が等しいので，Ａの割合が15％ならば，Ｔの割合も15％になる。ＡとＴを合わせた割合は，15＋15＝30(％)だから，残りは，100−30＝70(％)で，ＧとＣの割合はそれぞれ，70÷２＝35(％)になる。

問４　病原性のＳ型菌《きん》を加熱すると発病しなくなるから，Ｓ型菌は熱によってはたらかない物質に変化したことがわかる。しかし，はたらかなくなったＳ型菌に，生きた非病原性のＲ型菌を混ぜると発病することから，はたらかなくなったＳ型菌から何らかの物質を受け取って，Ｒ型菌の性質が変化したと考えることができる。

４ 気象についての問題

問１　雲に多く含まれる水蒸気には熱を吸収しやすい性質があり，地球上の熱が宇宙空間に放出されるのをさまたげる。晴れの日の早朝は上空の雲が少ないので，地球上の熱が宇宙空間に放出されやすくなり，朝の気温が低くなることが多い。一方，くもりや雨の日の早朝は，水蒸気に吸収された熱がとどまり，気温があまり下がらず，高いままになる。

問２　雨の日は，上空に雲があるため，昼は気温が上がりにくく夜は気温が下がりにくいことから，１日のうちの最高気温と最低気温の差は小さくなる。

問３　⑴　湿度《しつど》と気温は，気温が上がれば湿度は下がり，気温が下がれば湿度は上がる逆の関係にあるので，②と③が，湿度または気温のグラフである。このうち③は，１日目と２日目の12～14時ごろに最高になることから，気温とわかる。したがって，②が湿度，①が気圧のグラフと判別できる。　⑵　気温(③)のグラフを見ると，２日目の14時ごろに１日の最高気温を記録した後，16時ころから気温が下がりにくくなっていることから，上空に雲があると考えられる。よって，２日目の天気は晴れのちくもりである。なお，１日目は晴れ，３日目は雨があてはまる。

問４　上空に雲があると，地面からの熱が宇宙空間ににげにくくなって気温が下がりにくいので，雲がないときと比べて翌日の朝の気温が高くなる。

問５　空気が上昇する理由には，あたためられた空気が軽くなって上昇するほかにも，移動している空気が山にぶつかって，しゃ面をはい上がる場合，あたたかい空気と冷たい空気がぶつかって，あたたかい空気が冷たい空気におし上げられる場合などがある。

国　語　＜第１回試験＞（50分）＜満点：100点＞

解　答

一　**問１**　**１**　オ　**２**　イ　**問２**　ただ，　**問３**　エ　**問４**　母とい　**問５**　どうし　**問６**　イ　**問７**　しばら　**問８**　そうし　**問９**　子ども　二　**問１**　地球が何回　**問２**　ウ　**問３**　地球　**問４**　巨視的　**問５**　巨大な　**問６**　余裕を　**問７**　エ　**問８**　ア　**問９**　時間空　**問10**　下記を参照のこと。　**問11**　（例）　地球には，火山の噴火や大地震，天体衝突などさまざまな脅威があり，いつささやかな日常が全停止してもおかしくないが，宇宙の話題で多くの人が大きな視点を鍛えることで，地球規模の課題に対する選択肢が増える。

●漢字の書き取り

二　**問10**　ア　衛星　イ　冷静　ウ　有限　エ　深刻　オ　野心

解　説

一　**出典：早《はや》見《み》和真《かずまさ》「春までのセンセイ」（「小説推理」二〇二三年三月号掲載《けいさい》）**。中学三年生の千紗子(「私」)は，先生との個人面談で教師であることについて質問を重ねつつ，やはり教師である母を持つ自分の過去を振《ふ》り返る。

問１　**１**　教師になろうと思った理由を質問したところ，加賀美先生に「父も教師だったからですかね」と言われた千紗子は，「ああやっぱりそうか……」と納得《なっとく》している。よって，“合点がいく”という意味の「腑《ふ》に落ちる」が入る。　**２**　千紗子は，これまでも複数の先生に「教師を志した理由」をたずねていたが，返ってきたのは，いずれも「親が教師だったから――」という答えだったのである。よって，“全く同じである”という意味の「判で押《お》した」があてはまる。

問２　「親が教師だとどうして子どもも教師になろうとする」のか，加賀美先生と「話しているうちに少しずつ気持ちが昂《たか》ぶって」いった自分について，千紗子は中１のころ，クラスで起きたイジメを見過ごすことができなかった過去を思い返しながら分析《ぶんせき》している。少し後にあるとおり，千紗子は「べつに自分が特別正義感が強い」わけでも，「友だち思いであるわけでも」，「気が強い」のでもなく，「ただ，納得できない話を『そういうものだから』と受け流すことができないだけ」なのである。

問３　傍線《ぼうせん》⑥の後にある「しばらくの沈黙《ちんもく》のあと」から始まる段落で，「子供を蔑《ないがし》ろにしてまで生徒たちに情熱を注ぐ両親が許せない」反面，「教師として働く二人を，とくに母親を尊敬してしまう自分もいる」と千紗子が思っている点をおさえる。加賀美先生から，「吉田さんのお父さんもたしか小学校の教師でしたね」と言われた千紗子は，尊敬する母親の存在が軽《かろ》んじられたようで不快に思い，「刺々《とげとげ》しく」「母もです」と言ったのだから，エが合う。なお，「刺々しい」は口調や表情などがいかにもきついようす。

問４　「両親とも」教師であるがゆえに「その煽《あお》りを受けている吉田さんはもっと大変だろう」と言われ，千紗子は「不意を打たれた」と感じている。「母という人間に対しても，教師という仕事にも，愛憎《あいぞう》が常に入り混ざっていた」事実があったため，千紗子は加賀美先生から思いがけず自分の本心を言いあてられたようでおどろきを隠《かく》せなかったのである。なお，「不意を打つ」は，“相手が予測していないときに行動する”という意味。

問５　教育に理想を抱《いだ》く両親に対して「違和《いわ》感」を持つようになったきっかけが続く部分で語られている。帰りの遅《おそ》い母の代わりに夕飯をつくり，妹と二人でテーブルについたとき，千紗子は「どうして他の家の子どものため」に，自分たちが「蔑ろにされなければいけないのだろう？」と疑問を感じている。

問６　誕生日なのに祝ってももらえず，母に代わって自分で夕食を用意した千紗子は，母から「本当にごめんね。誕生日なのに」とわびるメッセージを受け取っている。自分の誕生日を母が忘れているならしかたないと考えることもできるが，覚えていても帰ってきてもらえないことが切なく，許せないという思いもわき起こって思わず涙《なみだ》がこぼれたのだから，イが選べる。

問７　少し後の「しばらくの沈黙のあと」から始まる段落に，「子供を蔑ろにしてまで生徒たちに情熱を注ぐ」教師である「両親が許せない」という思いもあれば，教師として働く両親に対する「尊敬」の念もあるという千紗子の気持ちが書かれている。

問８　自分の娘《むすめ》たちが「教師という道を選択《せんたく》」する日のことを想像したのであろう加賀美先生の表情を見た千紗子は，小学校の卒業文集である『二十年後の私』にまつわるできごとを思い起こしている。小学校の先生となった千紗子の，娘にうしろめたい思いを抱きながら日々生徒たちと真剣《しんけん》に向き合っているようすが書かれたその作文を読み，目尻《めじり》を下げた母の表情が，「ふっと目を細めた」加賀美先生の表情に重なったのである。よって，少し後にある，「そうして完成させた」で始まる一文がぬき出せる。

問９　千紗子は小学校の卒業文集に，小学校の先生になっている二十年後の自分の姿を想像して作文を書いた。この作文を書くさい，千紗子は教師である母に自分を投影《とうえい》して「母という人間の物語を紡《つむ》いだ」ように感じているので，「子どもたちにうしろめたい気持ちを抱きながら，生徒たちと真剣に向き合う毎日を送っている」という文に，千紗子から見た母の教師生活が表現されているといえる。

二　**出典：野《の》田《だ》祥《さち》代《よ》「地球がまわるとき」（「群像」二〇二三年二月号掲載）**。宇宙の話題は，心を癒《いや》し，ものごとを大きく俯瞰《ふかん》するよいツールとなると筆者は述べている。

問１　「子どもの頃《ころ》」の「口げんか」から約45年経《た》った今思うことを筆者は述べている。続く部分に，「そもそも『まわる』は公転なのか自転なのか」とあることからわかるとおり，筆者は「え，それいつだよぉ！　何時何分何秒？」「地球が何回まわったときぃ!?」という子どもの頃の言い合いをきっかけに，「地球」について考察しているものと考えられるので，「『地球が何回』の起点はいつなのか」とするのがよい。

問２　本文の中ほどで筆者は，宇宙を知ることで，人々が「ものごとを大きく俯瞰」できるようになるほか，「有限の命をもつ自分を知り，時間をどう使うか，自分にとっての幸せや，本当に大切なもの，守るべきものは何なのかを捉《とら》え直」せるようにもなると述べている。このことを伝えるため，筆者は「地域の方々」に向けて「宇宙の話」をする仕事を始めたのだから，ウが合う。

問３　「宇宙からは見分けることはおろか，見つけることすら難しい」ものの，「地上の私たちは皆《みな》」，「淡々《たんたん》とまわり続ける岩」の表面に確かに存在しているというのだから，ここでいう「淡々とまわり続ける岩」とは，少し前で「小さな岩の惑星《わくせい》」とされた「地球」だと判断できる。

問４　「近視眼的」とは，目の前のことしか見えず，広い視野で物事を捉えられないようす。これと対比的な意味を持つことばは，物事を全体的に広い視野で捉えるさまをいう「巨視《きょし》的」である。

問５　巨大であることを意味する「マクロ」に対し，「ミクロ」はきわめて小さいことをいう。つまり，「宇宙の話」を通じ，「巨大な宇宙空間と小さな自分」を交互《こうご》に意識することで，人々はものごと（自分）を大きく俯瞰できるようになるというのである。

問６　傍線《ぼうせん》④をふくむ段落で筆者は，困難な状況《じょうきょう》にあるとき，宇宙の話によって目の前の問題が小さく見えたり，冷静になれたりすることがあると述べている。「マクロとミクロの視点」を行き来することが「余裕《よゆう》をなくした私たちの心を癒し，ものごとを大きく俯瞰」する効果をもたらすのである。

問７　Ｙ　太陽フレアが引き起こす深刻な磁気嵐《あらし》は，「あらゆる電子機器に甚大《じんだい》な被害《ひがい》を与《あた》える恐《おそ》れ」があるほか，地球には常に天体衝突《しょうとつ》の脅威《きょうい》があると述べられている。ともに，宇宙空間に地球があることによって起きる被害の説明なので，ことがらを並べ立てるときに用いる「また」が入る。　　Ｚ　地球が太陽系内を運動するために起こり得る危険について述べた後，筆者は「今日の暮らしは宇宙のできごとの上」にあるとまとめているので，“要するに”とまとめて言いかえるときに用いる「つまり」が合う。

問８　地球上の生命が明日も続く「保証」はないとするのがよい。なお，「保証」は，ある人や物事が確かであると責任を持ってうけあうこと。「保障」は，危険や被害を受けないように，責任を持って守ること。「補償《ほしょう》」は，相手に損害を与えたとき，お金などでつぐなうこと。

問９　本文の最初のほうで，地球誕生時を起点とすれば公転の回数は46億回，自転は１兆6790億回だと述べられている。宇宙の話はこのように「時間空間ともに極端《きょくたん》な値《あたい》をとる」ものなのである。

問10　**ア**　惑星のまわりを回る天体。　　**イ**　気持ちが感情的にならず，落ち着いているようす。

ウ　限りがあること。　**エ**　事態がさしせまり，重大であるようす。　**オ**　「野心的」は，試みなどが新しく大たんであるようす。

問11　「無慈悲《じひ》」は，情けがないようす。【　】内の三段落に，「衝突」「日常」「選択肢《せんたくし》」の語が一つずつあるので，それぞれの段落の要約をつなぐ形でまとめるとよい。地球には火山の噴火《ふんか》や大地《じ》震《しん》，天体衝突などの脅威があり，ささやかな日常がいつ全停止してもふしぎはないが，宇宙の話題で多くの人が大きな視点を鍛《きた》えることで，地球規模の課題に対する選択肢が増えると筆者は考えている。

Dr.福井の 入試に勝つ！脳とからだのウルトラ科学

復習のタイミングに秘密あり！

算数の公式や漢字，歴史の年号や星座の名前……。勉強は覚えることだらけだが，脳は一発ですべてを記憶することができないので，一度がんばって覚えても，しばらく放っておくとすっかり忘れてしまう。したがって，覚えたことをしっかり頭の中に焼きつけるには，ときどき復習をしなければならない。

ここで問題なのは，復習をするタイミング。これは早すぎても遅すぎてもダメだ。たとえば，ほとんど忘れてしまってから復習しても，最初に勉強したときと同じくらい時間がかかってしまう。これはとっても時間のムダだ。かといって，よく覚えている時期に復習しても何の意味もない。

そもそも復習とは，忘れそうになっていることを見直し，記憶の定着をはかる作業であるから，忘れかかったころに復習するのがベストだ。そうすれば，復習にかかる時間が一番少なくてすむし，記憶の続く時間も最長になる。

では，どのタイミングがよいか？　さまざまな研究・発表を総合して考えると，１回目の復習は最初に覚えてから１週間後，２回目の復習は１か月後，３回目の復習は３か月後――これが医学的に正しい復習時期だ。復習をくり返すたびに知識が海馬《かいば》（脳の，知識をためる倉庫みたいな部分）にだんだん強くくっついていくので，復習する間かくものびていく。

この計画どおりに勉強するには，テキストに初めて勉強した日付と，その１週間後・１か月後・３か月後の日付を書いておくとよい。あるいは，復習用のスケジュール帳をつくってもよいだろう。もちろん，計画を立てたら，それをきちんと実行することが大切だ。

ちなみに，記憶量と時間の関係を初めて発表したのがドイツのエビングハウスという学者で，「エビングハウスの忘《ぼう》却《きゃく》曲線」として知られている。

Dr.福井（福《ふく》井《い》一成《かずしげ》）…医学博士。開成中・高から東大・文Ⅱに入学後，再受験して翌年東大・理Ⅲに合格。同大医学部卒。さまざまな勉強法や脳科学に関する著書多数。

2024年度 江戸川学園取手中学校

【適性型Ａ】〈第１回適性型試験〉（50分）〈満点：100点〉

1　以下の会話文を読んで、あとの問に答えなさい。

Ａ：資料Ⅰ～Ⅵを見て！　ぼくが集めた上山市のデータだよ。
Ｂ：色んなデータがあるね。どうやってこんなデータを手に入れたの？
Ａ：簡単だよ。これら全部、市のホームページで公開されていたんだ。
Ｂ：そうなんだ。どうしてこんな細かいデータを、わざわざホームページで公開しているのかな？
Ａ：それは［　Ａ　］からだと思うよ。
Ｂ：なるほど、確かに地方公共団体がこういった情報をしっかり公開することも、民主主義社会を支える大事な要素なんだね。
Ａ：そうだね、国民としてしっかりとそういう権利を行使していかないといけないね。そういえば気になっていたことがあって、資料Ⅵなんだけどさ、どうして令和２年から図書館の利用者数が一気に減ってしまったんだろう。
Ｂ：本当だ。あ、もしかして、［　Ｂ　］からじゃない？
Ａ：なるほど、きっとそれが理由だ！　一人で考えていたら気づかなかったよ。ありがとう！

資料Ⅰ：上山市の出生・死亡者数

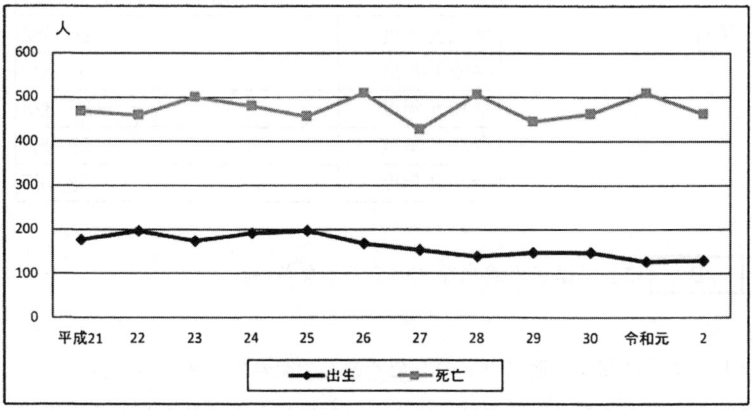

資料Ⅱ：上山市の転入・転出者数

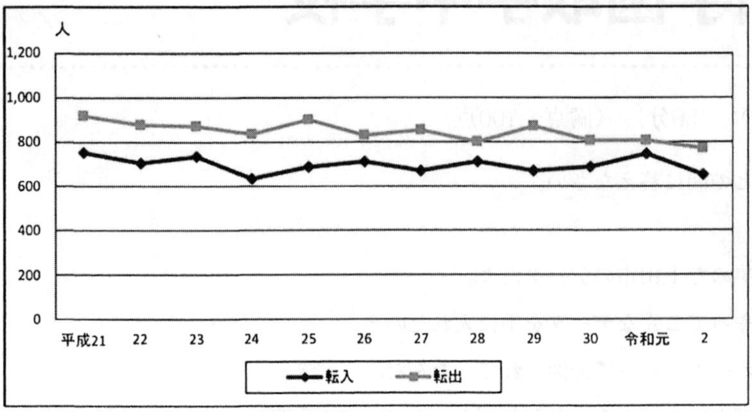

資料Ⅲ：上山市内の従業者規模別工業事業所数（平成28年）

従業者規模	１～３人	４～９人	10～19人	20～29人	30～49人	50～99人	100人以上
事業所数	68	41	20	11	7	8	6

資料Ⅳ：上山市の農業産出額（千万円）（令和元年）

米	麦・いも等	野菜	果実	工芸農作物	畜産
108	2	23	573	1	40

資料Ⅴ：上山市の経営耕地面積（a《アール》）（令和２年）

田	畑	樹園地
81,830	18,313	45,483

資料Ⅵ：上山市立図書館の利用者数

年	図書館の館内利用者数（人）
平成29年度	86,682
平成30年度	95,530
令和元年度	95,323
令和２年度	55,969
令和３年度	68,767

問題１　文中の空欄［A］・［B］に当てはまる適当な文章を答えなさい。

問題２　以下の選択肢ア～エのうち、資料に関して適当なものを全て選んで記号で答えなさい。

ア、平成29年度に上山市で死亡した人の数は、同年に上山市から転出した人の数のおよそ２倍である。

イ、上山市の人口は、平成21年度からずっと減少し続けている。

ウ、資料Ⅲのデータをグラフで表すとしたら、円グラフまたは帯グラフにするのが適切である。

エ、上山市は果樹の栽培がさかんであり、農業産出額・耕地面積ともに、果樹栽培に関連するものが最も多くなっている。

先生（以下「先」）：どうして上山市のデータを調べようと思ったのですか？

Ａ：実は去年の夏休みに家族で行ってきたんです。温泉が気持ちよくて、食べ物も美味しくてとてもいいところでした。

先：上山といえば、昔から温泉地や宿場町として栄えた地域ですね。

Ａ：宿場町ということは、大きな道路が通っていたんですか？

先：そうです。江戸時代の上山には羽州街道と呼ばれる大きな道路が通っていて、資料Ⅶのように、様々な大名達がこの羽州街道を利用していたんですよ。羽州街道は、現在の福島県で奥州街道と合流して、そのまま江戸の日本橋まで続いていました。

Ｂ：ということは、江戸時代の大名たちは［　C　］ために羽州街道を利用していたんですね。

先：そうですね。他にも大阪城の監視役を命じられた際にも、羽州街道を使って移動していたみたいですよ。

Ａ：大阪城の監視役を任されるなんて、東北の藩たちは幕府に信頼されていたんですね。

先：幕末が近づくにつれ、幕府は東北の藩を頼るようになっていきます。

Ｂ：幕末に起こった戊辰戦争では、薩長同盟を中心とする新政府軍が、抵抗する旧幕府軍と戦いましたが、そのときに旧幕府側について最後まで新政府軍に抵抗を続けたのも東北の諸藩でしたね。

Ａ：確かに、奥羽越列藩同盟って授業で習いました！　会津藩や庄内藩は有名だけど、上山藩も幕府側として戊辰戦争を戦ったのですね。そういえば、戊辰戦争の「戊辰」っていうのはどこの地名なんですか？

先：「戊辰」というのは地名ではなく、戊辰戦争が起こった年の干支《えと》を表しています。歴史の用語には、干支が由来になっているものも多いんですよ。

Ａ：そうなんですね。上山の歴史に興味がわいてきました。幕末の上山藩について調べてみたいと思います。

資料Ⅶ：江戸時代に羽州街道を利用していた主な大名たち

大名の名前	石高	藩の名前（現在の地名）
佐竹右京大夫	20万６千石	久保田藩（秋田県秋田市）
酒井左衛門尉	14万７千石	庄内藩（山形県鶴岡市）
津軽越中守	10万石	弘前藩（青森県弘前市）
戸澤上総介	６万８千石	新庄藩（山形県新庄市）
水野和泉守	６万石	山形藩（山形県山形市）

問題３　文中の空欄［　C　］に当てはまる適当な文章を答えなさい。

問題４　解答用紙の地図中に、羽州街道をかき込みなさい。（なお、羽州街道以外の街道はかかなくてよい。）

問題５　干支について、以下の問いに答えなさい。

（１）干支が生み出された国はどこだと考えられるか。その国名を答えなさい。

（２）1868年の干支は何年《なにどし》か。十二支の動物を、ひらがなで答えなさい。

問題６　以下の**史料**①〜⑤について、あとの問に答えなさい。

史料①

幕末の江戸やその周辺では、浪士たちが放火や略奪を行って幕府を挑発していた。1867年12月25日、幕府は庄内藩・上山藩などの諸藩に対し、江戸にある薩摩藩の屋敷に隠れている浪士たちをつかまえるよう命令した。屋敷の表門から庄内藩士たちが討ち入りを始めると、裏門の守りを任されていた上山藩士たちは、裏門から屋敷の外に逃げようとした多くの浪士たちを討ち取り、つかまえた。

史料②

上山藩士の家に生まれた金子清邦は、17才のときに藩校の教職員に任命され、その後、仙台や江戸で学問を修めた。家督を相続した後は、藩政の中枢に関わる立場として、財政・軍事・教育・ききん対策など様々な分野で改革を主導していった。その手腕から多くの藩士たちの信頼を得ていた清邦だったが、幕府の命令で薩摩藩の屋敷に出動した際に重傷を負い、その翌日に死亡してしまった。

史料③

1868年１月、新政府は全国の諸藩に向けて、江戸幕府最後の将軍である徳川慶喜を追討しろと命令した。幕府から重用されていた上山藩は、これまでの恩を受けた幕府への忠義を果たすべきか、天皇の名のもとに出された新政府の命令に従うべきかで大いに混乱した。こんなときにあの金子清邦が健在であればと、多くの者たちが彼をなつかしんだ。

史料④

1868年９月、二人の会津藩士が、使者としての役目を終えて会津に帰る途中で上山藩に泊まった。上山藩士の佐藤邦蔵は、「もはや会津若松城は新政府軍に包囲されている」と二人に伝えたが、二人は「どんな危機的状況であっても武士として引き下がることはできない」とこたえ、会津へと向かった。二人が上山藩を去って間もない同年９月22日、会津若松城は新政府軍の手に落ちた。

史料⑤

降伏した上山藩に対し、新政府軍は1868年９月18日より上山城下に進軍し、藩からの謝罪や城内の検分など降伏に向けた手続きが進められていた。そんな中、新政府軍の中にいたある兵士が、「上山には私の父を殺した者がいる。その者を連れてこい。成敗してやる！」と、突然さわぎを起こした。この兵士は薩摩藩の出身だったようだが、軍の上司（隊長）の取り計らいによって事態はおさめられた。

（１）史料⑤の兵士が下線部のような発言をしたのはなぜか。その理由を①～④の史料から推測し、仮説を立てなさい。また、推測に用いた史料の番号を一つ答えなさい。

（２）あなたが立てた（１）の仮説が正しいことを裏付けるためには、①～④の他にどのような史料があればよいか、なるべく具体的に答えなさい。

2　とある架空の教室で２つのグループにわかれて互いに討論をしています。これを読んで、以下の問に答えなさい。

討論会のテーマ：絶滅危惧種の保護方法

Ａチーム

主　　張：人間に役立つ資源となる生物だけを保護すべきだ

メンバー：佐藤さん、高田さん、山本さん、田中さん

Ｂチーム

主　　張：あらゆる生物の絶滅を防ぐべきだ

メンバー：斉藤さん、中村さん、川口さん、宮崎さん

先生

前回は絶滅に瀕した鳥の保護活動について学びました。新潟県佐渡市にある保護センターのホームページなどを調べましたね。ア新潟県の「県の鳥」でもあるこの鳥は、現在保護活動により個体数を回復させています。今回は、絶滅危惧種の保護は、人間に役立つ特定の生き物を保護するべきか、そうでない生き物も含めて生物多様性、つまり多様な生き物が暮らしていけるように働きかけるべきか討論を行います。まずＡチーム、佐藤さん発言してください。

Aチーム、佐藤さん

自然の中で絶滅していく種があったとして、人間に責任はないのだから人間の資源として有用な生物種だけを守ればいいと思います。

Bチーム、斉藤さん

いいえ、資源となるかどうかに関わらず、生き物の絶滅に人類が責任を持つ必要があります。

先生

それはなぜですか。

Ｂチーム、斉藤さん

資料１と資料２のどちらにも書いてあります。

先生

なるほど、イ２つの資料に共通して書いてあることを根拠に、人類が責任を持つべきだと発言したのですね。

Ａチーム、高田さん

しかし役立たない生物にまで責任を持つ、なんて話になったらきりがありません。

Ｂチーム、斉藤さん

命は等しく尊いものです。役立つ、役立たないと人間の都合で勝手に決めていいものではありません。

Ａチーム、高田さん

たとえばもともと生息していた動物を食べてしまう外来種を処分するのは、命は尊いとはいえ仕方のないことです。

先生

高田さんの言う外来種とは、生態系をおびやかす侵略的外来種のことですね。

Ａチーム、高田さん

そうです。しかしそれだけではありません。生態系をおびやかさなくても、私たちはゴキブリを退治したり病原菌を消毒したりします。それは悪いことなのでしょうか。人間が自分たちの発展のために、食糧や工業製品の資源となる生物を保護し、そうでない生物と区別するのが悪いことだとは思えません。

Ｂチーム、中村さん

食糧や工業製品となる生き物だけを大切にするのは間違っていると思います。きれいな空気や水を維持するのに森の存在は欠かせません。それに……

Ａチーム、山本さん

害虫は駆除しますよね。

先生

山本さん、まだ発言の途中ですよ。中村さんは発言を続けてください。

Ｂチーム、中村さん

もう一つ忘れてはならないのは資料３のここだと思います。人間は生態系からこういう恩恵も受けています。

先生

ウ「ここ」というのは資料３の、どの部分でしょうか。

Ｂチーム、中村さん

（みんなに資料を示しながら）ここです。

Ａチーム、山本さん

確かにきれいな鳥や花などは保護してもいいと思いますが、気持ち悪いだけの虫や人間の目に映らない微生物などはその恩恵と関係がありません。まして害のある生物や病原菌であれば根絶した方が人類にとっていいのではないでしょうか。

Ｂチーム、川口さん

いいえ、役立つかどうかに関わらず絶滅は防がなければなりません。資料４を見てください。生き物の暮らしはお互いが支え合って成り立っているのだから、どれかが欠けると予測のつかない影響が生じてしまうのです。

Ａチーム、田中さん

先生、資料４に読めない部分があります（資料４「？」箇所）。

先生

生態系を飛行機に、それぞれの生物種を機体のリベットにたとえている部分の続きですね。エこの部分にはどんなことが書いてあったか、文脈から推測してみましょう。読解リテラシーの訓練になりますよ。

Ｂチーム、宮崎さん

先生、資料２の後半にまだ議題にのぼっていない大切な論点があります。責任というのは自然に対する責任だけではない、と言えると思います。

先生

実は記載していませんが、この項の小見出し、つまりオ資料２の題には、宮崎さんの指摘したことが書いてありました。人間のためにも、絶滅を防ぐことが大切だ、と言えますね。ウナギやマツタケは食糧として利用できる資源ですが、そうでない生き物の場合も、同じ論点が当てはまるかどうか。今日の討論はここまでとしますが、まだまだ議論を深めることのできそうなテーマですね。宿題として、今回の討論の感想を作文にまとめて……（こうして授業は次の活動へ移行）

資料１

豊かな生物多様性に支えられた生態系は、人間が生存するために欠かせない安全な水や食料の供給に寄与するとともに、自然と触れ合うことで生まれる身体的・心理的経験や発想（インスピレーション）のもとになるなど、良質な生活を支えています。しかし、生物多様性及び生態系サービスに関する政府間科学-政策プラットフォーム（ＩＰＢＥＳ）が2019年に公表した「生物多様性と生態系サービスに関する地球規模評価報告書」では、人間活動の影響により、過去50年間の地球上の種の絶滅は、過去1,000万年平均の少なくとも数十倍、あるいは数百倍の速度で進んでおり、適切な対策を講じなければ、今後更に加速すると指摘しています。

（令和５年度版　環境白書・循環型社会白書・生物多様性白書
https://www.env.go.jp/policy/hakusyo/r05/index.html　より作成）

資料２

以上の話から、生物種の絶滅を防ぐべき理由は生態系の健全さを維持すべきだからであり、しかも現在の生物種の絶滅はスピードが速く人間活動が原因となっているので、生物種の絶滅を防ぐ責任が人間にある、ということが理解されたかと思います。

これらの説明は、第１章でふれた「人間非中心主義」のなかの「生態系中心主義」という立場に立ったものです。つまり、人間のためというよりは、生態系のために生態系を守ろう、そのために種の絶滅を防ごう、という主張です。

それとは別に、生物種の絶滅は人間にとっても残念なことだろう、という考え方もあります。これを「人間中心主義」（自然ではなく人間本位にものを考える立場）として嫌う人もいますが、私は重要な論点だと思っています。

二〇一四年にＩＵＣＮ（国際自然保護連合）はウナギを絶滅危惧種に指定しました。ウナギは今も普通に売られているので意外だと感じる人も多いでしょう。しかしこのままの状態で生産と消費が続けば、近い将来、食卓にウナギがのぼらなくなる恐れがあります。

これは第２章で取り上げた世代間倫理の話に関わってきます。このままウナギが絶滅したならば、世代間に大きな不公平が生じることになります。つまり、現在の我々は「ウナギって美味しいね」と言ってたくさん食べることができていますが、将来の世代はその楽しみを享受することができないことになります。そして将来の世代は、時間をさかのぼって過去の世代（つまり私たち）に文句を言うことができないのです。

さらに二〇二〇年にはマツタケが絶滅危惧種に指定されました。ウナギやマツタケのように食文化に関わるものについては、次のような論点もあります。商店街を調べていて、「江戸時代にはここにはウナギ屋があった」ということを知ったとき、私たちは過去とのつながりを感じることができます。ウナギ屋がどういうものかを私たちは知っていますし、ウナギ屋が江戸時代から存在することも知っているからです。

マツタケを食べたことがある人はもちろん、仮にマツタケを食べたことがなくても、マツタケが何かはご存じでしょう。ドラマやマンガなどで「高級食材の代名詞」として使われるからです。しかし将来の人々はウナギもウナギ屋の風景も、マツタケが喚起する高級なイメージも、実感できなくなっているかもしれません。種の絶滅は文化や歴史の断絶にもつながるのです。

（吉永明弘『はじめて学ぶ環境倫理　――未来のために「しくみ」を問う』より作成）

資料３

（鷲谷いづみ『<生物多様性>入門』より作成）

資料４

後者は、飛行機の機体を繋ぎとめている鋲（リベット）を例にしている。リベットが一つ外れても飛行には影響はないが、ある時気がつくと、大方のリベットは外れていて、飛行機が空中分解を起こす寸前だというものだ。このリベットの一つひとつが、生物種に喩えられる。すなわち、一種や二種の絶滅は、生物界全体にとってそれほど問題ではないかもしれないが、気がついたときには、［　？　］というものだ。

この二つのアナロジーは、絶滅寸前の特定の種を保護するだけではなく、生物全体、すなわち生物多様性の保全の必要性をうまく表していると思う。生物界（生態系）は、食物連鎖などで相互に依存し合っている。そこでは、人間の役に立つ生物であるか否かは関係ない。

（高橋進『生物多様性を問いなおす――世界・自然・未来との共生とＳＤＧｓ』より作成）

問題１　下線部ア「新潟県の『県の鳥』」の名称をカタカナ２字で答えなさい。

問題２　下線部イ「２つの資料に共通して書いてあること」とはどのようなことか、答えなさい。

問題３　下線部ウ「『ここ』というのは資料３の、どの部分でしょうか」という先生の質問のあと、中村さんが指し示したのはどの部分だと考えられるか。答えとして最も適切なものを次の１～４から一つ選び、番号で答えなさい。

１、資源供給サービス

２、調節的サービス

３、文化的サービス

４、基盤的サービス

問題４　下線部エについて、資料４の［　？　］内に書かれている内容を考えて書きなさい。

問題５　下線部オ「資料２の題」はどのようなものか、考えて書きなさい。

3　次の文章を読み、あとの問に答えなさい。

ＡＩに質問をすると即座に答えてくれるサービス、私も登録して利用してみました。

最初に「まな板立てはタブレットスタンドとして使えますか」と質問。以前、オンラインミーティングがあったとき、タブレット端末を固定する道具を持っていなかったので、仕方なくまな板立てで代用したことがあったのを思い出し、ＡＩならなんと答えるか興味が湧いたのです。

すると「まな板立ては、通常、まな板を立てて収納するために使用される道具です」からはじまる、大変真面目な回答をもらってしまいました。まな板立てはまな板を立てることができるように設計されているためタブレットを立てることができないこと、タブレットスタンドはタブレットを立てる目的の道具であること、ただし構造、形状、重さによってはタブレットを立てて置くこともできること。大きさ、角度などによるので製品ごとに異なる点に注意が必要なこと。全部でなんと316文字も書いてくれました。完璧です。でも完璧すぎてむしろ不適切な感じがしました。

人間どうしの会話を想像してください。「まな板立てはタブレットスタンドとして使えますか」なんて質問をする人はどういう人か。もちろんまな板立ては持っているけれど、タブレットスタンドは持っていない人です。その人はできればスタンドは購入したくないと思っているはずです。お金がもったいないとか、買いに行く時間がもったいないとか、理由はそんなところかな。でもＡＩはそういう人に向かって「大きさ、角度などによるので製品ごとに異なる点に注意が必要」とアドバイスしています。いやいや、新たにまな板立てを買うわけではないのだけれど……。ですが、それは人間の発想です。ＡＩにとって相手がどんな気持ちでいるか明確ではないのです。質問者の状況とか心情とかを一切想像せず、回答する。これがＡＩなのだと、身に染みてわかりました。

さて本題はここからです。私は国語の先生ですから、生徒に宿題として作文を書くように指示することがあります。題は例えば「将来の夢」とか、「日本の増税」とか。ＡＩにも出してみました。「将来の夢」は「人工知能の発展と技術の進歩を追求すること」だそうです。1ちょっと面白い。「機械学習や画像認識の研究に取り組み現代社会で役立つ技術や製品を生み出すことができるように努力したい」と、大変「立派」な作文を書いてきました。つづいて「日本の増税」の方はというと「社会保障制度や財政黒字化のための増税であるが、消費が落ち込み景気が悪化する懸念がある」という内容が網羅的に書かれ「経済状況を踏まえながら、慎重に判断されることが予想されます」と結ばれていました。300字程度の文章を書く所要時間、わずか30秒程度です。

正直、ＡＩの性能がここまで進歩していることに驚きを隠せません。国語教師としての焦りも、それは大きいものがあります。焦りの一つは、悪い生徒が宿題を自分でやらずにＡＩが書いたものを提出してきたとき、教師である自分はどうするか、です。賢い子なら言葉遣いを少し幼稚にして、さも子どもが書いたかのように装ってくるでしょう。より賢い子なら文章の骨格を維持しつつトピックをまるごとスライドさせたりもできるでしょう。「人工知能の発展」のところを「環境問題の解決」に変えて、「機械学習や画像認識の研究」を「絶滅動物の研究」に変えたりしてくる子が出てくるかもしれません。その程度で私の目はごまかせないのですが。

先生がなぜ子どもに作文を書かせるのか、みなさんにもわかりますね。将来、文章作成の場面で困ることがないようにするため、そして文章を通じて自分の思想や感情、自分らしさを世間に表現できるようにするためです。その訓練をさぼってＡＩでごまかすような子どもが出てこないように、先生の方も課題の出し方を工夫しなければなりません。$_{2}$ＡＩには簡単に書けない、無理矢理書いても人間らしい文章にならない題を真剣に考えなければなりません。

中には「大人になってもＡＩに文章を書いてもらえばいいじゃないか。ＡＩを便利な道具として活用することの何がいけないのか」と考える人もいるでしょう。なるほど、まさに、私が今回の試験のために作成した討論会の人物名、佐藤さん、斉藤さん、高田さん、などはＡＩの考えたものです。より便利な道具ができるなら、それを活用してより多くの仕事を成し遂げた方がいい、という考えもありそうです。これが、私の焦りの二つ目と関係してきます。

なぜなら「大人になってもＡＩに文章を書いてもらえばいい」という考えの人が多くなると、学校で国語を勉強しても意味がない、と考える子どももその分増えてしまうからです。国語の先生に教わることなんてない、給料を払うのはもったいない、なんてことになったら、私はお金に困ってしまいますしプライドも傷つきます。ここがジレンマです。私は文明の利器を活用して生きています。しかし子どもにはＡＩに頼らず、自分の頭で作文して欲しいのです。将来、「文章なんてＡＩに書かせればいいじゃないか」と言われたときに堂々と「人間らしい文章は、まだまだ人間の仕事だよ」と言い返せる人に育って欲しいと願っているのです。そうすると単に文章が書ける人に育てるだけではだめなのです。人間らしい文章とは何か、もっというと人間らしさとは何か、ということをいっぱい考えるような教育をしていかなければならない。これが私の二つ目の焦りになります。

なお、本文の作成に当たっては、ＡＩの出力した文章を紹介するところでもそのまま引用せず、自分なりに少し表現を改めて記載しています。なんのプライドか、自分でもよくわかりません。人間って不思議ですね。

問題１　下線部１「ちょっと面白い」とあるが、その理由を考えて書きなさい。

問題２　下線部２「ＡＩには簡単に書けない、無理矢理書いても人間らしい文章にならない題」について、あなたが国語の先生の立場なら、どのような題で作文を課しますか。その題がいいと思った理由も含めて180字以上、210字以内で書きなさい。

【適性型Ｂ】 〈第１回適性型試験〉 (50分) 〈満点：100点〉

1　ゆたかさんは、街灯《がいとう》に照らされて平《たい》らな地面の上にできる影《かげ》の長さに興味を持ちました。

ゆたか：街灯でできる人影の長さって、その人が街灯に近づくほど短くなるよね。なんでだろう？

こころ：それなら、算数で習った考えを使えば分かるわ。街灯と人を真横から見た図を考えましょう。(**図１**)

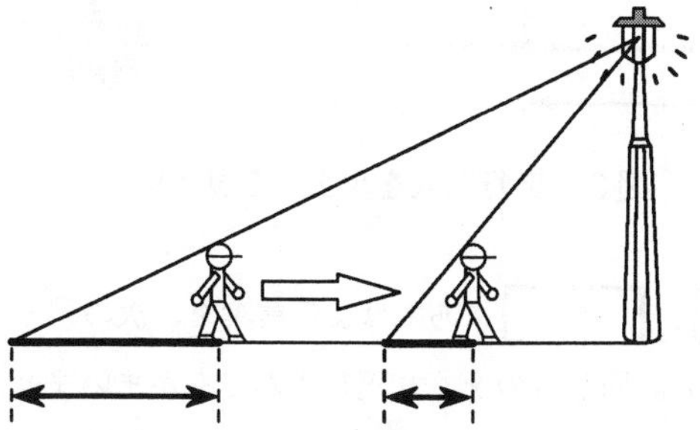

図１　街灯と人を真横から見ている

ゆたか：この図を使えば人影の長さを具体的に比べられるね。ここでは下の図のように、街灯の高さＯＨを4.5m、人の身長ＡＸを1.5m、街灯と人の近づく前の距離《きょり》ＡＯを５m、近づいた後の距離ＢＯを２mとして、近づく前後での人影の長さＰＡ、ＱＢを比べてみよう。(**図２**)

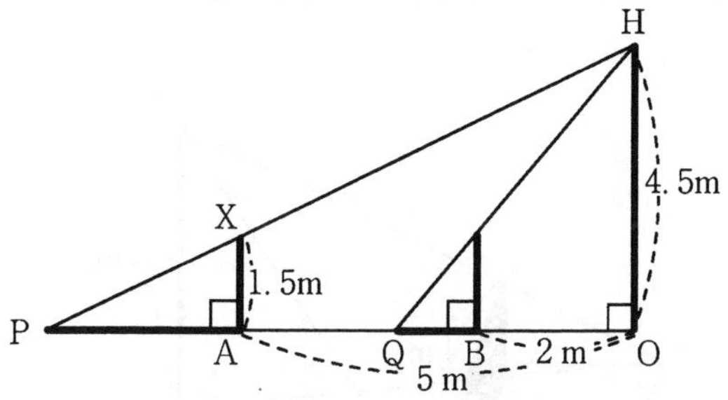

図２　人影の長さＰＡとＱＢを比べる

こころ：三角形ＰＡＸは三角形ＰＯＨの縮図になっているわ。ＡＸ：ＯＨ＝1.5：4.5＝１：３だから、三角形ＰＡＸは三角形ＰＯＨの$\frac{1}{3}$の縮図ね。よって、ＰＡの長さは［　ア　］mだと分かるわ。

問題１　会話文中の［　ア　］にあてはまる数を書きなさい。

ゆたか：なるほど。同じように考えればＱＢの長さは１mだから、街灯に近づくほど人影の長さは短くなるといえそうだね。ところで、街灯と人を結ぶ直線ＯＡに対して直角な方向に人が歩いて移動した場合、移動する前と比べて移動した後の人影の長さはどう変化するのかな？

こころ：それなら、街灯と人を真上から見た図を考えましょう。（**図３**）移動する前と比べて移動した後の街灯と人の距離は［ イ ］わね。だから移動する前と比べて移動した後の人影の長さは［ ウ ］と分かるわ。

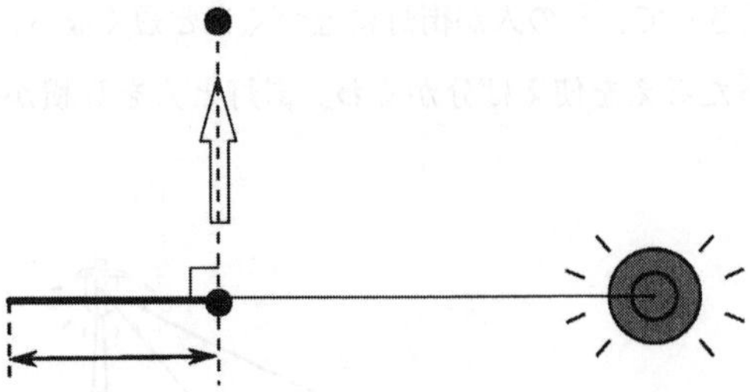

図３　街灯と人を真上から見ている

問題２　会話文中の［ イ ］、［ ウ ］にあてはまる言葉を、次の①～③の中から一つずつ選び、それぞれ番号で答えなさい。同じものをくり返し選んでもかまいません。

①　短くなる	②　長くなる	③　変わらない

ゆたか：面白いね。そうしたら、街灯に照らされて地面にできる塀《へい》の影の面積も求められるのかな？ここでは図のように、塀を高さＡＸが1.5m、長さＸＹが４ｍの長方形ＡＸＹＣとして、塀の厚さは考えないことにしよう。街灯の高さＯＨを4.5m、街灯と塀の片側の端との距離ＯＡを５ｍとし、直線ＯＡと直線ＡＣが垂直であるとして、地面にできる塀の影の図形ＡＣＲＰの面積を求めてみよう。（**図４**）

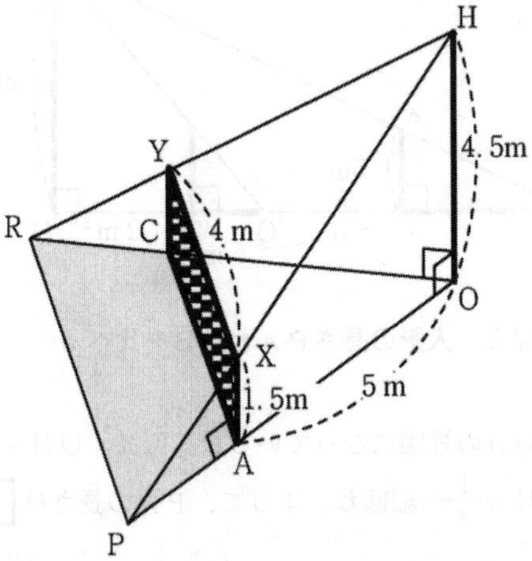

図４　街灯に照らされて地面にできる塀の影の図形ＡＣＲＰ

こころ：直線ＰＲと直線ＡＣは平行になるから、辺ＰＲの長さは［ エ ］ｍで、塀の影の図形ＡＣＲＰの面積は［ オ ］m^2と求まるわ。

問題３　会話文中の［ エ ］、［ オ ］にあてはまる数をそれぞれ書きなさい。

2　こころさんは、祖父母の家を訪れた際《さい》、和室に敷《し》き詰《つ》められた畳《たたみ》を見て興味を持ちました。

こころ：畳の敷き詰め方って独特だわ。たとえば、広さが６畳《じょう》の床《ゆか》面には６枚の畳をこんな風に敷き詰めるのよ。（**図１**）畳１枚は長辺と短辺の長さの比が２：１の長方形なので、広さ６畳の床面は縦と横の長さの比が３：４になっているわ。

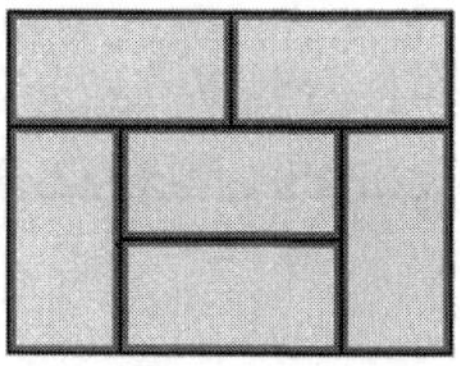

図１　６畳の床面への畳の敷き詰め方

ゆたか：敷き詰め方は他にもたくさんありそうだね。よし、面白そうだから、敷き詰め方が全部で何通りあるのかを考えてみよう。……うーん、意外といろんなパターンがあって難しいなぁ。

こころ：そういう時は、問題を簡単にして規則性を見つけてみましょう。ここからは、畳１枚を長辺２m、短辺１mの長方形とし、縦の長さ a m、横の長さ b mの長方形の床面を【$a \times b$】と表すことにしましょう。さらに床面の上下左右を区別して考えると、畳の敷き詰め方は、【２×１】が１通り、【２×２】が２通り、【２×３】が３通りだと分かるわ。（**図２**）

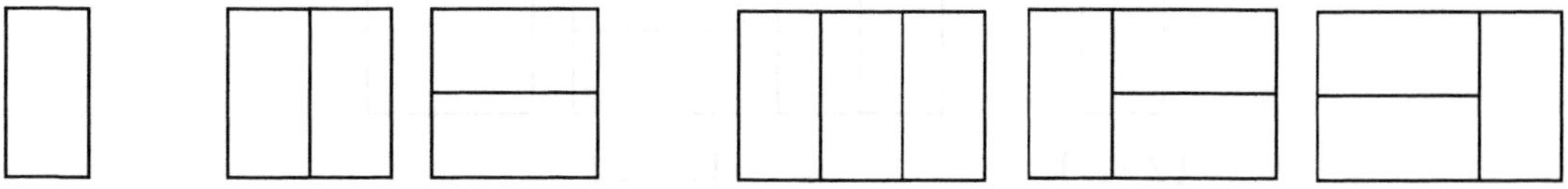

【２×１】　　【２×２】　　【２×３】

図２　畳の敷き詰め方

ゆたか：ということは、【２×４】は４通りなのかな？

こころ：ええと、ちょっと待って。【２×４】は５通りよ。（**図３**）

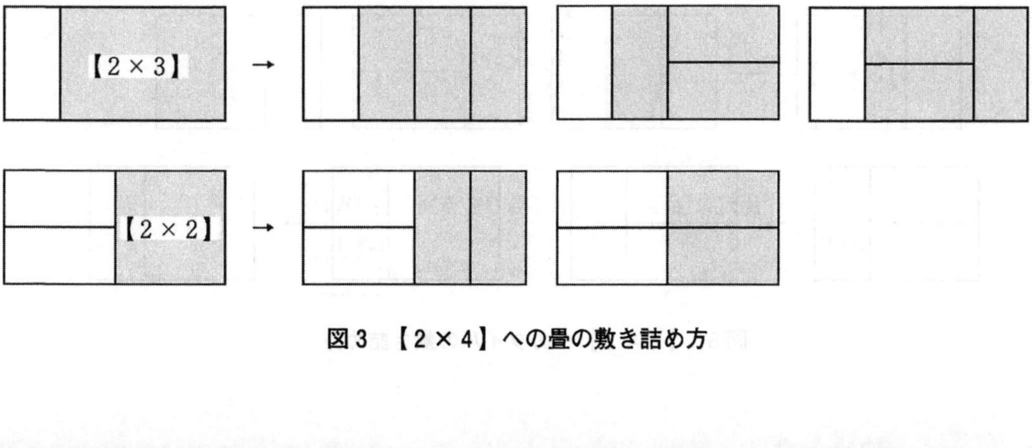

図３　【２×４】への畳の敷き詰め方

ゆたか：あ、本当だ。【2×4】は、【2×1】の形に【2×3】の形をつなげた3通りと、【2×2】のうちの一つの形に【2×2】の形をつなげた2通りの足し合わせだと考えれば求まるんだね。だから3＋2＝5より、答えは5通りだ。

こころ：そうね。【2×5】は、【2×1】の形に【2×4】の形をつなげた5通りと、【2×2】のうちの一つの形に【2×3】の形をつなげた3通りの足し合わせだと考えれば求まるわ。だから5＋3＝8より、答えは8通りね。

ゆたか：敷き詰め方の規則性を見つけられたね。同じようにして考えれば、【2×6】は8＋5＝13より、答えは13通り。【2×7】は13＋8＝21より、答えは21通り。こうして考えていくと、【2×10】は［ア］通りと求まるね。

問題1　会話文中の［ア］にあてはまる数を書きなさい。

こころ：規則性を見つければ、実際にかぞえ上げなくても式を立てて計算すれば求められるわね。

ゆたか：規則性を見つけるのって面白いな。せっかくだから、設定を少しだけ変えて規則性を見つけてみようよ。そうだ、次は2種類のタイルの敷き詰め方を考えよう。長辺2m、短辺1mの長方形のタイルと、一辺2mの正方形のタイルの2種類が使えることにしよう。この場合、タイルの敷き詰め方は、【2×1】が1通り、【2×2】が3通りだと分かるね。(**図4**)

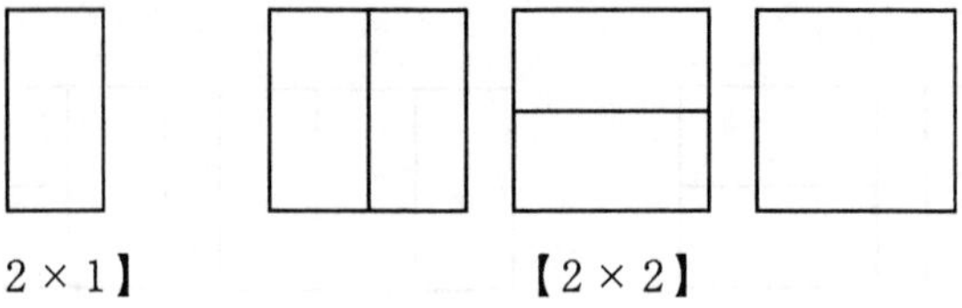

図4　タイルの敷き詰め方

こころ：【2×3】は、【2×1】の形に【2×2】の形をつなげた3通りと、【2×2】の2通りの形に【2×1】の形をそれぞれつなげた1通りずつの足し合わせだと考えれば求まるわ。だから3＋2×1＝5より、答えは5通りね。(**図5**)

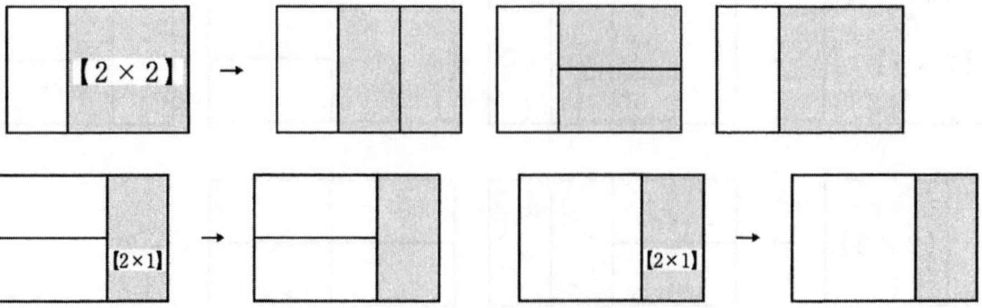

図5　【2×3】へのタイルの敷き詰め方

ゆたか：さっそく規則性を見つけられたね。同じようにして考えれば、【２×４】は５＋２×３＝11より、答えは11通りだね。

こころ：【２×５】は［　イ　］より、答えは21通りね。

ゆたか：【２×10】は［ウ］通りと求まるね。

問題２　会話文中の［　イ　］にあてはまる式を書きなさい。
また、［ウ］にあてはまる数を書きなさい。

こころ：次は、長辺２ｍ、短辺１ｍの長方形のタイルと、長辺３ｍ、短辺２ｍの長方形のタイルの２種類が使えることにしましょう。この場合、タイルの敷き詰め方は、【２×１】が１通り、【２×２】が２通り、【２×３】が４通りだと分かるわ。（**図６**）

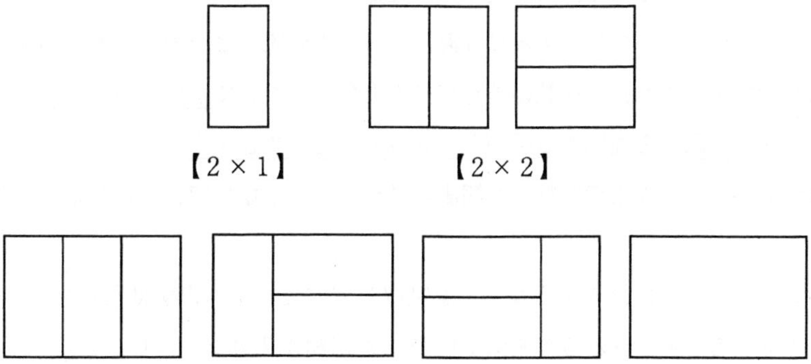

【２×３】

図６　タイルの敷き詰め方

ゆたか：あ、分かった。これも規則性を見つけられたよ。式を立てて計算すれば、【２×４】は７通りだと求まるね。

こころ：そうね。同じようにして考えれば、実際にかぞえ上げなくても式を立てて計算すれば求められるわ。【２×５】は［エ］通り、【２×６】は［オ］通りね。

ゆたか：【２×10】は［カ］通りだね。

問題３　会話文中の［エ］、［オ］、［カ］にあてはまる数をそれぞれ書きなさい。

3　こころさんとゆたかさんが科学部の活動について話しています。以下の会話文を読み、問いに答えなさい。

こころ：先生、夏休みの研究は東京湾の環境について調査を行おうと思うのですがどのように研究を進めていけば良いでしょうか。

先生　：ではまずは水辺の環境について基本的な事を理解して、研究対象を決めていきましょう。

ゆたか：ぼくは干潟《ひがた》について研究したいなぁ。

先生　：では、干潟も含《ふく》めて話をしていきます。まず干潟は水質浄化機能があることが知られています。水中に含まれる栄養塩《えいようえん》と呼ばれる物質を（　ア　）によって消費《しょうひ》したり、（　イ　）によってその場所から取り除いたりして水質をきれいにしています。開発による埋め立てなどにより干潟の面積は減少が続いていますが、保全運動も活発になっています。

こころ：わたしは東京湾に入ってくる汚染物質《おせんぶっしつ》について知りたいです。

先生　：東京湾の水質汚染について理解するには河川からの水の流入と湾内《わんない》の海水の動きを理解することが重要になります。これには複数の地点で様々な項目について水面から真下の方向に水質を観測することで海水の動きを理解する手がかりを得ることができます。

ゆたか：以前先輩たちが８月に東京湾で行った観測結果があるそうなので、それを見てみよう！

問題１　文章中の（　ア　）には光エネルギーを吸収して酸素を生み出すはたらきが、（　イ　）には生物同士の食べる・食べられるの関係を総称《そうしょう》した用語が入ります。（　ア　）は漢字３文字で、（　イ　）は漢字２文字とひらがな３文字の合計５文字でそれぞれ答えなさい。

問題２　**図１**のＡＢＣ各地点で塩分濃度を測定したものが**図２**のグラフである。**図２**の曲線ａｂｃはそれぞれ地点ＡＢＣのどこで測定されたものか、Ａ～Ｃの記号で答えなさい。なお一般的な海水の塩分濃度は3.4％である。

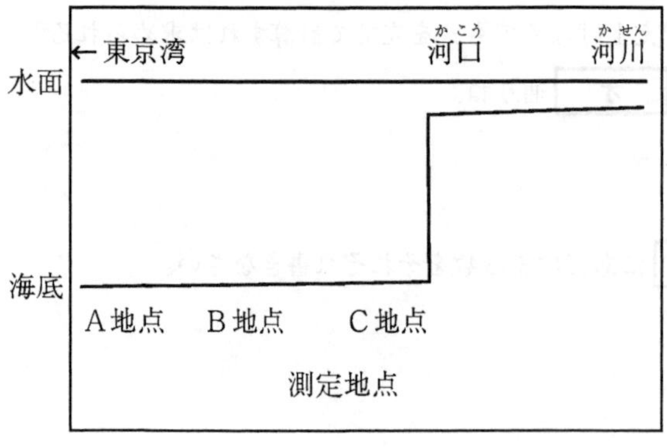

図１

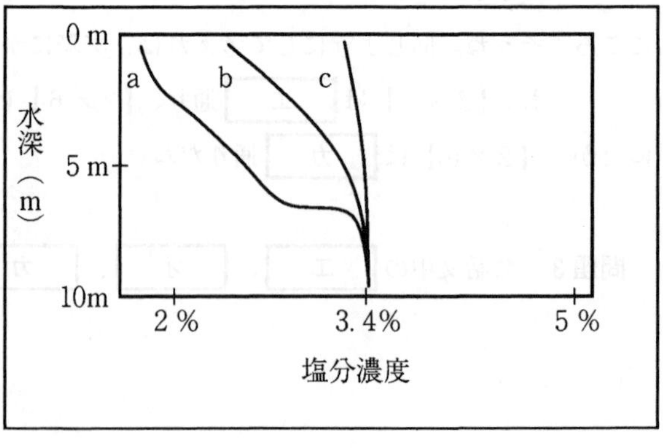

図２

問題３　文章中の（　イ　）のなかで分解者といわれる生物は海底に住み有機物《ゆうきぶつ》を分解する際《さい》に酸素《さんそ》を消費《しょうひ》する事が知られている。図のＡ地点で酸素濃度《のうど》を測定した場合、グラフはどのようになるか、①～④からひとつ選び、番号で答えなさい。なお、mg/Lは１リットルの海水に何mgの酸素が溶けているかを示す単位である。

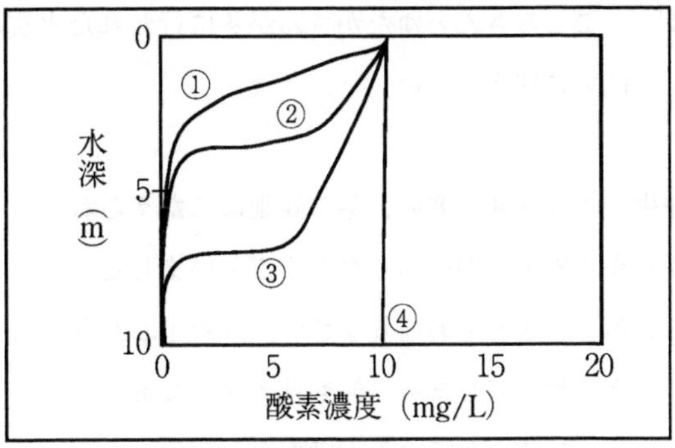

問題４　下線部に関連して東京湾への流入《りゅうにゅう》河川の上流湖《じょうりゅうこ》で植物プランクトンの分布を調べたところ図中の曲線⓪のようになった。観測した湖のさらに上流で掘削工事《くっさくこうじ》があり、土砂が流入《りゅうにゅう》し、透明度《とうめいど》が低下した場合、植物プランクトンの分布は曲線①～④どのように変化すると考えられるか。右の図から選び番号で答えなさい。なお、土砂には植物プランクトンの栄養源《えいようげん》になるような物質や、植物プランクトン自体は含《ふく》まれないものとする。

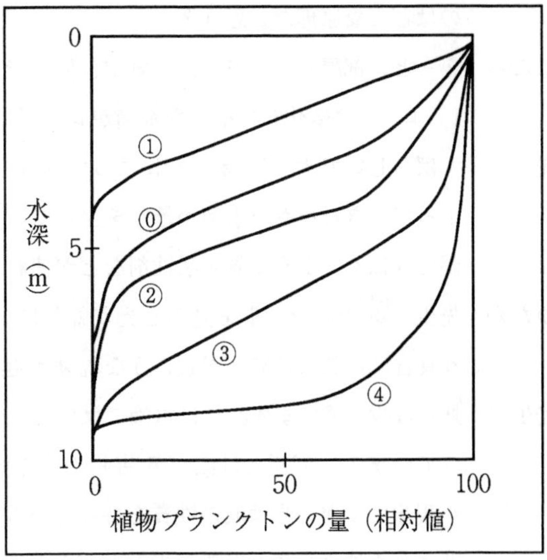

4　こころさんとゆたかさんが冬に行われた水質の観測から帰ってきたようです。以下の会話文を読み、問いに答えなさい。

先生　：う～寒い寒い、冬の観測はこたえるね。

ゆたか：先生、引率《いんそつ》ありがとうございました。

こころ：二人ともお帰りなさい。うわ！ふたりともメガネが真っ白ですよ！

ゆたか：曇《くも》ってしまって何も見えないなぁ、そういえば先生、曇り止めスプレーってどんなしくみで曇りを防止しているんですか？

先生　：それにはまず「曇り」というものが何なのかを知る必要があるね。こころさん、メガネが曇ったのはどんな原理だと思う？

こころ：えーと、部屋の（　ア　）空気が、外部で（　イ　）メガネに触《ふ》れると水蒸気が（　ウ　）から（　エ　）に変化して小さな水滴《すいてき》がレンズ上にできるからでしょうか？

先生　：すばらしいです。（　オ　）によって物質の状態《じょうたい》が変化することを状態変化《じょうたいへんか》と言います。それによってできた小さな水滴が曇りを生んでいます。ですので、曇り止めスプレーはそういった水滴ができにくいように界面活性剤《かいめんかっせいざい》などが使われています。

ゆたか：先生、卓上《たくじょう》のライトを見ると光が虹色《にじいろ》に見えます。光源《こうげん》を中心にして内側《うちがわ》から（　カ　）という具合《ぐあい》に。これは虹《にじ》と同じような現象《げんしょう》が起きているのですか？

先生　：虹《にじ》とは少し違《ちが》います。虹《にじ》は水滴《すいてき》で反射《はんしゃ》した光を見ているのに対してこれは回折《かいせつ》という現象が起こっています。回折とは波が障害物《しょうがいぶつ》のすき間を通るときに障害物のかげに回り込んで伝わっていく現象ですが、光は波の性質を持っているため回折を起こします。このときに波長の短い青色の光よりも波長の長い赤色の光の方が大きく回り込む性質があるので、色が分かれて見えるのです。

問題１　文章中の空欄（　ア　）～（　エ　）に適する語句を以下の語群から選び、答えなさい。

語群：あたためられた　　ひやされた　　液体　　固体　　気体

問題２　文章中の空欄（　オ　）に適する語句を漢字２文字で答えなさい。

問題３　以下の図は光源から出た光がメガネのレンズに付着《ふちゃく》した水滴で回折《かいせつ》する様子の一部を模式的《もしきてき》にあらわしたものである。正しいものをア～カからひとつ選び、記号で答えなさい。

ア

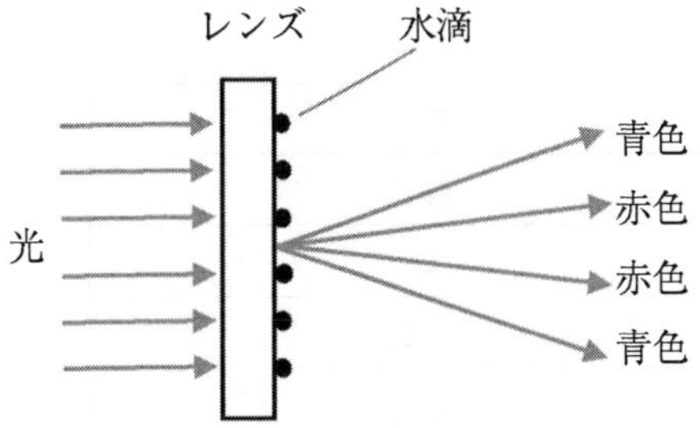

イ

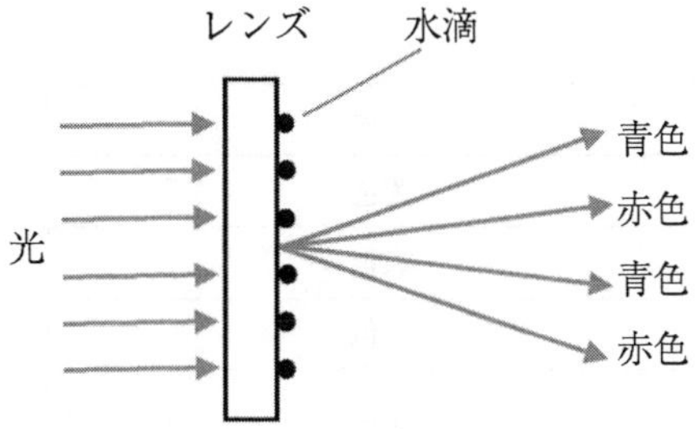

ウ

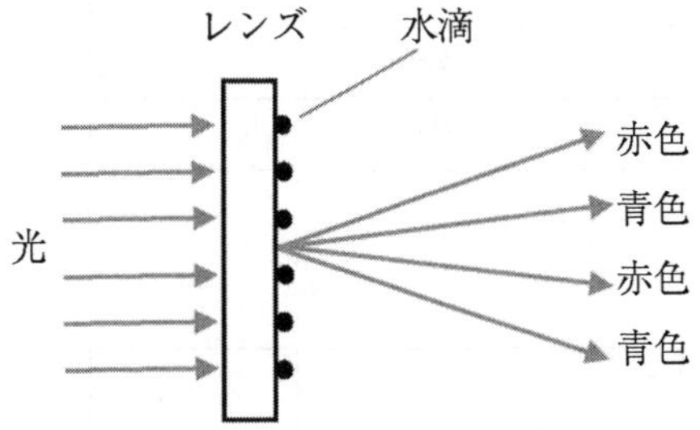

エ

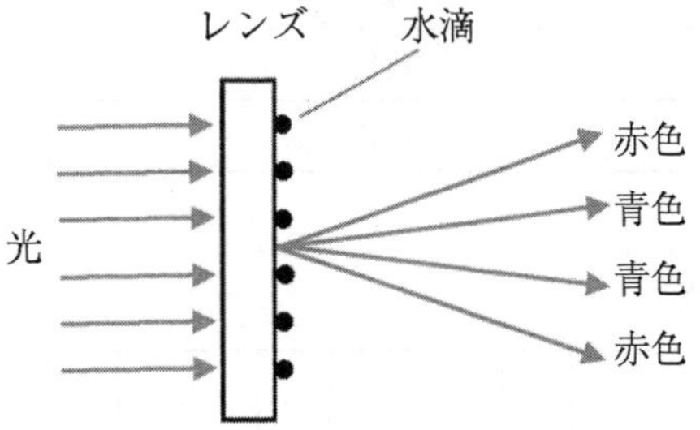

オ

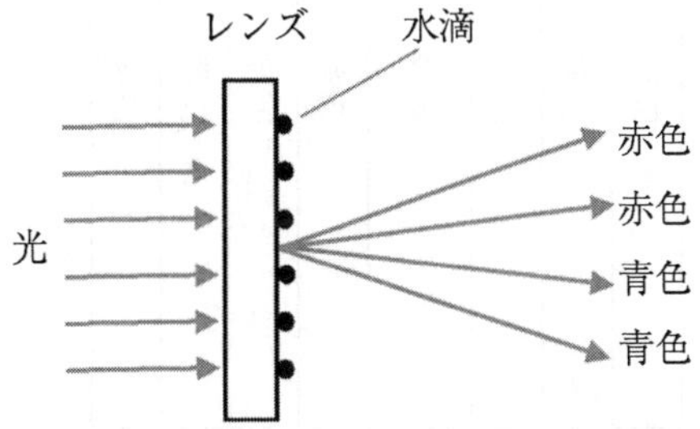

カ

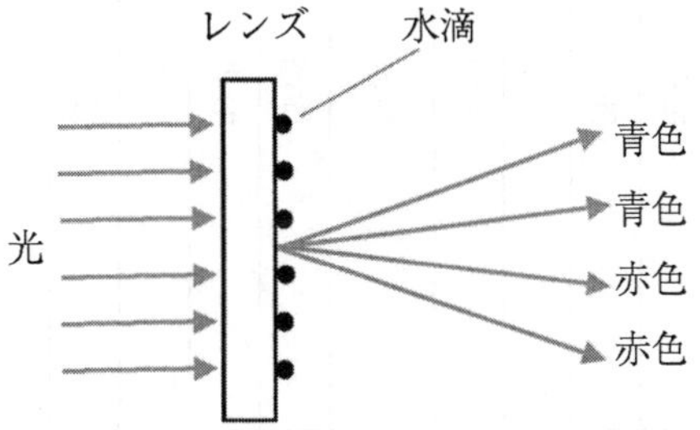

問題４　ゆたかくんから光源を見た場合、視界の中で見える（　カ　）の色の変化として正しいものを以下の図から選び記号で答えなさい。ただし、光源の大きさは数 cm ていどで、ゆたかくんのメガネのレンズには度が入っていなかったとする。

ア

イ

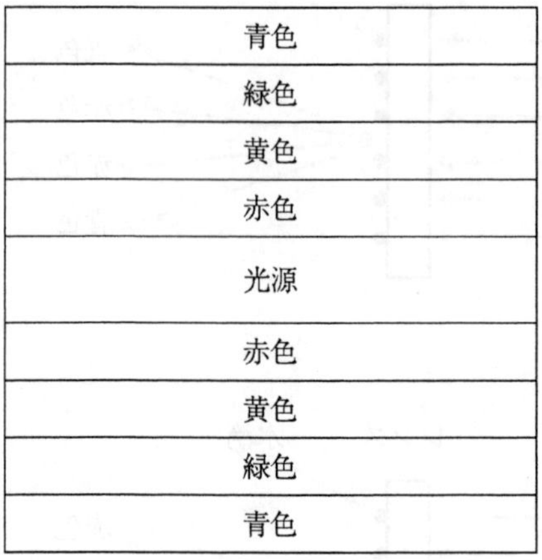

ウ

エ

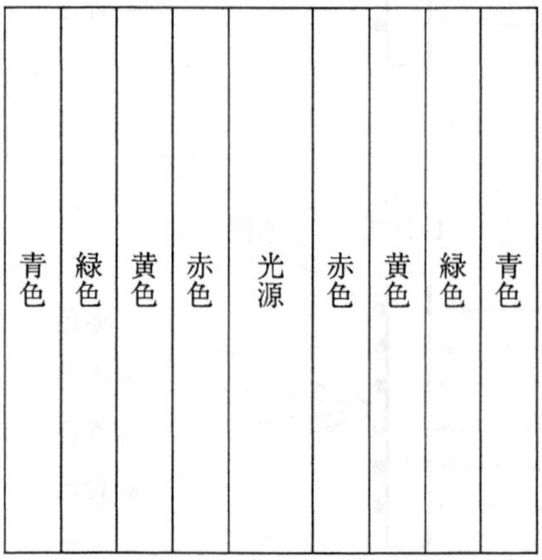

オ

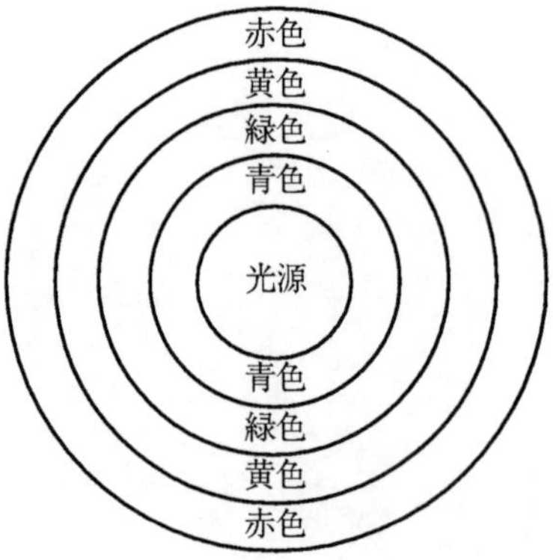

カ

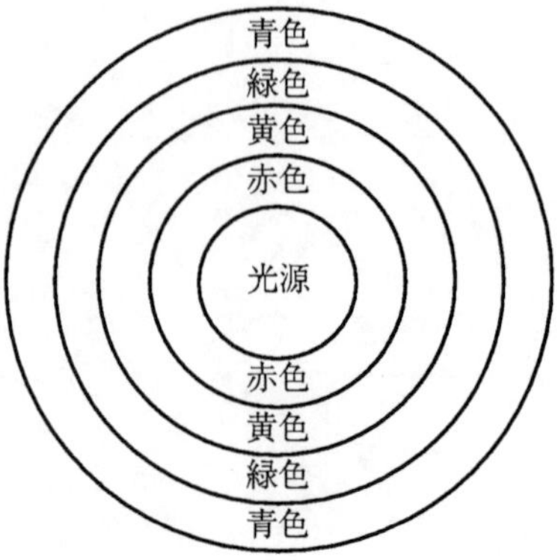

2024年度

江戸川学園取手中学校　▶解　答

※　編集上の都合により，第１回適性型試験の解説は省略させていただきました。

適性型Ａ　＜第１回適性型試験＞（50分）＜満点：100点＞

解　答

1　**問題１**　**Ａ**　（例）　住民に対して市の情報を公開する義務がある　**Ｂ**　（例）　新型コロナウイルス感染症が流行した　**問題２**　イ，ウ　**問題３**　（例）　参勤交代で江戸と領地を往復する　**問題４**　（例）　右の図　**問題５**　⑴　中国　⑵　たつ　**問題６**　⑴　（例）　**史料の番号**…①　**推測される仮説**…この兵士の父が，薩摩藩の屋敷に隠れていたところを，上山藩士らに襲撃されて殺されたから。　⑵　（例）　幕末に江戸の薩摩藩邸に隠れていた者の名簿や，史料⑤でさわぎを起こした兵士の家の家系図。

2　**問題１**　トキ　**問題２**　（例）　人間活動の影響により，生物種の絶滅が速まっていること。　**問題３**　3　**問題４**　（例）　人間もふくめた生物界全体の絶滅になる　**問題５**　（例）　生物種の絶滅を防ぐことは，将来世代のためでもある。

3　**問題１**　（例）　AIが人工知能の発展を夢見ているのは，自分で自分を発展させることになるから。　**問題２**　（例）「婚約指輪のかわりに菜の花を恋人にプレゼントした青年についてどう思うか」という宿題を出します。本文によると，このAIは状況や心情を察することなく質問に答えます。しかし人間は質問の意図を考え，青年のおかれている状況や心情を考察し，想像性の豊かな作文が書けます。よって，この題なら，AIが書いても人間らしい文章になりません。このように人の気持ちをくみ取ろうとすることが必要な題で作文を課すとよいと思います。

適性型Ｂ　＜第１回適性型試験＞（50分）＜満点：100点＞

解　答

1　**問題１**　2.5m　**問題２**　**イ**　②　**ウ**　②　**問題３**　**エ**　6 m　**オ**　12.5m^2

2　**問題１**　89通り　**問題２**　**イ**　$11 + 2 \times 5 = 21$　**ウ**　683通り　**問題３**　**エ**　13通り　**オ**　24通り　**カ**　274通り

3　**問題１**　**ア**　光合成　**イ**　食物れんさ　**問題２**　**曲線ａ**…C　**曲線ｂ**…B　**曲線ｃ**…A　**問題３**　③　**問題４**　①

4　**問題１**　**ア**　あたためられた　**イ**　ひやされた　**ウ**　気体　**エ**　液体　**問題２**　（例）　温度　**問題３**　エ　**問題４**　オ

Memo

2024年度

江戸川学園取手中学校

〈編集部注：一般の５科目型受験者は算数・社会・理科・英語・国語，英語型受験者は算数・英語・国語を選択します。〉

【算　数】 〈第２回試験〉（50分）〈満点：100点〉

（注意）　・円周率は3.14としなさい。
　　　　　・比を答える問題はもっとも簡単な整数の比で答えなさい。

1

(1)　次の計算をしなさい。

①　$(72 \times 5 + 72 \times 8) - 72 \times 9$

②　$1.5 + 2\frac{2}{3} \times (0.6 + 0.25) \div 0.4$

③　$\frac{1}{30} + \frac{1}{42} + \frac{1}{56} + \frac{1}{72}$

(2)　ある容器はカップＡを10杯とカップＢを15杯でいっぱいになり，カップＡを８杯とカップＢを21杯でもいっぱいになります。このとき，カップＡとカップＢの容積の比を求めなさい。

(3)　下の図１は，おうぎ形を組み合わせた図形です。斜線部分の面積を求めなさい。
ただし点Ｃは弧ＡＢのまん中の点とします。

図１

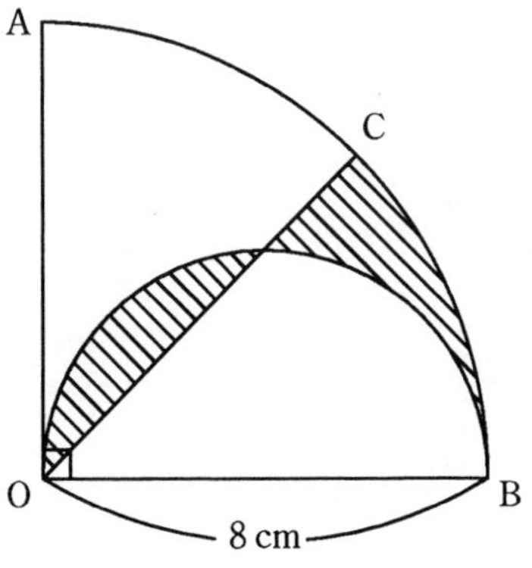

図２

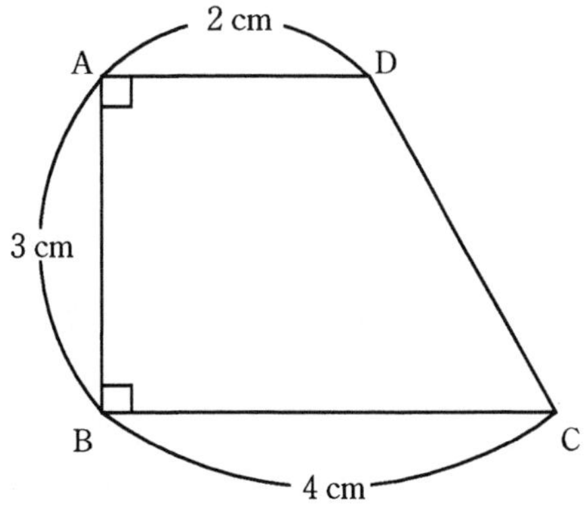

(4)　上の図２の台形ABCDを，辺ABを軸として１回転させてできる立体の体積を求めなさい。

2　２つの容器Ａ，Ｂがあって，Ａには13％の食塩水400ｇ，Ｂには７％の食塩水400ｇが入っています。いま，Ａには水を毎分10ｇ，Ｂには６％の食塩水を毎分10ｇ同時に入れはじめました。このとき，次の問いに答えなさい。

⑴　入れはじめてから10分後のＢの濃度を求めなさい。

⑵　Ａ，Ｂの食塩水の濃度が同じになるのは，入れはじめてから何分後か求めなさい。

3　ある規則にしたがって数が並んでいます。

０，１，１，３，３，６，６，10，10，15，……

これを次のように小さい方から順に２つずつ（　　）でまとめていきます。

（０，１），（１，３），（３，６），（６，10），（10，15），……

このとき，次の問いに答えなさい。

⑴　左から９番目の（　　）内の数を求めなさい。

⑵　左から18番目の（　　）内の数の和を求めなさい。

⑶　ある（　　）内の数の和は1521となりました。この（　　）内の数を求めなさい。

4 右の図の三角形ABCにおいて，AB = 6 cm，BC = 9 cm，AC = 8 cmです。辺BC上に点Dをとり，AとDを結んだところ，2つの角BAD，CADの大きさが等しくなりました。BからADに垂直な線を引き，AC，ADと交わった点をそれぞれE，Fとするとき，次の問いに答えなさい。

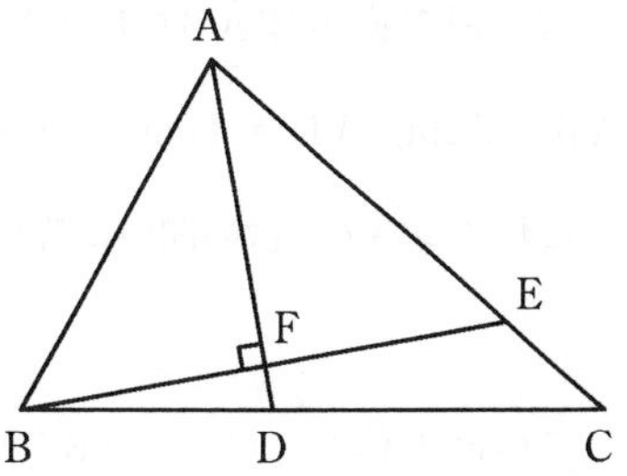

(1) CEの長さは何cmですか。

(2) BD：DCを求めなさい。

(3) 辺AD上に点Gをとり，BとGを結んだところ，2つの角ABG，CBGの大きさが等しくなりました。このとき，FGの長さはADの長さの何倍ですか。

5 お菓子が入った袋がたくさんあります。袋は3種類で，お菓子が1個だけ入った赤い袋，お菓子が2個だけ入った青い袋，お菓子が3個だけ入った黒い袋があります。袋の中に入っているお菓子はすべて同じです。

このお菓子の袋を1袋ずつ順に選び左から順に一列に並べるとき，次のそれぞれの並べ方は何通りありますか。特に指示がなければどの色の袋も自由に選んでかまいません。(2)では，答えだけでなく，途中の計算や考え方も書きなさい。

(1) 袋を5袋選んでお菓子の個数を全部で6個にするような袋の並べ方

(2) 袋を5袋選んでお菓子の個数を全部で11個にするような袋の並べ方

(3) 黒い袋を1個も選ばずにお菓子の個数を全部で11個にするような袋の並べ方

(4) お菓子の個数を全部で11個にするような袋の並べ方

6　右の図の直方体ＡＢＣＤ－ＥＦＧＨにおいて，

ＡＢ＝５cm，ＡＤ＝４cm，ＡＥ＝３cmです。

これについて，次の問いに答えなさい。

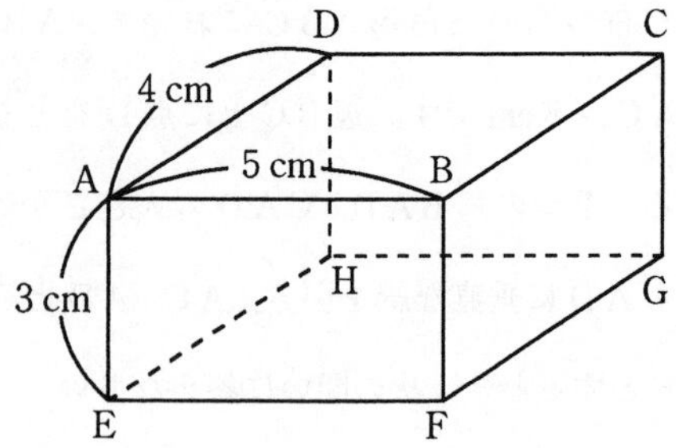

⑴　この直方体を，点Ａ，辺ＢＣのまん中の点，辺ＥＦのまん中の点の３点を通る平面で切断するとき，切り口の図形として最も適する名称を答えなさい。

⑵　辺ＢＦ上に点Ｐを，ＡＰ＋ＰＧの長さが最短となるようにとります。この立体を３点Ａ，Ｇ，Ｐを通る平面で切断するとき

①　切り口の図形として最も適する名称を答えなさい。

②　切断してできる立体のうち，点Ｃを含む立体の体積は何 cm^3 ですか。

【社　会】〈第２回試験〉（理科と合わせて60分）〈満点：50点〉

1　次の４人の話を聞いて、以下の問いに答えなさい。

【Ａさん】

私の住む越後平野では、冬に吹く北西の季節風が、山がちな日本列島にぶつかってたくさんの雪を降らせます。そのせいで冬は農業ができませんし、雪かきも大変なので、とても困っています。コシヒカリを作る農家の皆さんは、冬の間に家の中で①工芸品を作って、農業ができない時期の収入源にしていたそうです。

【Ｂさん】

僕たちの地域では、年間を通して日本の他の地域よりも降水量が少なくて、農業に使う水が不足することがあります。ため池で対策をしていますが、それでも足りないこともあり、悩みどころです。でも、その気候のおかげで讃岐うどんが特産品として根付いたのだと先生に教わってからは、悪いことばかりではないということを知りました。

【Ｃさん】

私の地域では、毎年通過する台風に苦しめられています。最近は鉄筋コンクリートの住宅が増えていますが、②昔作られた住居からも台風への備えが確認できます。また、コロナウイルスの影響で最近まで観光客が少なく、お店を経営する身としては困っています。国内有数の観光地である（　あ　）の正殿が数年前に火災で全焼したときも、観光客が減るのではないかと心配しました。ただし、最近はコロナウイルスが落ち着いてきたので、少しだけ安心しています。

【Ｄさん】

私が住む地域では河川が３本流れていて、昔から③水害に悩まされてきた地域でした。集落ごと堤防で囲む（　い　）が建設されるなど、古くから対策が取られています。実際に、私も子どものころに大きな水害にあいましたが、とても大変だったことを今でもはっきりと覚えています。

問１　空欄（　あ　）・（　い　）に当てはまる語句を答えなさい。但《ただ》し、（　あ　）は**漢字３字**、（　い　）は**漢字２字**で答えること。

問２　ＢさんとＤさんが住んでいる県名をそれぞれ**漢字**で答えなさい。また、その場所として適切なものを、下の地図１中のア～コから一つ選び、それぞれ記号で答えなさい。

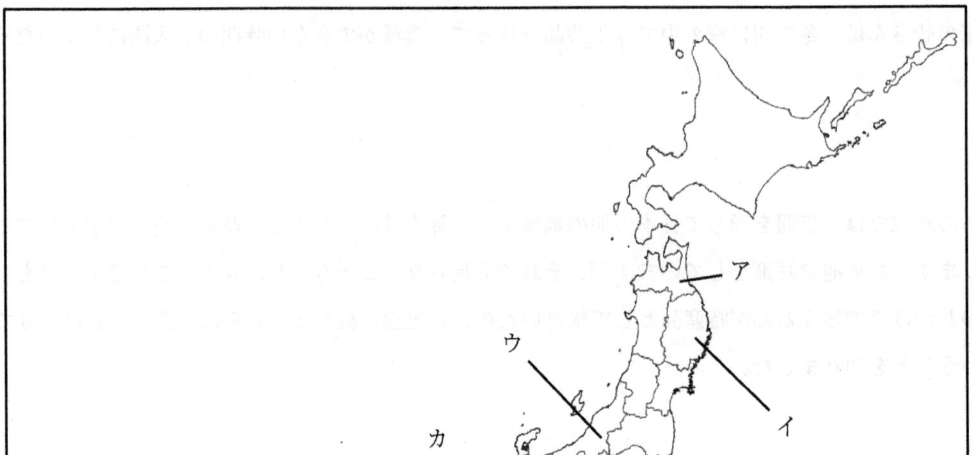

地図１

地理院地図（電子国土Web）をもとに作成しています。

問３　下線部①について、以下の資料は、経済産業大臣が定める伝統的工芸品として認められるための条件を示したものです。この条件を守りながら、生産を維持する方法を述べた文Ｘ～Ｚの正誤の組み合わせが適切なものを、次のア～クから一つ選び、記号で答えなさい。

・主として日常生活の用に供されるものであること。
・その製造過程の主要部分が手工業的であること。
・伝統的な技術又は技法により製造されるものであること。
・伝統的に使用されてきた原材料が主たる原材料として用いられ、製造されるものであること。
・一定の地域において少なくない数の者がその製造を行い、又はその製造に従事しているものであること。

出典：経済産業省HP“伝統的工芸品に関する法律について”
（https://www.meti.go.jp/policy/mono_info_service/mono/nichiyo-densan/index.html）

Ｘ　海外に工場をつくって最新技術を導入することで、安価かつ大量に生産できるようにする。
Ｙ　機械を導入し、全工程を自動化することで、安定して生産できるようにする。
Ｚ　工芸品を作る際に必要な原材料を購入しやすくするために、政府が補助金を出す。

ア　Ｘ：正　Ｙ：正　Ｚ：正　　イ　Ｘ：正　Ｙ：正　Ｚ：誤
ウ　Ｘ：正　Ｙ：誤　Ｚ：正　　エ　Ｘ：正　Ｙ：誤　Ｚ：誤
オ　Ｘ：誤　Ｙ：正　Ｚ：正　　カ　Ｘ：誤　Ｙ：正　Ｚ：誤
キ　Ｘ：誤　Ｙ：誤　Ｚ：正　　ク　Ｘ：誤　Ｙ：誤　Ｚ：誤

問４　Ｂさんが住む地域について、この地域は臨海型の工業地域として発展しましたが、その理由について述べた文Ｘ～Ｚの正誤の組み合わせが適切なものを、次のア～クから一つ選び、記号で答えなさい。

Ｘ　近くに大きな炭田があり、資源が得やすい立地にあったから。
Ｙ　２つの大きな工業地域の中間に位置していたので、他地域と経済的な結びつきを得ることができたから。
Ｚ　かつて軍用地だった場所を利用したり、塩田を廃止したりすることで、広大な土地が得られたから。

ア　Ｘ：正　Ｙ：正　Ｚ：正　　イ　Ｘ：正　Ｙ：正　Ｚ：誤
ウ　Ｘ：正　Ｙ：誤　Ｚ：正　　エ　Ｘ：正　Ｙ：誤　Ｚ：誤
オ　Ｘ：誤　Ｙ：正　Ｚ：正　　カ　Ｘ：誤　Ｙ：正　Ｚ：誤
キ　Ｘ：誤　Ｙ：誤　Ｚ：正　　ク　Ｘ：誤　Ｙ：誤　Ｚ：誤

問５　下線部②について、Ｃさんが住む地域の伝統的な住居では、台風に備えてどのような工夫をしていますか。箇条書きで３つあげなさい。

問６　下線部③に関連して、最近は自然災害による被害の予測や災害時の避難経路、避難場所などが示された地図を各自治体が公開しています。こうした地図のことを何というか、**カタカナ**で答えなさい。

2　防災に関する次の文章を読んで、以下の問いに答えなさい。

こども防災ゼミ

世界の中でも、①日本は「識字率」が昔から高い国です。識字率とは、文字を読んだり、書いたり、文を理解したりできる人口の割合です。日本人は昔から、読み書きや、文字で記録を残すことが得意な民族だったようです。読み書きができるおかげで、日本には大昔の災害のことが文字として、記録として、たくさん残っています（もちろん災害そのものが多い国ではありますが）。その例を紹介《しょうかい》します。

②奈良時代にできた「日本書紀」には、③684年の白鳳地震《はくほうじしん》のことが書かれています。「国中の男女が叫《さけ》び合って逃げた。山が崩《くず》れて、川の水があふれた。役人の住んでいる住宅、百姓の倉庫、お寺や神社などたくさんのものが壊《こわ》れた。人や家畜《かちく》もたくさん亡くなった」「温泉が埋《う》もれて、お湯がとまった（今の愛媛県）」「田畑が12平方キロメートルぐらい沈《しず》んで、海になった（今の高知県）」などと、当時の様子がよくわかる内容になっています。

1000年前に起きた東北の大地震

平安時代にできた「日本三代実録《にほんさんだいじつろく》」には、④869年の貞観地震《じょうがんじしん》のことが書かれています。「東北地方に大地震があった」「人々は叫び、地面にふせていた」「大波が川をさかのぼった」「おぼれて死んだ人が千人以上いた」という内容が書かれています。あれ、どこかで聞いたことがあるような気がしませんか？⑤2011年に東北を襲《おそ》った東日本大震災と同じような出来事が1000年前にも起こっていたことがわかります。災害は、同じ場所でくりかえして起こるものが少なくありません。過去を知ることが、未来を知ることにもつながりそうです。

みんなで解読する取り組み

京都大学古地震研究会などがおこなっている「みんなで翻刻《ほんこく》」という取り組みを紹介します。大量にある「古文書」を、「インターネットを使って、気軽にたくさんの人に解読してもらおう」という取り組みです。まだ、古文書を読んだことのない人でも、楽しく学びながら解読に参加することができます。過去を知って、未来にそなえましょう。

（佐藤翔輔）

出典：毎日小学生新聞“こども防災ゼミ　過去から未来を知る　古文書に残る災害の記録”

（2022年11月19日）

https://mainichi.jp/maisho/articles/20221119/kei/00s/00s/007000c

※但し、出題の都合により、本文の内容を尊重しつつ一部編集を加えています。

問１　文中の下線部①について、江戸時代、識字率を高めることにつながった「読み・書き・そろばん」などを教えた民間の教育機関を何といいますか。**漢字３字**で答えなさい。

問２　文中の下線部②について、奈良時代の741年、聖武天皇が出した仏教に関する命令の内容を**20字程度**で説明しなさい。

問３　文中の下線部③について、684年の白鳳地震が起きたときの天皇は天武天皇でした。天武天皇に関して述べた文として適切なものを、次のア～エから一つ選び、記号で答えなさい。

ア　壬申の乱で勝利し、飛鳥に都を移して天皇となった。

イ　初めて年号を定めるように命じた。

ウ　白村江の戦いで、唐と新羅の連合軍を破った。

エ　国ごとの地理や歴史をまとめた「風土記」の作成を命じた。

問４　文中の下線部④について、869年の貞観地震が起きたとき、都では藤原氏が勢力を伸ばしていました。藤原氏に関して述べた文として**適切でないもの**を、次のア～エから一つ選び、記号で答えなさい。

ア　娘を天皇のきさきとし、生まれた子を天皇とした。

イ　藤原氏以外の貴族を政治の世界から追放した。

ウ　多くの荘園を所有した。

エ　中国の明と貿易を行い、神戸の港を整備した。

問５　文中の下線部⑤について、2011年以降の出来事として適切なものを、次のア～エから一つ選び、記号で答えなさい。

ア　成人年齢が18歳に引き下げられた。

イ　男女雇用機会均等法が公布された。

ウ　PKO協力法が公布され、自衛隊がカンボジアに派遣された。

エ　郵政民営化法が公布された。

3 明治以降の戦争に関する表をみて、以下の問いに答えなさい。

戦争開始年	戦争名	講和条約名
①1894年	日清戦争	②下関条約
1904年	③日露戦争	ポーツマス条約
1914年	第一次世界大戦	④ベルサイユ条約

問１　表中の下線部①について、日清戦争がはじまった年と同じ年の出来事として適切なものを、次のア～エから一つ選び、記号で答えなさい。

ア　日英同盟が成立する。

イ　東京・横浜間に鉄道が開通する。

ウ　ノルマントン号事件が起きる。

エ　治外法権（領事裁判権）の撤廃《てっぱい》に成功する。

問２　表中の下線部②について、下関条約に関して述べた文Ｘ・Ｙとその正誤の組み合わせが適切なものを、次のア～エから一つ選び、記号で答えなさい。

Ｘ　日本の全権は、総理大臣の伊藤博文と外務大臣の陸奥宗光であった。

Ｙ　下関条約で賠償金が得られないことを知った人々が東京で集会を開いた。これをきっかけに暴動が起こり、政府は軍隊を出動させた。

ア　Ｘ：正　Ｙ：正　　　イ　Ｘ：正　Ｙ：誤

ウ　Ｘ：誤　Ｙ：正　　　エ　Ｘ：誤　Ｙ：誤

問３　表中の下線部③について、写真の人物は日露戦争の日本海海戦において勝利した日本海軍の司令長官です。人物名を**漢字**で答えなさい。

出典：国立国会図書館「近代日本人の肖像」(https://www.ndl.go.jp/portrait/datas/141/)

問４　表中の下線部④について、ベルサイユ条約では国際連盟の設立も決められました。国際連盟事務局次長として活躍した人物を、次のア～エから一人選び、記号で答えなさい。

ア　新渡戸稲造　　イ　内村鑑三　　ウ　高橋是清　　エ　犬養毅

4　次の【文章】および【資料】を読み、以下の問いに答えなさい。

【文章】

さて、単純な図式が成り立たないとしたら、地方自治がなぜ必要なのか、あらためて考えなければいけません。まず考えられるのは、「自分たちのことは自分たちで決める」という発想自体が、自由主義と民主主義を基本理念にもつ日本国憲法の下で尊重されなければいけない原理だということでしょう。

江戸時代以前の前近代では、①自分がどこに住むか、どの職業に就くか、どの宗教を信じるかが、ほとんど生まれながらに決められていました。(中略)

これに対して、現代の日本に生まれた私たちは、②社会のルールを守りさえすれば、自由にどこにでも住むことができるし、努力すればどんな職業に就くこともできます。「自分の生き方を自分で決める」ことができるのです。これが、自己決定（自己統治とも）の要請です。そして、自分の得意分野を生かして、思う存分活躍することができます。これが、自己実現の要請です。(中略)

（地方自治と自己決定・自己実現との関係は）つまり、③自分たちが属する小さな集団の中で物事を決めるときの方が、大きな集団の中で物事を決めるときよりも、より小回りが利いて、自分の意見も反映させやすい。ですから、自己決定・自己実現の達成に役立つ、ということです。１億３千万人の中の１人よりも、１万人の中の１人、１千人の中の１人の方が存在感は高いということは、おわかりいただけるでしょう。やや抽象《ちゅうしょう》的な説明でピンとこないかもしれませんが、④基本的人権としての自己決定・自己実現の要請は、地方自治が求められることの有力な根拠といえます。

板垣勝彦『自治体職員のためのようこそ地方自治法［改訂版］』

（第一法規・2018年）p.3〜p.4

※出題の都合により、本文の内容を尊重しつつ、文章を補った箇所があります。

問１　下線部①の３つの内容に**含まれないもの**を、次のア〜エから一つ選び、記号で答えなさい。

ア　学問の自由　　　　イ　信教の自由

ウ　居住・移転の自由　　　　エ　職業選択の自由

問２　下線部②からは、基本的人権も制約を受ける場合があることがわかります。では、日本国憲法において、ある人の人権と他者の人権との対立を調整するための、ほとんど唯一の人権制約原理を何というか答えなさい。

問３　下線部③に関して、国会と地方議会（茨城県議会や取手市議会など）を比較した文として適切なものを、次のア～エから一つ選び、記号で答えなさい。

ア　国会も、地方議会も、どちらも行政機関である。

イ　国会も、地方議会も、どちらも国籍にかかわらず議員になることができる。

ウ　国会は二院制であるのに対して、地方議会は一院制である。

エ　国会は多数決により議決が行われるのに対して、地方議会は全会一致制である。

問４　下線部④に関して、基本的人権の性質として適切なものを、次のア～エから**すべて**選び、記号で答えなさい。

ア　基本的人権は人間であることを根拠にして、生まれながらに備わっているものである。

イ　基本的人権は、すべての人間に対して、備わっているものである。

ウ　基本的人権は、政治権力による侵害が許されないものである。

エ　ア～ウに該当する選択肢はない。

問５　【資料１】および【資料２】は取手市の令和５年度予算説明書の一部ですが、取手市の予算を議決する権限を持つ機関はどこですか。次のア～エから一つ選び、記号で答えなさい。

ア　国会　　イ　総務大臣　　ウ　取手市議会　　エ　取手市長

【資料１】

【歳　出】　（単位：千円、％）

区　分	令和５年度当初予算	構成比	令和４年度当初予算	構成比	比　較	増減率
01　議会費	269,334	0.7	261,835	0.7	7,499	2.9
02　総務費	7,752,930	18.9	6,348,343	16.3	1,404,587	22.1
03　民生費	15,990,136	39.1	15,490,256	39.7	499,880	3.2
04　衛生費	1,787,533	4.4	1,749,542	4.5	37,991	2.2
05　農林水産業費	273,681	0.7	269,559	0.7	4,122	1.5
06　商工費	347,958	0.8	353,976	0.9	△6,018	△1.7
07　土木費	4,458,036	10.9	4,775,855	12.2	△317,819	△6.7
08　消防費	1,761,924	4.3	1,818,721	4.7	△56,797	△3.1
09　教育費	3,877,778	9.5	3,564,708	9.1	313,070	8.8
10　災害復旧費	5	0.0	5	0.0	0	0.0
11　公債費	4,340,675	10.6	4,327,190	11.1	13,485	0.3
12　諸支出金	10	0.0	10	0.0	0	0.0
13　予備費	50,000	0.1	50,000	0.1	0	0.0
合　計	40,910,000	100.0	39,010,000	100.0	1,900,000	4.9

【資料２】

1 商工費　　6 観光費
［担当：産業振興課］ P. 188
2001　観光事業に関する経費　39, 306, 000円 (39, 325, 000円)
［その他 26, 880, 000円　一財 12, 426, 000円］
＊特財積算根拠
［繰入金：ふるさと取手応援基金繰入金 26, 880, 000円］
○ 目的
取手市の魅力を全国に発信し、観光事業の振興を図るため、市観光協会の各事業への助成等を行い、郷土愛の高揚に貢献する。
○ 内容
(1) 小堀古利根周辺の清掃管理委託料 360, 000円
(2) 漫遊いばらき観光キャンペーン推進協議会負担金 523, 000円
（茨城県国際観光テーマ地区推進協議会負担金 70, 000円含む）
(3) 市観光協会補助金 38, 403, 000円

観光協会一般補助金	4, 123, 000円
花火大会補助金	30, 080, 000円
たこあげどんどまつり補助金	2, 050, 000円
桜ライトアップ事業補助金	850, 000円
取手駅前にぎわい創出事業補助金	1, 300, 000円

問６　取手市では例年８月の第２土曜日に花火大会が開催されています。この花火大会には、主催者である取手市観光協会への補助金という形で税金が使われています。では、「令和５年度当初予算」に対して「花火大会補助金」はどのくらいの割合を占めていますか。問５中の【資料１】および【資料２】から概算し、**もっとも近い値**を選びなさい。

ア　0. 0007%　　　イ　0. 07%　　　ウ　７％　　　エ　70%

問7　花火大会に関連して発生する問題の一つに、来場者が排出する大量のゴミをどのように処理するか、指定場所以外への不法投棄にどう対応するかといったゴミ問題があげられます。ゴミ問題への対応として、【資料3】からは取手市ではボランティアが活躍していることがわかります。また、【資料4】からは別の花火大会におけるルール違反への厳罰化、さらには大会自体の中止を求める意見があることが読み取れます。

では、ゴミ問題の解決にむけて、①ボランティアの力のみに頼ることの問題点と、②安易な厳罰化によって解決を目指すことの問題点をそれぞれ文章で説明しなさい。そのうえで、花火大会運営上のルールを策定する際、③どのような立場の人たちから意見を聴取すべきか、可能な限り多くの具体例を、箇条書きで列挙しなさい。

【資料3】

取手市民憲章推進協議会では、取手市観光協会からの依頼により、「とりで利根川大花火」翌日の令和5年8月13日午前5時過ぎの早朝から河川敷《かせんしき》の清掃活動を実施しました。

毎年、清掃活動に参加しているかたは「今年は例年に比べてごみが多かった気がするが、しっかり分別して拾い集めることができた。」と話してくれました。散乱したごみは約1時間30分で回収を終え、河川敷周辺はとてもきれいになりました。ご協力いただいた皆さん、ありがとうございました。

出典：取手市ＨＰ“花火翌日に清掃活動を実施”
(https://www.city.toride.ibaraki.jp/shimin-kyodo/shise/shokai/shiminkensho/hanabitaikaiyokuzituseisou.html)

【資料4】

一方で解決策について「有料定員制にすればいいのに」「特等席だけの有料化ではなく、もう少し範囲を広げて、辺り一帯を有料化すべきです」といった意見が。

ほかにも「罰金制導入してほしい」「ポイ捨て◯◯kg以上で来年中止とかにしたら良い」という案や「民度の低下により花火大会後の後かたずけにコストがかかる為花火大会は当面禁止にしますでいいんじゃねえのかな」との声も上がっている。

出典：Sirabee“花火大会で残された“大量のゴミ”に怒りや軽蔑の声「異常だよ、気持ち悪い」”
(https://sirabee.com/2023/07/27/20163123891/)

【理　科】〈第２回試験〉（社会と合わせて60分）〈満点：50点〉

1　文章を読んで、次の各問いに答えなさい。

ふり子の一往復にかかる時間（周期）と、振《ふ》れ幅《はば》、ふり子の長さ、おもりの数の関係を調べる実験を行いました。

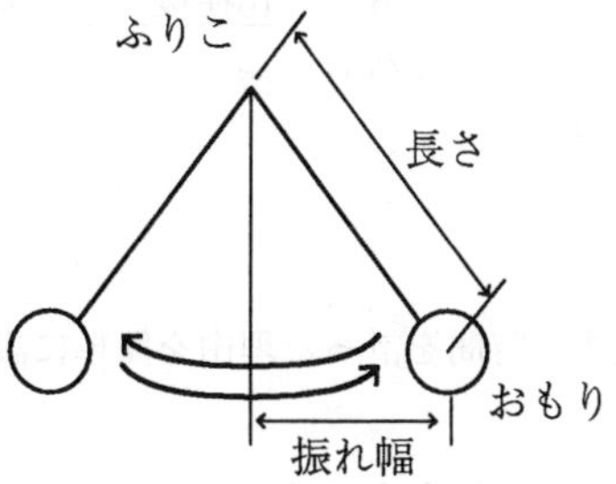

下の表はこの実験の結果をまとめたものです。

実験番号	①	②	③	④	⑤	⑥	⑦	⑧	⑨
振れ幅	10°	20°	30°	10°	20°	30°	10°	20°	30°
ふりこの長さ	25cm	25cm	25cm	25cm	25cm	25cm	25cm	25cm	25cm
おもりの数	1	1	1	2	2	2	3	3	3
周期	1.0秒	1.0秒	1.0秒	1.0秒	1.0秒	1.0秒	1.0秒	1.0秒	1.0秒

実験番号	⑩	⑪	⑫	⑬	⑭	⑮	⑯	⑰	⑱
振れ幅	10°	20°	30°	10°	20°	30°	10°	20°	30°
ふりこの長さ	50cm	50cm	50cm	50cm	50cm	50cm	50cm	50cm	50cm
おもりの数	1	1	1	2	2	2	3	3	3
周期	1.4秒	1.4秒	1.4秒	1.4秒	1.4秒	1.4秒	1.4秒	1.4秒	1.4秒

実験番号	⑲	⑳	㉑	㉒	㉓	㉔	㉕	㉖	㉗
振れ幅	10°	20°	30°	10°	20°	30°	10°	20°	30°
ふりこの長さ	75cm	75cm	75cm	75cm	75cm	75cm	75cm	75cm	75cm
おもりの数	1	1	1	2	2	2	3	3	3
周期	1.7秒	1.7秒	1.7秒	1.7秒	1.7秒	1.7秒	1.7秒	1.7秒	1.7秒

問１　往復の時間を調べるために実際に行った実験は、以下の内容です。

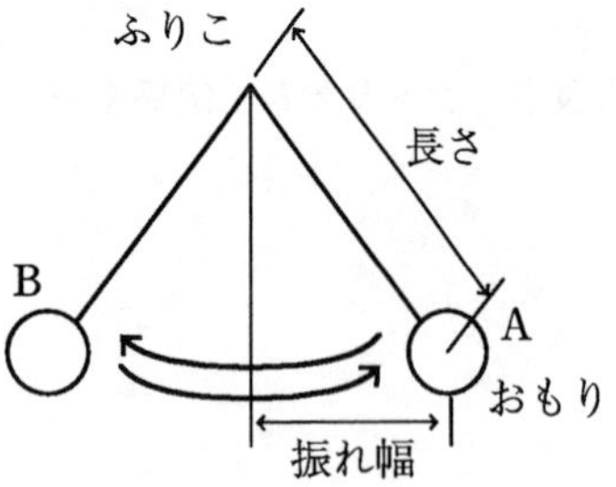

ふり子は、A→B→A→B→・・・と運動するので、まずAで静かに手をはなしてからBにきたところで時間を計り始めます。

Bから10往復する時間を３回計り、その平均の値の小数第２位を四捨五入して前ページの表の周期を求めました。

（１）下線部について、10往復する時間を計った理由を簡単に説明しなさい。

（２）実験番号⑮では、10往復した時間が14.2秒と14.1秒と13.8秒でした。周期を以下の計算から求めた場合、□に当てはまる数字を書きなさい。

$$\frac{\square + \dfrac{0.2+0.1-0.2}{\square}}{\square}$$

問２　①～㉗の実験の結果から、（１）～（３）のグラフをかきなさい。グラフは点をかくだけではなく、変化の様子を線を使って示しなさい。また、縦軸の目盛りは自分でかき加えてください。

（１）おもり１個で長さ50cmの場合、振れ幅と周期の関係のグラフ

（２）振れ幅が30°で長さ75cmの場合、おもりの数と周期の関係のグラフ

（３）長さと周期の関係のグラフ

（１）

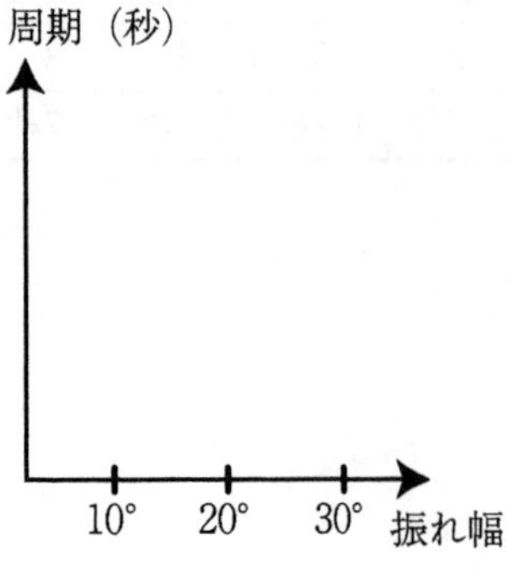

（２）

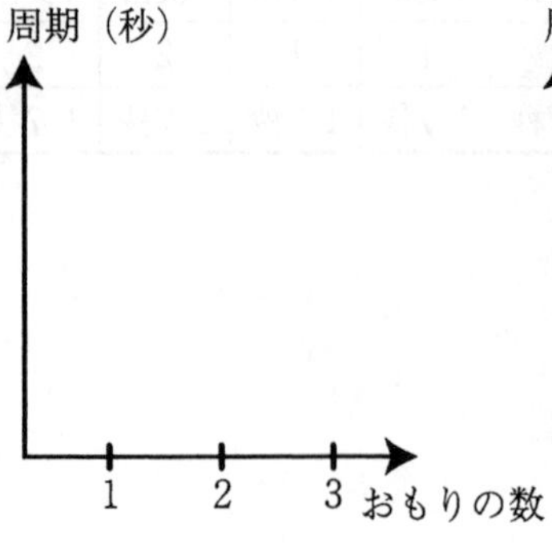

（３）

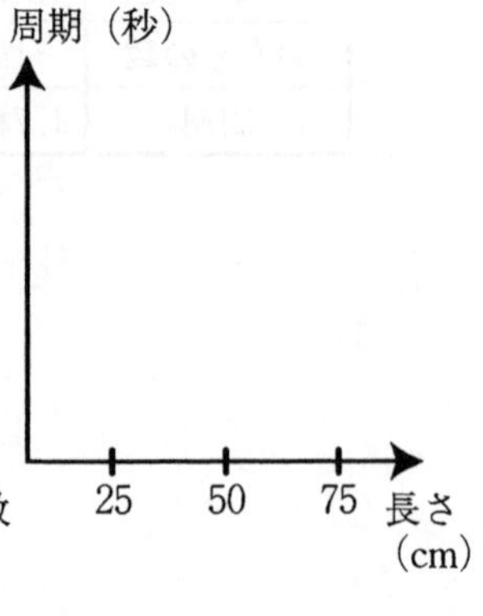

問３　ふり子の動きを真上から見ます。下図のＡでふり子のおもりを静かにはなすと、Ａ→Ｂ→Ａ→Ｂ→・・・と運動をします。

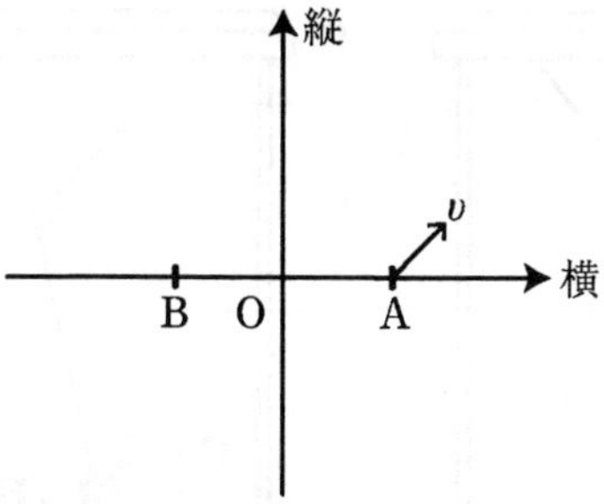

（１）Ａの場所から、上図の v の方向に少しだけ速さをあたえた場合、ふり子はどのような動きとなりますか。①～⑥から一つ選び、番号で答えなさい。

①
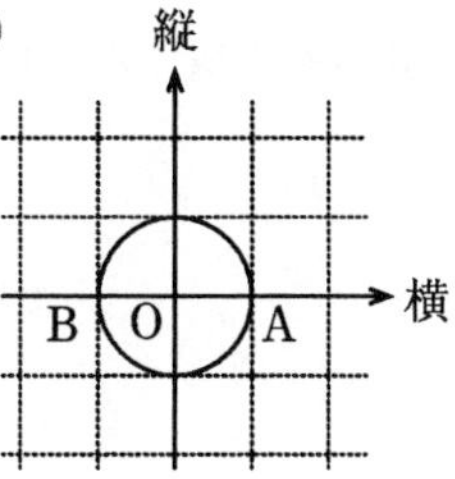

②
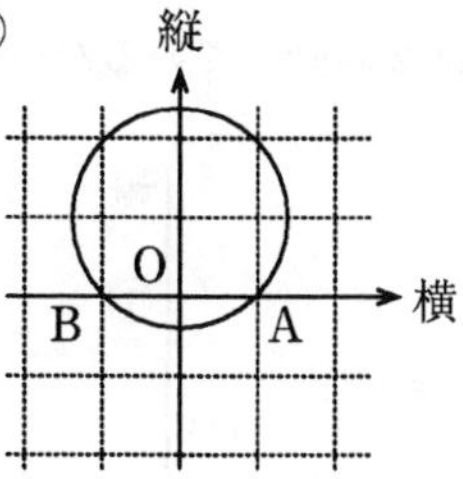

③
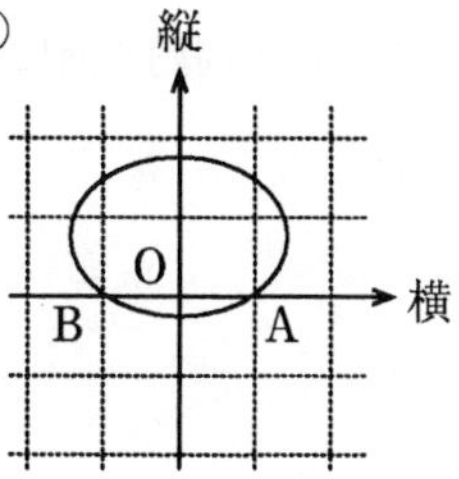

④
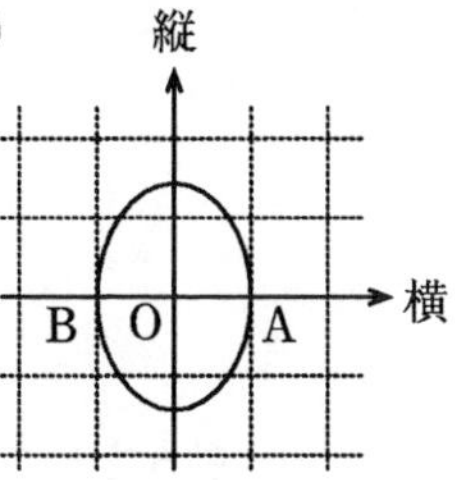

⑤
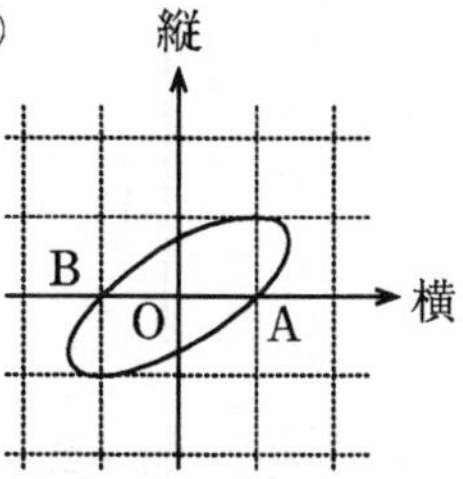

⑥
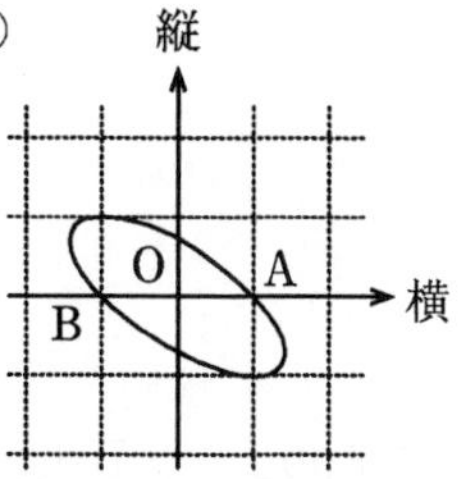

（２）図のようなＹ字でふり子を運動させ、真上から見ると、結び目の高さによって様々な動きをすることが知られています。

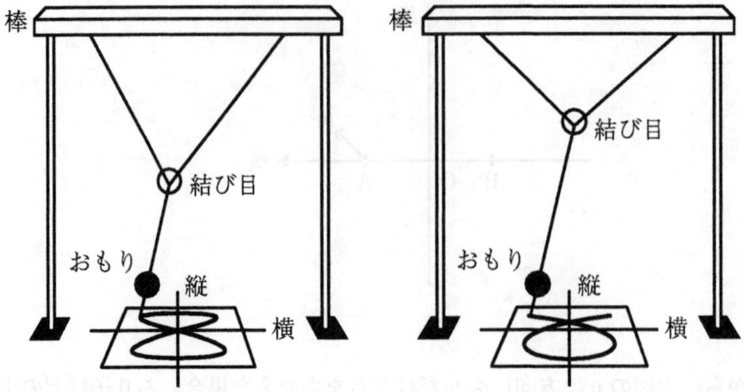

複雑そうですが、縦《たて》方向と横方向を別々に分けて考えると、規則的な運動になります。例えば、真上から見ておもりが下図のような①→②→③→④→⑤→⑥→①→・・・という動きをした場合、縦方向に１回動く間に横方向は２回動いているため、周期の比は縦：横＝２：１となります。

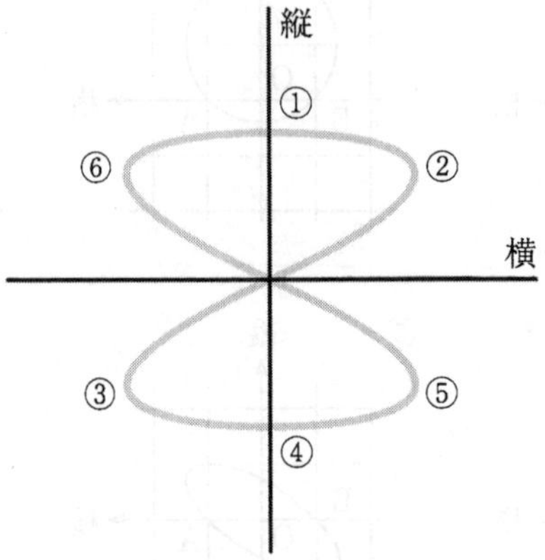

下図のような①→②→③→④→⑤→④→③→②→①→・・・という動きをした場合には、縦方向と横方向の周期の比はいくらになりますか。簡単な整数比で表しなさい。

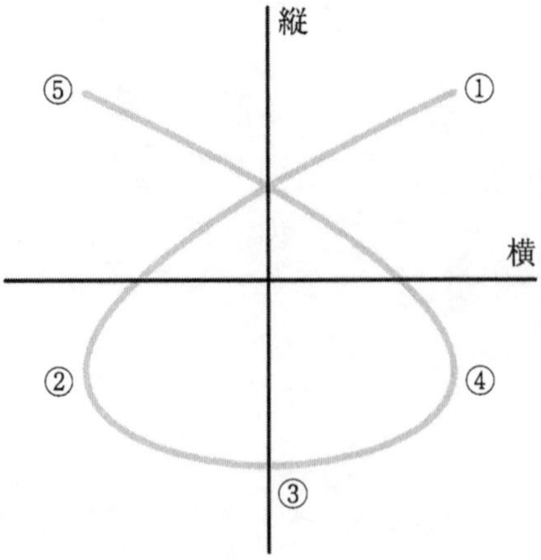

2　文章を読んで、次の各問いに答えなさい。ただし、数値で答える問いに関して割り切れない場合は、小数第二位を四捨五入して小数第一位まで答えなさい。

実験室に青色の硫酸銅《りゅうさんどう》五水和物《ごすいわぶつ》という結晶《けっしょう》がありました。硫酸銅《りゅうさんどう》五水和物《ごすいわぶつ》には、硫酸銅《りゅうさんどう》という物質と水が常に一定の割合でふくまれています。例えば、硫酸銅《りゅうさんどう》五水和物《ごすいわぶつ》250gには硫酸銅《りゅうさんどう》が160g、水が90gふくまれており、硫酸銅《りゅうさんどう》五水和物《ごすいわぶつ》500gには硫酸銅《りゅうさんどう》が320g、水が180gふくまれています。このことを参考にすると、硫酸銅《りゅうさんどう》五水和物《ごすいわぶつ》150gを60℃の水1000gにとかした水溶液《すいようえき》には、硫酸銅《りゅうさんどう》が（　①　）gとけており、水は（　②　）gになります。硫酸銅《りゅうさんどう》は、60℃で水100gに40gとけます。

問１　物質が水にとけることに関して、ア～ウの文章で正しいものには○を、正しくないものには×で答えなさい。

ア　物質が水にとけた液体（水溶液《すいようえき》）を長い時間放置すると、水溶液《すいようえき》の下側の濃度《のうど》がこくなり、上側の濃度《のうど》がうすくなる。

イ　物質が水にとけた液体（水溶液《すいようえき》）をろ過をすると、水ととけた物質をそれぞれ分けることはできない。

ウ　物質がとける量は、温度によって変化しない。

問２　文章中の①と②に当てはまる数値をそれぞれ答えなさい。

問３　60℃の水50gに、硫酸銅《りゅうさんどう》五水和物《ごすいわぶつ》の結晶は最大何gまでとけますか。

問４　問３の水溶液の重さに対する、とけた硫酸銅《りゅうさんどう》の重さの割合は何％ですか。

3　文章を読んで、次の各問いに答えなさい。

利根川《とねがわ》沿いの土手には様々な種類の植物が生息しており、それぞれ生存するために特徴《とくちょう》が異なります。植物の生育に必要な要素は様々なものがあり、そのうちの１つに光をめぐる競争があります。植物は光を利用して<u>養分</u>をつくる（　　）を行います。図は、光の利用のしかたが対照的《たいしょうてき》である植物Aと植物Bの植物において、同化器官《どうかきかん》と非同化器官《ひどうかきかん》の重さを植物の高さごとに測ったものです。同化器官《どうかきかん》とは（　　）を行う器官のことであり、（　　）をほとんど行わない器官を非同化《ひどうか》器官《きかん》といいます。

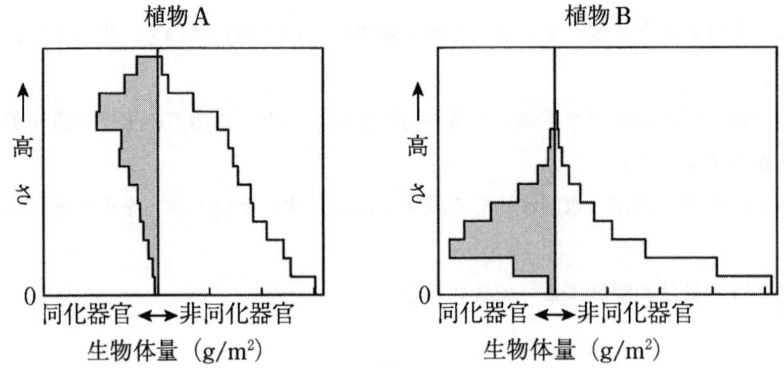

図

問１　植物のうち、根・茎《くき》・葉の区別がない植物を何植物というか答えなさい。

問２　文章中の（　　）には全て同じ語句が入ります。この語句を漢字で答えなさい。

問３　下線部の養分があるかどうかを調べるためにある液を使います。この液として正しいものを１つ選び記号で答えなさい。

ア　ヨウ素液　　イ　ベネジクト液　　ウ　ムラサキキャベツ液　　エ　酢《さく》酸カーミン液

問４　植物は光をめぐって競争をしています。このことについて、次の問いに答えなさい。

（１）図の植物Aと植物Bではどちらの植物が競争に有利だと考えることができますか。「植物A」もしくは「植物B」のどちらかで答えなさい。

（２）（１）のように考えた理由を簡単に説明しなさい。

4　文章を読んで、次の各問いに答えなさい。

海洋は地球の表面の約70％を占《し》めており、世界の気候や気象に大きな影響《えいきょう》をあたえています。海水は、水に塩化ナトリウムや塩化マグネシウムなどの塩《えん》というものがとけており、水にとけている塩《えん》の濃度《のうど》を塩分濃度《えんぶんのうど》といいます。海水の循環《じゅんかん》には、地球の熱エネルギーを輸送する役割があります。海水は水深によって呼ばれ方が変わり、２つに区切ると浅いところの部分（水深約1000mまで）を表層、深いところの部分（水深約1000m～）を深層といい、海水の循環《じゅんかん》は海洋表層における循環《じゅんかん》（表層海流）以外に、海水の表層と深層の縦《たて》の循環《じゅんかん》も存在します。下図は表層と深層の循《じゅん》環《かん》を表した図です。

また、海水の循環《じゅんかん》以外に、大気にも地球上の熱エネルギーを循環《じゅんかん》させる役割があります。

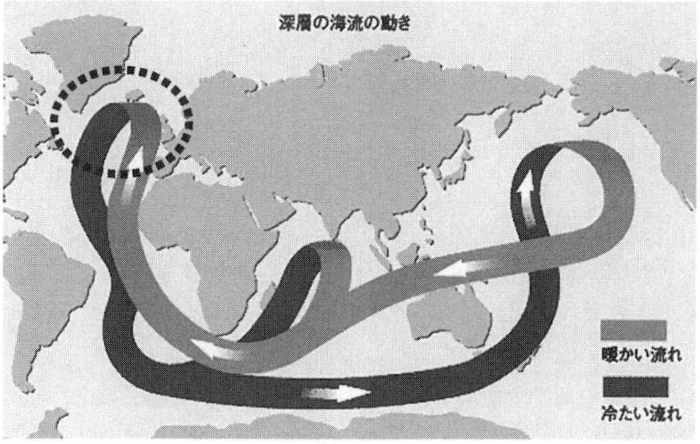

図

問１　太平洋沖で日本と同じくらいの緯度《いど》では、表層海流の向きはどのようになっていますか。次の文章の（　）に適切な用語をいれて答えなさい。ただし①は「北」・「南」・「東」・「西」のどれかで答えるようにしなさい。

太平洋沖で日本と同じくらいの緯度《いど》での表層海流の向きは、（　①　）向きに流れており、これは（　②　）が影響しているためです。

問２　海の深いところを流れる海水の大部分は、氷河が多くあるグリーンランドや南極付近で沈《しず》み込《こ》んだ海水になります（図の◌で囲んだ部分で沈《しず》み込《こ》んでいます）。海水の沈《しず》み込《こ》みの１つの要因《よういん》として、海水の塩分濃度《えんぶんのうど》が高くなることが考えられます。このような地域で海水の塩分濃度《えんぶんのうど》が高くなる理由を簡単に説明しなさい。

問３　６月～７月の日本付近では雨や曇《くも》りの日が多くなります。この時期は何と呼ばれていますか。漢字で答えなさい。

問４　北太平洋西部の海上で発生する熱帯低気圧のうち、最大風速が約17m/秒を超《こ》えるものを台風といいます。台風によって引き起こされる自然災害を１つ答えなさい。

問５　台風が日本に上陸する可能性が最も低い月を【語群】から１つ選びなさい。

【語群】８月、９月、10月、11月

文中から探し、抜き出して書きなさい。

問六　傍線部④中の空欄を埋めるのに、適切な漢数字一字を書きなさい。

問七　傍線部⑤中の空欄を埋めるのに、適切な漢字一字を書きなさい。

問八　傍線部⑥「しつけの中でも最も難しいもののひとつといえるだろう」とあるが、それはなぜか。理由の説明として、もっとも適切なものを次から一つ選び、記号で答えなさい。

ア　現在の道徳教育が不足しているから。
イ　共感は自然と身についていくものだから。
ウ　若いうちは感情が未熟なものだから。
エ　知識を与えるだけでは身につかないから。

問九　本文中の空欄Aを埋めるのにもっとも適切な語句を次から一つ選び、記号で答えなさい。

ア　思いやる　　イ　思いやられる
ウ　思いめぐらす　　エ　思いをよせる

問十　傍線部ア～オのカタカナを漢字に改めて書きなさい。

問十一　本文の内容を八十字以上、百字以内で要約しなさい。なお解答には「知識」「親」「共感」の三語を入れること。

に、知識だけでは人は動かないのだ。

だから人への思いやりの情が湧かない。そしてその未熟な感情が短絡的に行動に結びついてしまう。「ムカつくから人を殺す」「カッタルイからサボる」「たのしければハメを外してでも盛り上がる」――。未熟な感情である上に、それをコントロールする能力も低い。だから「キレる」。相手の心を⑤くみ□れるようになるには、まず自分の感情を客観的にコントロールできるようになることが大前提なわけだが、それができないのである。

いずれにしても、思いやりというものは口で言って聞かせるものではなく、感じる気持ちの問題である。⑥しつけの中でも最も難しいもののひとつといえるだろう。ゆっくりと時間をかけて育まれるタイプのものであり、体で覚えていくことが不可欠である。それ故に体へのはたらきかけが、とても効果があるのだ。

それでは思いやりの能力は、いつごろから芽生えてくるのだろうか。

発達心理学の研究では、すでに一歳半で、自分の行為の結果を理解している兆候が出てくるようであり、二歳になると、何か悪いことをしてしまったという罪悪感を顔の表情などで表わすようになる。三歳を過ぎる頃になると、泣いている友達がいると一緒に泣き出したり、友だちと一緒に笑い合ったりするようになるという。

子どもというのは幼ければ幼いほど自己中心的であるが、幼少期の親との関わり合いの中で、少しずつ思いやりの気持ちが生まれてくる。ゆっくりと育まれるものなので、なかなか表に表れにくい。ここで性急に思いやりを子どもに求めてしまうと、一見すると思いやりを示すような行動をすることはあるが、それは親にほめられたいからであったり、叱られないためであったりして、本物の思いやりからの行動ではないことがある。「思いやり」は「（Ａ）こと」でしか生まれない。生まれたばかりの乳児にとって最初に経験する「思いやり」は、泣いたり笑ったりしたときに、親がとってくれた対応である。「泣く」という行動は、不快や苦痛や恐れの表現であり、同時にそれらを取り除いて欲しいという要求でもある。その気持ちに親が反応・共感し、不快の原因を取り除いて心地よい状態にしてあげることによって、子どもは共感的に理解してもらったと感じる。すると子どもの情緒は安定し、不快なときにはいつでも親が対処してくれる、という基本的信頼感を持つようになるのである。

このような温かい情緒的なやり取りが、「思いやり」を育むための基礎になると考えられている。「思いやり」の心を育てるためには、まず他の人から十分に「思いやられた」という経験が基礎として必要なのである。

（二〇〇四年　山口　創『子供の「脳」は肌にある』
（光文社新書）より、問題のため一部文章を改めた。）

問一　本文は内容で大きく二つに分けることができる。どこで分けるのがもっとも適切か。答えとなる箇所の直後の五字を抜き出して書きなさい。

問二　本文には次の二文が欠けている。これをどこに戻すのがもっとも適切か。答えとなる箇所の直後の五字を抜き出して書きなさい。

若い人たちの問題というのは、むしろ感情的な部分の問題だろう。感じる力が未熟なのだ。

問三　傍線部①の空欄を埋めるのに、もっとも適切な漢字二字を本文中から探し、抜き出して書きなさい。

問四　傍線部②「実際に思いやりの気持ちが湧いてくる」とあるが、その内容を説明した次の文の空欄を埋めるのにもっとも適切な漢字二字を本文中から探し、抜き出して書きなさい。

相手の表情や行動、状況を見て□□すること。

問五　傍線部③中の空欄を埋めるのに、もっとも適切な漢字二字を本だったから。

イ　近野さんの話をしていたところに和恵が急に関係のない話を始めたから。

ウ　杉浦さんはしっかり責任を持って指導に当たっていると思っていたから。

エ　進んでノートをとる意欲的な新人がなぜしんどいのか不思議だったから。

問七　傍線部⑥中の空欄を埋めるのに適切な漢字一字を書きなさい。

問八　傍線部⑦「なるべく遠くの病院に行き」とあるが、なぜ「遠くの病院」に行ったのか、理由を考えて書きなさい。

二　次の文章を読んで、後の問いに答えなさい。（抜き出しの問題に答える場合、句読点・記号は全て一字とする）

思いやりのある子どもに育ってほしいと願う親は多い。「どんな子どもになってほしいですか」という質問をすれば、「思いやりのある子」「優しい子」という答えは必ず上位にくる。

ただ、難しいのは「思いやりをもちなさい」とか「相手の気持ちをわかるようになりなさい」と口でいくら言って聞かせても、思いやりや優しさは育たない、という点にある。「思いやり」ということを①□□としてもつのと、②実際に思いやりの気持ちが湧いてくるのとは、全く異なることだからだ。「相手は今こんな気持ちなんだろうな」とか「こんなことをしたらかわいそうだな」という気持ちが自然に湧き起こってくることが、本物の思いやりである。

たとえば、電車で座っているときに、お年寄りが乗ってきたとしよう。このとき、「席を譲らないといけないな」と考えて席を譲るのと、「立っているのはつらいだろうな」と相手の感情を察して譲ることの違いである。前者（第一のタイプ）は道徳の知識やマナーとしての行動であるのに対して、後者（第二のタイプ）は思いやりとしての行動である。

もちろん、第一のタイプでも席を譲らないよりは、はるかに望ましいわけではあるが、行動の背後にあるァドウキに注目すると、心の動きは全く異なっている。

また、もしも席を譲らなかったとしても、「悪いことをしてしまった」という後ろめたさを感じる人（第三のタイプ）と、全く何も感じない人（第四のタイプ）とがいるだろう。前者はその後味の悪さから（③□□感）、次にお年寄りを見たら席を譲ることができるかもしれないが、後者はその可能性さえない。

さて、思いやりのある人というのは、第二のタイプであるのは明らかだが、④第□のタイプも同じくらい十分に思いやりをもっているといえよう。

席を譲らなかった理由には、たとえば「周りの人の目が気になった」「自分が疲れていた」などさまざまなものがあるだろう。しかし、その後味の悪さこそが大事なのである。その感情こそが思いやりをもっている証拠なのだ。

現代の日本の若い人たちは他国の若者に比べて思いやりの心が低い、というデータがある（『異質な日本の若者たち』ブレーン出版）。また、いともィカンタンに人を傷つけたり殺してしまったりする事件も頻発している。道徳教育ゥフッカツの声も頻繁に聞かれる。

だが果たして、道徳教育をもっとさかんにすれば、状況はェカイゼンされるのだろうかといえば、そういうものでもないだろう。道徳としての知識は皆、一応もっている。電車の車内で「お年寄りや体の不自由な方に席を……」「携帯電話のォデンゲンを……」と、毎日うんざりするほど連呼されるアナウンスが聞こえないはずはない。要する

「もちろん、近野さんがこの一年努力してきたことも、看護師として優秀なのも本当だと思うよ。いろんなタイプの看護師がいていいと思う。プリセプターが終わったときね、杉浦さんに一年間お疲れ様って声をかけたら、私は少しでも役に立てたのでしょうかって、なんだかしょげてるんだよね。最後まで近野さんの隣で成長を見届けたんだから自信持っていいわよって私が言ったら、ちょっと泣いてた」

私も泣きそうだった。そして、杉浦さんに和恵がいてくれてよかったと心から思った。

それから少しして、和恵が看護師長に昇進するという内示が出た。

選ばれたのは私ではなかった。

当然だ、と思った。管理職として必要なマネジメント能力も眼識も思いやりも、私なんかより和恵の方がはるかに適性が高い。

私は徹底的に、疲弊していた。

そして、とたんに自信がなくなった。今まで私が患者さんやスタッフに対してやってきたことに。これまで私が心を砕いてきたことは正しかったのだろうか。

人を、支えたかった。助けになりたかった。

そういうことがしたくて、看護師になったのだ。

だけど、人のために役に立ちたいなんて、そんな想いは傲慢だったのかもしれない。自分が気持ち良くなりたかっただけだ。

人を助けるって、なんだろう。どういうことなんだろう。今の私には無理だ。能力も体力も気力もない。

気が弱ると、体のだるさや腰の痛みも強くなった。

⑦なるべく遠くの病院に行き、「ヘルニアの傾向がありますね」と診断されて私はどこかでほっとしていた。体調不良を理由に退職しようと。

私はもう、看護師には戻れない。人と密接に関わることがすっかり怖くなっていた。だからといって、別の仕事を新しく始めることはもっと無理なような気がする。

これからどうすればいいんだろう。私の居場所はどこなんだろう。

疲れ切ってしまった心と体が、ただただ、こう叫んでいる。

助けて。誰か、助けて。

（二〇二二年　青山美智子『月の立つ林で』（ポプラ社）より、
問題のため一部文章を改めた。）

問一　本文中の空欄A～Cを埋めるのに、もっとも適切な語句を次からそれぞれ一つずつ選び、記号で答えなさい。

ア　くたくた　イ　どんどん　ウ　もともと

問二　傍線部①「そういうこと」の内容に**当てはまらないもの**を次から一つ選び、記号で答えなさい。

ア　重なる肉体的な疲労　イ　期待による心の負担
ウ　仕事場での人間関係　エ　事故の多い業務内容

問三　傍線部②中の空欄を埋めるのに適切な漢字一字を書きなさい。

問四　傍線部③中の空欄を埋めるのに適切な漢字一字を書きなさい。

問五　傍線部④「よかったと思ってしまった」と、「よかった」と思ったことを後悔しているように書いてあるのはなぜか。理由の説明としてもっとも適切なものを一つ選び、記号で答えなさい。

ア　結果的に近野さんにも余計な気遣いをさせてしまったから。
イ　新人に苦労を避け楽をすることを覚えさせてしまったから。
ウ　杉浦さんの指導への思いをないがしろにしてしまったから。
エ　他の人に依頼するよりまず指導者を変えるべきだったから。

問六　傍線部⑤「違和感を覚えながら和恵を見た」とあるが、なぜ「違和感」を覚えたのか。理由の説明としてもっとも適切なものを一つ選び、記号で答えなさい。

ア　意欲の低い杉浦さんがしんどい思いなどしていたのかと疑問

こにいるみんなで教え合って、お互いに勉強していくのよ」

私がそういったときの近野さんの、ほっとした表情をよく覚えている。それを見て、④よかったと思ってしまった自分のことも。

そしてその後、私は杉浦さんにプリセプターで困っていることはないかとそれとなく尋ねた。

「……大丈夫です」

彼女はそうとしか答えなかった。だから私は、こう言った。

「ひとりで背負わないでいいからね。私もできるだけのサポートはするから」

それから近野さんは、いっそう精力的に仕事に取り組むようになった。彼女の働きぶりは気持ちがよかった。私にもしょっちゅう話しかけてきて、熱心に質問してくることもあった。

「杉浦さんはどう？」

と、私がそれとなく様子をうかがうと、近野さんは「バッチリです！」とすがすがしく笑った。実際、もう杉浦さんの指導に対して彼女は戸惑ってはいなかった。そっけない杉浦さんの対応に近野さんが慣れてきたというふうに見えた。

大きな間違いを犯していたと気が付いたのは、彼女たちのプリセプターが終わり、杉浦さんが他部署へ異動になったあとだ。

同期の和恵と休憩室で話しているとき、雑談になって私は言った。

「近野さん、しっかりしてきたわよね。あんなに楽しそうに仕事する新人、なかなかいないよね」

私としては、誇らしいような気持ちだったのだ。看護師という激務を、あんなに一生懸命明るくこなす後輩のことが。

すると和恵がしみじみと言った。

「そうね。杉浦さんはかなり、しんどかったと思うけど」

杉浦さん？

わたしは⑤違和感を覚えながら和恵を見た。彼女は静かに続けた。

「杉浦さんがプリセプターをやっている頃、更衣室でふたりでいるときに偶然、彼女のロッカーからノートが落ちて中身が見えちゃったことがあったの」

「ノート？」

「うん。その日の出来事とか、近野さんにこれから何を教えるべきかのメモや、伝えたあとの反省点とか、びっしり書いてあった」

私は言葉を失った。

やる気がないのだと思っていた杉浦さんが、そんなことを。

和恵はゆっくりと語り出した。

「それから気になってたまに声はかけてたんだけど。杉浦さん、プリセプターに指名されてすごく緊張してたんじゃないかな。責任感が強くて、うまくやらなきゃって必死な一方で、もともとしゃべるほうでもないからうまく伝えられなくて悩んでたと思うよ。近野さんは早いうちから、杉浦さんの言うことはハイハイって聞き流してたし。わからないこととか、他の人に訊いてたみたいだしね。あれは杉浦さん、傷ついただろうな」

私は目の前が真っ暗になった。

何も、何もわかっていなかった。

「みんなで教え合って」とか「ひとりで背負わないで」とか、私は彼女たちの助けになるようなことを言ったつもりでいた。近野さんが私にあれこれ質問してくれれば、⑥手を□し伸べたつもりでいた。そうすれば杉浦さんも楽だろうと思っていたし、近野さんがなついてくれて嬉しいとさえ感じていたのだ。

それが杉浦さんのがんばりを奪い、彼女をどれだけ追い詰めていたか、ちっとも気づかずに。

和恵はふと私に笑みを向けた。

2024年度 江戸川学園取手中学校

【国　語】〈第二回試験〉（五〇分）〈満点：一〇〇点〉

一　次の文章を読んで、後の問いに答えなさい。（抜き出しの問題に答える場合、句読点・記号は全て一字とする）

――実際、昨日佑樹が言っていた通り、看護師の仕事をしていて「年には勝てん」と思うことが多々あった。

夜勤や超過勤務が（　Ａ　）しんどくなってきていたし、急いでいるときにエレベーターを使わず階段を駆け上がっただけで息が切れた。大がかりな仕事があったとき、二、三年前までなら一晩眠れば回復していた疲労を数日引きずったし、（　Ｂ　）腰痛持ちで、重いものを持つときもこたえた。

それに加えて、不眠に悩まされることが増えた。体は疲れて（　Ｃ　）なのに、いざ布団に入ると頭ばかりが冴えて寝付けなかった。

看護師の仕事について二十年になろうとしていた。若い頃には気がつかなかったこと、それでいいと思っていたことが、見過ごせなくなってきていた。自分にも他人にもだ。

気の合わない医師に対する不信感、営利主義な病院のシステムに対する疑問。下には指導しなければならない部下がたくさんいて、上には圧をかけてくる上司がいた。

「朔ヶ崎さんもそろそろ看護師長にって声もあがってるから。みんな見てるから、いいお手本になってね」

そう言われて、嬉しい反面、プレッシャーだった。

あれもできていない、これもうまくやれなかった、きちんとしなければ。

睡眠薬、鎮痛剤、胃薬。そして栄養ドリンクを飲みながら、私は毎日の業務をとにかく事故のないように注意しながらこなした。

①そういうことに疲れてしまったのは間違いない。だけど私が退職しようと思った決定打は他にある。

多くの医療機関がそうであるように、私の勤めていた病院でもプリセプター制度をとっていた。勤続数年の先輩看護師が、一定期間、新人看護師に対してマンツーマンで指導やフォローをするシステムだ。

私の直属の部下だった杉浦さんは看護師になって三年目で、初めてのプリセプターを任されることになった。真面目ではあるけれどあまり表情がなく、無口で少しよそよそしいところがあった。

彼女が受け持ったのは、近野さんという新人だった。杉浦さんとは②□照的に、いつも笑顔を絶やさない素直な明るさを持っていた。

はたから見ていて、近野さんにとって杉浦さんがとっつきにくいという感は否めなかったと思う。杉浦さんは自分がプリセプターになってしまったことに乗り気ではなさそうに思えたし、説明がわかりにくかったり、客観的に近野さんのミスへのケアが足りていないと感じることも何度かあった。

一週間もしないうちに、近野さんから相談を持ちかけられた。杉浦さんとうまくやれなくて、困っていると。

もちろん、相性が合わなければマッチングを変えることもできる。でもそれをすぐに決めてしまうことは、なるべく避けたかった。今後、職場での関係もやりにくくなるだろうし、杉浦さんにしてみても新人を指導するという③□びの最中なのだ。

それで私は、もう少し続けてみてはと答えた。

「まだ始まったばかりだし、わからないことをプリセプターの先輩にしか訊いちゃいけないってことじゃないから。先輩後輩に限らず、こ

2024年度 江戸川学園取手中学校 ▶解 答

※ 編集上の都合により，第２回試験の解説は省略させていただきました。

算 数 ＜第２回試験＞（50分）＜満点：100点＞

解 答

[1] (1) ① 288 ② $7\frac{1}{6}$ ③ $\frac{4}{45}$ (2) 3 ： 1 (3) $9.12cm^2$ (4) $87.92cm^3$
[2] (1) 6.8％ (2) 40分後 [3] (1) （36，45） (2) 324 (3) （741，780） [4]
(1) 2 cm (2) 3 ： 4 (3) $\frac{49}{184}$倍 [5] (1) 5通り (2) 45通り (3) 144通り
(4) 504通り [6] (1) 台形 (2) ① 平行四辺形 ② $30cm^3$

社 会 ＜第２回試験＞（理科と合わせて60分）＜満点：50点＞

解 答

[1] **問１ あ** 首里城 **い** 輪中 **問２ B** 香川，キ **D** 愛知，オ **問３** キ **問４** オ **問５** （例） 石垣のへいを備える。／平屋造りの建物にする。／防風林を家の周りに植える。 **問６** ハザードマップ [2] **問１** 寺子屋 **問２** （例） 国ごとに国分寺や国分尼寺を建てる。 **問３** ア **問４** エ **問５** ア [3] **問１** エ **問２** イ **問３** 東郷平八郎 **問４** ア [4] **問１** ア **問２** 公共の福祉（の原理） **問３** ウ **問４** ア，イ，ウ **問５** ウ **問６** イ **問７** ① （例） ボランティアの役割が大きくなれば作業中の事故が起きやすくなるが，その責任をボランティア参加者個人に負担させるのは不適切である点。 ② （例） 刑罰は究極的な人権の制限であるから，軽々しく厳罰化・厳格化の手段を用いると，容易に人権侵害につながってしまう点。 ③ （例） 来場者／周辺住民／周辺地域で経済的恩恵を受けない店舗の経営者／夜店の出店者／警備にあたる警察関係者

理 科 ＜第２回試験＞（社会と合わせて60分）＜満点：50点＞

解 答

[1] **問１** (1) （例） 測定の誤差を小さくするため。 (2) 下の図１ **問２** (1) 下の図２ (2) 下の図３ (3) 下の図４ **問３** (1) ⑤ (2) 3 ： 2 [2] **問１ ア** × **イ** ○ **ウ** × **問２** ① 96 ② 1054 **問３** 40.3 g **問４** 28.6％ [3] **問１** コケ植物 **問２** 光合成 **問３** ア **問４** (1) 植物Ａ (2) （例） 植物Ａの方が高い位置に同化器官を多くつけているため，たくさんの光を光合成に利用することができるから。

4 **問１** ① 東 ② 偏西風 **問２** （例） 海水が冷やされて氷になり，海水中の水が少なくなるため。 **問３** 梅雨 **問４** （例） 高潮 **問５** 11月

図１

$$\frac{14.0+\frac{0.2+0.1-0.2}{3}}{10}$$

図２

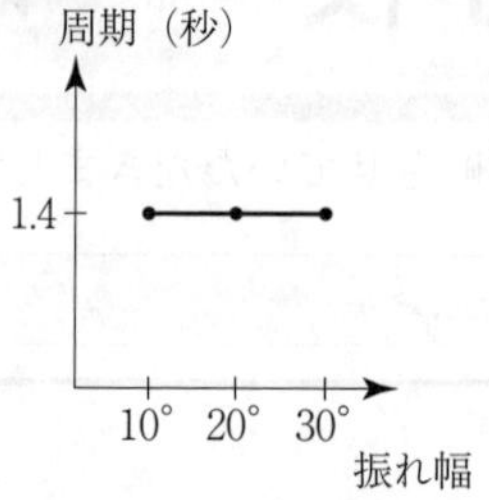

図３

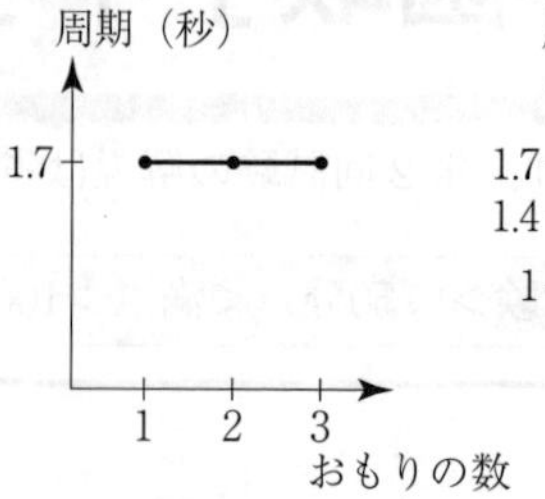

図４

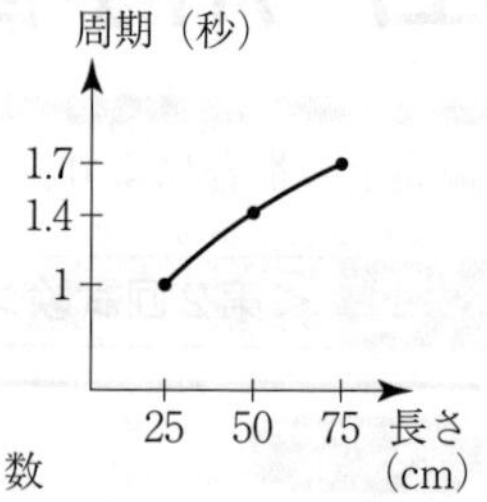

国 語 ＜第２回試験＞（50分）＜満点：100点＞

解 答

一 **問１** A イ B ウ C ア **問２** エ **問３** 対 **問４** 学 **問５** ウ **問６** ア **問７** 差 **問８** （例） 少しでも仕事から離れたかったから。 二 **問１** それでは思 **問２** だから人へ **問３** 知識 **問４** 共感 **問５** 罪悪 **問６** 三 **問７** 取 **問８** エ **問９** イ **問10** 下記を参照のこと。 **問11** （例）「思いやり」というものは，知識があればそれでいいというものではないため，「思いやり」のある子を育てるには，幼いころから親によって共感してもらう経験を積ませ，子どもの情緒を育まなければならない。

●漢字の書き取り

二 **問10** ア 動機 イ 簡単 ウ 復活 エ 改善 オ 電源

2023 年度

江戸川学園取手中学校

〈編集部注：一般の５科目型受験者は算数・社会・理科・英語・国語，英語型受験者は算数・英語・国語を選択します。〉

【算　数】 **〈第１回試験〉**（50分）〈満点：100点〉

注意　・円周率は3.14としなさい。

　　　・全員全問解答しなさい。

1　次の問いに答えなさい。

(1)　次の計算をしなさい。

①　$3+1.4\times\frac{1}{7}-0.1$

②　$\left(0.3-\frac{1}{10}\right)\div2\frac{2}{5}\times1.25$

③　$\left(\frac{1}{2}+\frac{1}{3}+\frac{1}{4}+\frac{1}{5}+\frac{1}{6}\right)\times120$

(2)　11時と11時15分の間で，時計の長針と短針のつくる小さい方の角の大きさが85°になるのは11時何分ですか。

(3)　右の【図１】のように正方形の内側に円があり，円の内側に正方形があります。このとき，斜線部分の面積を求めなさい。

(4)　右の【図２】の台形ABCDを，辺ABを軸として１回転させてできる立体の体積を求めなさい。

【図１】

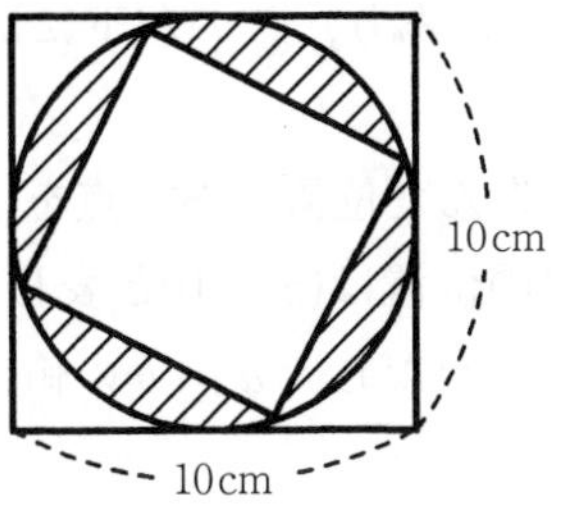

【図２】

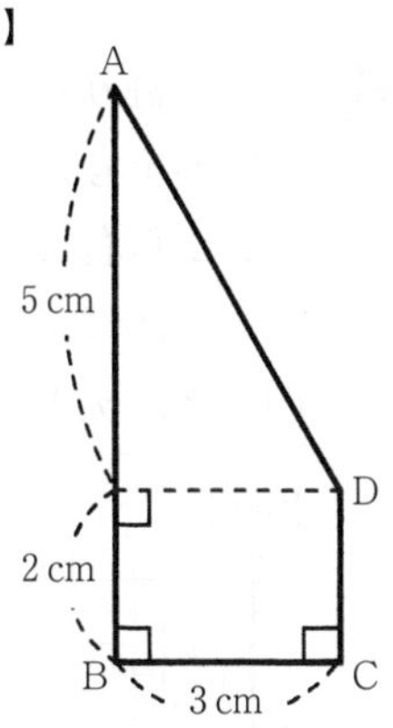

2　次のデータは，７人の生徒の一週間の学習時間です。

25，28，20，17，39，21，32　（単位は時間）

(1)　上のデータにおける７人の一週間の学習時間の平均は何時間ですか。

(2)　上のデータのうち，１人の記録があやまりであることがわかりました。あやまった記録を正しい記録に直したところ，４番目に学習時間が少なかった生徒の学習時間は27時間であり，全体の学習時間の平均も27時間となりました。あやまりであった学習時間は何時間ですか。

3　下の図のように道が通っています。点Ａからスタートし，道に沿って右方向か上方向のどちらかに進むことを繰り返していき，点Ｅ，Ｆ，Ｇ，Ｈ，Ｂのいずれかの地点に到達したときに移動をやめ，到達した地点をゴールとします。

　また，ゴールの位置に応じて得点が与えられるものとし，その内訳は以下の表のとおりとします。ただし，途中で点Ｃを通った場合にはゴールした際に与えられる得点から２点引きます。例えば点Ａをスタートし，点Ｃを通って点Ｂに到達した場合の得点は３点です。このとき，次の問いに答えなさい。

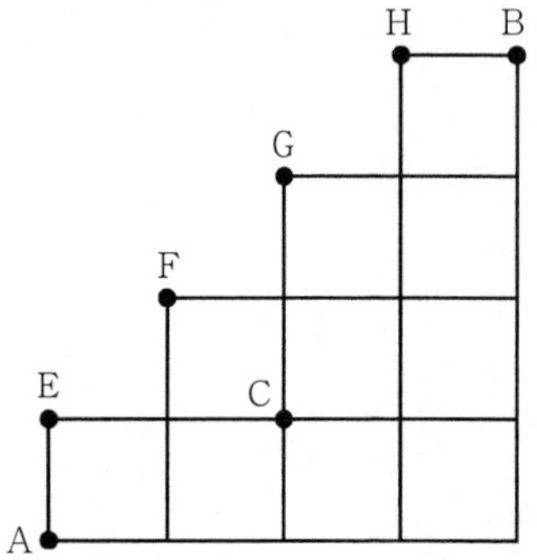

ゴール地点	得点
Ｅ	１点
Ｆ	２点
Ｇ	３点
Ｈ	４点
Ｂ	５点

⑴　ゴール地点がＦとなる道順は何通りありますか。

⑵　得点が２点となる道順は何通りありますか。

⑶　得点が３点となる道順は何通りありますか。

4　１目盛りが１cm のグラフ用紙があり，この左下には点Ｏがあります。このグラフ用紙の上で図形を考えることにします。

　Ｏから右に a cm，上に b cm 進んだ位置にある点を$(a,\ b)$と表すことにします。

　たとえば，下の【図１】の点Ｐの位置は(5，10)と表します。また点Ｏは(0，0)と表します。このとき，次の問いに答えなさい。ただし，a，b の値は整数でなくても良いものとします。

【図１】

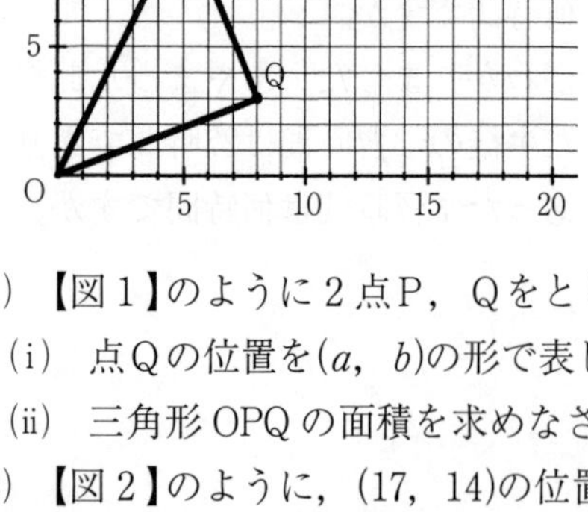

⑴　【図１】のように２点Ｐ，Ｑをとり三角形 OPQ をつくるとき，

　(i)　点Ｑの位置を$(a,\ b)$の形で表しなさい。

　(ii)　三角形 OPQ の面積を求めなさい。

⑵　【図２】のように，(17，14)の位置にある点Ａと【図１】の点Ｐをとります。さらに，点Ｏから

右に何 cm か進んだところに点Ｂをとり，三角形 OPB をつくったところ，三角形 OPB の面積が三角形 OPA の面積の２倍になりました。このとき，OB の長さを求めなさい。

【図２】

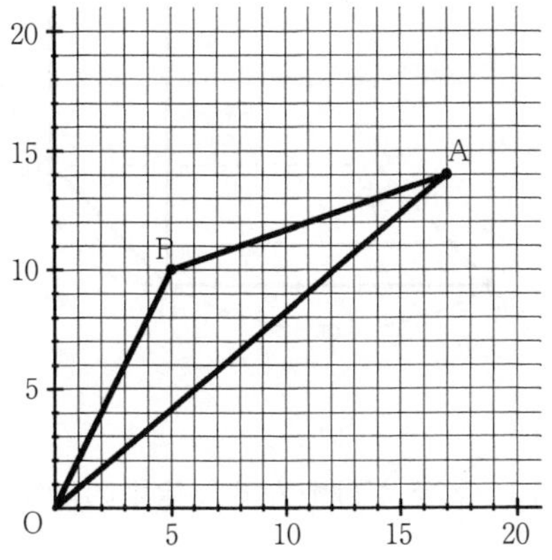

【図３】

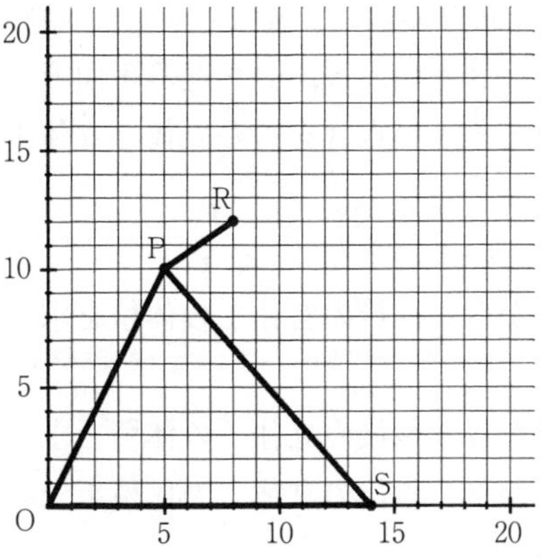

(3)　【図３】のように，(8，12)の位置にある点Ｒ，(14，0)の位置にある点Ｓと【図１】の点Ｐをとります。また，三角形 OPS の面積と等しい面積の四角形 OPRT をつくります。点Ｔが三角形 OPS の辺 OS 上にあるとき，OT の長さを求めなさい。

5　花子さんと太郎くんは食塩水の実験をしています。

〈実験の手順〉

①　最初，容器には濃度25％の食塩水が 100g 入っている。

②　容器に５％の食塩水 20g と水 80g を加えてよくかき混ぜる。

③　容器に入っている食塩水を半分捨てる。

④　正確に濃度を測ることのできる濃度計を使って，食塩水の濃度がどう変化したかを記録する。

⑤　②～④の操作を１回とし，10回繰り返す。

※　△回目の操作後の食塩水の濃度を「△回目の記録」とします。

花子さんはミスなく操作を繰り返して記録を取ることができましたが，太郎くんは１度だけ手順②で加える食塩水の量と水の量を逆にするというミスをしてしまいました。

このとき，次の問いに答えなさい。

(1)　花子さんの実験において，１回目の記録を求めなさい。

(2)　花子さんの実験において，５回目の記録を求めなさい。

(3)　10回の操作を終え，２人は実験結果を比較することにしました。すると，花子さんの実験における９回目の記録と太郎くんの実験における10回目の記録が同じになっていました。太郎くんがミスをしてしまったのは何回目の実験ですか。

6 右の図のような，１辺の長さが６cmの立方体ABCD−EFGHがあり，２辺AB，ADのまん中の点をそれぞれM，Nとします。また，点ＰはＣを出発し毎秒３cmの速さで立方体の辺上をＣ→Ｇ→Ｆの順に動きます。ここで，３点M，N，Ｐを通る平面でこの立方体を切断したとき，頂点Ａを含む立体を立体Ⅰとします。

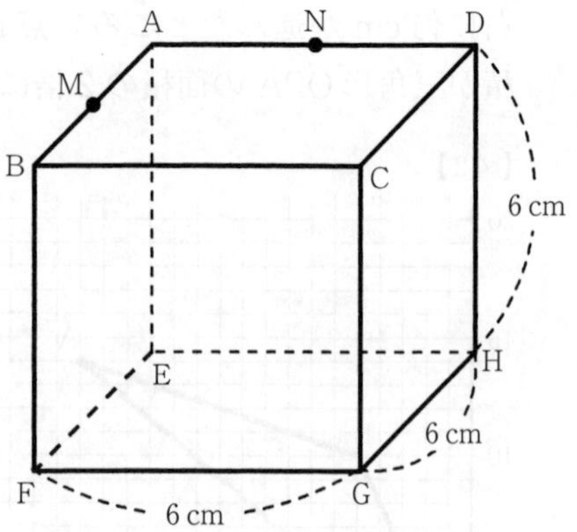

このとき，次の問いに答えなさい。

⑴ 点Ｐが出発してから４秒後の立体Ⅰの体積を求めなさい。

⑵ 点Ｐが出発してから３秒後の立体Ⅰの体積を求めなさい。

⑶ 点Ｐが出発してから２秒後の立体Ⅰの体積を求めなさい。答えだけでなく，途中の計算や考え方も書きなさい。

【社　会】〈第１回試験〉（理科と合わせて60分）〈満点：50点〉

１　次の文章を読んで，以下の問いに答えなさい。

①秋田竿燈《かんとう》まつり（８月３日～６日）

②秋田県秋田市でおこなわれる秋田竿燈まつりは，ねぶたまつりなどと同じく，「＊1ねむりながし」のひとつです。

秋田では，ねむりながしのことを「ねぶりながし」といって，もともとは七夕の行事として，願い事を書いた短冊をかざったササタケやネムノキをもって町を練《ね》り歩き，最後に川に流していました。

それが，お盆に提灯《ちょうちん》をかざって先祖をむかえていたことと結びつき，いまの竿燈まつりのようになったのだそうです。③竿燈の形はイネの穂の形をあらわし，豊作の祈りがこめられているともいわれます。

それぞれの町内で，提灯に町名や町の紋《もん》をしるし，100以上の竿燈が通りに並びます。

竿燈は，大きいもので10メートルほどの長さの太いタケ竿に46個の提灯がついています。重さは約50キログラムです。これを，額，肩，手先，腰にのせて上手に運ぶことを競います。

短くて軽い，④こども用の竿燈もあります。

◎ねむりながしの行事は青森県のさまざまな地区だけでなく，秋田県秋田市，⑤能代市などの東北地方や，富山県，新潟県，栃木県などでも，「七夕／暑気ばらい／先祖の霊のまつり」が結びついた行事としておこなわれています。七夕が単なる星まつりでなく，農耕に関係する行事や夏季の健康衛生，「盆はじめ」が混じりあった行事であることにつながります。

＊1　夏の睡魔《すいま》をはらう行事

かこさとし『こどもの行事　しぜんと生活　８月のまき』（小峰書店・2012年）

※但《ただ》し，出題の都合により，本文の内容を尊重しつつ一部編集を加えています。

問１　下線部①に関して，竿燈まつりの主会場になった場所として適当なものを，次のページの地形図１中のア～エから一つ選び，記号で答えなさい。問題を解く際は，次のＡ君とＢ君の会話を参考にすること。なお，地形図１は出題の都合により拡大してあります。

Ａ　秋田の竿燈まつり見てきたよ。提灯の明かりがついた竿燈がたくさんあがっていて，とても綺麗だったよ！　話によると200本以上あったらしいよ！

Ｂ　うらやましいなあ。竿燈って大きいものだと10ｍぐらいあるんでしょ。広い公園とかでやってたの？

Ａ　いや，秋田駅周辺の道路でやってたよ。

Ｂ　えっ，そうなの？　地図見ながら会場の場所を予想してみよう。駅の東側？　西側？

Ａ　秋田駅西口側だね。

Ｂ　なるほど，ある程度大きい通り…。美術館に面している通り？

Ａ　あ，そこの道ではなかったよ。

Ｂ　うーん。郵便局や消防署は近くにあった？

Ａ　えっと…郵便局はあったけど，消防署はなかったかな。

Ｂ　じゃあ，この市役所に面している通りかな？

Ａ　あ，そこは竿燈が集まる待機場所だったけど，主会場ではなかったかな。
Ｂ　ということは，この通りかな？　ここで200本以上の竿燈があがるのはすごいなあ。

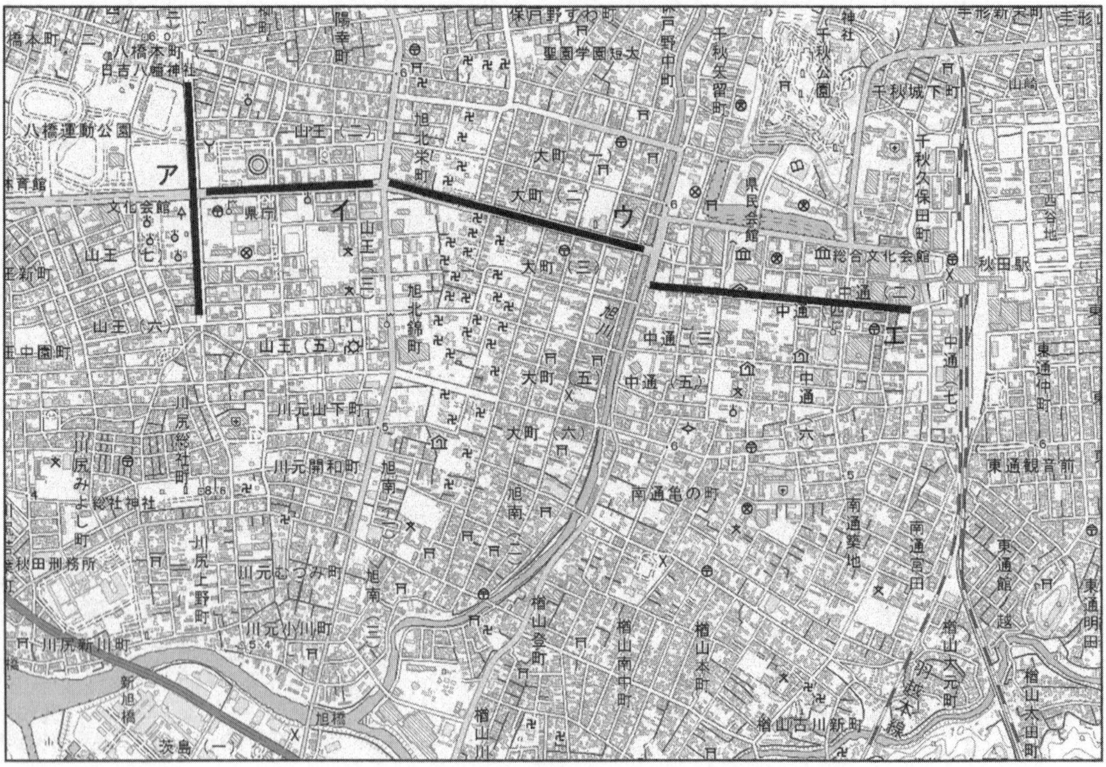

地形図１

電子地形図25000（国土地理院）を加工して作成しています。

問２　下線部②に関して，近年，秋田県には台湾から多くの観光客が訪れています。台湾の場所を示したものを，次の地図２中のア～エから一つ選び，記号で答えなさい。

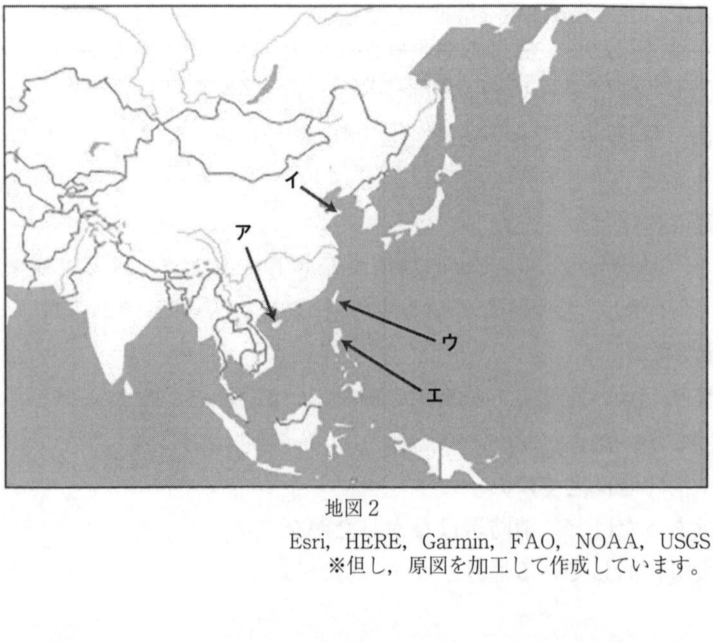

地図２

Esri, HERE, Garmin, FAO, NOAA, USGS
※但し，原図を加工して作成しています。

問３　下線部③に関連して，次の文章は秋田県の稲作について述べたものです。空欄(Ａ)・(Ｂ)に当てはまる語句を**漢字２字**で答えなさい。

> 秋田県内のさまざまな場所で稲作は行われていますが，有名な場所のひとつが「八郎潟」です。八郎潟は元々湖で，江戸時代から幾度《いくど》も開発の話が持ち上がっていましたが，財政やその他の事情により実施には至りませんでした。昭和31年に，戦後の食糧不足を解消するため，八郎潟の湖面積の約80％が(　Ａ　)地となるよう事業が進められ，農地を増やす動きが始まりました。(　Ａ　)とは，開発予定地を堤防で区切り，堤防内の水を排水することで，新たに陸地を作り出す方法です。さまざまな困難を経て，昭和52年に事業は完了し，多くの農地が作り出されました。
>
> 東北地方の稲作というと，やませのことを思い浮かべる人も多いかもしれません。やませは，主に東北地方の太平洋側に６～８月に吹く冷たく湿った風のことです。やませが続くとイネの成長に悪影響を及ぼしますが，秋田県ではこの風が「宝風」という良いものとして語られることもあるようです。これは，やませが東北地方の中央を南北に走る(　Ｂ　)山脈にぶつかり，山を越えるときに暖かい風になることで，日本海側で気温が上昇し，イネの生育に適した気温になるためです。

問４　下線部④に関連して，資料Ⅰ・Ⅱから読み取れることについて述べた文Ｘ・Ｙ・Ｚを読み，内容が正しい場合は「○」，誤っている場合は「×」，正誤の判断がつかない場合は「Ｅ」と答えなさい。

Ｘ　昭和55年から令和３年にかけて，秋田県の15歳未満の人口は減少している。

Ｙ　令和３年10月１日現在，秋田県にいる10～14歳の男女の人数を合計すると，４万人を超えている。

Ｚ　令和３年10月１日現在，秋田県の５～９歳の人口は，総人口の２％を下回っている。

資料Ⅰ　年齢３区分別人口割合の推移(各年10月１日現在)

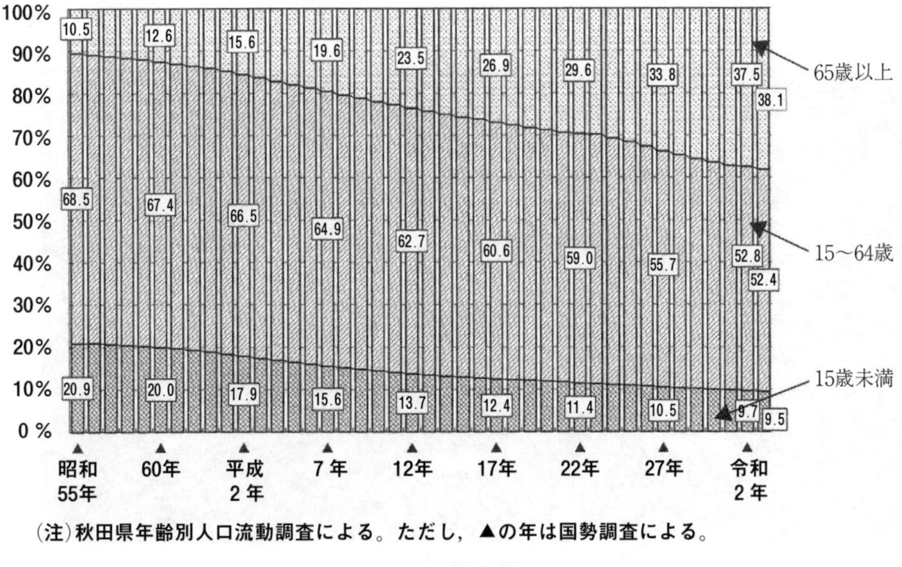

(注)秋田県年齢別人口流動調査による。ただし，▲の年は国勢調査による。

資料Ⅱ　年齢５歳階級男女別人口(令和３年10月１日現在)

(単位：万人)

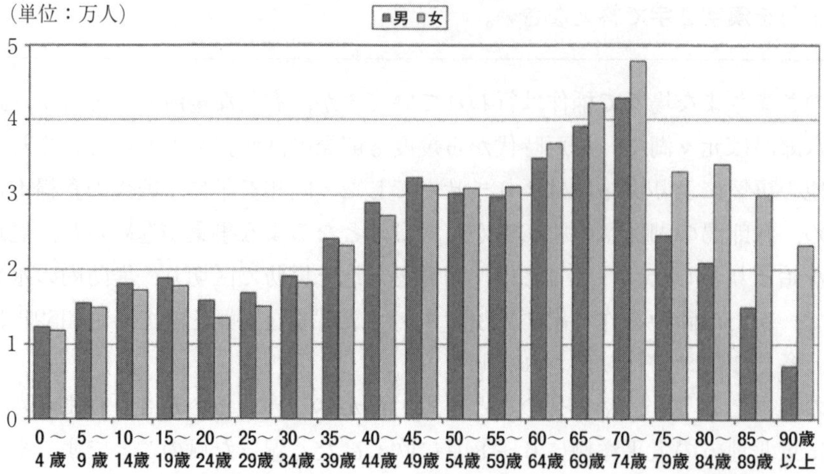

秋田県企画振興部調査統計課
「令和３年秋田県の人口(令和３年秋田県年齢別人口流動調査報告書)」
https://www.pref.akita.lg.jp/pages/archive/44493
※但し，原図を一部加工して作成しています。

問５　下線部⑤に関して，次の文章は，能代市と木材産業について述べたものです。文章と図３・４を参考に，能代市に町が形成された背景を，空欄(Ｃ)に当てはまるように書きなさい。

檜《ひ》山《やま》安東氏によって行われた能代のまち立て。その大きな理由は，(　　Ｃ　　)と言われています。安東氏は豊臣秀吉に秋田杉を献上。伏見城築城や朝鮮出兵の際の軍船などに使われました。戦国時代から，秋田杉は用材としての優れた性質が認められ，多くの武将から築城や城下町構築のために用いられました。

能代木材産業連合会『木都・能代「木と生きる街」』
https://www.shirakami.or.jp/~mokusanren/data/mokutonomokuto21.pdf
※但し，出題の都合により，本文の内容を尊重しつつ一部編集を加えています。

図３　能代市周辺の航空写真

図４　能代市の位置

図３・４「地理院地図(電子国土 Web)」
※但し，図４は原図を一部加工して作成しています。

2　太郎くんは歴史の復習をするため，重要人物と関連する資料をカードにまとめることにしました。次はその一部です。これらに関する以下の問いに答えなさい。(資料は分かりやすくするために一部書き変えてあります。)

【人物カードⅠ】

・倭王の武	・武が大王であったころ，ヤマト(大和)政権は，九州地方から①関東地方までを勢力下においていた。 ・倭王としての地位と朝鮮半島南部の軍事的な指揮権を，中国の皇帝に認めてもらうために，中国に使者を送った。

【資料カードⅠ】

私の祖先は，みずからよろいやかぶとを身につけ，山や川をめぐり，休むことがありませんでした。そして東は55国，西は66国，さらに海をわたって95国を平定しました。

問１　【人物カードⅠ】中の下線部①について，倭王の武は，ワカタケル大王と同一人物と考えられています。ワカタケル大王の名が刻《きざ》まれた鉄剣が発見された埼玉県の古墳として適当なものを，次のア～エから一つ選び，記号で答えなさい。

ア　大仙(山)古墳　　イ　江田船山古墳
ウ　箸墓古墳　　　　エ　稲荷山古墳

問２　倭王の武が中国に手紙を送ったのは何世紀のことですか。適当なものを，次のア～エから一つ選び，記号で答えなさい。

ア　３世紀　　イ　４世紀

ウ　５世紀　　エ　６世紀

【人物カードⅡ】

・聖武天皇	・仏教の力によって国を守ろうとし，仏教を厚く保護した。国ごとに国分寺をたて，さらに都に大仏をつくる命令を出した。 ・遣唐使を派遣し，唐の制度や文化を取り入れた。

【資料カードⅡ】

天下の富をもつ者は私である。天下の力をもつ者も私である。この富と力をもってすれば，事は成りやすいが，大仏に心をこめることは難しい。

問３　聖武天皇の遺品が収められた，東大寺の校倉造の建物を何といいますか。**漢字３字**で答えなさい。

問４　【資料カードⅡ】の命令が出された743年には，土地制度に関する新しい命令も出されました。その内容を20字程度で説明しなさい。

【人物カードⅢ】

・藤原道長	・娘を天皇のきさきとし，生まれた子を天皇にすることで，長い間，政治の実権を握《にぎ》った。自分の権力を満月に例える歌をつくった。 ・宋とは正式な国交はなかったが，宋の商人が来日し，交易を行った。

【資料カードⅢ】

この世をば　わが世とぞ思ふ　もち月の　かけたることも　なしと思へば

問５　藤原道長が【資料カードⅢ】の歌をよんだのは何世紀のいつ頃のことですか。適当なものを，次のア～エから一つ選び，記号で答えなさい。

ア　10世紀前半　　イ　10世紀後半

ウ　11世紀前半　　エ　11世紀後半

【人物カードⅣ】

・徳川家光	・将軍の力を強め，江戸幕府の基礎を固めた。武家諸法度を改め，参勤交代を義務化した。 ・中国とは貿易をするが，②海外との貿易を制限し，鎖国政策をすすめた。

【資料カードⅣ】

毎年，四月に参勤しなさい。近ごろは参勤交代の人数が多すぎるので，少なくしなさい。

問６　【人物カードⅣ】中の下線部②について，次のａ～ｃの出来事を古い順に並べたものとして適当なものを，下のア～カから一つ選び，記号で答えなさい。

a　日本人の海外渡航と帰国を禁止する。

b　天草・島原一揆(島原の乱)が起こる。

c　ポルトガル船の来航を禁止する。

ア　a→b→c　　イ　a→c→b　　ウ　b→a→c

エ　b→c→a　　オ　c→a→b　　カ　c→b→a

3　右の写真とその説明文に関して，以下の問いに答えなさい。

【写真の人物の説明文】

1871年に日本を出発した①岩倉使節団とともに数え年８歳でアメリカに渡る。アメリカで学び，1882年に帰国。帰国後は女子教育に力をつくす。②1889年に再びアメリカに渡り，1900年に女子英学塾を設立。2024年発行予定の新5000円券の肖像に選ばれる。

【写真】

出典：国立国会図書館
「近代日本人の肖像」
https://www.ndl.go.jp/portrait/

問１　写真の人物の説明文を参考にして，写真の人物名を**漢字**で答えなさい。

問２　説明文中の下線部①について，岩倉使節団に関して述べた文Ｘ・Ｙの正誤の組み合わせが適当なものを，次のア～エから一つ選び，記号で答えなさい。

Ｘ　岩倉使節団は，徴兵令を出し地租改正を実施するなど，国内政治を整えてから，出発した。

Ｙ　岩倉使節団は，薩摩出身の大久保利通・西郷隆盛と長州出身の木戸孝允が加わっていた。

ア　Ｘ：正　Ｙ：正　　イ　Ｘ：正　Ｙ：誤

ウ　Ｘ：誤　Ｙ：正　　エ　Ｘ：誤　Ｙ：誤

問３　説明文中の下線部②について，1889年の出来事として適当なものを，次のア～エから一つ選び，記号で答えなさい。

ア　内閣制度がはじまる。　　イ　大日本帝国憲法が発布される。

ウ　治外法権の撤廃に成功する。　　エ　ノルマントン号事件がおこる。

4　次に示す論考は，亀井源太郎「SNSと刑事法――侮辱罪《ぶじょくざい》を中心に」『法学教室８月号』(有斐閣・2022年)です。これを読み進めつつ，以下の問いに答えなさい。なお，出題の都合により，引用に際して本文の内容を尊重しつつ一部編集を加えています。

SNSは面白い。有名人の意外な一面に触れ，親しみが増すことがある。懐《なつ》かしい友人と物理的な距離を超え旧交を温めることもある。コロナ禍で人との繋《つな》がりが制約される中，SNSを通じた他者との交流に救われることも少なくない。悩みを抱える人々が，SNSを通じ同じ悩みを持つ知己《ちき》を得て一歩を踏み出すこともある。

しかし，SNSには怖い面もある。とくに考えなしに呟《つぶや》いたことが「炎上」することもある。日常生活ではまず経験しないであろう苛烈《かれつ》な批判に接することもある。顔も知らぬ人々からいわれのない誹謗中傷《ひぼうちゅうしょう》を受けることもある。

令和４年の通常（　Ａ　）で審議され成立した①刑法等の一部を改正する法律案のうち侮辱罪法定刑引き上げに関する部分は，SNSの負の側面にかかわる。極めて残念なことにSNS上での誹謗中傷は絶えず，令和２年にはリアリティ番組の出演者が誹謗中傷を受け自殺するという痛ましい事態も生じた。侮辱罪の法定刑引き上げは，法制審議会による答申を経て，「近年における公然と人を侮辱する犯罪の実情等に鑑《かんが》み，侮辱罪の法定刑を引き上げる必要がある」として，（　Ａ　）に上程《じょうてい》されたものである。

問１　２カ所の空欄（Ａ）に共通して入る語句を**漢字**で答えなさい。

問２　下線部①に関連して，次のア～エのうち法律案を提出する権限を持つものを**すべて**選び，記号で答えなさい。

ア　衆議院議員　　イ　参議院議員

ウ　内閣　　エ　最高裁判所裁判官

刑法230条１項は，「公然と事実を＊1摘示《てきし》し，人の名誉を毀損《きそん》した者は，その事実の有無にかかわらず，３年以下の懲役《ちょうえき》若しくは禁錮《きんこ》又は50万円以下の罰金に処する。」と規定し（名誉毀損罪），また，令和４年改正前の刑法231条は，「事実を摘示しなくても，公然と人を侮辱した者は，拘留《こうりゅう》又は科料《かりょう》に処する。」と規定していた（侮辱罪）。

名誉毀損罪は，人の外部的名誉（社会が個人に対して与える評価）を，公然と事実を摘示して毀損した場合に成立する。「公然と」とは，不特定または多数が知りうる状態をいう。摘示される事実は，人の社会的評価を害するに足るものであることを要する。また，条文上「その事実の有無にかかわらず」とされるように，摘示された事実が虚偽の場合のみならず，真実であっても同罪が成立する。

侮辱罪は，事実を摘示せずに人の社会的評価を害することをいう。侮辱罪の法定刑が軽い理由は，事実の摘示を伴わないため，名誉毀損罪と比較して社会的評価に対する侵害性が低いからであるとされる。

上述のように，名誉毀損罪も侮辱罪も各＊2構成要件《こうせいようけん》が予定する行為が「公然と」行われることを要求する。このため，SNS上で，不特定または多数が閲覧《えつらん》しうる状態で，人の社会的評価を害する投稿を行えば，名誉毀損罪や侮辱罪が成立しうる。

＊1　要点をかいつまんで示したり，あばいたりすること

＊2　犯罪として成立するための要件

問３　上記の内容に照らした場合，「SNS上のダイレクトメッセージ（特定の相手のみに送信するメッセージ）を通じて中傷文言を送り付ける行為」のように，「不特定の者も多数の者も閲覧しえない状態で行われる誹謗中傷」は刑法上どのように扱われることになるか，正しいものを次のア～エから一つ選び，記号で答えなさい。

ア　名誉毀損罪および侮辱罪のどちらでも処罰されることはない。

イ　名誉毀損罪によって処罰されうる。

ウ　侮辱罪によって処罰されうる。

エ　名誉毀損罪および侮辱罪の両方によって処罰されうる。

前述のように名誉毀損罪は，真実を摘示した場合にも成立する。もっとも，このように事実の摘示を幅広く処罰するのでは，（　Ｂ　）が十分に保護されるとはいえないため，②戦後の憲法改正を受け，昭和22年に刑法230条の２が新設された。

同条１項は，①摘示された事実が「公共の利害に関する」ものであって(事実の公共性)，②摘示行為の目的が「専《もっぱ》ら公益を図ることにあった」場合に(目的の公益性)，③「真実であることの証明があったとき」(真実性の証明)に，「これを罰しない」と規定し，真実を摘示した場合の一部を不可罰とする。

問４　空欄(Ｂ)に入る人権として最も適当なものを，次のア～エから一つ選び，記号で答えなさい。

ア　思想の自由　　イ　信教の自由

ウ　表現の自由　　エ　学問の自由

問５　問４で答えた人権について述べた記述として正しいものを，次のア～エから一つ選び，記号で答えなさい。

ア　国家から何かを強制されたり制約を受けたりしないことを内容とする自由権とよばれる人権の一つである。自由権の例としてはほかに財産権が挙げられる。

イ　国家から何かを強制されたり制約を受けたりしないことを内容とする自由権とよばれる人権の一つである。自由権の例としてはほかに生存権が挙げられる。

ウ　国家に対して積極的な関わりを求めることを内容とする自由権とよばれる人権の一つである。自由権の例としてはほかに財産権が挙げられる。

エ　国家に対して積極的な関わりを求めることを内容とする自由権とよばれる人権の一つである。自由権の例としてはほかに生存権が挙げられる。

問６　下線部②に関して，改正された憲法が公布されたのは昭和何年か答えなさい。なお，昭和元年は西暦1926年です。

閣法57号は，刑法を以下のように改正する法律案である。

【改正前】

(侮辱)

第231条　事実を摘示しなくても，公然と人を侮辱した者は，拘留又は科料に処する。

↓

【改正後】

(侮辱)

第231条　事実を摘示しなくても，公然と人を侮辱した者は，③**１年以下の懲役若《も》しくは禁錮若しくは30万円以下の罰金又は**拘留若しくは科料に処する。

(中略)

閣法57号は衆議院で与野党(自民・立民・維新・公明・国民の各党)が共同提出した修正案による修正を経て可決され，さらに参議院の審議を経て成立した。改正後の刑法231条は，令和４年７月７日より施行されている。

問７　日本国憲法第13条は「生命，自由及び幸福追求に対する国民の権利については，」「最大の尊重を必要とする。」と規定しており，また第29条は「財産権は，これを侵してはならない。」と規定しています。一方，下線部③に着目すると，「懲役」「禁錮」「拘留」とありますがこれは国家が国民の「自由」を奪うことであり，「罰金」「科料」とは国家が国民の「財産」を奪うことです。憲法が「自由」や「財産」を人権として保障しているにもかかわらず，なぜこのようなことが許されるのでしょうか。「公共の福祉」という言葉を使い，その意味を明らかにしつつ説明しなさい。

【理　科】〈第１回試験〉（社会と合わせて60分）〈満点：50点〉

1　文章を読んで，次の各問いに答えなさい。

水中で物体の重さをはかると，空気中ではかったときよりも軽くなります。これは，水中の物体には，物体を浮《う》き上がらせせようとする力がはたらくためです。この力を浮力《ふりょく》といいます。浮力の大きさは，物体が液体に沈《しず》んだり，浮《う》かんだりしたとき，物体が押しのけた液体の重さに等しくなります。これを「アルキメデスの原理」といいます。例えば，ある物体が水に浮かんでいるとき，水面下の物体の体積が60cm^{3}であれば，浮力の大きさは60gになります。ただし，水の重さは1cm^{3}で1gとします。

また，物体が水に浮くかどうかは，1cm^{3}あたりの重さ[g]によってきまります。これを密度といい，単位はg/cm^{3}で表します。水の密度を1g/cm^{3}とすると，物体の密度が1g/cm^{3}より大きければ水に沈み，1g/cm^{3}より小さければ水に浮きます。

問１　次の物体のうち，水に浮くものをすべて選び，番号で答えなさい。

①　体積10cm^{3}で40g
②　体積20cm^{3}で15g
③　体積30cm^{3}で18g
④　体積40cm^{3}で45g
⑤　体積50cm^{3}で48g
⑥　体積60cm^{3}で55g

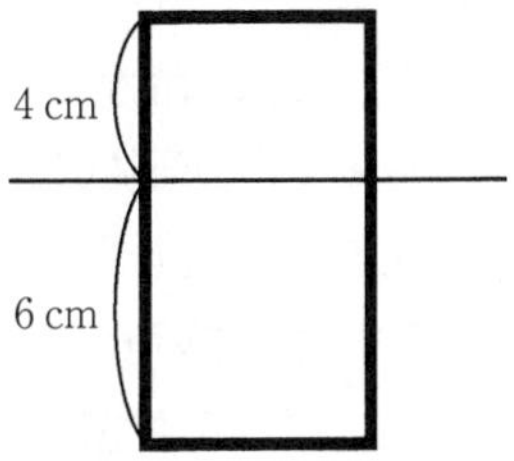

問２　高さが10cmの直方体の物体があります。この直方体の物体を水に入れると，高さ10cmのうち，6cmが沈んで水に浮きました。この直方体の底面積を10cm^{2}とすると，この直方体の物体の重さは何gですか。

問３　食塩水は，1cm^{3}あたりの重さが水よりも大きくなります。今，1cm^{3}あたり1.1gの食塩水に50cm^{3}の物体が沈んでいます。この物体にはたらく浮力の大きさは何gですか。

問４　密度が分からない食塩水があります。問２で用いた直方体の物体をこの食塩水に入れると，高さ10cmのうち5cmが沈んで食塩水に浮きました。この食塩水の密度は，何g/cm^{3}ですか。

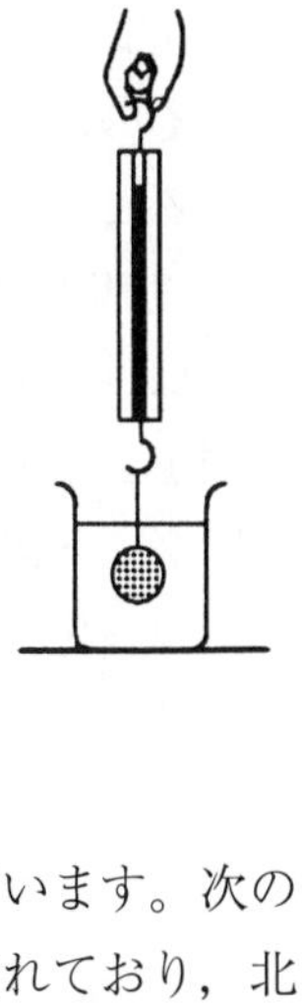

問５　358gの球をばねばかりにつるし，右図のようにビーカーの中の水に入れたところ，球は完全に沈みました。このとき，ばねばかりの表示は200gでした。球が受けている浮力の大きさは何gですか。

問６　問５の球の体積は何cm^{3}ですか。ただし，水の密度は1g/cm^{3}とします。

問７　問５の球の密度は何g/cm^{3}ですか。ただし，答えは小数第２位を四捨五入し，小数第１位まで答えなさい。

2　文章を読んで，次の各問いに答えなさい。

茨城県北部にある袋田《ふくろだ》の滝《たき》は，日本三大名瀑《めいばく》の一つで，四度《よど》の滝とも呼ばれています。次のページの地図は袋田付近を表しています。袋田の滝のある滝川は，東から西に流れており，北から南に流れる久慈《くじ》川に合流します。地図上の★印の地点では，滝川の対岸に図１のような地層が見られました。

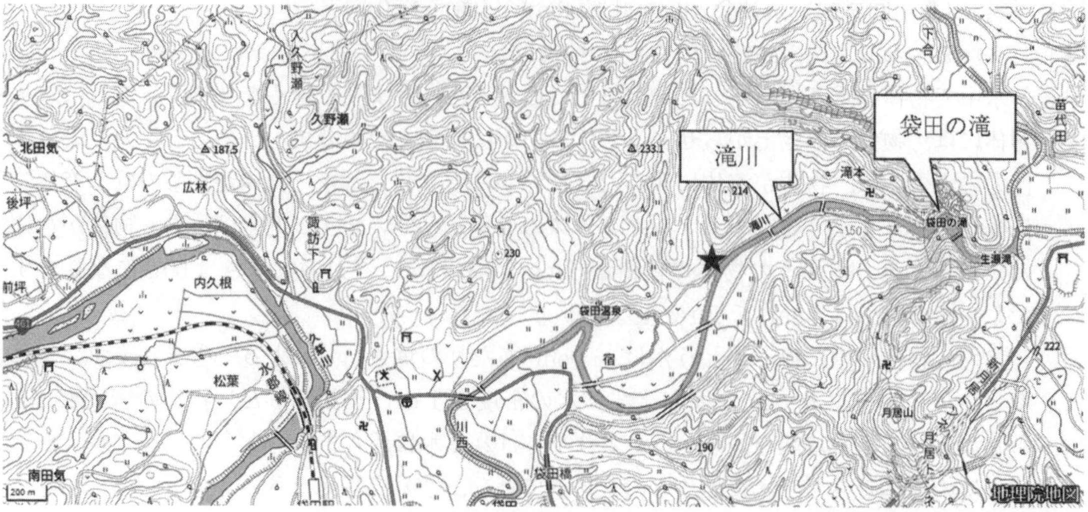

〈編集部注：編集上の都合により原図の90％に縮小してあります。〉

図１

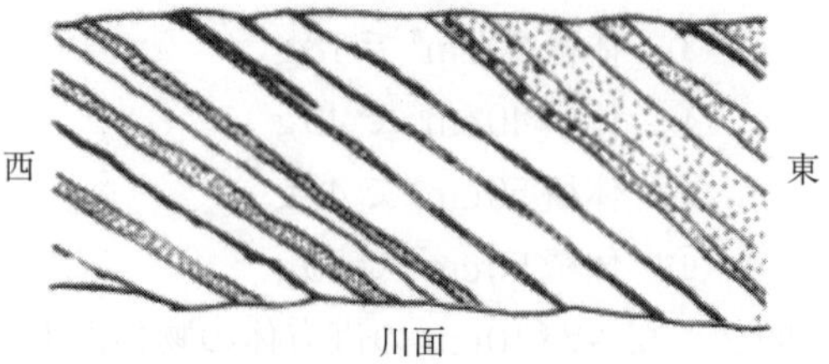

今から1700万年前頃，袋田の西側にあったと考えられる火山からの火山灰が降りつもり，袋田付近は火砕流《かさいりゅう》にみまわれる荒れた土地で，雨が降ると土石流《どせきりゅう》が発生するような場所でした。やがて火山活動がおさまると，河川が発達し，レキや砂が運ばれ，堆積《たいせき》しました。★印地点の地層が堆積したのは，この時代です。図１の右上の方が，より新しい地層です。1500万年前頃，それまで陸地だった袋田周辺は急激《きゅうげき》に海(もしくは湖沼)へと変わりました。最初は穏《おだ》やかな水底《すいてい》だった袋田周辺からは，①暖《あたた》かいところに生息する熱帯性貝類《ねったいせいかいるい》の化石や，マングローブの花粉の化石が見つかっています。その後，水中で火山活動が始まり，南北約20km，高さ約4000mという大きな水中火山ができました。水中火山から噴出《ふんしゅつ》した溶岩が水で急に冷やされると，ばらばらになってつもり，火山角レキ岩が形成されます。袋田の滝の壁面《へきめん》は，この火山角レキ岩でできています。②水中火山の活動が終わると，再び水底で砂や泥《どろ》が堆積しました。その後，③地殻変動《ちかくへんどう》で大地が上昇《じょうしょう》し，再び陸地になりました。そこに，川(今の滝川)が流れることで大地を浸食《しんしょく》しましたが，硬い火山角レキ岩は削られにくく，浸食の速さに差ができ，滝(袋田の滝)が形成されたと考えられています。袋田の滝で見えているのは，水中火山の断面《だんめん》ということになります。

図２

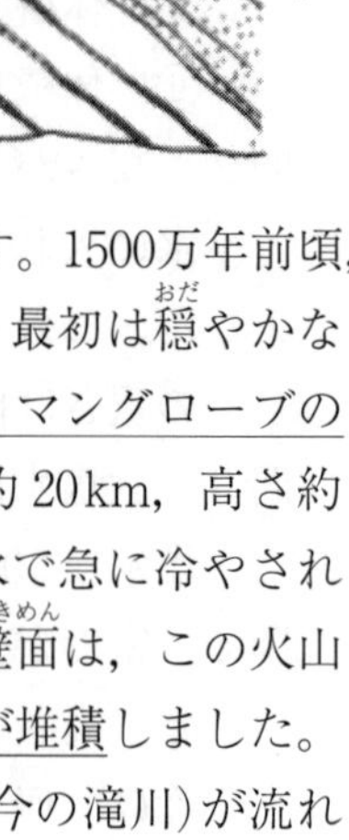

問１　流水のはたらきは，堆積《たいせき》作用と浸食《しんしょく》作用のほかに何がありますか。

問２　下線部①について，地層が堆積した当時《とうじ》の気候や環境を知るのに役立つ化石を何といいますか。

問３　1500万年前頃に，袋田付近が急激《きゅうげき》に海(もしくは湖沼)に変わった理由として考えられることを，20字以内で答えなさい。

問４　下線部③について，地殻変動《ちかくへんどう》で大地が上昇《じょうしょう》することを何といいますか。

問５　地層が作られるしくみを考えるために，図２のようなガラス容器に水を入れ，その中に小石や砂，粘土《ねんど》をまぜたものを流し込み，よくかきまぜ，どのように堆積するかを観察しました。ア～ウにはそれぞれ何が堆積しましたか。次の表の①～⑥の中から，正しい組み合わせを選び，番号で答えなさい。

	①	②	③	④	⑤	⑥
ア	小石	小石	砂	砂	粘土	粘土
イ	粘土	砂	小石	粘土	砂	小石
ウ	砂	粘土	粘土	小石	小石	砂

問６　図３は下線部②の時期の袋田付近の地層のようすを東西断面《だんめん》で表したものです。下線部③の現象で，水中火山によって形成された水中火山岩(火山角レキ岩からなる)を含む，袋田付近の地層はどのように変化したと考えられますか。次の「あ」，「い」から選び，記号で答えなさい。

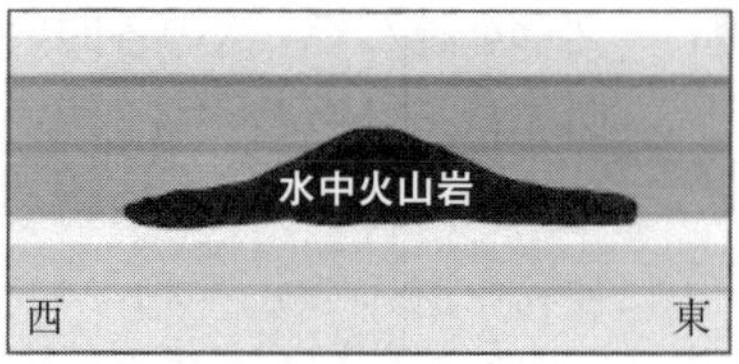

図３

あ

い

3　文章を読んで，次の各問いに答えなさい。

日本政府によって宣言《せんげん》された，2050年カーボンニュートラル達成《たっせい》に向けて，日本では火力発電の燃料《ねんりょう》として水素《すいそ》やアンモニアを利用する動きがでています。カーボンニュートラル社会の実現に向けて，世界中で取り組みが行われている中，二酸化炭素《にさんかたんそ》の排出《はいしゅつ》が多い火力発電の割合を減《へ》らす必要があります。日本では2011年の東日本大震災の原発事故を受け，原子力発電の割合も減らしており，それをカバーする形で化石燃料を使う火力発電所の稼働率《かどうりつ》が上昇しました。現在の日本におけるエネルギー構成は，77％を火力発電がまかなっています。そこで注目されたのが，燃焼しても二酸化炭素を排出しない水素やアンモニアです。政府および企業はこれらの水素・アンモニア燃料を「脱《だつ》炭素燃料」と呼んでいます。

問１　水素・アンモニアを発生させるのに必要なものを，次の①～⑦から２つずつ選び，番号で答えなさい。

①　二酸化マンガン　　②　石灰石
③　塩化アンモニウム　　④　うすい塩酸
⑤　オキシドール(過酸化水素水)　　⑥　水酸化カルシウム
⑦　アルミニウム

問２　発生した水素・アンモニアを集める置換《ちかん》法をそれぞれ答えなさい。

問３　水素を問２の方法で集めるのは，どうしてですか。理由を20字以内で答えなさい。

問４　アンモニアを水に溶かしたアンモニア水溶液《すいようえき》と，ある濃度のうすい塩酸をまぜあわせ，ちょうど中和するときの体積の関係を調べたところ，表のようになりました。

表

	あ	い	う	え
アンモニア水溶液[cm^3]	16	32	40	56
うすい塩酸[cm^3]	6	12	15	21

アンモニア水溶液《すいようえき》30cm^3をちょうど中和するには，うすい塩酸を何cm^3使用しますか。小数第１位を四捨五入して答えなさい。

4 文章を読んで，次の各問いに答えなさい。

図４は，顕微鏡《けんびきょう》と各部の名称《めいしょう》を表しています。顕微鏡は小さな生物などを観察するのに便利な道具です。プレパラート上の微生物の大きさを知りたい場合，ミクロメーターという道具を顕微鏡に設置《せっち》します。ミクロメーターは接眼レンズに入れる「接眼ミクロメーター」とステージにのせる「対物ミクロメーター」があります。

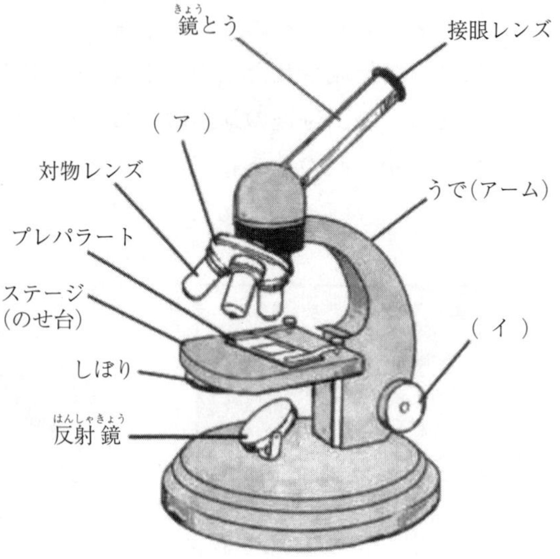

図４

接眼ミクロメーターは，図５のように円形のガラス板にめもりがふってあります。接眼レンズの中に入れると，視野《しや》の中にめもりが見えます。対物ミクロメーターは図６のようにプレパラート状のガラス板にめもりがふってあります。このめもりは正確で，１めもりあたり100分の１mmになっています。

ミクロメーターを使うには，まず，接眼レンズの上ふたをはずして接眼ミクロメーターを入れます。次に対物ミクロメーターをステージにのせ，ピントを合わせます。視野の中で，図７のように接眼ミクロメーターのめもりと対物ミクロメーターのめもりをならべ，ちょうどめもりが重なる位置を２ヶ所探します(図７の△印の所)。この倍率では，２つの△印の間のめもりは，対物ミクロメーターが20めもり，接眼ミクロメーターが25めもりになっています。これは接眼ミクロメーター25めもりの長さが100分の１mmの20倍であることを表しています。

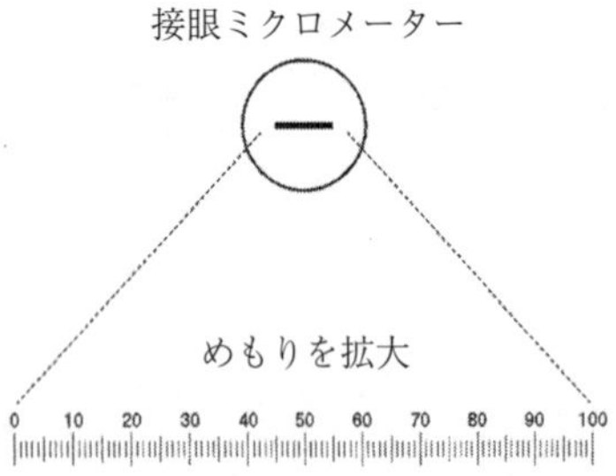

図５

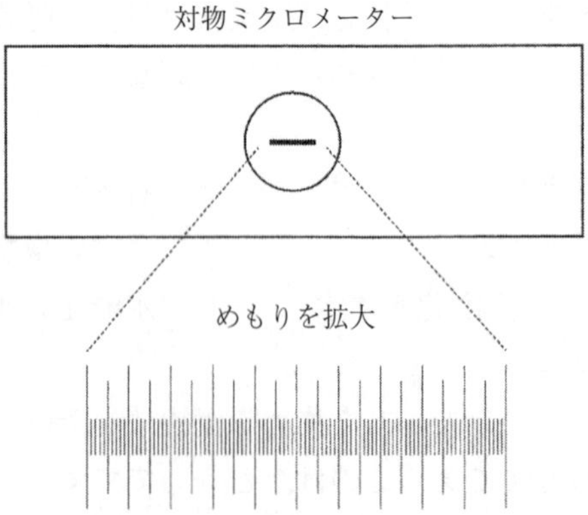

図６

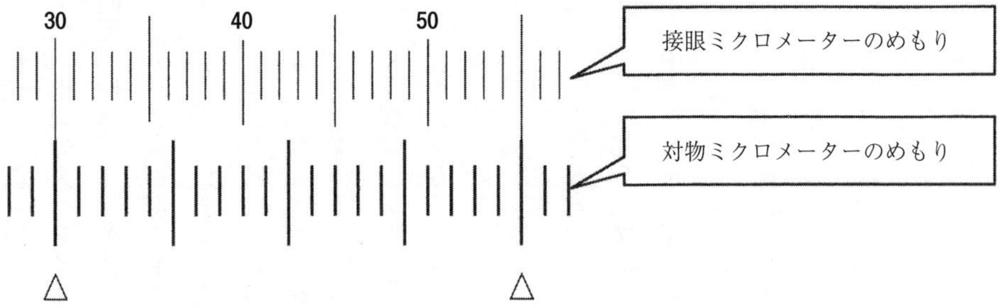

図７

問１　図４の(ア)，(イ)に入る，顕微鏡の部分の名称を答えなさい。

問２　顕微鏡の使い方について，次の文章の［①］～［③］に入る語句を，図４を参考にして答えなさい。

顕微鏡を使うときは，まず［①］レンズを取りつけ，その後に［②］レンズを取りつけます。次に(ア)を回して低い倍率にし，［①］レンズをのぞきながら［③］を動かして視野全体が明るくなるようにします。プレパラートをステージの上にのせ，顕微鏡を横から見ながら(イ)を回して［②］レンズとプレパラートを近づけます。最後に［①］レンズをのぞきながらプレパラートから［②］レンズを遠ざけるように(イ)をゆっくりと回してピントを合わせます。

問３　図７から，この倍率では接眼ミクロメーターの１めもりの大きさ(長さ)は100分の何 mm だと分かりますか。小数で答えなさい。割り切れない場合は，小数第２位を四捨五入して小数第１位まで答えなさい。

て説明した次の文の空欄を埋めるのに適切な漢字二字を本文中から探し、抜き出して書きなさい。

地域の人々を子育ての□□者にすること

問五　傍線部４「遊びのマニュアル化やパターン化」の説明として、もっとも適切なものを次から一つ選び、記号で答えなさい。

ア　保育にあたる指導者が効率よく保育することを重視し、子どもが仲間と遊ぶ楽しさを体験できなくなること。

イ　保育にあたる指導者が人工的な遊び場を嫌って、子どもの実態に合わない自然の中で遊ばせようとすること。

ウ　保育にあたる指導者がよく考えることをせず、子どもに決まった遊びをさせることを目的としてしまうこと。

エ　保育にあたる指導者に新しいものの価値がわからずに、伝統的な遊びをさせることにこだわってしまうこと。

問六　傍線部５内の空欄を埋めるのに適切な漢字一字を書きなさい。

問七　傍線部６「プロのノウハウ」と同じ内容を意味する語句を本文中から十字で探し、抜き出して書きなさい。

問八　波線部ア～オのカタカナを漢字に改めて書きなさい。

問九　二重傍線部「地域の『保育所』が大きな役割を果たす」とあるが、それはどのような役割か。八十字以上、百字以内で答えなさい。なお解答には「保育に欠ける」「保育化」「地域化」の三語を入れること。

今後、保育所に求められる役割を整理してみましょう。一つは、保育所が長年培ってきた専門的知識や実践技術を親に提供し、地域の子育てを豊かなものにすることです。つまり、「地域全体の保育化」です。

もう一つは、開かれた保育所です。主に行事や保育所設備について、乳幼児とその親に参加・利用してもらうことで、保育所そのものが地域の一部を担うのです。この「保育所の地域化」には、3地域の人々を子育ての「傍観者」にしないという大切な役割があります。

とはいえ、子どもを預かってくれさえすればどのような保育所でもよいわけではありません。親の要望の高まりに合わせて、保育士やカリキュラムの質の向上が求められます。この点について「砂場遊び」を例に考えます。

ここで質問をしましょう。皆さんは、なぜ保育所に砂場が必要か考えてみたことはあるでしょうか。実はこの質問に明確に答えられる保育士はあまりいません。

「砂場」が何を目的としているのかを考える必要があるのは、4遊びのマニュアル化やパターン化を防ぐためです。

確かに砂場遊びは、造形と破壊の面白さ、仲間と遊ぶ楽しさを与えてくれる大切な遊びです。昔、雨が降ると、家の周りが泥でぬかるみ、子どもたちは服を汚しながら泥だらけになって遊びました。私たちが幼い頃に泥んこ遊びをしたのは、雨が降れば家の周りに泥地ができたからです。

しかし今の子どもたちには、その面白さが伝わらない可能性があるということも知っておくべきです。

道が完璧に舗装され、緑が大切だからと植樹をする時代の子どもたちに、「ほら、砂場に水を入れて泥遊びをすると楽しいでしょう。これが自然だよ」と言っても、子どもの目には「不自然で気持ちが悪いもの」と映るかも知れないのです。遊びがマニュアル化する、パターン化すると書いたのは、そのためです。

例えば砂場だけでなく、保育所の設定保育や行事についても、設定当初の目的が形骸化してしまうと、指導者は、「どうすれば、子どもたちが私の設定した砂場遊びや行事、設定保育に飛びついてくれるのか」に腐心するようになります。それは、「指導者が管理する遊び」だからです。保育士は技術に5重きを□き、子どもたちの管理により多くの力を注ぐようになります。

しかし、砂場遊びのねらいが、「造形と破壊の面白さ」「仲間と遊ぶ楽しさ」なら、遊びのかたちが変化するかも知れませんし、他の遊びを発見するかもしれません。大切なのは、「指導者がしてほしい遊び」ではなく、「その遊びを通じて子どもたちに何を学んでほしいか」を考えることではないでしょうか。

保育所は、地域の育児力を取り戻す大きな役割を果たすことができるでしょう。6プロのノウハウを公開し、育児不安に悩むお母さんたちの心の拠り所になってほしいと願います。

（二〇〇四年　小西行郎『早期教育と脳』光文社新書　より。
問題のため一部文章を改めた。）

問一　本文中の空欄A～Cを埋めるのに、もっとも適切な語句を次からそれぞれ一つずつ選び、記号で答えなさい。

ア　しかし　イ　当然　ウ　ましてや

問二　傍線部1「大家族の役割」の内容を五字以内で考えて書きなさい。

問三　傍線部2の空欄を埋めるのに、もっとも適切な語句を次から一つ選び、記号で答えなさい。

ア　均質　イ　近代　ウ　高度　エ　多様

問四　傍線部3「地域の人々を子育ての『傍観者』にしない」につい

るよりは何かをしていた方が前向きになれるから。

ウ　なぜそれをするのかはわからなくても、目的を忘れて没頭することで本当の価値を見つけることができるから。

エ　見込みがあるかないかわからないが、実際にやってみてわからないと知ることでしか進めないこともあるから。

二

次の文章を読んで、後の問いに答えなさい。（抜き出しの問題に答える場合、句読点・記号は全て一字とする）

ベトナムは、一九八六年に、政府がドイモイ政策（市場経済）を導入して以来、海外からの直接投資が可能になり、軽・重工業の輸出がアオオハバに伸び、ハノイやホーチミンといった都市部では、著しい経済イハッテンによって生活ウスイジュンが急速に高くなっています。一方、農民の生活は依然として厳しく、人口と資金が都市に集中し、地域間エカクサは大きく広がっています。

農村では、教材や教師の不足で子どもが学校に通えないこともあります。もっと貧しい地域では、子どものオエイヨウ失調が深刻化するなど、さらに多くの問題を抱えています。私が訪れた村でも、家の中は不衛生で、道路も舗装されていません。【Ａ】、貧しくても親や子どもたちは明るく素直で、毎日が穏やかに過ぎていくという印象を受けました。

「子は親が育てる」というよりも、大勢の家族や村の人たちに囲まれて暮らすうちに、子どもたちはやがて成人するという表現の方が似合っています。「育児をする」という概念そのものが存在しないかのようでした。【Ｂ】、お母さんの育児不安も感じられません。

単純に日本とベトナムの育児環境を比較することはできませんし、【Ｃ】日本の家族をベトナムのような大家族の風景と重ねることはできません。しかし大勢の人が赤ちゃんの面倒を見ることで、お母さんの育児負担が軽減されるのであれば、彼らのような1大家族の役割を「地域」に任せてもよいのではないかと思います。

それでは、今後の育児のあり方について、私なりの考えを具体的にまとめてみましょう。

結論から先に書きましょう。従来の育児は親（母親）だけのものという発想と、女性の生き方や就労を無視した発想から抜け出すには、「地域」の育児力を取り戻すこと、それには地域の「保育所」が大きな役割を果たすと私は考えています。

もともと保育所は、日本が貧しかった頃、「保育に欠ける」子どもを預かる場所として誕生しました。高度成長期をへて成熟社会に入り、「保育に欠ける」子どもは珍しくなりました。その代わりに、就労を希望する親の増加や、親と一緒に保育に関わってくれる場の要請などは、年々高まっています。

しかし、「保育に欠ける」子どもを預かることを目的として設立された日本の保育所は、依然として働くお母さんのためのものであり、例えば「同年齢の子どもと一緒に遊ぶ楽しさを味わわせ、社会のルールを身につけさせたい」「手のかかる兄弟がいるので少し預かってほしい」といった2□□化する親の願いを充足させるものではありません。

待機児童ゼロ作戦などの取り組みも、そもそも子どもに必要な「保育」とは何かという議論がなされないまま、一部の人のものとして利用されているのが現状です。

親の就労非就労にかかわらず、保育所を地域の保育の場として提供するためには、従来の「保育に欠ける」という概念を取っ払い、地域と保育所が一体となって、子育て支援を行う必要があるのではないでしょうか。

説明としてもっとも適切なものを次から一つ選び、記号で答えなさい。

ア　自分の口走ろうとした言葉が、安易なカタカナ語と受け取られ真意が伝わらないのではないかと心配になったから。

イ　自分の口走ろうとした軽々しい言葉が、仕事に忙しい戸川の気分を害してしまうのではないかと不安になったから。

ウ　自分の口走ろうとしたカタカナ語が、年配者である戸川にはなじまないために通じないのではないかと思ったから。

エ　自分の口走ろうとした言葉が、話を聞いている戸川の価値観にはそぐわない表現なのではないかと気になったから。

問三　傍線部２「怯むような気持ち」とあるが、なぜそのような気持ちになったのか。理由の説明としてもっとも適切なものを次から一つ選び、記号で答えなさい。

ア　今はもう気にしていないことをしつこく質問することで、うんざりした戸川に叱られてしまうのではないかと不安になったから。

イ　自分が話すことで戸川がかつて水に流したはずのできごとを思い出させてしまい、戸川を怒らせてしまうかもしれなかったから。

ウ　自分自身の好奇心を満たす目的のために戸川に事実を伝えてしまうことで、戸川がどのような反応をするかわからなかったから。

エ　戸川の意見を聞きたかったが、自分が許可もなく戸川の過去のことを探っていたと知られてしまうのは都合が悪いと思ったから。

問四　傍線部３中の空欄を埋めるのに適切な漢字一字を書きなさい。

問五　傍線部４「言葉じりを軽くしようと必死」とあるが、このときの朋樹の気持ちの説明としてもっとも適切なものを次から一つ選び、記号で答えなさい。

ア　アンモナイトを研究することに一生懸命になっている戸川の情熱は理解できないが、他人を責めることもなく自分にできることを続ける姿勢に感動したが、恥ずかしくて素直にほめることができないと思っている。

イ　倉庫にしまわれているアンモナイトの化石に圧倒されたのを伝えようと思ってはいるが、自分の感情をさらけ出してしまうことには抵抗もあり、たいした話ではない風を装いながらもわかってほしいと思っている。

ウ　倉庫を見せてもらったときには数があまりに多くて驚いてしまったが、アンモナイトの化石発掘には興味が湧いていたので、前向きな言葉を選んで話すことで戸川から発掘の面白さを教えてもらおうと思っている。

エ　博物館に収められているアンモナイトの化石の数々は素晴らしいと感じたが、それを話すことでかつて町長たちから受けた仕打ちを思い出させてしまうので、なるべく早く明るい話題に切り替えようと思っている。

問六　傍線部５中の空欄を埋めるのに適切な漢字一字を書きなさい。

問七　傍線部６中の空欄を埋めるのに適切な漢字一字を、会話の流れを踏まえて書きなさい。

問八　傍線部７「わからんからやる」とあるが、それはなぜか。理由の説明としてもっとも適切なものを次から一つ選び、記号で答えなさい。

ア　ここで見つかるものがすごい発見につながるかわからないが、見つけないことには何の発見にもならないから。

イ　どのような成果が挙がるかはわからないが、何もしないでい年にわたる一つの地質時代を丸ごと消し去っておいて、〈影響は限定的〉。そんな言われ方をされて私が黙っていたら、彼らに3申しわけが□たんじゃないか」

「彼らって――」昨日見た光景が浮かぶ。「昔の研究者の人たちですか」

戸川はかぶりを振った。「その時代のアンモナイトたちに決まっているだろう」

「ああ……」朋樹は低くもらし、告げる。「昨日、倉庫の奥も見せてもらいました。化石がいっぱいしまってある。何ていうか……ヤバいですよね、あそこ」

あのとき感じた驚きを伝えたいのだが、気恥ずかしさもあって、素直に言葉にできない。

「だって、どの引き出し開けても、アンモナイトばっか。全種類コンプリートしたいのかと思ったら、同じ種類のやつがメッチャあるし」

4言葉じりを軽くしようと必死な朋樹を、戸川は黙って見つめている。

「それが『研究』ってやつなんですか？　それとも、埋まってる化石は一つ残らず見つけ出してやろう、みたいな？　だいたい、なんでみんな必死になってアンモナイトなんか――」もはや質問という形でしか、思いを口にできなかった。「仕事だからですか？　でも戸川さん、もう博物館はとっくに辞めてるし」

数秒間を置いて、戸川はふんと5□を鳴らした。おもむろに腰を上げながら言う。

「ただ単に、中毒みたいなものさ」

「中毒？」

「土を触って地層を調べ、ハンマーを振るって化石を採り、記録をつけて考える。それを毎日のように続けてるとな、病みつきになるんだよ。単なる肉体労働ではないし、机に向かって【Ｃ】唸っているのとも違う。頭と体を同時に使うってことが、人間という動物の性に合ってるのかもしれん」

「6□しいんですか」

「やってみれば、誰にでもわかる。疲れまでが心地いいんだから、不思議なもんだよ。一度その味を知ってしまうと、歳をとったからといって、家でじっとなどしておれん。幸い――」

戸川は体を反転させ、崖のほうを見渡した。

「やることはまだいくらでもあるからな」

「いくらでもって……」朋樹もそちらに顔を向ける。「いい場所はもう水没しちゃったんでしょ？　それとも、ここは見込みがあるんですか？　何かすごい発見がありそうとか」

「そんなことは誰にもわからん。7わからんからやるんだろうが」戸川は渋い顔で言った。「やるのは誰でも構わんが、何年、何十年かけてでも散々やってみて、それでもダメなら、ここはダメだということがわかる。そして、次の場所へいく。わかることではなく、わからないことを見つけていく作業の積み重ねだよ」

戸川は地面のハンマーを二本拾い上げると、一本を朋樹の目の前に差し出した。

「科学に限らず、うまくいくことだけを選んでいけるほど、物事は単純ではない。まずは手を動かすことだ」

（二〇二一年　伊与原　新「アンモナイトの探し方」
『月まで三キロ』所収。問題のため一部文章を改めた。）

問一　本文中の空欄Ａ～Ｃを埋めるのに、もっとも適切な語句を次からそれぞれ一つずつ選び、記号で答えなさい。

　ア　うんうん　　イ　ぐんぐん　　ウ　わずかに

問二　傍線部1「すぐ言い換える」とあるが、朋樹がそうした理由の

2023年度

江戸川学園取手中学校

【国　語】〈第一回試験〉（五〇分）〈満点：一〇〇点〉

一　次の文章を読んで、後の問いに答えなさい。（抜き出しの問題に答える場合、句読点・記号は全て一字とする）

まだ昼前だというのに、【Ａ】気温が上がっている。朝の情報番組では、今日はこの夏一番の暑さになりそうだと言っていた。

ここへ来るまでに大汗をかいたので、川を渡る冷たさがいつもより心地よい。向こう岸にいる戸川は、道具をリュックサックから取り出しているところだった。彼もまだ着いたばかりらしい。

「今日は早いじゃないか」戸川は朋樹を一瞥して言った。

「早いんです」朋樹もその横でバックパックを下ろす。

「念のために訊くが、君は、家の人に行き先を伝えた上で、ここへ来てるんだろうな」

「あー、昨日と今日は言ってません」

「なんでだ。心配するじゃないか」

「だから、化石が一個採れたら、もう来ません。ていうか、東京に帰ります」

戸川が手を止めた。何か言いたげにこちらを見つめてくる。

「コンビニで弁当も買ってきたし、今日中に絶対ケリをつけようと思って。イージーな――」と口走って、1すぐ言い換える。「いい化石が出る場所がダムに沈んじゃったのなら、ここでやるしかないし」

「パネルを見たのか」

「あのヨシエさんて人が見せてくれました」【Ｂ】ためらって、言い添える。「博物館の裏の建物で」

「裏の建物？」戸川が白い眉を持ち上げた。

「町長さんが……展示室からはずせって言ったって」

2怯《ひる》むような気持ちもあるが、この件について戸川本人の口からも何かを聞きたかった。

「まったく」意外なことに、戸川はあきれた顔をした。「あの小心者の言いそうなことだ。もういい加減、堂々としていればいいものを」

「怒ってないんですか？」

「何にだ。町長にか」

「だって、町長のせいで館長をやめることになったって、ヨシエさんが。普通、許せないでしょ。町長のことも……うちのじいちゃんのことも」

「許すもくそもない」戸川は静かに言って、その場にあぐらをかいた。

「化石の産出地を守りたいなどというのは、私のようなごく少数の人間のエゴだ。富美別の存続や、町の人々の暮らしとはとても比べられん」

「だったらなんで――」ダム建設反対に回ったのか。

「君は、環境アセスメントというのを知っているか」

朋樹はうなずく。「何となくですけど」

「私がまだ自分の行動を決めきれずにいたときのことだ。環境アセスメントの報告書が私のもとに回ってきた。そこには〈地質〉の項目があって、こう書かれていた。〈アンモナイトの化石産出地が一部消失するが、湛水区域外にも広く分布しており、影響は限定的である〉」

戸川はそこで息をつき、眉間のしわを深くした。

「さすがに読む手が震えたよ。〈一部消失〉などという言葉で片付けられるようなことではない。中でも、白亜紀後期チューロニアン期の露頭にいたっては、一つ残らず水没してしまったんだからな。四百万

2023年度

江戸川学園取手中学校　▶解説と解答

算　数　＜第１回試験＞（50分）＜満点：100点＞

解　答

[1] (1) ① 3.1　② $\frac{5}{48}$　③ 174　(2) 11時10分　(3) 28.5cm^2　(4) 103.62cm^3
[2] (1) 26時間　(2) 20時間　[3] (1) 1通り　(2) 5通り　(3) 10通り　[4] (1) (i) （8，3）　(ii) 32.5cm^2　(2) 20cm　(3) 10cm　[5] (1) 13％　(2) 1.75％　(3) 4回目　[6] (1) 63cm^3　(2) 108cm^3　(3) 141cm^3

解　説

[1] 四則計算，計算のくふう，時計算，面積，体積

(1) ① $3+1.4\times\frac{1}{7}-0.1=3+0.2-0.1=3.2-0.1=3.1$　② $\left(0.3-\frac{1}{10}\right)\div2\frac{2}{5}\times1.25=\left(\frac{3}{10}-\frac{1}{10}\right)\div\frac{12}{5}\times1\frac{1}{4}=\frac{2}{10}\times\frac{5}{12}\times\frac{5}{4}=\frac{5}{48}$　③ $(A+B)\times C=A\times C+B\times C$となることを利用すると，$\left(\frac{1}{2}+\frac{1}{3}+\frac{1}{4}+\frac{1}{5}+\frac{1}{6}\right)\times120=\frac{1}{2}\times120+\frac{1}{3}\times120+\frac{1}{4}\times120+\frac{1}{5}\times120+\frac{1}{6}\times120=60+40+30+24+20=174$

(2) 長針は１分間に，360÷60＝６（度），短針は１分間に，360÷12÷60＝30÷60＝0.5（度）動くから，長針は短針よりも１分間に，６－0.5＝5.5（度）多く動く。また，11時ちょうどに長針と短針がつくる小さい方の角の大きさは30度なので，85度になるのは，11時ちょうどから長針が短針よりも，85－30＝55（度）多く動いたときである。よって，55÷5.5＝10（分）より，11時10分とわかる。

(3) 円の半径は，10÷２＝５（cm）だから，その面積は，５×５×3.14＝78.5（cm^2）である。また，円の内側の正方形の対角線の長さは円の直径と等しく10cmなので，その面積は，10×10÷２＝50（cm^2）とわかる。よって，斜線《しゃせん》部分の面積は，78.5－50＝28.5（cm^2）となる。

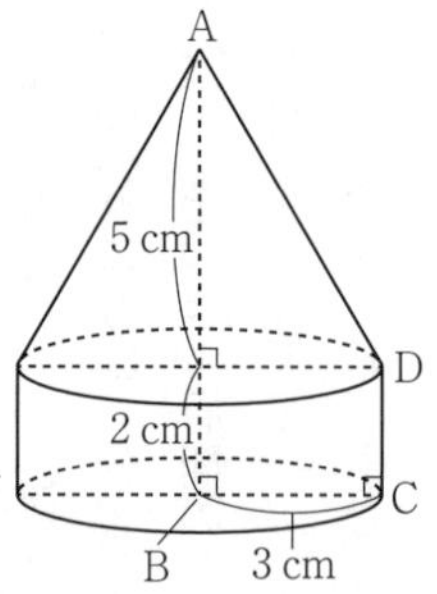

(4) 右の図のように，底面の円の半径が３cmで高さが２cmの円柱と，底面の円の半径が３cmで高さが５cmの円すいができる。よって，この立体の体積は，$3\times3\times3.14\times2+3\times3\times3.14\times5\times\frac{1}{3}=18\times3.14+15\times3.14=(18+15)\times3.14=33\times3.14=103.62$（cm^3）と求められる。

[2] 平均とのべ

(1) （平均）＝（合計）÷（人数）より，７人の一週間の学習時間の平均は，（25＋28＋20＋17＋39＋21＋32）÷７＝182÷７＝26（時間）である。

(2) 全体の学習時間の合計は，27×７＝189（時間）になるから，あやまった記録の合計より，189－182＝７（時間）多くなっている。もともと27時間だった人はいないので，あやまりであった学習時間は，27－７＝20（時間）とわかる。

[3] 場合の数

⑴　点Ａをスタートして点Ｆまで行く道順は，右の図１の矢印の順に進む１通りである。

図１

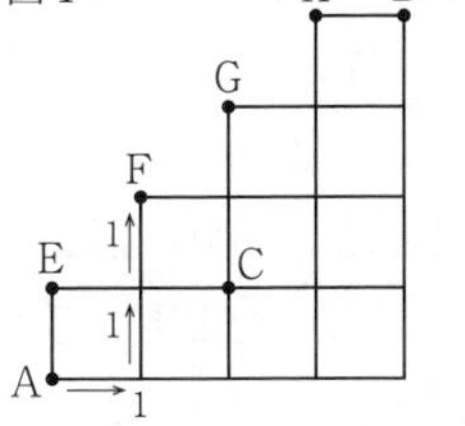

図２

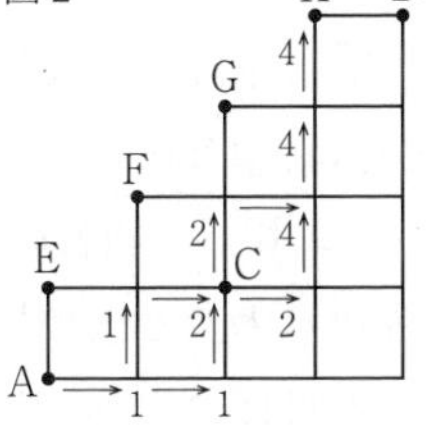

図３

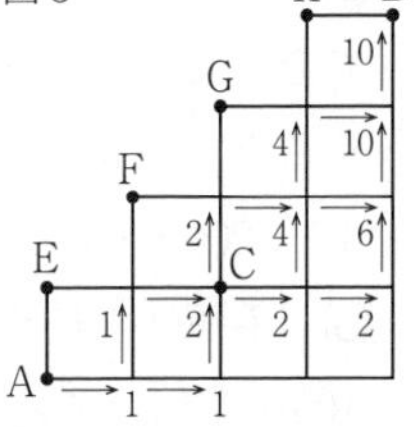

⑵　得点が２点となるのは，ゴール地点が点Ｆとなる場合と点Ｃを通ってゴール地点が点Ｈとなる場合が考えられる。点Ｃを通ってゴール地点が点Ｈとなるのは，上の図２の矢印の順に進む４通りである。よって，⑴より，点Ｆがゴールになるのは１通りだから，求める道順は，１＋４＝５(通り)となる。

⑶　点Ｃを通らないでゴール地点が点Ｇとなることはないので，得点が３点となるのは，点Ｃを通ってゴール地点が点Ｂになるときである。よって，上の図３の矢印の順に進む10通りになる。

4　平面図形―面積，長さ

⑴　(i)　点ＱはＯから右に８cm，上に３cm進んだ位置にあるので(８，３)と表せる。　(ii)　下の図①で，長方形OCDEの面積は，10×８＝80(cm^2)である。また，三角形OCQ，三角形DPQ，三角形OPEの面積はそれぞれ，８×３÷２＝12(cm^2)，３×７÷２＝10.5(cm^2)，５×10÷２＝25(cm^2)である。よって，三角形OPQの面積は，80－(12＋10.5＋25)＝80－47.5＝32.5(cm^2)となる。

図①

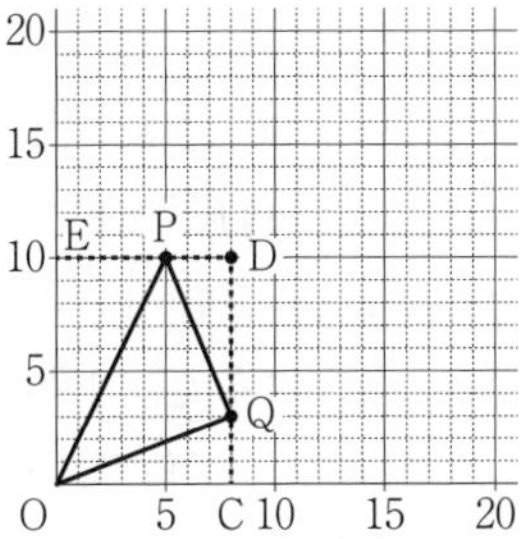

図②

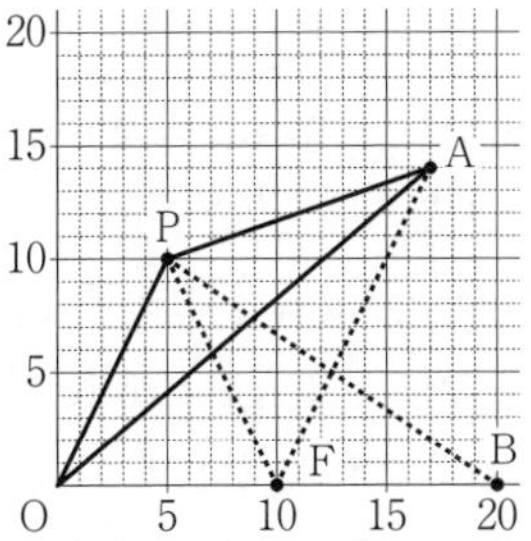

図③

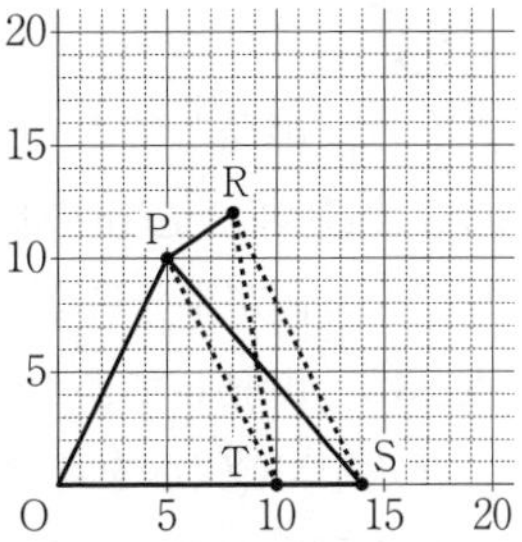

⑵　上の図②のように，点Ａを通りOPに平行な線を引くと，点Ｏから右に10cm進んだ点Ｆで交わる。このとき，OPを底辺とみると，高さが等しくなるので，三角形OPAと三角形OPFの面積は等しくなる。すると，三角形OPBの面積が三角形OPAの面積の２倍となるとき，三角形OPBは三角形OPFの面積の２倍になるので，OBの長さはOFの長さの２倍になる。よって，OBの長さは，10×２＝20(cm)と求められる。

⑶　上の図③のように，PTとRSが平行になるように点Ｔをとる。すると，PTを底辺としたときの高さが等しいので，三角形PTSと三角形PTRの面積が等しくなり，三角形OPSと四角形OPRTの面積も等しくなる。図③より，このとき点Ｔは点Ｏから右に10cmのところにあるので，OTの長さは10cmとわかる。

5　濃度《のうど》，調べ

⑴　(食塩の重さ)＝(食塩水の重さ)×(濃度)より，25％の食塩水100ｇと，５％の食塩水20ｇに含《ふく》まれる食塩の重さはそれぞれ，100×0.25＝25(ｇ)，20×0.05＝１(ｇ)である。容器に入っている食塩水を半分捨てても濃度は変わらないから，１回目の記録は，(25＋１)÷(100＋20＋80)×100＝26÷200×100＝13(％)となる。

⑵　２回目以降も食塩水20ｇと水80ｇを混ぜる前に容器に入っている食塩水は，200÷２＝100(ｇ)で変わらない。よって，２回目の記録は，(100×0.13＋１)÷200×100＝７(％)になる。同様に考えると，３回目の記録は，(100×0.07＋１)÷200×100＝４(％)，４回目の記録は，(100×0.04＋１)÷200×100＝2.5(％)より，５回目の記録は，(100×0.025＋１)÷200×100＝1.75(％)とわかる。

⑶　手順②で加える食塩水の量と水の量を逆にしたとき，手順②で容器に入る食塩の重さは，80×0.05＝４(ｇ)である。４回目の操作では手順①の食塩水に含まれる食塩の重さが，100×0.04＝４(ｇ)なので，手順②でミスをすると，４回目の記録は，(４＋４)÷200×100＝４(％)となり，花子さんの３回目の記録と同じになる。よって，この後の操作でそれぞれ正しい手順を繰《く》り返すと，花子さんの９回目の記録と太郎くんの10回目の記録は同じになるから，太郎くんがミスをしてしまったのは４回目の実験である。

6　立体図形―分割，体積

⑴　点Ｐは，出発してから４秒後までに，３×４＝12(cm)動くので，12÷６＝２より，点Ｆにある。すると，３点Ｍ，Ｎ，Ｐ(Ｆ)を通る平面でこの立方体を切断すると，立体Ⅰは，下の図１のように，三角すいO－EFHから三角すいO－AMNを取りのぞいた立体になる。ここで，三角形BFMと三角形AOMは合同なので，OAの長さは６cmになり，AMとANの長さは，６÷２＝３(cm)だから，三角すいO－AMNの体積は，$3\times3\div2\times6\times\frac{1}{3}=9$ (cm^3)になる。よって，三角すいO－EFHの体積は，$6\times6\div2\times(6+6)\times\frac{1}{3}=72$ (cm^3)なので，立体Ⅰの体積は，72－９＝63 (cm^3)となる。

⑵　点Ｐは，出発してから３秒後までに，３×３＝９(cm)動くので，９÷６＝１余り３より，点Ｇから３cm動いた辺GFの真ん中にある。よって，下の図２のように，正六角形MRPQONを切り口として立方体が半分に切断されるので，立体Ⅰの体積は，６×６×６÷２＝108 (cm^3)である。

⑶　点Ｐは，出発してから２秒後までに，３×２＝６(cm)動くので，点Ｇにあり，下の図３のように，五角形MQGSNを切り口とする立体に分かれる。図３で，三角形OBM，三角形NAM，三角形NDRは合同な直角二等辺三角形で，直角をはさむ２辺の長さは３cmである。また，三角形OBQと三角形GFQは相似で，BQ：FQ＝OB：GF＝３：６＝１：２なので，BQの長さは，$6\times\frac{1}{1+2}$ ＝２(cm)となる。よって，頂点Ａを含まない方の立体の体積は，(６＋３)×(６＋３)÷２×６×

図１

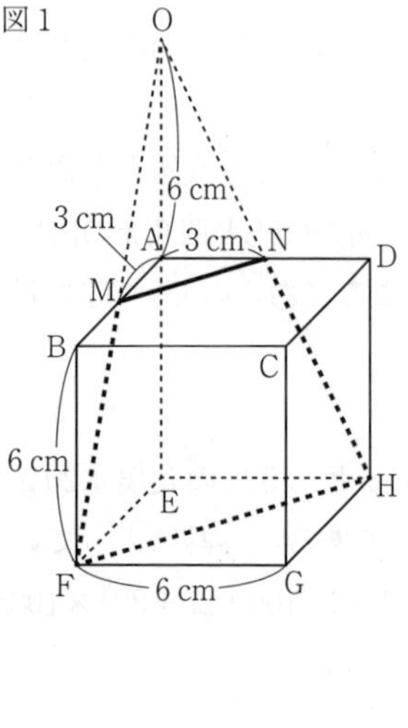

図２

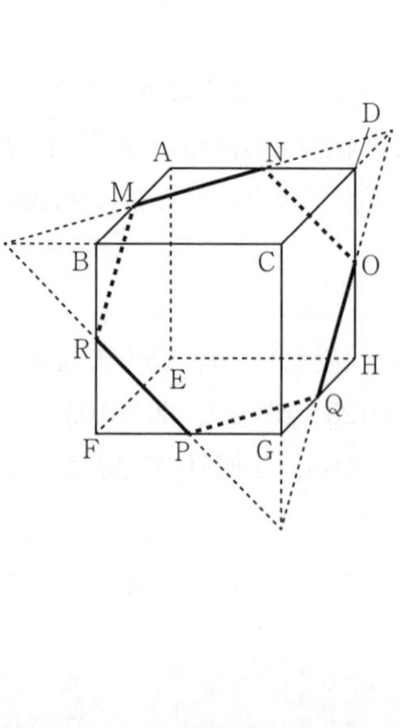

図３

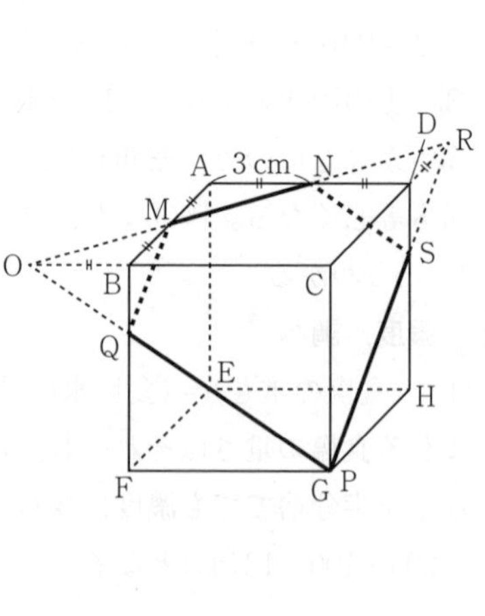

$\frac{1}{3}-3\times3\div2\times2\times\frac{1}{3}\times2=81-6=75$(cm^3)だから，立体Ⅰの体積は，$6\times6\times6-75=141$(cm^3)と求められる。

社 会 ＜第1回試験＞（理科と合わせて60分）＜満点：50点＞

解 答

[1] 問1 ウ　問2 ウ　問3 A 干拓　B 奥羽　問4 X E　Y ×　Z ×　問5 （例） 米代川流域の秋田杉を海路で京都や大阪に送るための集積地として，米代川河口にまちが必要だったため　[2] 問1 エ　問2 ウ　問3 正倉院　問4 （例） 新たに開墾した土地の永久私有を認める。　問5 ウ　問6 ア　[3] 問1 津田梅子　問2 エ　問3 イ　[4] 問1 国会　問2 ア，イ，ウ　問3 ア　問4 ウ　問5 ア　問6 （昭和）21（年）　問7 （例） 表現の自由は人権として認められているが，侮辱的な表現は他者を大きく傷つける。したがって「公共の福祉」の原理，すなわち他者の人権を根拠として，侮辱的な表現を制限すること，さらにはその手段として刑罰を用いることが許されている。

解 説

[1] 秋田県を題材とした問題

問1 本文から，美術館(🏛)に面している通りではないことがわかるので，エではない。「郵便局(〶)はあったけど，消防署(Y)はなかったかな」と言っているので，アもあてはまらない。また，市役所(◎)に面している通りは主会場ではないことから，イでもないので，ウとなる。

問2 台湾《たいわん》は，中国の南東部に位置する台湾本島と澎湖《ポンフー》諸島などからなり，日本の最西端《せいたん》に位置する与那国《よなぐに》島との距離《きょり》は約110kmである。中国の正統な政府であることを主張したが認められず，1971年に国際連合から追放された。なお，アは海南《ハイナン》島，イは山東半島，エはフィリピンのルソン島。

問3 **A** 遠浅の海や水深の浅い湖などに堤防《ていぼう》を築《きず》き，内部の水を干しあげて陸地にする方法を干《かん》拓《たく》といい，秋田県では，オランダの技術を導入して日本で2番目に大きい湖であった八郎潟《はちろうがた》の干拓が進められ，日本の農業のモデルとなることを目指す大潟村が誕生した。　**B** 奥羽《おうう》山脈は，青森県から栃木県北部まで約450kmにわたって南北に連なる山脈で，東北地方を太平洋側と日本海側に分けている。

問4 **X** 資料Ⅰを見ると，昭和55年から令和3年にかけて，秋田県の15歳《さい》未満の人口の割合は減少しているが，昭和55年から令和3年にかけての秋田県の総人口が不明であるので，15歳未満の人口が減少しているかどうかは判断することができない。　**Y** 資料Ⅱを見ると，秋田県にいる10～14歳の人口は，男女とも2万人未満であることがわかるので，男女の人数の合計は4万人を超《こ》えない。　**Z** 秋田県の5～9歳の人口は男女合わせて約3万人である。これが総人口の2％だとすると，秋田県の人口は約150万人である。しかし，資料Ⅱの棒グラフの値を全部足しても100万人程度であるので，秋田県の5～9歳の人口は，総人口の2％を上回っていると考えられる。

問5 図3の写真の中央部に写っている川は米代《よねしろ》川で，奥羽山脈にある中岳《なかだけ》(秋田県・青森県・岩手県の県境付近)を水源として秋田県北部を西に流れ，大館盆地《おおだてぼんち》，能代平野を通って能代市で日本海に注ぐ。安東氏はこの川を利用して山林から秋田杉を運び，その河口に集積地としてのまち(能代市)をつくり，そこから海路で京都や大阪に送った。

2 歴史上の人物と関連する資料を題材とした問題

問１　稲荷山《いなりやま》古墳(埼玉県)から出土した鉄剣《てっけん》には，表と裏に合わせて115文字の漢字が刻まれており，ワカタケル大王が政治を行っていたときにこの地域を治めていたとされているヲワケが宮廷《きゅうてい》を守る役目についたことなどが書かれている。このワカタケル大王は倭《わ》王の武と同一人物であるとされ，雄略《ゆうりゃく》天皇にあたる。なお，江田船山古墳(熊本県)でもワカタケル大王と読み取れる漢字が刻まれた鉄刀が出土している。

問２　中国の歴史書である『宋書《そうしょ》』倭国伝には，478年に倭王の武が宋(中国)の順帝に送った上表文の中で，倭の勢力が国内外に拡大したことを示し，武が宋から倭や新羅《しらぎ》などの軍事権・支配権を与《あた》えられたことが記されている。

問３　正倉院は，東大寺(奈良県)にある聖武天皇の遺品や仏具などの品々が納められた宝庫で，宝物は遣唐使《けんとうし》や留学生が中国から持ち帰ったものが多い。中には，ペルシア(現在のイラン)などの西アジアやインドなどの南アジアのものがシルクロードを通って中国に伝わり，日本にもたらされたものもある。

問４　奈良時代に人口が増加して国から与える口分田が不足したため，723年に三世一身法を定め，新たなかんがい設備とともに土地を切り開けば３代先の子孫までその土地の所有権を持つことを認めた。しかし，効果が少なかったので，743年に墾田《こんでん》永年私財法を制定し，新たな土地を切り開いた場合には，その土地を永久に個人の財産として所有することを認めた。

問５　11世紀前半，藤原道長は娘の威子《いし》を後一条天皇のきさきとした祝いの席で「望月の歌」とよばれるこの歌をよんだ。道長は，藤原氏が栄華《えいが》をきわめ，世の中が自分の思い通りになっていることを何一つ欠けていない満月にたとえ，自分の満足した気持ちを表したとされる。

問６　ａは1635年，ｂは1637～38年，ｃは1639年のできごとなので，古い順にａ→ｂ→ｃとなる。

3 写真と説明文の人物を題材とした問題

問１　津田梅子は，日本最初の女子留学生として岩倉使節団に同行し，８歳でアメリカに渡《わた》った。1882年に帰国すると，日本の女性の地位向上をめざして教師となり，再びアメリカへ留学した。1900年，のちの津田塾《じゅく》大学となる女子英学塾を設立し，女性の高等教育に力をつくした。

問２　1871年，条約改正の交渉《こうしょう》と欧米《おうべい》各国の視察のため，右大臣の岩倉具視を大使，薩摩出身の大久保利通《としみち》，長州出身の木戸孝允《たかよし》・伊藤博文，肥前出身の山口尚芳《なおよし》を副使とする使節団が派遣《はけん》された。彼《かれ》らが留守の間に政府の中心となった西郷隆盛・大隈《おおくま》重信・板垣退助は，1873年に徴兵《ちょうへい》令を出し，同じ年に地租改正を実施《じっし》し，国内の政治を充実《じゅうじつ》させた。したがって，Ｘ・Ｙとも誤っている。

問３　大日本帝国憲法は，伊藤博文たちが皇帝の権力が強いドイツの憲法を参考として作成したもので，1889年２月11日に発布された。この憲法は天皇が定めた憲法(欽定《きんてい》憲法)で，天皇に主権があり，国民を治める権限や軍隊を率いる権限など，天皇に大きな権限があった。なお，アは1885年，ウは1894年，エは1886年のできごと。

4 「SNSと刑事法―侮辱罪《ぶじょくざい》を中心に」という論考を題材とした問題

問１　国会の議決によって制定される法を法律といい，日本国憲法第41条で国会は国の唯一《ゆいいつ》の立法機関であることが定められている。国会には，通常国会，臨時国会，特別国会，参議院の緊急《きんきゅう》集会の４つの種類があり，通常国会は毎年１月から150日間にわたって開かれる。

問２　法律案を提出できるのは内閣と国会議員(衆議院議員・参議院議員)である。議員が提出するときは，衆議院で20人以上(予算がともなう場合は50人以上)，参議院で10人以上(予算がともなう場合は20人以上)の賛成が必要である。

問３　本文には，「名誉毀損罪《めいよきそんざい》も侮辱罪も各構成要件が予定する行為が『公然と』行われることを要求する。このため，SNS上で，不特定または多数が閲覧《えつらん》しうる状態で，人の社会的評価を害する投稿《とうこう》を行えば，名誉毀損罪や侮辱罪が成立しうる」と書かれている。しかし，問題文の条件は「不特定の者も多数の者も閲覧しえない状態で行われる」であるので，名誉毀損罪も侮辱罪も成立しないと判断できる。

問４　自分の考えを伝えたり発表したりすることができる権利を表現の自由といい，日本国憲法第21条で保障されている。名誉毀損罪において真実を示した場合にも刑事罰《けいじばつ》を受けてしまうと，表現の自由がおかされてしまうため，罰しないときの規定が刑法に加えられた。

問５　国家から何かを強制されたり制約を受けたりしない権利を自由権，国家に対して積極的な関わりを求める権利を社会権といい，表現の自由や財産権は自由権，生存権は社会権にふくまれる。

問６　第二次世界大戦後に日本を統治したGHQ(連合国軍最高司令官総司令部)によって改正が命じられ，マッカーサー草案をもとに作成が進められた憲法は，日本国憲法として1946年11月３日に公布，1947年５月３日に施行《しこう》された。1926年が昭和元年であるので，1946年は，昭和１年＋(1946年－1926年)＝昭和21年と求められる。

問７　社会全体の共通の利益のことを公共の福祉という。他人の人権を侵害《しんがい》しない場合に個人の人権が保障されることが定められ，国民は基本的人権をふりかざしてはならないとされている。そのため，基本的人権は公共の福祉により一部制限されることがあり，公然と人を侮辱する表現や行為《こうい》は他人の人権を侵害する場合にあたるため，制限を受けることが許されている。また，その手段として刑罰を用いることも認められている。

理　科　＜第１回試験＞（社会と合わせて60分）＜満点：50点＞

解　答

1　**問１**　②，③，⑤，⑥　**問２**　60 g　**問３**　55 g　**問４**　1.2 g/cm^3　**問５**　158 g　**問６**　158cm^3　**問７**　2.3 g/cm^3　**2**　**問１**　運搬作用　**問２**　示相化石　**問３**　(例)　気候が温暖になり海水面が上昇したため。　**問４**　隆起　**問５**　⑤　**問６**　あ
3　**問１**　**水素**…④，⑦　**アンモニア**…③，⑥　**問２**　**水素**…水上(置換法)　**アンモニア**…上方(置換法)　**問３**　(例)　水素はほとんど水に溶けないから。　**問４**　11cm^3　**4**　**問１**　**ア**　レボルバー　**イ**　調節ねじ　**問２**　①　接眼　②　対物　③　反射鏡　**問３**　0.8mm

解　説

1　**浮力《ふりょく》と密度についての問題**

問１　それぞれの物体の密度を求めると，①は，40÷10＝４（g/cm^3），②は，15÷20＝0.75（g/cm^3），③は，18÷30＝0.6（g/cm^3），④は，45÷40＝1.125（g/cm^3），⑤は，48÷50＝0.96（g/cm^3），⑥は，55÷60＝0.91…（g/cm^3）となる。よって，密度が水の密度（１g/cm^3）より小さい，②，③，⑤，⑥は水に浮《う》く。

問２　直方体の物体の水面下の体積は，10×６＝60（cm^3）なので，浮力の大きさは，１×60＝60（g）である。物体が水に浮いているとき，浮力と物体の重さは等しいから，物体の重さは60gとわかる。

問３　沈《しず》んでいる物体が押《お》しのけた食塩水の重さは，1.1×50＝55（g）なので，物体にはたらく浮力の大きさは55gである。

問４　問２より物体の重さは60gなので，物体が浮いているときには60gの浮力がはたらいている。物体が押しのけた食塩水の体積は，10×５＝50（cm^3）で，この食塩水の重さが60gとなるから，食塩水の密度は，60÷50＝1.2（g/cm^3）と求められる。

問５　球には水中で上向きに浮力がはたらく。よって，（ばねばかりが引く力）＝（物体の重さ）－（物体にはたらく浮力の大きさ）となるから，浮力の大きさは，358－200＝158（g）である。

問６　球が水から受けた浮力の大きさが158gなので，球の体積は，158÷１＝158（cm^3）とわかる。

問７　球は重さが358g，体積が158cm^3なので，密度は，358÷158＝2.26…より，2.3g/cm^3となる。

2　流水のはたらきと地層についての問題

問１　流水のはたらきには，川底や川岸などの岩石をけずりとる浸食《しんしょく》（侵食《しんしょく》）作用，浸食作用によってけずりとられた小石や砂，泥《どろ》などを運ぶ運搬《うんぱん》作用，運搬作用により運ばれてきたつぶを川底や海底に積もらせる堆積《たいせき》作用の３つがある。

問２　現在でも生息しているアサリやハマグリ，サンゴなどの化石は，生息する環境《かんきょう》から考えて，化石が見つかった地層ができた当時の気候や環境を知る手がかりとなる。このような化石を示相化石という。

問３　陸地だった場所が海（もしくは湖沼《こしょう》）に変わる原因としては，気候が温暖になり，海水面が上昇《じょうしょう》したことや，地殻《ちかく》変動によって大地が沈んだことが考えられる。

問４　地殻変動で大地が上昇することを隆起《りゅうき》といい，大地が沈むことを沈降《ちんこう》という。

問５　つぶが大きく重い小石ははやく沈み，つぶが小さく軽い粘土《ねんど》は最後に沈むので，下から順に小石，砂，粘土の順に堆積する。

問６　この地域では，地層の逆転は起こっていないと考える。図１より，★印地点の地層は右上が新しく，西側の方が上がっているので，下線部③の地殻変動で，西側の方が大きく隆起したことがわかる。したがって，袋田《ふくろだ》付近の地層は「あ」のように変化したと考えられる。

3　気体の発生と水溶液《すいようえき》の中和についての問題

問１　アルミニウムをうすい塩酸に入れると，水素を発生しながら溶《と》ける。また，アンモニアは塩化アンモニウムと水酸化カルシウムを混ぜて加熱すると発生する。

問２，問３　水素はほとんど水に溶けないので，水上置換《ちかん》法で集めることができる。一方，アンモニアは水に非常に溶けやすいので，空気より軽い性質を利用して上方置換法で集める。

問４　アンモニア水溶液16cm^3とうすい塩酸６cm^3がちょうど中和するので，アンモニア水溶液30cm^3をちょうど中和するのに必要なうすい塩酸の体積は，$6\times\frac{30}{16}=11.25$より，11$cm^3$となる。

4 顕《けん》微《び》鏡《きょう》の使い方についての問題

問１　アは対物レンズの倍率を切りかえるために回すレボルバー，イはステージを上下させてピントを合わせるために回す調節ねじという。

問２　顕微鏡を使うときは，鏡とうにほこりが入らないように接眼レンズ，対物レンズの順に取り付け，レボルバーを回して低い倍率にし，接眼レンズをのぞきながら反射鏡を動かして視野全体が明るくなるように調節する。次に，プレパラートをステージの上にのせ，プレパラートや対物レンズを傷つけないように，横から見ながら調節ねじを回して対物レンズとプレパラートを近づける。最後に，接眼レンズをのぞきながらプレパラートから対物レンズを遠ざけるように調節ねじをゆっくりと回してピントを合わせる。

問３　対物ミクロメーターのめもりが20，接眼ミクロメーターが25めもりのとき，その長さは100分の１mmの20倍なので$\frac{20}{100}$mmになる。よって，接眼ミクロメーターの１めもりは，$\frac{20}{100}\div 25=$ 0.008(mm)より，100分の0.8mmとわかる。

国　語　＜第１回試験＞（50分）＜満点：100点＞

解　答

一　**問１**　**A**　イ　**B**　ウ　**C**　ア　**問２**　エ　**問３**　ウ　**問４**　立　**問５**　イ　**問６**　鼻　**問７**　楽　**問８**　エ　**二**　**問１**　**A**　ア　**B**　イ　**C**　ウ　**問２**　（例）　育児をする　**問３**　エ　**問４**　参加　**問５**　ウ　**問６**　置　**問７**　専門的知識や実践技術　**問８**　下記を参照のこと。　**問９**　（例）「保育に欠ける」という発想をやめ，親に子育ての知識・技術を提供する地域の保育化と，保育所の行事・設備を開かれたものにする保育所の地域化によって，地域の育児力を取り戻していくという役割。

●漢字の書き取り

二　**問８**　ア　大幅　イ　発展　ウ　水準　エ　格差　オ　栄養

解　説

一　**出典は伊《い》与《よ》原《はら》新《しん》の『月まで三キロ』所収の「アンモナイトの探し方」による。**化石を探しに来た場所で，朋樹は元博物館長の戸川から，なぜアンモナイトを探すのかについて聞く。

問１　**A**　朝の情報番組で「今日はこの夏一番の暑さになりそうだ」と言っていたとおり，「昼前」でありながら気温は上がり続けていたのだから，ものごとの進み方がはやいようすの「ぐんぐん」が入る。　**B**　「町長のせいで館長をやめることになった」戸川から直接思うところを聞きたかったが，朋樹は当の本人を前に「博物館」と言うのがためらわれたのである。よって，“少し”という意味の「わずかに」があてはまる。　**C**　直後に「唸《うな》って」とあるので，考えこんだり力を入れたりしたときにもらす声である「うんうん」が合う。「単なる肉体労働」でも，机に向かって唸り，何やら考えているだけでもない，「頭と体を同時に使う」アンモナイトの発掘《はっくつ》(研究)を毎日続けてきたことで「病《や》みつき」になったと，戸川は語っている。

問２　本文の最後のほうで，化石調査は「わからないことを見つけていく作業の積み重ね」であり，「うまくいくことだけを選んでいけるほど」単純なものではないと戸川が言っていることをおさえる。地道な作業と真剣《しんけん》に向き合っている戸川に対し，「化石が一個採《と》れたら」東京に帰るなどと気楽(イージー)に考えていた朋樹は，「何か言いたげにこちらを見つめてくる」戸川の思いを察し，表現を改めたのだから，エがふさわしい。

問３　化石産出地を示したパネルが町長の指示で展示室からはずされたことについて，朋樹は元博物館長でダム建設に反対した戸川本人の口から何かを聞きたかったが，自分の好奇心《こうきしん》からいたずらに事実を伝えたせいで，当事者である戸川の感情をさかなでしてしまうのではないかとためらっているので，ウが合う。

問４　「申しわけが立たない」は，“弁解する言葉が見つからない”という意味。

問５　倉庫の奥《おく》にいっぱいしまってあった化石を見たときの驚《おどろ》きを戸川へ伝えたかったものの，朋樹は気はずかしさから素直《すなお》に言葉にできずにいる。そのために言葉じりが軽くなったのだから，イがあてはまる。

問６　「鼻を鳴らす」は，“不満を表すようす”を意味する。戸川は，化石を探さずにはいられない自らの性分《しょうぶん》を，自嘲《じちょう》気味に「中毒みたいなもの」だと言っている。

問７　続く部分で戸川は，化石調査を続けていると「疲《つか》れまでが心地」よく感じられるほど「病みつき」になると言っている。よって，化石調査に夢中の戸川に対し，朋樹はそんなに「楽しい」のかとたずねたものと考えられる。

問８　「いい場所はもう水没《すいぼつ》」してしまった今，「ここは見込《こ》みがある」のかとたずねる朋樹に対し，戸川は「そんなことは誰《だれ》にもわからん」と返答している。続いて戸川が，見込みがあるかどうかはわからないが，散々やってみて，ダメだとわかったら次の場所へ移ると言っているとおり，実際にやってみてこそ先に進めるというのだから，エがふさわしい。

二　**出典は小西行郎《こにしゆくお》の『早期教育と脳』による**。今後の育児のあり方を考えるうえで，地域の保育所に「地域」の育児力を取り戻《もど》す役割を担《にな》ってほしいとする考えを述べている。

問１　**A**　筆者が訪《おとず》れたベトナムの農村は，家の中が不衛生で道路も舗装《ほそう》されていないような場所だったが，貧しくてもそこに住む家族たちは明るく素直で，毎日が穏《おだ》やかに過ぎていたのだから，前のことがらを受けて，それに反する内容を述べるときに用いる「しかし」が合う。　**B**　親が「育児をする」という概念《がいねん》自体が存在しないかのようだったベトナムの農村には，あたり前だが「お母さんの育児不安」など存在しない，という文脈である。よって，「当然」が入る。　**C**　日本とベトナムでは「育児環境《かんきょう》」がちがうのだから，「日本の家族」を「ベトナムのような大家族」に重ねてみることなどできるわけがない，というつながりである。よって，“言うまでもなく”“なおさら”という意味の「ましてや」が入る。

問２　お母さん一人ではなく大勢の人(大家族)が赤ちゃんの面倒《めんどう》を見ているベトナムの現状を受け，筆者は日本においても，「地域」がその「大家族の役割」を果たすべきだと述べている。つまり，親任せではなく「地域」全体で育児をする必要があるというのである。

問３　同年齢《ねんれい》のほかの子たちと遊ばせて社会のルールを身につけさせたい，あるいは短時間子どもを預けたいなど「親の願い」はさまざまなのだから，「多様化」しているといえる。「多様」は，ようすがさまざまであること。

問４　問２でみたように，筆者は「地域」全体で育児をするべきだと主張しているので，「傍観者《ぼうかんしゃ》にしない」とは，「地域の人々を子育ての参加者にする」ことにあたる。なお，「傍観者」は，はたで見ている人をいう。

問５　「砂場」は本来，子どもたちが感性のままに何かをつくったり，こわしたりすることを通じて「仲間と遊ぶ楽しさ」を学ぶ場だが，保育士(指導者)が子どもを誘導《ゆうどう》し，砂場に水を入れて泥《どろ》遊びをさせるなどの決まった遊び方を押《お》しつけると「マニュアル化やパターン化」が起こってしまうのだから，ウがあてはまる。

問６　「重きを置く」は，“重視する”という意味。

問７　本文の中ほどで，「保育所」を「地域の保育の場」として機能させるには，「長年培《つちか》ってきた専門的知識や実践《じっせん》技術を親に提供し，地域の子育てを豊かなものにすること」が必要だと述べられている。ここでいう「専門的知識や実践技術」が「プロのノウハウ」にあたる。なお，「ノウハウ」は，技術や知識。

問８　**ア**　ちがいが大きいようす。　**イ**　勢いが盛んになって栄えること。　**ウ**　レベル。程度をはかるめやす。　**エ**　二つ以上のものの間にある，格づけでの差。　**オ**　生物が生きて成長するための養分。

問９　「保育所を地域の保育の場」とし，「『地域』の育児力を取り戻す」には，従来の「保育に欠ける」という概念を取っ払《ぱら》い，地域と保育所が一体となって子育て支援《しえん》を行う必要があると述べたうえで，筆者は「保育所に求められる役割」として，保育所が培ってきた知識や技術を親に提供し，地域の子育てを豊かなものにすること(「地域全体の保育化」)と，保育所の行事や設備などを開かれたものにすること(「保育所の地域化」)を取りあげている。

Dr.福井の 入試に勝つ！ 脳とからだのウルトラ科学

睡眠時間や休み時間も勉強!?

みんなは寝不足になっていないかな？　もしそうなら大変だ。睡眠時間が少ないと，体にも悪いし，脳にも悪い。なぜなら，眠っている間に，脳は海馬《かいば》という部分に記憶をくっつけているんだから。つまり，自分が眠っている間も頭は勉強しているわけだ。それに，成長ホルモン（体内に出される背をのばす薬みたいなもの）も眠っている間に出されている。昔から言われている「寝る子は育つ」は，医学的にも正しいことなんだ。

寝不足だと，勉強の成果も上がらないし，体も大きくなりにくく，いいことがない。だから，睡眠時間はちゃんと確保するように心がけよう。ただし，だからといって寝すぎるのもダメ。アメリカの学者タウブによると，10時間以上も眠ると，逆に能力や集中力がダウンしたという研究報告があるんだ。

睡眠時間と同じくらい大切なのが，休み時間だ。適度に休憩するのが勉強をはかどらせるコツといえる。何時間もぶっ続けで勉強するよりも，50分勉強して10分休むことをくり返すようにしたほうがよい。休み時間は，散歩や体操などをして体を動かそう。かたまった体をほぐして，つかれた脳を休ませるためだ。マンガを読んだりテレビを見たりするのは，頭を休めたことにならないから要注意！

頭の疲れに関連して，勉強の順序にもふれておこう。算数の応用問題や理科の計算問題，国語の読解問題などを勉強するときには，脳のおもに前頭葉という部分を使う。それに対して，国語の知識問題（漢字や語句など）や社会などの勉強では，おもに海馬《かいば》という部分を使う。したがって，それらを交互に勉強すると，１日中勉強しても疲れにくい。

Dr.福井（福井《ふくい》一成《かずしげ》）…医学博士。開成中・高から東大・文Ⅱに入学後，再受験して翌年東大・理Ⅲに合格。同大医学部卒。さまざまな勉強法や脳科学に関する著書多数。

2023 年度 江戸川学園取手中学校

【適性型Ａ】〈第１回適性型試験〉（50分）〈満点：100点〉

1　ようたさんは海で大きなアジを釣りました。帰宅後、ようたさんは釣ったアジを調理しようと試みています。以下の**会話文**を読んで、あとの問題に答えなさい。

ようた：さて、どんな料理をつくろうかな。せっかくの新鮮な魚だから、刺身にしようかな。

母　親：それだと［　ア　］にした方がいいね。刺身に骨があるといやだから。アジだと、なめろうにしてもおいしいよ。でも、まずは下処理からだね。

ようた：よし、やってみよう。

母　親：丁寧《ていねい》な下処理が、出来上がりの味を大きく左右するからね。

ようた：分かっているよ。これでどうかな。じゃあ、調理に入るよ。

――――――（調理中）――――――

ようた：完成したぞ。さっそく食べてみよう。いただきまーす。

うん、おいしい。でも、なかなか大変だったな。

母　親：最近スーパーではすでに切り分けられた魚が売られているから、あまり丸魚を調理することが少なくなってきたしね。

ようた：たしかに、うちで頭がついた魚を調理するのは初めてかもしれないね。それに、魚っていろいろな種類がいるけど、僕が食べたことがある種類って少ないなぁ。アジ、サケ、サンマ、マグロ、ブリ、…

母　親：これを見て。2017年に調査した、都道府県庁所在都市別の１人１年当たり鮮魚購入量と、それに占めるサケ、マグロ及びブリの３魚種の割合のグラフ（**表１**）なんだけど…

表１

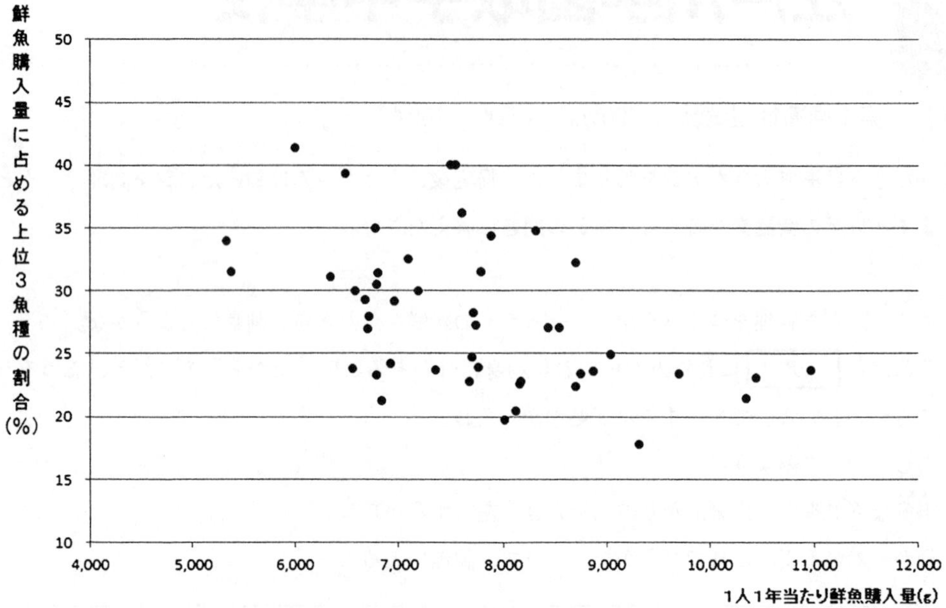

（水産庁ＨＰ「平成29年度　水産白書」第１部　第２章　第４節（２）水産物消費の状況　図２－４－６
https://www.jfa.maff.go.jp/j/kikaku/wpaper/h29_h/trend/1/t1_2_4_2.html より作成）

ようた：わあ、このグラフからは、魚の購入量が少ない都市ほど、人気のある魚種をたくさん買っていることが分かるね。ということは、［　イ　］ということが推測できるよ。

母　親：日本人は、昔は魚をたくさん食べて慣れ親しんできたけど、徐々にそうではなくなってきているようだね。

ようた：なるほど、ちょっと調べてみよう。

問題１　魚のおろし方や下処理方法について、次の問いに答えなさい。

（１）空欄［　ア　］に当てはまる魚のおろし方を、次の**あ**～**え**のなかから１つ選びなさい。

あ　三枚おろし　　　**い**　背開き

う　腹開き　　　　　**え**　二枚おろし

（２）アジの下処理として適当なものを、次の**あ**～**え**のなかから１つ選びなさい。

あ　包丁の刃の先の部分を魚と水平にして、頭から尾に向けてウロコをとる。

い　呼吸器であるエラはつけたままの方が鮮度を保てるため、とらずに残しておく。

う　魚の内臓は腐りやすいため、包丁やさいばしで取り除いて水で良く洗う。

え　魚は水の中の方が鮮度を保てるため、洗った後の水は拭き取らないようにする。

問題２　空欄 イ には、一家庭における魚の購入と消費の関係を示した文が入る。**表１**と会話文を参考にして、空欄 イ に当てはまる言葉を答えなさい。

次の日、ようたさんは学校で先生とかずまさんと一緒に、現在の日本の魚食文化とそれを支える漁業について調べることにしました。

ようた：まずは本当に日本人が魚を食べなくなったのかを調べてみよう。

かずま：こんな資料があったよ。これは粗食料※ベースでの国ごとの１人１年当たり食用魚介類消費量の推移を示したもの（**表２**）だよ。やっぱりほかの国と比べても、日本は魚介類の消費量が減少しているね。

※　粗食料：１年間に国内で消費に回された食料のうち、食用向けの量

表２

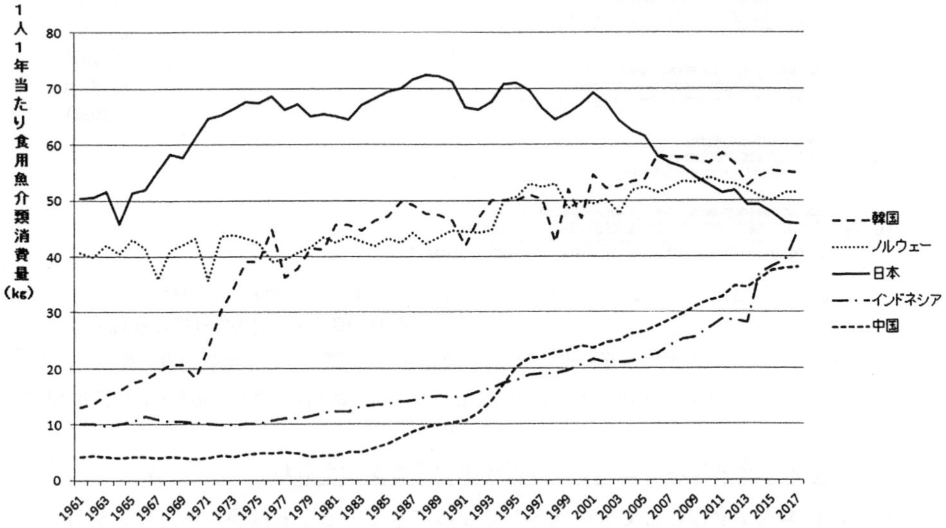

（水産庁ＨＰ「令和元年度　水産白書」第１部　特集　第１節（３）水産物消費の変化　図特－１－12
https://www.jfa.maff.go.jp/j/kikaku/wpaper/r01_h/trend/1/t1_f1_3.html より作成）

ようた：こちら（**表３**）は日本における年齢階層別の魚介類の１人１日当たり摂取量の変化を示したものだけど、これを見ても各年代で魚を食べる量が減っているみたいだ。

表３

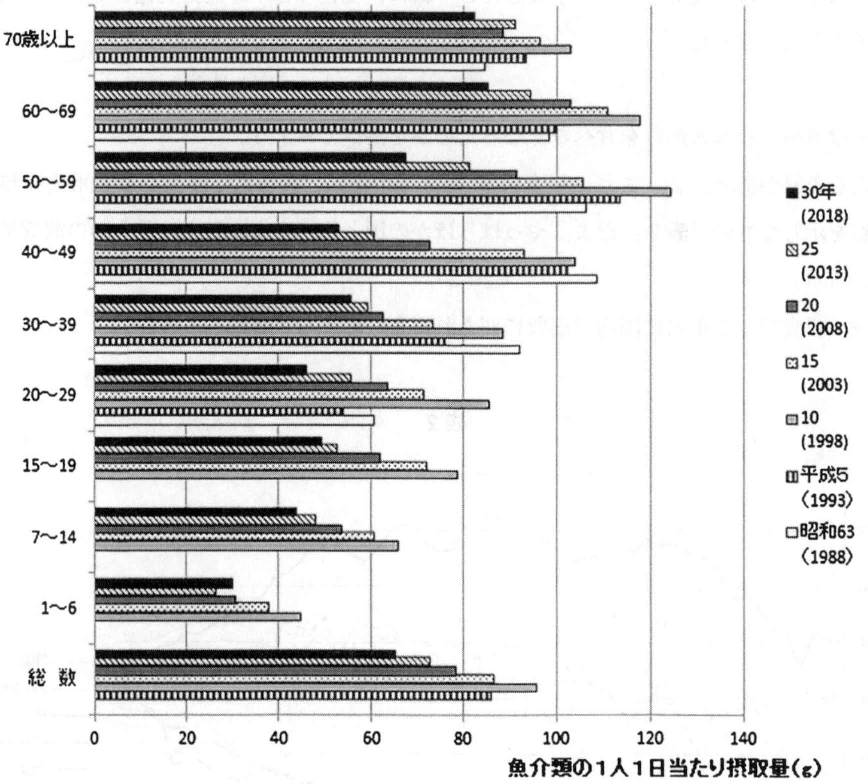

（水産庁ＨＰ「令和元年度　水産白書」第１部　特集　第１節（３）水産物消費の変化　図特－１－14
https://www.jfa.maff.go.jp/j/kikaku/wpaper/r01_h/trend/1/t1_f1_3.html より作成）

先　生：しかし、(1)この表を見てみると、とても興味深いことが分かるね。

ようた：とにかく、日本人が全体として魚を食べなくなってきていることは明らかだね。お母さんが見せてくれたグラフでは都道府県によって差があるようだったけど、どうなのかな。

かずま：都道府県別年間生鮮魚介類購入量を示した統計地図があったよ。

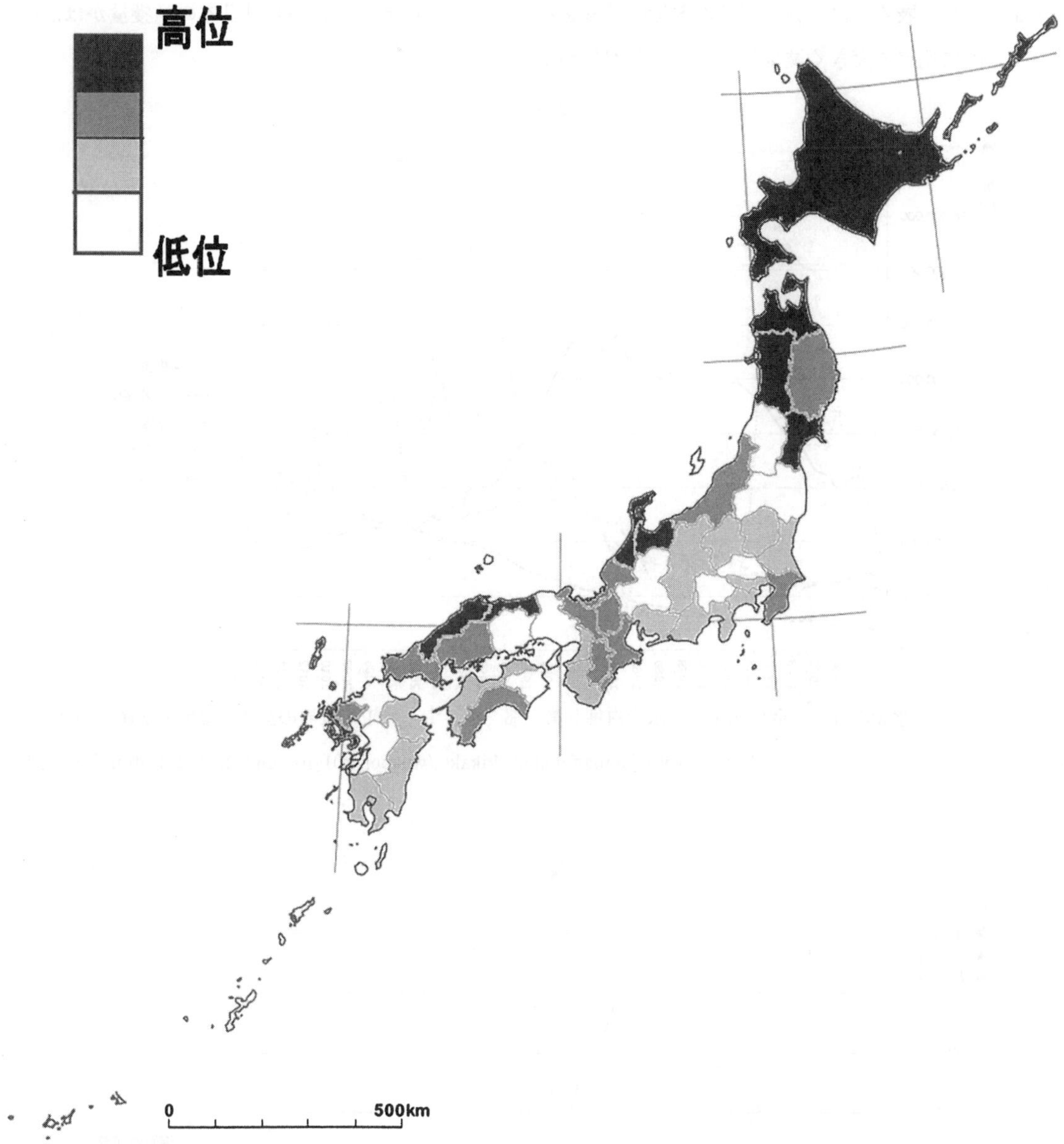

図１

（公益財団法人矢野恒太記念会編集「データでみる県勢2022」ｐ309より作成）

ここから［ウ］青森県や秋田県、富山県では魚介類の消費量が多く、［エ］岐阜県や山梨県では魚介類の消費量が少ないことが分かるよ。

かずま：これ（**表４**）は世界各国の漁獲量の推移を示したものだけど、ここからは日本の漁獲量がほかの国に比べて大きく減少していることが分かるよ。

表４

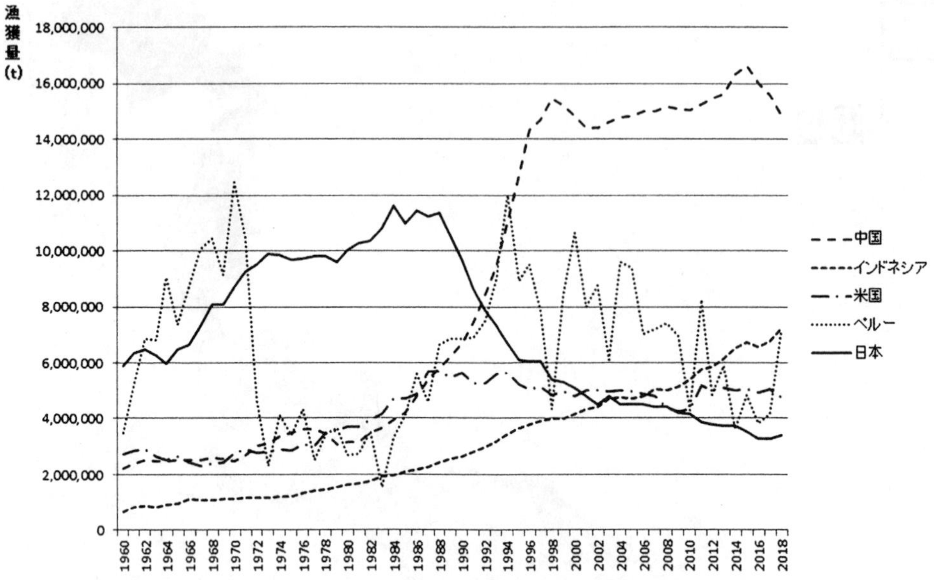

（水産庁ＨＰ「令和元年度　水産白書」第１部　第３章　（１）世界の漁業・養殖業生産　図３－２
https://www.jfa.maff.go.jp/j/kikaku/wpaper/r01_h/trend/1/t1_3_1.html より作成）

表５

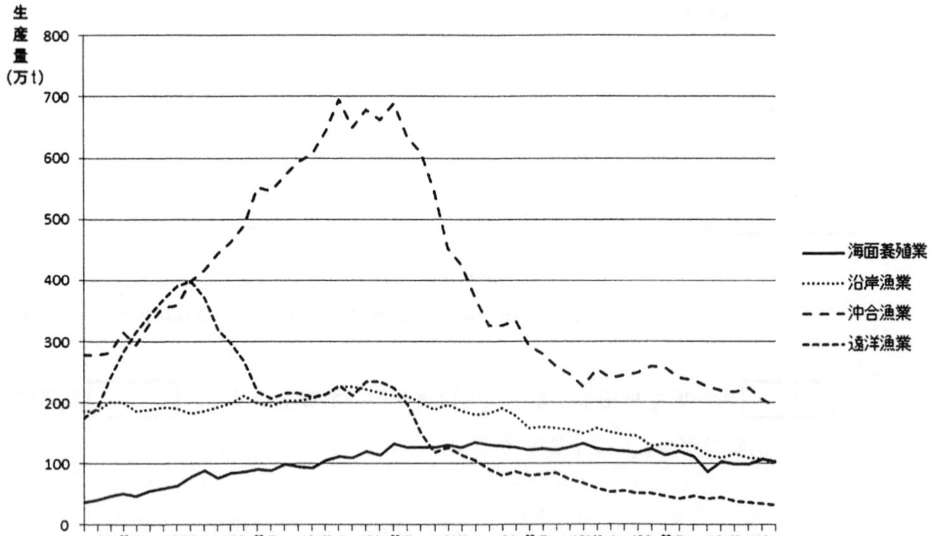

（水産庁ＨＰ「平成29年度　水産白書」第１部　第２章　第２節（１）漁業・養殖業の国内生産の動向　図Ⅱ－２－１
https://www.jfa.maff.go.jp/j/kikaku/wpaper/h29_h/trend/1/t1_2_2_1.html より作成）

ようた：あれ、**表５**を見ると、沖合漁業や遠洋漁業は大きく減少しているけど、養殖漁業は順調に伸びてきて、最近でもそれほど減少していないよ。養殖漁業って、たしかいけすで卵や稚魚から魚を育てる漁業だよね。最近、世界中で魚が減ってきているってニュースを見たけど、これなら問題ないや。

先　生：いや、実はここにも問題があるんだ。次の表（**表６**）を見てごらん。

表６

畜産業	養殖漁業
① 牧場経営のための森林開拓 過度な放牧 →森林破壊・砂漠化	① 沿岸部の汽水域の開発 →マングローブ林の破壊
② 家畜のエサとしてとうもろこし・大豆 →世界的な食糧不足	②
③ 家畜の排せつ物の処理 → 空気中のメタン増加→温暖化 河川での亜酸化窒素の発生	③ 養殖過程で生まれる汚水 →海洋汚染の進行

養殖漁業はいわば「海の畜産業」なんだ。牧場で牛や豚を育てるのと同じように、いけすで魚を育てるからね。そうすると、畜産業で起こっているのと同じ問題が発生してくるんだ。さらに、海では生物濃縮やマイクロプラスチックゴミの蓄積など、陸上では起こらない問題も起こっているんだよ。

かずま：そうなんだ。今まで養殖漁業は魚を増やすことができるいいものだって思っていたけど、問題もあるんですね。

ようた：(2)日本の魚食文化の問題だけでなく、漁業についてもちゃんと考えていかないといけないね。

問題３　下線部(1)に関して、**表３**から読み取れることとして適切なものを次の**あ**～**え**のなかから１つ選びなさい。

あ　平成30年（2018年）の60～69歳は10年前よりも魚を多く食べるようになった。

い　平成４～９年（1992～97年）に生まれた人は年をとるにつれて魚を食べるようになっている。

う　平成10年代（1998～2007年）に20～30代だった人は10年後に多く魚を食べるようになった。

え　生まれてから19歳までは、歳を重ねるごとに魚を多く食べるようになる。

問題４　空欄 ウ ・ エ には魚介類の消費量が多い県と少ない県の特徴が入る。空欄 ウ ・ エ に当てはまる言葉を、**図１**を参考にして、地理的条件を考慮《こうりょ》しながら答えなさい。

問題５　**表６**の**養殖漁業**の枠内の空欄②にはどのような言葉が入ると考えられるか。自分で考えて答えなさい。

問題６　下線部⑵に関して、次の資料は2015年９月の国連サミットにおいて定められた「持続可能な開発のための2030アジェンダ」と、2030年を年限とする「持続可能な開発目標（ＳＤＧｓ）」にむけて、2018年１月に開催されたベルリン農業大臣会合において、共同宣言『畜産の未来形成－持続可能性、責任、効率』の共同宣言のなかで記された「求める行動」の概要である。これと本文を参考にして、日本において「持続可能な漁業と魚食文化」をつくりあげるために今後進めていく必要があると思うことを、現状を説明したうえで論じなさい。

２．求める行動

（１）食料安全保障と栄養の確保

動物由来食品の効率的で持続可能な生産、アクセスの改善及び安全性の確保、家畜生産システムにおけるフードロス及び損耗《そんもう》の削減等を目指す。

（２）生計の改善

畜産分野への責任ある官民投資の推進、十分な生計の提供、若者向けイニシアチブの促進等を目指す。

（３）天然資源保全、環境保護及び気候変動への対応

持続可能で資源効率の高い家畜生産の促進、家畜生産による環境への有害な影響を最小限に抑えること等を目指す。

（４）動物衛生及び福祉の促進

獣医サービスや効果的な動物用医薬品への農家のアクセス、抗菌剤の使用を治療目的に限定、越境性動物疾病《しっぺい》の管理等を目指す。

2　こころさんとゆたかくんは、総合的な学習の時間に「ヤングケアラー」について調べる活動をしています。以下の**会話文**と**資料１**～**資料12**を読んで、あとの問題に答えなさい。

資料１　**「ヤングケアラー」の定義**

家族にケアを要する人がいる場合に、大人が担うようなケア責任を引き受け、家事や家族の世話、介護、感情面のサポートなどを行っている18歳未満の子どもをいいます。

（一般社団法人日本ケアラー連盟ＨＰより）

こころ：国はヤングケアラーの実態を把握《はあく》するために、今年１月、全国の小学６年生を対象に初めて実態調査を実施したそうよ。それによると、小学６年生で「世話をしている家族がいる」と答えたのは6.5％で、15人に１人はいることが分かったの。

ゆたか：世話をする対象は、［　ア　］が最も多いね。

こころ：世話の内容は、障害や病気のある家族などの「見守り」が40.4％で最も多く、食事の準備などの「家事」が35.2％だね。

ゆたか：そうだね。でも、家事や世話などは「お手伝い」とは違うのかな？

こころ：世話に費やす時間を見てほしいの。平日１日あたりの世話に費やす時間は、「１時間以上２時間未満」が27.4％で最も多く、「７時間以上」という回答も7.1％に上っているわ。

ゆたか：ほんとだね。この数字は「お手伝い」の範囲を超えているね。学校生活への影響はないのかな。

こころ：**資料６・７**を見て。学校生活への影響を調べてみたの。

ゆたか：学校がヤングケアラーと思われる児童をきちんと把握し、何らかの支援やサポートをしていく必要があるね。

こころ：私もそう思うわ。ただ、ヤングケアラーの問題は、特に［　イ　］という理由から学校側も実態の把握が難しいようなの。また、元ヤングケアラーだった人のインタビュー記事を読むと、［　ウ　］という固定観念があるため、自分がヤングケアラーだという自己認識も難しいみたい。

ゆたか：今後、子どもが安心して相談できる仕組みや支援がもっと進むといいね。

こころ：ヤングケアラーの支援については、国会でも岸田首相が、来年発足する予定の「こども家庭庁」を司令塔に取り組むと説明し、発足に先立ち、支援体制を強化していくと述べていたわ。

問題１　会話文中の空欄［　ア　］に当てはまる言葉を答えなさい。

問題２　下線部「学校生活への影響」について、**資料６・７**から読み取れることを説明しなさい。

問題３　会話文中の空欄［　イ　］・［　ウ　］に当てはまる言葉を、**資料８・９**を踏まえ、それぞれ20字以内で答えなさい。

問題４　**資料10～資料12**は、こころさんが集めたものです。これらの資料を踏まえ、こころさんは「ヤングケアラー」の問題点を「子どもの権利」と関連付けて１つ指摘し、次のように説明しました。こころさんはどのような点を指摘したと考えられますか。次の文の空欄に当てはまる内容を、資料を踏まえて答えなさい。

【こころさんの指摘】

「ヤングケアラー」に「あてはまる」と回答している人は、「あてはまらない」と回答している人に比べて、　　　　　　　　　　と考えられます。

資料２　世話をしている家族の有無

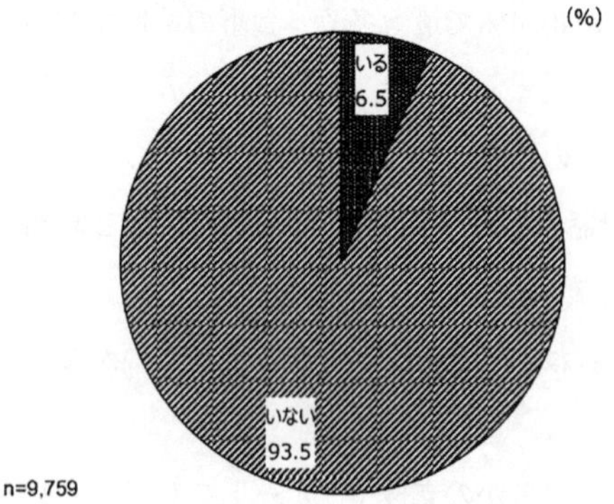

資料３　世話を必要としている家族（複数回答）

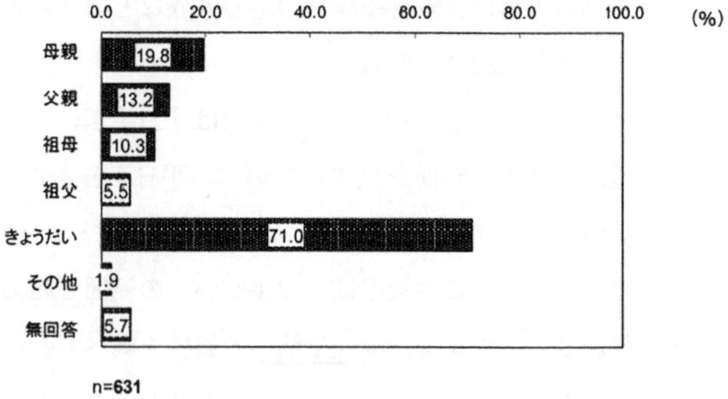

資料４　世話の内容（複数回答）

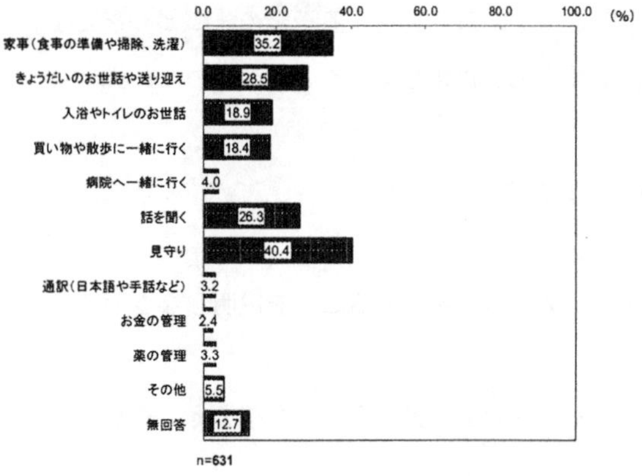

資料５　平日１日あたりの世話に費やす時間

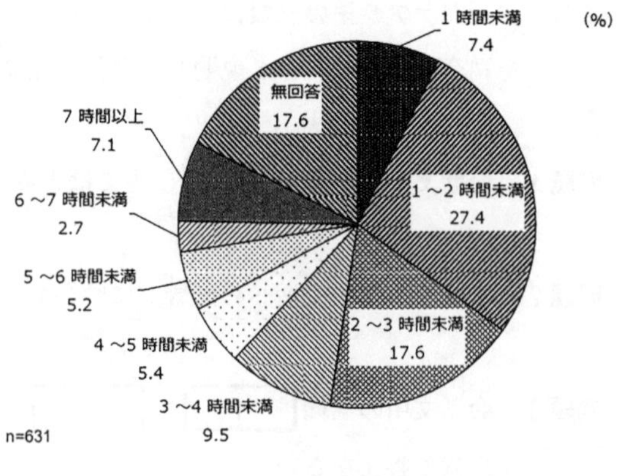

資料６　家族の世話の有無×出席状況

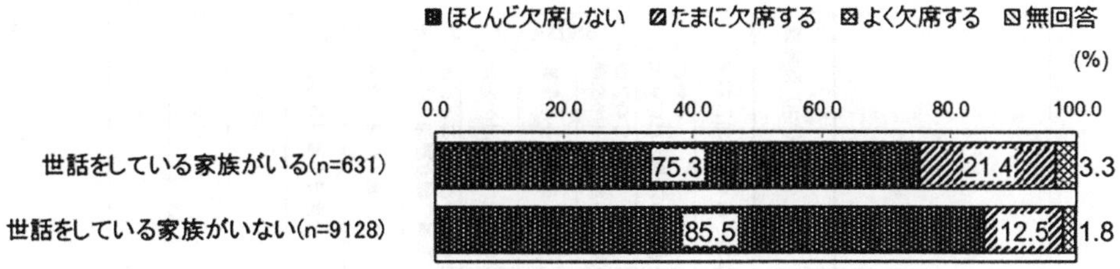

資料７　平日１日あたりの世話に費やす時間×欠席の状況

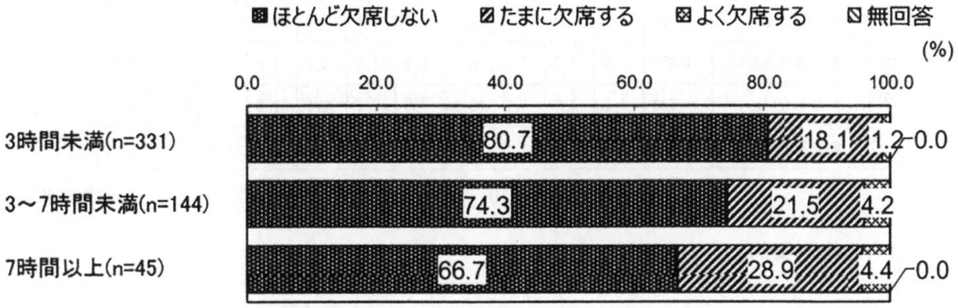

資料８　ヤングケアラーがいるか分からない理由（複数回答）

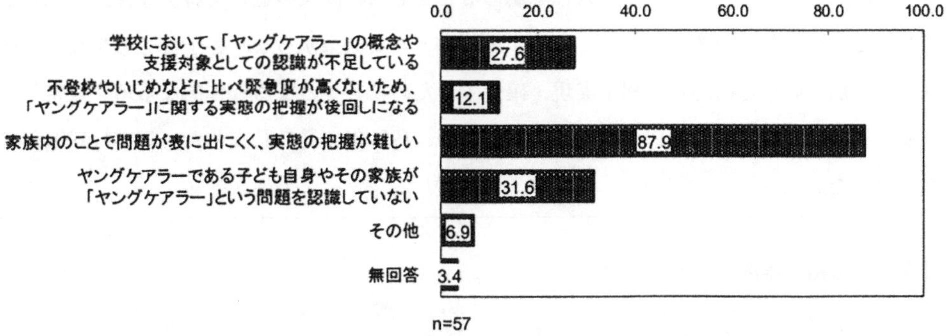

（**資料２〜資料８**　令和４年３月「ヤングケアラーの実態に関する調査研究　報告書」より）

資料９　家族を世話していることについて（元ヤングケアラーへのインタビュー調査）

▶自分が家族をケアすることは当たり前のことと思っていた。

▶お手伝いの延長という感覚で担っていたので、自分がヤングケアラーであるという自覚はなかった。

▶幼少期からケアが必要な家族と暮らしていたので、自分が家族をケアすることは当たり前のことと思っていた。

▶最近、ヤングケアラーという言葉が社会に広がり始め、当時、自分がヤングケアラーであったことを自覚した。

資料10【小学５年生】「ヤングケアラー」にあてはまるか×お世話をしていることで、できないこと

(%)

		調査数（n=）	お世話をしていることで、できないこと										
			学校に行きたくても行けない	どうしても学校を遅刻・早退してしまう	宿題をする時間や勉強する時間が取れない	睡眠が十分に取れない	友人と遊ぶことができない	クラブ活動や習い事ができない、もしくはやめるしかなかった	進路の変更を考えた	自分の時間が取れない	その他	特にない	無回答
全体		2,004	1.3	1.3	7.3	10.7	7.3	1.0	1.0	11.2	0.2	60.9	15.2
「ヤングケアラー」にあてはまるか	あてはまる	190	2.6	2.1	20.5	24.2	17.4	2.6	2.6	26.3	1.1	47.9	3.7
	あてはまらない	1,055	1.0	1.3	5.2	6.7	5.5	1.0	0.9	7.8	0.1	64.5	17.9
	わからない	681	1.5	1.0	7.5	13.5	7.3	0.7	0.9	12.9	0.3	62.1	10.1
	無回答	78	0.0	1.3	2.6	7.7	7.7	0.0	0.0	5.1	0.0	32.1	51.3

（**資料９・資料10**　令和４年３月「愛知県ヤングケアラー実態調査」より）

資料11　「子どもの権利条約」

「児童の権利に関する条約（子どもの権利条約）」は、子どもの基本的人権を国際的に保障するために定められた条約です。18歳未満の児童（子ども）を権利をもつ主体と位置づけ、おとなと同様ひとりの人間としての人権を認めるとともに、成長の過程で特別な保護や配慮が必要な子どもならではの権利も定めています。前文と本文54条からなり、子どもの生存、発達、保護、参加という包括的《ほうかつてき》な権利を実現・確保するために必要となる具体的な事項を規定しています。1989年の第44回国連総会において採択され、1990年に発効しました。日本は1994年に批准《ひじゅん》しました。

資料12　「子どもの権利条約カードブック」

（**資料11・資料12**　日本ユニセフ協会より）

3　次の **文章１** と **文章２** は、山口真一著『正義を振りかざす「極端な人」の正体』（光文社新書）の一部です。これらを読み、あとの問題に答えなさい。

文章１

どのような考えであれ、行き過ぎた「極端さ」というのは毒となる――。

最近、このように思うことが多くなってきた。ネットを見ていれば、政治的に右だろうと左だろうと、極端に攻撃的な意見を書き込んでいる人を少なからず見る機会がある。あるいは、何かのファンとアンチでもよい。ツイッター、ヤフーニュースのコメント欄、フェイスブック……実名か匿名《とくめい》かに限らず、そのような意見を見つけるのは容易《たやす》い。

そういった書き込みは多くの場合、誰かを頭ごなしに否定したり、侮辱《ぶじょく》・罵倒《ばとう》したりしている。明らかに「他人に迷惑をかける行為」であり、他者を尊重していない書き込みである。しかし発信している本人は気付かない。なぜなら、その背景には自分は正しいと思う (1)<u>「正義感」</u>があるからだ。

正義とは、非常に扱いの難しいものである。人は「自分は正しい」と思った時こそが、一番危険だ。正義とは、人々の目を曇らせる。自分のことは棚に上げ、間違っているというレッテルを貼った人や企業を非難する。

そして厄介なのが、この正義感による攻撃というものが、私たちのかなり身近にあるということだ。あなたは、テレビで自分の支持していない政党の不祥事《ふしょうじ》が発覚したらどうするだろうか。あるいは、新型コロナウイルスの問題があるのに会食をしたり夜の街に繰り出したりして感染した人を見てどうするだろうか。

もしテレビの前で声を荒らげて批判しているとしたら、「(2)<u>極端な人</u>」予備軍である。「自分はこの人たちと違って正しいんだから批判して当然」と思った時、あなたは正義中毒に侵されているのだ。

文章２

一番重要なのは、我々自身が「極端な人」にならないことなのだ。そしてそれには、次の５箇条が効果的である。

①情報の偏《かたよ》りを知る

②自分の「正義感」に敏感になる

③自分を客観的に見る

④情報から一度距離をとってみる

⑤他者を尊重する

問題１　下線部(1)「正義感」について、本文中で筆者はどのような見方をしていますか。**「攻撃」**・**「危険」**という語句を用いて説明しなさい。

問題２　下線部(2)「極端な人」とありますが、あなたは「極端な人」にならないためにどのようなことが大切だと思いますか。**文章２**の５箇条からあなたが今後大切にしたいことを１つ選び、なぜそれを選んだのか理由も分かるように180字以上210字以内であなたの考えを述べなさい。ただし、以下の条件に従うこと。

条件１：解答は横書きで１マス目から書き始めること。

条件２：「、」や「。」なども１字に数えること。

【適性型Ｂ】〈第１回適性型試験〉（50分）〈満点：100点〉

1　こころさんとゆたかくんは、陸上競技の世界大会を競技場で観戦しています。

こころ：100m 走の選手ってすごいわね。走り始めてから10秒も経《た》たずにゴールしたわ。

ゆたか：一体どのくらいの速さで走っていたんだろうね。

こころ：100m を一定の速さで10秒間走ったとすると、走る速さは秒速10m、すなわち時速［ア］km ね。

問題１　会話文中の［ア］にあてはまる数を書きなさい。

ゆたか：でも、ずっと一定の速さで走った訳ではないはずだよね。たとえば、選手Ｘが走り始めてからゴールするまでの時間と走る速さの関係をグラフにした場合、たぶんこんな感じだったと考える方が実際には近いんじゃないのかな。（**図１**）

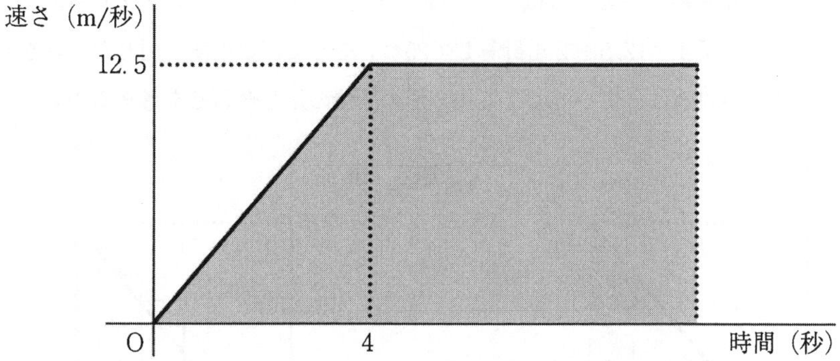

図１　選手Ｘのグラフ

こころ：選手Ｘは、走り始めてから４秒後までは走る速さが増していき、４秒後からは秒速12.5m の速さでゴールまで走ったことが、グラフから読み取れるわね。

ゆたか：ただ、こうすると選手Ｘが100m を何秒間で走ったのかが分からないんだよな。

こころ：それだったら、グラフ上の色をつけた台形の面積が100m になるときを考えれば分かるわ。だから、ちょうど10秒間よ。

ゆたか：ちょっと待って。面積が100m になるときって、一体どういうこと？

こころ：この考えは以前、先生から教えてもらったの。速さと時間の関係を表すグラフ上で、(縦の長さ)×(横の長さ)は(速さ)×(時間)、すなわち距離《きょり》を表すわ。だから、ゆたかくんが描いたグラフ上の色をつけた台形の面積は、選手Ｘが走った距離を表すのよ。まずは、走り始めて４秒後から10秒後までの部分を見て。（**図２**）秒速12.5m の速さで６秒間走れば、走った距離は 12.5×６＝75m になるわね。それはこのグラフ上の色をつけた長方形の面積が75m であることを意味するの。

ゆたか：なるほど。ここまでの所は分かったよ。でも、走り始めてから４秒後までの部分は三角形だから、面積は（縦の長さ）×（横の長さ）にならないけど、それが距離を表すとどうしていえるのかな。

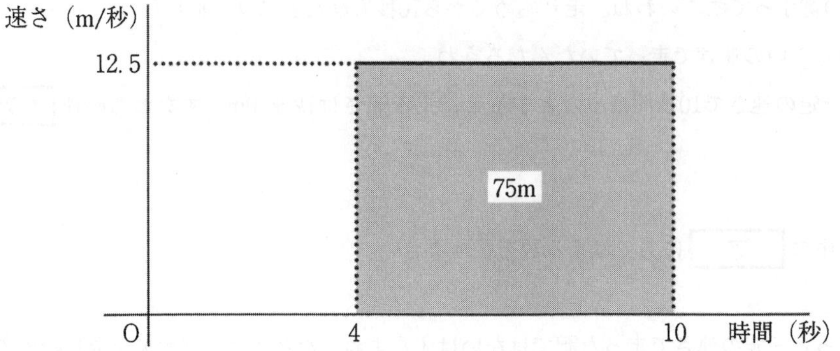

図２　選手Ｘの、走り始めて４秒後から10秒後までのグラフ

こころ：そうしたら次は、走り始めてから４秒後までの部分を見て。（**図３左**）グラフ上の色をつけた三角形の面積は、ひとまず４×12.5÷２を計算して25ね。そして、この値と同じだとみなせるように、横の長さを等しい間隔《かんかく》に区切ってできる長方形の面積の足し合わせを考えるの。

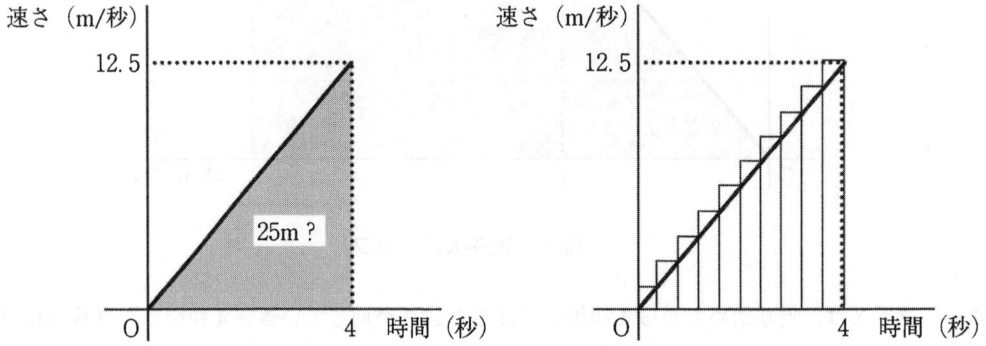

図３　選手Ｘの、走り始めてから４秒後までのグラフ

ゆたか：長方形一つ一つの面積はどれも走った距離を表すから、その足し合わせが25mと同じだとみなせれば、三角形の面積も25mとみなせるということだね。なんとなく分かってきたよ。

こころ：それでは実際に同じとみなせるのか、まずはためしに、横の長さを10等分に区切ってできる長方形の面積の足し合わせを考えてみましょう。（**図３右**）

ゆたか：10個できる長方形がちょうど10段の階段のように並んでいるな。長方形の横の長さはすべて４÷10＝0.4だね。縦の長さは、左から順に規則的に長くなっているな。左端《はし》の長方形の縦の長さは12.5÷10＝1.25で、左から順に1.25ずつ大きくなっていくから、……

こころ：縦の長さは、左端の長方形から順に、1.25、2.5、3.75、……、12.5となるわね。

ゆたか：だから、長方形の面積の足し合わせは1.25×0.4＋2.5×0.4＋3.75×0.4＋……＋12.5×0.4を計算すれば分かるね。この式は1.25×0.4×（1＋2＋3＋……＋10）とまとめることができて、答えは［ イ ］mだね。うーん、25mと同じとはいえない気がするな。

問題2　会話文中の［ イ ］にあてはまる数を書きなさい。

こころ：そうしたら次は、ためしに横の長さを100等分に区切ってできる長方形の面積の足し合わせを考えてみましょう。さっきと同じように考えれば計算できるわね。

ゆたか：1から100までの数の足し合わせ1＋2＋3＋……＋100は、計算すると5050になるから、答えは［ ウ ］mだね。さっきと比べて、25mにだいぶ近づいたね。

問題3　会話文中の［ ウ ］にあてはまる数を書きなさい。

ゆたか：そうか。こうやって、横の長さをできるだけ短く区切ってできる長方形の面積の足し合わせを考えれば、結果として三角形の面積が25mと同じだとみなせるね。よく分かったよ。こころさん、丁寧《ていねい》に説明してくれてありがとう。

こころ：私もゆたかくんにお話して、先生から教えてもらったことがもっとよく分かったわ。

ゆたか：ところで、100mを10秒ではなくて、9.58秒で走った場合を考えてみたいな。そうだ、ためしに選手Xが走り始めてから秒速12.5mになるまでにかかる4秒間をもっと短くできるようにトレーニングをした後、100mを9.58秒で走ったとして考えてみよう。（**図4**）

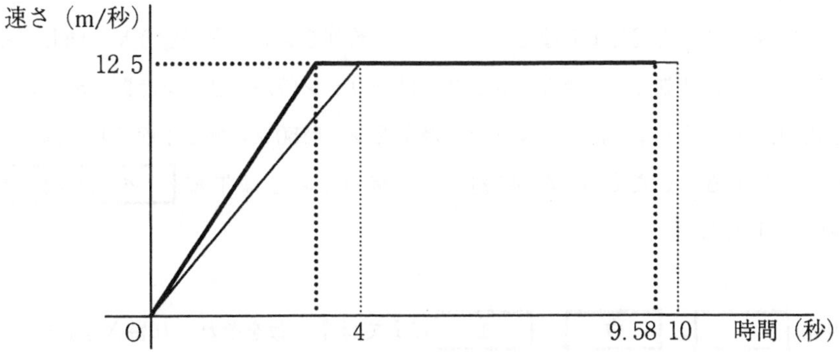

図4　選手Xの、トレーニングをした後のグラフ

こころ：その場合、選手Xが走り始めてから秒速12.5mになるまでにかかる時間は［ エ ］秒間で、その間に走った距離は［ オ ］mね。

問題4　会話文中の［ エ ］、［ オ ］にあてはまる数をそれぞれ書きなさい。

2

こころさんとゆたかくんは、「時間の表し方」について話し合っています。

ゆたか：「時間の表し方」って、分かりにくいなと感じている所があるんだよね。

こころ：どういう所かしら？

ゆたか：たとえば、2.5時間は250分間とか2500分間とかと同じではなくて、150分間と同じだよね。これって、長さの2.5mが250cmと同じだったり、重さの2.5kgが2500gと同じだったりするのと比べて、分かりにくいんだよな。

こころ：考えてみたことなかったけど、たしかにそうよね。

ゆたか：そうだ。ためしに、分かりやすい時間の表し方を考えてみようよ。

こころ：おもしろそうね。

ゆたか：よし。それじゃ、これから決める新しい「時間」、「分間」、「秒間」のことを、それぞれ「シン時間」、「シン分間」、「シン秒間」と呼ぶことにしよう。

こころ：良いわ。

ゆたか：そして、１日間は10シン時間と同じ、１シン時間は100シン分間と同じ、１シン分間は100シン秒間と同じだと、それぞれ決めよう。

こころ：そうすると、たとえば、50シン分間は[ア]分間と同じね。

問題１　会話文中の[ア]にあてはまる数を書きなさい。

ゆたか：こう決めれば、たとえば2.5シン時間は250シン分間、あるいは25000シン秒間と同じになるから、とても分かりやすいな。

こころ：時刻の表し方にもこれを応用してみましょう。まず、時刻０シン時を午前０時と同じだと決めるの。そして、たとえば時刻２シン時50シン分は、時刻０シン時から２シン時間と50シン分間だけ経《た》った時刻を表すとしましょう。そうすると、時刻２シン時50シン分は午前６時と同じになるわ。

ゆたか：なるほど。そうすると、たとえば、時刻４シン時60シン分は午前[イ]時[ウ]分[エ]秒と同じだね。

問題２　会話文中の[イ]、[ウ]、[エ]にあてはまる数をそれぞれ書きなさい。

こころ：さらに、この表し方で時刻を示すアナログ式の「シン時計」があったら素敵《すてき》ね。

ゆたか：良いね。さっそくノートにイラストを描《か》いてみるよ。(**図１**) こんな感じだとどうかな。長針と短針の回る向きはふつうの時計と同じで、長針は１シン時間で１周し、短針は１日で１周するものとしたよ。ちなみに、いま描いたシン時計の針は、時刻１シン時45シン分を指し示しているよ。

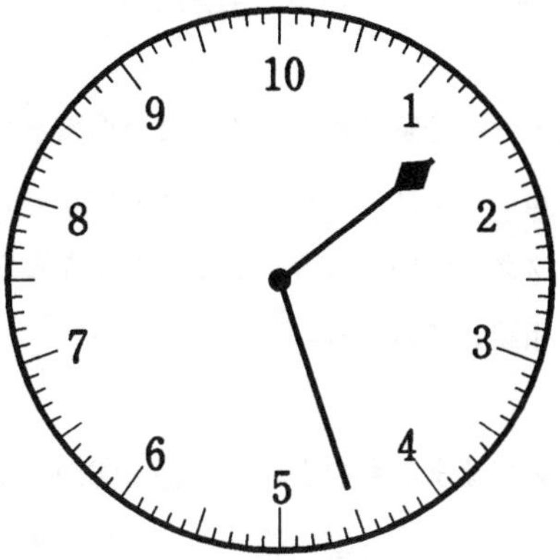

図１　ゆたかくんがノートに描いた「シン時計」
(時刻１シン時45シン分を指し示している)

ゆたか：シン時計を描いていたら、以前できなかったこんな算数の問題を思い出したよ。こころさんは、こういうのできる？

> １時から２時までの間で、時計の長針と短針のつくる角の大きさがはじめて45°になる時刻は、１時何分何秒ですか？

こころ：１時に長針と短針のつくる角の大きさは360÷12＝30°である。一方、１分間に長針は360÷60＝６°、短針は360÷12÷60＝0.5°回るので、長針は短針よりも１分間に６－0.5＝5.5°だけ多く回る。したがって、１時から、長針が短針よりも30＋45＝75°だけ多く回るのにかかる時間を求める。それは75÷5.5を計算すれば良く、$13\frac{7}{11}$分間である。さらに、$\frac{7}{11}$分間は$\frac{7}{11}\times 60=38\frac{2}{11}$秒間に等しい。よって、求める時刻は１時13分$38\frac{2}{11}$秒である。

ゆたか：なるほど。こころさんすごいね。よく分かったよ。

こころ：せっかくだから、シン時計を使ったこんな問題を考えてみてはどうかしら。

> １シン時から２シン時までの間で、シン時計の長針と短針のつくる角の大きさがはじめて45°になる時刻は、１シン時何シン分ですか？

ゆたか：こころさんの考えを応用すれば、答えは１シン時［　オ　］シン分だね。

問題３　会話文中の［　オ　］にあてはまる数を書きなさい。また、ゆたかくんは時刻をどのように求めたのか、言葉や数、式、図、表などを使って説明しなさい。

3　こころさんとゆたかくんの会話を読んで、問題１～６に答えなさい。

こころ：昨日、帰る道のとちゅうで、マスクが道に捨てられているのを見たの。

ゆたか：僕も見たことがあるよ。でも、マスクは紙でできているから、いつか分解されちゃうのかな？

こころ：それは違うみたい。特に不織布《ふしょくふ》のマスクは、(ア)化学せんいというプラスチックの仲間が使われているそうよ。

ゆたか：えっ！そうなの？ということは、分解されにくく、長い間残ってしまうということ？

こころ：そうみたい。だから、きちんとした捨て方をしないといけないよね。

ゆたか：そうだね。ぼくはプラスチックについてもう少し知りたくなったよ。

こころ：わたしも。じゃあ、先生に相談してみよう。

問題１　下線部(ア)の化学せんいにあてはまるものを以下の①～④から１つ選び番号で答えなさい。

①　羊毛　　　②　綿　　　③　絹　　　④　ナイロン

こころさんとゆたかくんは、先生とプラスチックについて話を聞き、実験を始めました。

先生　：プラスチックについて知りたいのですね。それでは、プラスチックの燃え方について調べてみましょう。ビニルふくろ（ポリエチレン）を燃やしてみましょう。

ゆたか：黒い煙《けむり》がたくさん出ていますね。

こころ：この黒い煙は何ですか？

先生　：それを調べるために、黒い煙の上にガラスの板を置いてみましょう。

ゆたか：板が真っ黒になりました。さわってみると、指も真っ黒になりました。

こころ：これは、すすですね？

先生　：そうです。これはビニルふくろが（イ）という成分を含んでいることを示しています。次に、プラスチックを分類する方法について考えてみましょう。

こころ：プラスチックって全部同じではないのですか？

先生　：ペットボトルひとつとってもいくつかの種類のプラスチックが使われているんですよ。たとえば、ふたはポリプロピレン、容器はポリエステル、容器を包んでいるのはポリエチレンなどです。

ゆたか：素材《そざい》が違うから、捨てる時には分けなくてはいけないんですね。

先生　：そうですね。では、それとは別にプラスチックが液体に浮くかどうかで分けられるかを調べてみましょう。

こころ：なんだか全部浮きそうだけど。

先生　：液体に浮くかどうかは密度《みつど》を調べると分かります。氷が液体の水に浮くのは、氷の方が密度が小さいからです。これを利用します。

ゆたか：分かりました。ではやってみます。

ゆたかくんとこころさんは、下の方法で実験を行いました。

実験方法

次の３つのプラスチック（A～C）を用意しました。

・ポリプロピレン（密度0.92g/cm^3）

・ポリエステル（密度1.41g/cm^3）

・ポリエチレン（密度0.96g/cm^3）

これらを水（密度1.0g/cm^3）、35％エタノール水ようえき（密度0.94g/cm^3）、食塩水（密度1.20g/cm^3）に加え、沈んだら↓、浮いたら↑として表にまとめました。

補足《ほそく》）密度は、物質１cm^3あたりのおもさ（g）を測定した値で以下の式で求められます。

$$\text{密度}\ (g/cm^3) = \frac{\text{物質のおもさ}\ (g)}{\text{物質の体積}\ (cm^3)}$$

	A	B	C
水	↓	↑	↑
35％エタノール水ようえき	↓	↑	↓
食塩水	↓	↑	↑

問題２　空欄（イ）にあてはまるビニルふくろに含まれる成分について下の①～④から１つ選び番号を答えなさい。

①　水素　　②　塩素　　③　炭素　　④　酸素

問題３　表中の物質A～Cはそれぞれポリプロピレン、ポリエステル、ポリエチレンのどれか。プラスチックの名前をそれぞれ答えなさい。

問題４　下のグラフは、エタノール水ようえき中のエタノールの割合とエタノール水ようえきの密度を表したものです。実験で用意した３つのプラスチックのうち、１つだけをエタノール水ようえきの密度を用いて分別したい。考えられる方法の１つについて、下の①の部分にはプラスチック名、②、③には下の［　］内の数字を入れなさい。

［　0　、10　、20　、30　、40　、50　、60　、70　、80　、90　、100　］

（①）は、エタノールの割合が最大（②）％、最小（③）％の間で分けられる

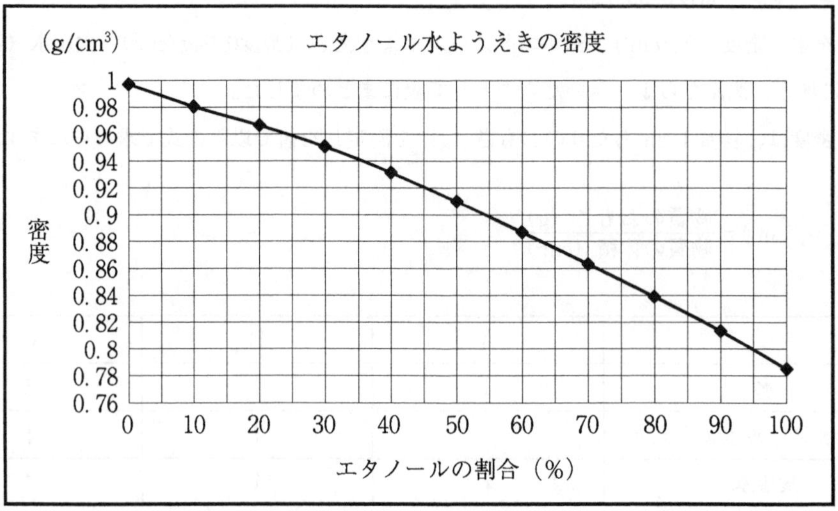

問題５　下の図はリサイクルができる商品に示されているマークです。プラスチックのリサイクルを表すマークは下の図の①～④から１つ選び番号で答えなさい。

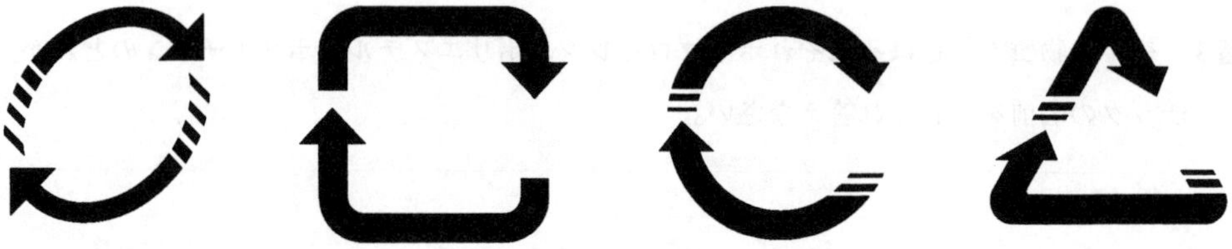

①　　②　　③　　④

問題６　プラスチック製品が捨てられることで、海の動物へどのような影響《えいきょう》を与えると考えられますか。考えられることを１つ答えなさい。

4　こころさんとゆたかくんの会話を読んで、問題１～６に答えなさい。

こころ：昨日、せんたくものにカメムシがくっついていたって、お母さんが言っていたわ。
ゆたか：ニュースで見たけど今年は去年に比べてたくさん発生しているみたいだね。カメムシは、ももやなしなどの果実に穴をあけて吸ってしまうんだって。
こころ：くさいにおいも出すし、いなくなってほしいわ。
ゆたか：農家さんも農薬を使うなどの対策をするみたいだね。
こころ：でも、農薬を使っても果樹《かじゅ》は大丈夫なのかしら。

こころさんとゆたかくんは学校で農薬の使用について、先生に聞くことにしました。

こころ：先生、カメムシを退治するために農薬を使うと聞いたんですけど、使っても果樹は大丈夫なんですか？
先生　：もちろん、使ってよい農薬の種類や量は法律で決められていますよ。
ゆたか：では、大丈夫なんですね。
先生　：今使われているものは、大きな被害をもたらさないのでしょうが、過去には大きな被害を出したこともあるんですよ。
こころ：どういうことがあったんですか？
先生　：1940年代にアメリカでDDTという農薬を使っていたんです。これは、土や水の中に残りやすくて、長い間なくならない化学薬品なんです。それがやがて(a)人や動物の体に入り込んでたまり、被害を出したんです。亡くなった方も多くいました。
ゆたか：それはひどい。生き物の住む環境を大きく変えてしまったんですね。
こころ：でも、そうしないと果樹にも被害が出てしまいますよね。
先生　：そうなんですが、使う農薬の種類と量を間違えないようにしないと、(b)自然環境に大きな変化を与えてしまうこともあります。時にはもとに戻らなくなってしまうこともあるんですよ。
ゆたか：では、被害があった地域の自然は、二度と戻らないんですか？
こころ：もしそうなら、地球上の自然はいつか全部なくなっちゃうの？
先生　：そうとも言い切れません。化学物質は土や水中から減るのには時間がかかりますが、自然はある程度の変化であれば、もとに戻ろうとする性質を持っています。たとえば(c)火山の活動という大きな変化で失われた森林は何百年もかけて戻ろうとします。
ゆたか：では、川の水はどうなんですか？

先生　：下の図を見てください。川の上流に生活排水《はいすい》を流したときの生き物の様子を表しています。川の中の生き物が変化する①～③の様子を示しています。

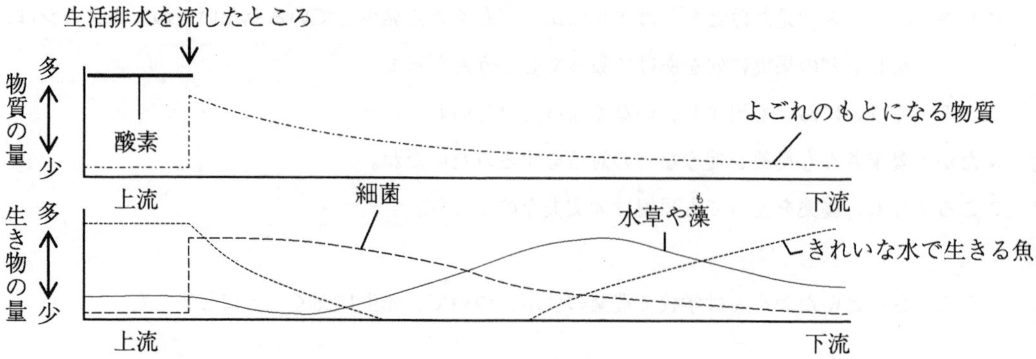

図　生活排水が流された川の中の物質と生き物の量の変化

①　細菌が酸素を使って生活排水の中の有機物を分解し栄養分をつくる

②　細菌がつくった栄養分をもとに水草や藻が増え（　d　）がさかんになる

③　（　d　）がさかんになったことで、きれいな水で生きる魚が増える

ゆたか：なるほど。いろいろな生き物が協力しながら、水をもとに戻すんだね。

こころ：でも、そうだとしても自然に負担をかけるような活動には気をつけなくてはならないよね。

問題１　カメムシと似たはたらきをする口の形をした昆虫を選択肢から選び番号で答えなさい。

①　セミ　　②　バッタ　　③　カブトムシ

④　チョウ　　⑤　カマキリ

問題２　下線部(a)にあるように、農薬は土の中の微生物や菌などが取り込み、やがて人や動物の体にたまっていきます。下の矢印は沼や湖に入った農薬の流れを示しています。プランクトンが（A）に食べられて、やがて鳥にまで行きつく流れを示しています。空欄（A）～（C）にあてはまる生き物を下の①～③から選びそれぞれ番号で答えなさい。

プランクトン　→　（A）　→　（B）　→　カエル　→　（C）　→　鳥

①　タガメ　　②　ヤゴ　　③　メダカ

問題3　次の表は、下線部(b)にあるように環境を大きく変えてしまう原因と、それによって起こる現象です。原因ア）～ウ）とつながりのある結果を点と点で結びなさい。

【　原因　】	【　結果　】
ア）元より日本にはいない生物が入り込む　・	・アオコ、赤潮
イ）石油などの化石燃料を大量に消費する　・	・在来種の減少
ウ）生活排水などが河川へ大量に流れ込む　・	・地球の温暖化

問題4　下線部(c)にあるように火山活動した後の地面に植物が増えていくときの様子について、下の①～④を並べ替えてブナやシイの森になるまでの順序をあらわしなさい。解答には①～④の番号を答えなさい。

①　アカマツが大きく成長し光が地面に届きにくくなる。

②　種が風に運ばれ、ススキなどが生え始める。

③　岩にコケなどが生え始める。

④　ヤマツツジやアカマツが成長し始める。

問題5　文中の（　ｄ　）にあてはまる語句を漢字で答えなさい。

問題6　生活排水が川に流された後の、水中の酸素の量が上流から下流にかけてどのように変化をするかを示しなさい。ただし、解答は、解答らんの図中の太線（━）の続きを図中にかき入れなさい。

2023年度

江戸川学園取手中学校 ▶解　答

※　編集上の都合により，第１回適性型試験の解説は省略させていただきました。

適性型Ａ ＜第１回適性型試験＞（50分）＜満点：100点＞

解　答

1 **問題１** (1) あ　(2) う　**問題２** （例） あまり魚を買わない人は，調理方法がわかっている魚種を多く買う　**問題３** え　**問題４** **ウ** （例） 潮目があり漁業に適した日本海に面していて昔から魚食文化があった　**エ** （例） 内陸に位置していて魚食文化が発達していない　**問題５** （例） 養殖魚のエサとなる小魚の乱獲→魚の資源量の減少　**問題６** （例） 現在一部の魚種に人気が集まりすぎており，その魚種を供給するために輸入や養殖が行われている。今後は，地方の郷土料理などを参考にしてさまざまな種類の魚を多くの人が気軽に食べることができるような料理の方法を紹介して，現在は漁港で捨てられてしまう魚種も買うことができるようにすることで，魚食文化を守りつつバランスのとれた漁業を進めるべきだ。

2 **問題１** きょうだい(兄弟)　**問題２** （例） 「世話をしている家族がいない」と回答した人たちに比べて，「世話をしている家族がいる」と回答した人たちの方が，学校を欠席する割合が高い。さらに，「平日１日あたりの世話に費やす時間」が長いほど，欠席する割合が高い。
問題３ **イ** （例） 家庭内のことで問題が表に出にくい　**ウ** （例） 自分が家族をケアすることは当たり前　**問題４** （例） 「友人と遊ぶことができない」と回答した割合が高く，子どもの権利条約第31条「休み，遊ぶ権利」が守られていない。

3 **問題１** （例） 「自分は正しい」という思いこみによって，誰かを頭ごなしに否定したり，攻撃したりしてしまうので，行き過ぎた「正義感」には危険な側面があると捉えている。　**問題２** （例） 私は，自分の「正義感」に敏感になることが大切だと考えます。なぜなら，「自分が絶対に正しい」という行き過ぎた「正義感」は時として，自分の目を曇らせ，一方的に相手を否定したり非難したりする攻撃に変わると考えるからです。ですから，私は「自分が正しい」と思った時こそ，冷静に相手の話を聞いたり，相手の立場に立って考えてみたりすることで，公平に物事を考えられるようにしていきたいと思います。

適性型Ｂ ＜第１回適性型試験＞（50分）＜満点：100点＞

解　答

1 **問題１** 時速36km　**問題２** 27.5m　**問題３** 25.25m　**問題４** **エ**…3.16秒間，**オ**…19.75m

2 **問題１** 72分間　**問題２** **イ**…午前11時，**ウ**…２分，**エ**…24秒　**問題３** **オ**…１シン時

25シン分／**説明**…(例)　１シン時に，長針と短針のつくる角の大きさは，360÷10＝36(度)である。一方，１シン分間に，長針は，360÷100＝3.6(度)，短針は，360÷10÷100＝0.36(度)回るので，長針は短針よりも１シン分間に，3.6－0.36＝3.24(度)だけ多く回る。したがって，１シン時から長針が短針よりも，36＋45＝81(度)だけ多く回るのにかかる時間は，81÷3.24＝25(シン分間)である。よって，求める時刻は，１シン時25シン分である。

3　**問題１**　④　**問題２**　③　**問題３**　**Ａ**　ポリエステル　**Ｂ**　ポリプロピレン　**Ｃ**　ポリエチレン　**問題４**　(例)　①　ポリエステル　②　20　③　0　**問題５**　②　**問題６**　(例)　動物が誤飲してしまうこと。

4　**問題１**　①　**問題２**　**Ａ**　③　**Ｂ**　②　**Ｃ**　①　**問題３**　**ア)**　在来種の減少　**イ)**　地球の温暖化　**ウ)**　アオコ，赤潮　**問題４**　③→②→④→①　**問題５**　光合成

問題６　(例)　下の図

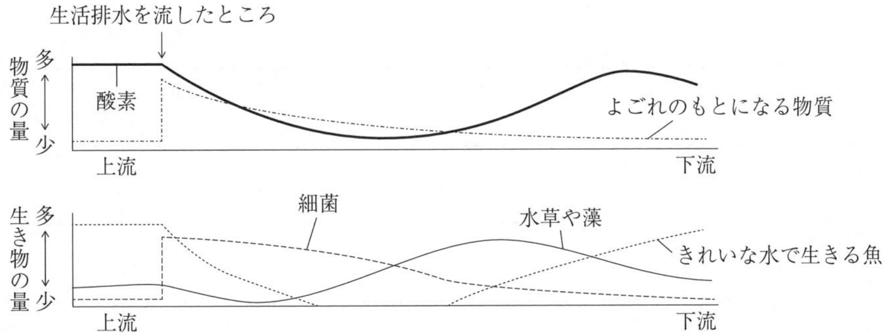

Memo

2023年度 江戸川学園取手中学校

〈編集部注：一般の５科目型受験者は算数・社会・理科・英語・国語，英語型受験者は算数・英語・国語を選択します。〉

【算　数】〈第２回試験〉（50分）〈満点：100点〉

（注意）　・円周率は3.14としなさい。
　　　　　・全員全問解答しなさい。

1　次の問いに答えなさい。

(1)　次の計算をしなさい。

①　$\frac{1}{5} \div \left(\frac{2}{5} - \frac{1}{4}\right) \div 4\frac{1}{3}$

②　$\frac{3}{1 \times 4} + \frac{3}{4 \times 7} + \frac{3}{7 \times 10} + \frac{3}{10 \times 13}$

③　$3.14 \times 7 + 3.14 \times 2 + 3.14 \times 3$

(2)　300ｇの食塩水があり，その食塩水に７％の食塩水200ｇを混ぜ合わせると，10％の食塩水500ｇができました。このとき，最初にあった300ｇの食塩水の濃度を求めなさい。

(3)　下の【図1】は，AB = 8 cm，BC = 10 cm，CA = 6 cm，角A = 90°となる三角形ABCと，2辺AB，CAをそれぞれ直径とする半円，辺BCを直径とする円を組み合わせたものです。このとき，斜線部分の面積を求めなさい。

【図1】

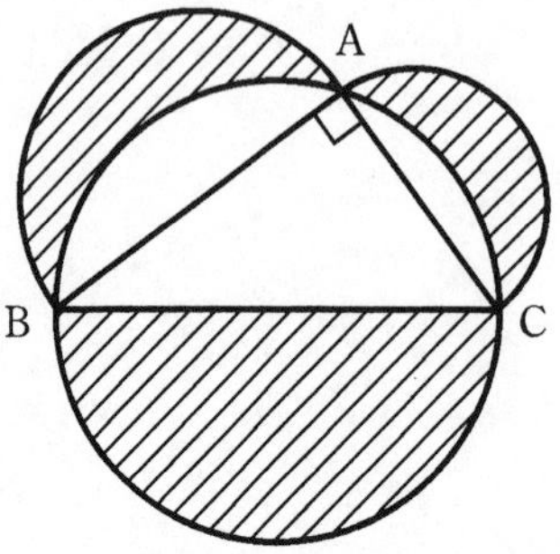

【図2】

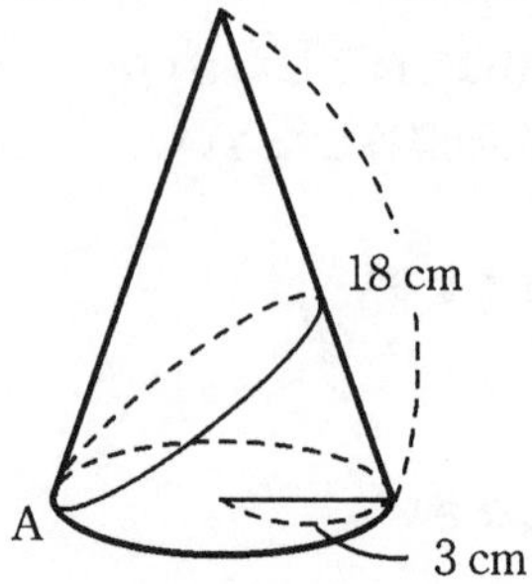

(4)　上の【図2】は，底面の半径が3 cm，母線の長さが18 cmの円すいです。この円すいの底面の周上の点Aから，側面上を通って再びAにもどる線のうち，最短であるものの長さを求めなさい。

2　長さが150 mの上り列車Aと長さが120 mの下り列車Bが走っています。列車Aと列車Bが同時に長さ900 mのトンネルTに入りはじめてから，列車Aの先頭と列車Bの先頭が出会うまで20秒かかりました。また，列車Aの先頭がトンネルTに入りはじめてから列車Aの先頭がトンネルTを出はじめるまで36秒かかりました。

このとき，次の問いに答えなさい。

(1)　列車Aの速さは秒速何mですか。

(2)　列車BがトンネルTに完全にかくれていた時間は何秒ですか。

3 下の【図１】のように直方体の容器の中に直方体のブロックＡと，その上に円柱のブロックＢが置かれています。

この水そうに一定の割合で，からの状態から満水になるまで水を入れていったときの，水を入れはじめてからの時間と水そうの底面から水面までの高さとの関係を表したグラフは【図２】のようになりました。ただし，水面の高さが 15 cm になるまでは毎秒 25 cm^3 の割合で水を入れ，水面の高さが 15 cm になったところで毎秒 55 cm^3 の割合で水を入れることとします。

このとき，次の問いに答えなさい。

【図１】

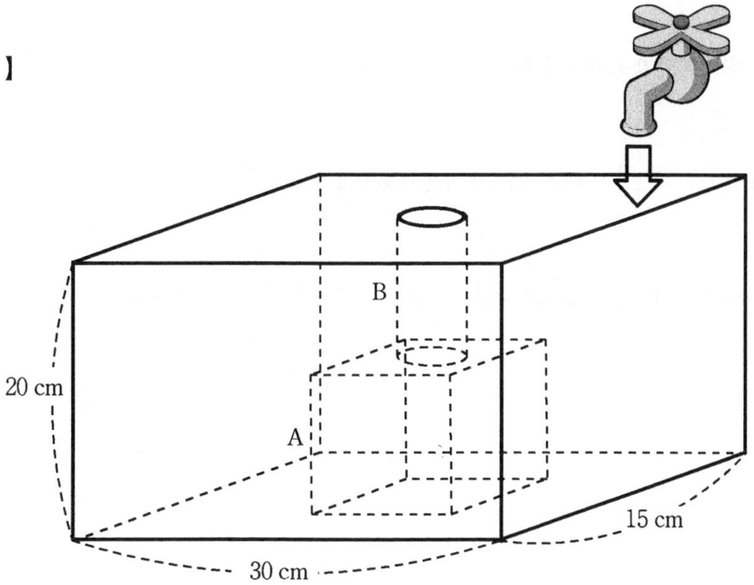

【図２】

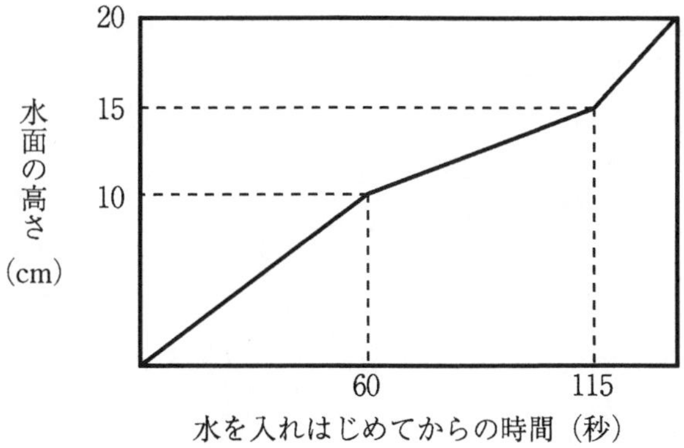

(1) 円柱Ｂの高さを求めなさい。

(2) 直方体Ａの体積を求めなさい。

(3) 水そうが満水になるのは水を入れはじめてから何秒後ですか。

4　下のような４つの円があり，このすべての円の中を赤，黄，緑，青，紫の５つの色でぬることを考えます。１つの円には１色のみぬることができるとき，次の問いに答えなさい。ただし，特に指定がない限り同じ色を２回以上使ってかまいません。

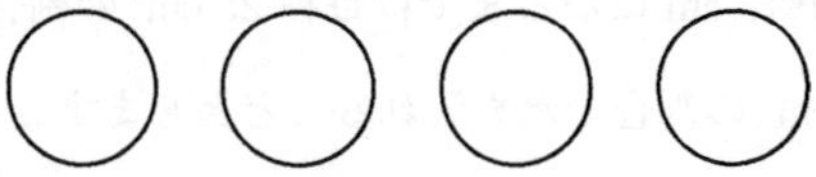

(1)　ぬる方法は全部で何通りありますか。

(2)　５色のうち２色のみを使ってぬる方法は何通りありますか。

(3)　隣り合う２つの円に同じ色が並ばないようにぬる方法は何通りありますか。

5 【図ア】，【図イ】はそれぞれ円柱と円すいで，底面の円の中心に印がつけてあります。

【図ア】

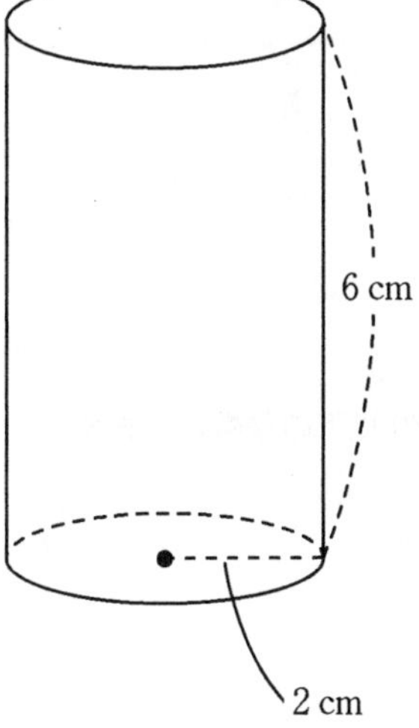

【図イ】

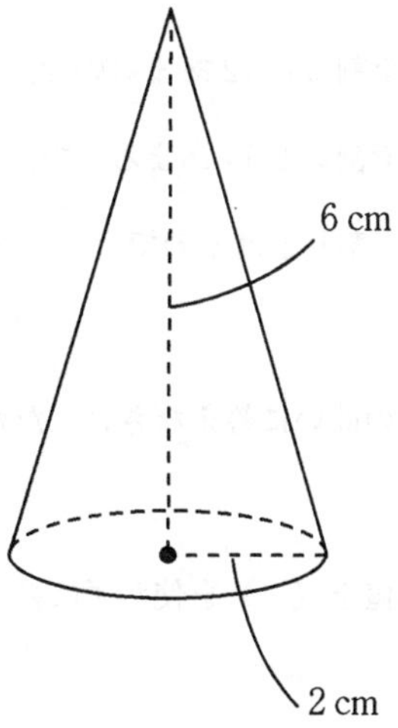

また，【図ウ】は半径２cmの円，【図エ】は１辺の長さが４cmの正方形で，【図ア】と【図イ】につけられた印はこの周上を動きます。

【図ウ】

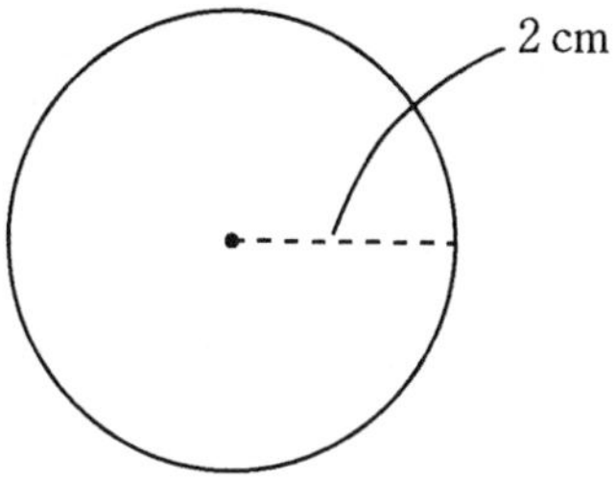

【図エ】

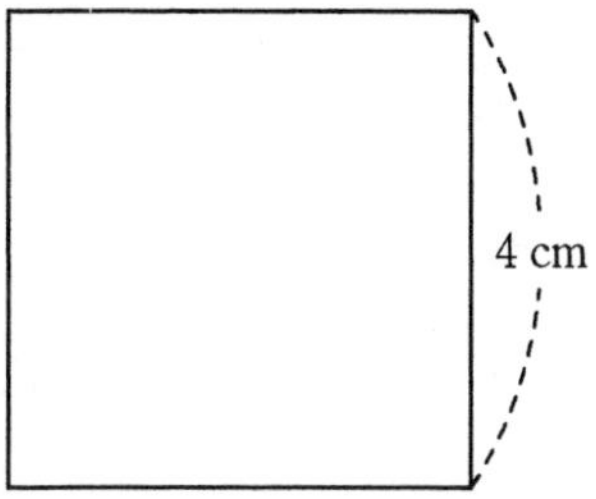

このとき，次の問いに答えなさい。

(1) 【図ア】が【図ウ】の周上を１周するとき，【図ア】が通過してできる立体の体積を求めなさい。

(2) 【図イ】が【図ウ】の周上を１周するとき，【図イ】が通過してできる立体の体積を求めなさい。

(3) 【図イ】が【図エ】の周上を１周するとき，【図イ】が通過してできる立体の体積を求めなさい。
答えだけでなく，途中の計算や考え方も書きなさい。

6 整数nを20で割ったときのあまりを《n》と表すことにします。ただし，nが20で割り切れる場合のあまりは0とします。また，nが20未満の場合は《n》= nです。

例えば

52を20で割ると12あまるので，《52》= 12

14を20で割ると14あまるので，《14》= 14

40は20で割りきれるので，　《40》= 0

です。

このとき，次の問いに答えなさい。ただしa，bは1以上60以下の整数とします。

(1) 《49 × 49》の値を《　》を使わずに答えなさい。

(2) 《$a \times a$》= 1になるような整数aは何個ありますか。

(3) 《$a \times b$》= 1になるような整数a，bの組は何組ありますか。

【社　会】〈第２回試験〉（理科と合わせて60分）〈満点：50点〉

1　次の文章を読んで、以下の問いに答えなさい。

日本は昔から、さまざまな自然災害に見まわれてきました。「こども防災ゼミ」では、災害と切っても切れない暮らしのなかで、どうすれば災害とうまく付き合うことができるのかを、これからみなさんといっしょに考えていきたいと思います。

日本最古の地震

記録として残っている日本最古の地震は、今から1300年以上前に起きました。684年、西日本の太平洋側で大きな被害をもたらした白鳳《はくほう》地震です。869年には、東北地方の太平洋側で貞観《じょうがん》地震が発生し、1000人以上が津波で犠牲になったと言われています。（　Ａ　）年に起きた東日本大震災は、津波の大きさや被災した地域がこの貞観地震と似ています。

日本一高い富士山は、わかっているだけで10回噴火しています。長野県と群馬県のさかいにある（　Ｂ　）、（　Ｃ　）県にある桜島も何度も噴火しています。1947年のカスリーン台風では関東・東北地方で2000人近くが、59年の伊勢湾台風では紀伊半島、伊勢湾を中心に5000人以上が犠牲になりました。

このように、私たちが暮らしている日本は自然災害が何度も繰り返し起きています。外国と比べても、その回数はとても多いです。

災害を繰り返してきた日本

それはなぜでしょうか。「地球のなかの日本の場所」は、厚さが数十キロメートルある岩板（プレート）どうしが、ぶつかりあっているところです。そのため、地震が起きやすいのです。こういった場所では、火山活動も盛んです。また、海にかこまれた比較的あたたかい地域で、台風の進路になっているため、暴風雨に見まわれやすいです。日本の国土は、山が多く平野は少ないという特徴があります。山が急でけわしいため、山から平野に流れる川がたくさんあり、しかも川の流れは急です。

このように、日本は地震、火山噴火、大雨、台風、河川氾濫《はんらん》、海からの波（津波、高潮）などが起きやすい条件をそなえていて、「狭い平野」に「たくさんの人」が住んでいるのです。日本に住む私たちにとって、災害が起こること、災害で被害を受けること、それに対応する（避難する、こわれたものをなおすなど）ことは避けられないことなのです。

（佐藤翔輔）

毎日小学生新聞「こども防災ゼミ　災害の歴史」（2022年４月９日掲載）

https://mainichi.jp/maisho/articles/20220409/kei/00s/00s/006000c

※但《ただ》し、出題の都合により、本文の内容を尊重しつつ一部編集を加えています。

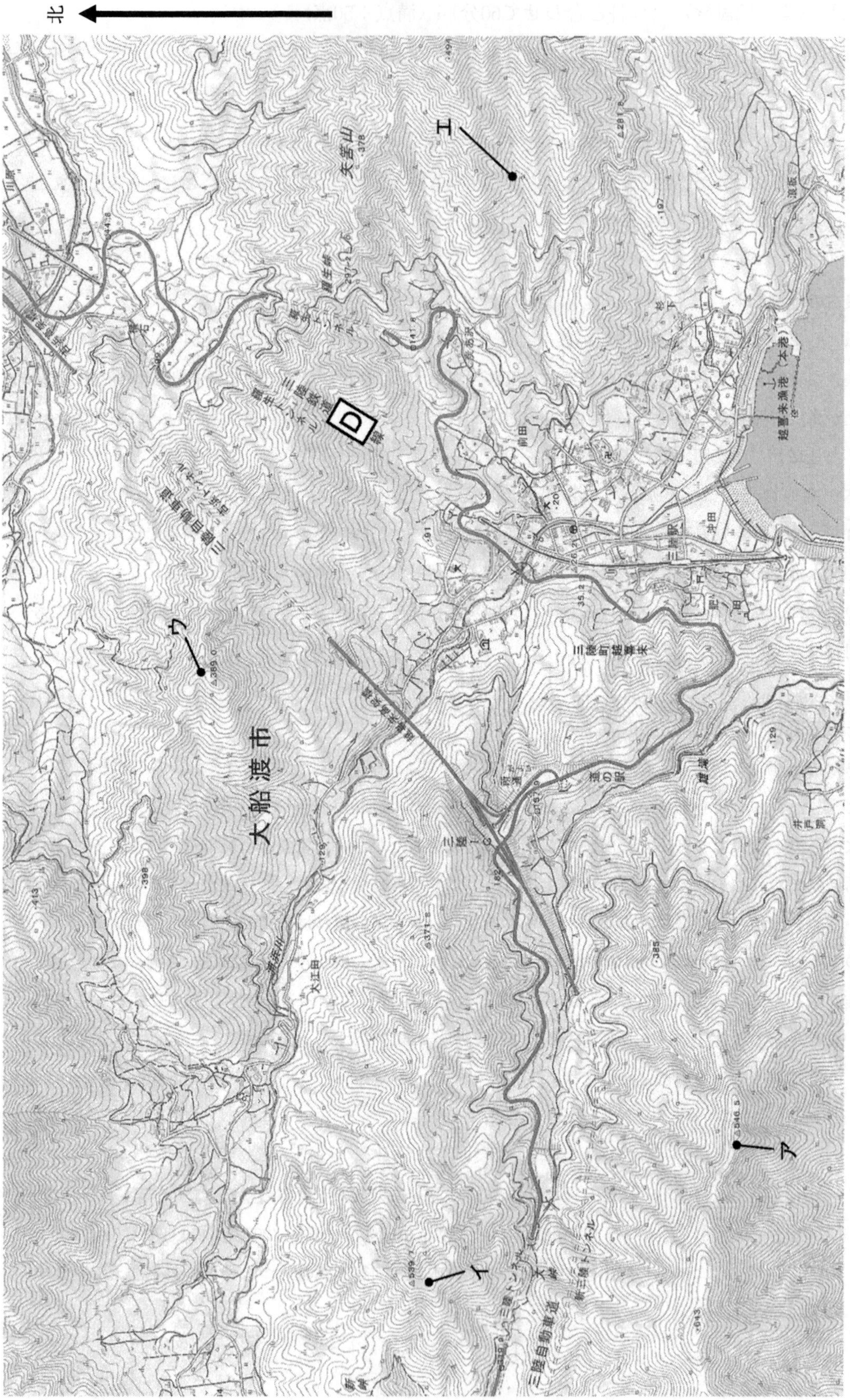

地形図１：大船渡周辺の地形図（地形図右側にある矢印の方向を北とする）

電子地形図25000（国土地理院）を加工して作成しています。

問１　文中の空欄（　A　）に当てはまる年を**算用数字**で答えなさい。

問２　文中の空欄（　B　）に当てはまる山として正しいものを、次のア～エから一つ選び、記号で答えなさい。

ア　浅間山　　イ　雲仙普賢岳　　ウ　昭和新山　　エ　大山

問３　文中の空欄（　C　）に当てはまる県名を**漢字**で答えなさい。

問４　前のページにある地形図１は、東日本大震災の被害を大きく受けた大船渡市周辺を示した２万５千分の１地形図です。これに関して、以下の問いに答えなさい。なお、地形図は出題の都合により拡大してありますが、２万５千分の１地形図として扱うこと。

(1)　以下の説明が示している位置として適当なものを、地形図中ア～エから一つ選び、記号で答えなさい。

・ここは山頂付近ですが、北西にはさらに高い山があるようです。

・４点の中で「三陸駅」から最も遠い点ではありません。

・南を見ると、谷を渡る橋が臨めます。

(2)　地形図１中にある空欄　D　には、この地域にみられる特徴的な海岸地形の名称が入ります。空欄に入る言葉を**カタカナ３字**で答えなさい。

問5　下の文章と図2・3を見て、以下の問いに答えなさい。

図2を見るとわかるように、地震には、活断層で発生するものと、海溝《かいこう》で発生するものがあります。東日本大震災は、図3中の日本海溝で発生したもので、プレートの沈みこみにより大きな地震と津波が発生し、多くの死傷者が出てしまいました。しかし、その東日本大震災の津波被害を大きく上回る可能性がある地震が、図3中のXで発生するといわれています。図3中のXで発生する地震は、東日本大震災と同じ海溝型地震です。政府は対策チームを結成して、どのように対応するのか議論を交わしています。

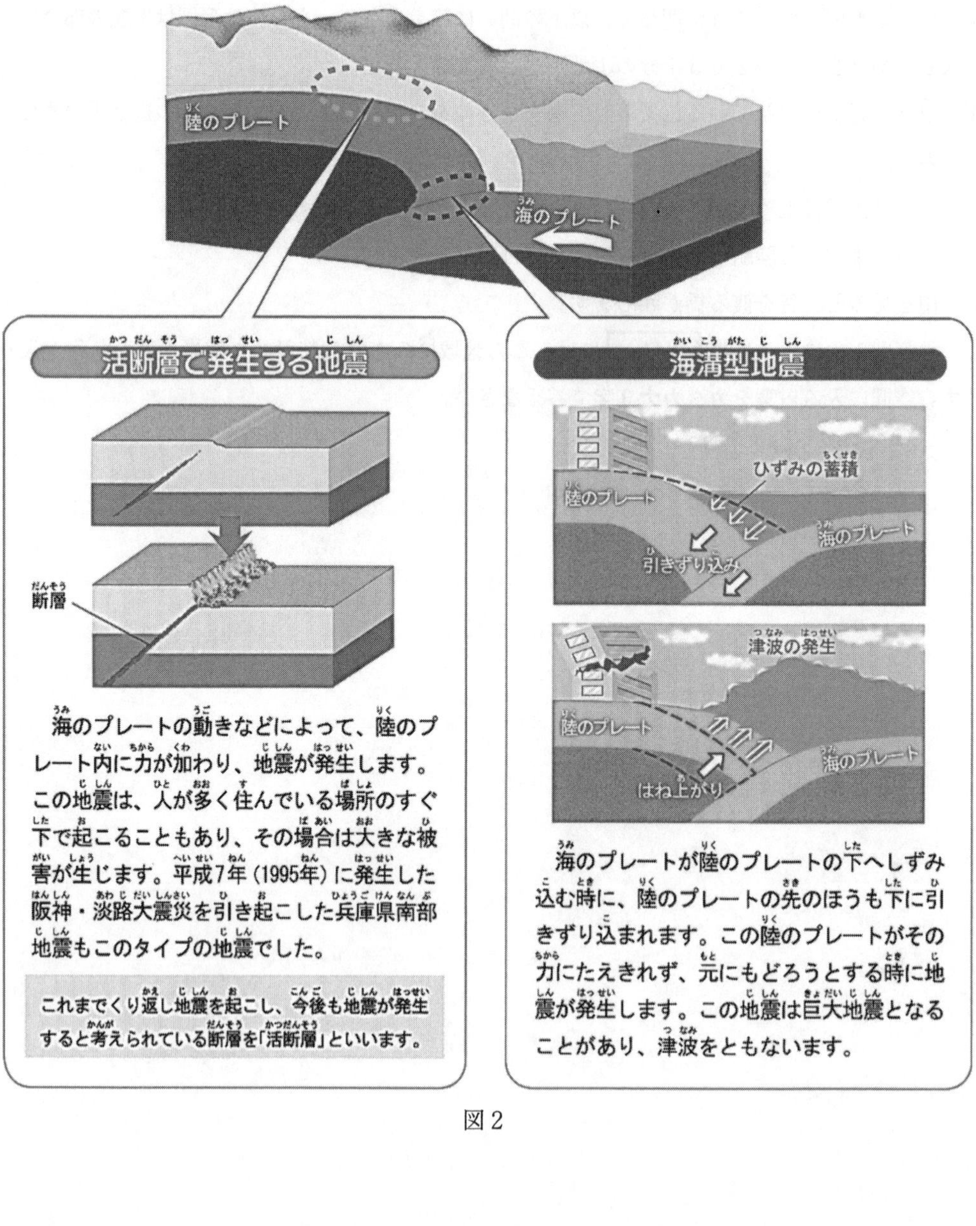

図2

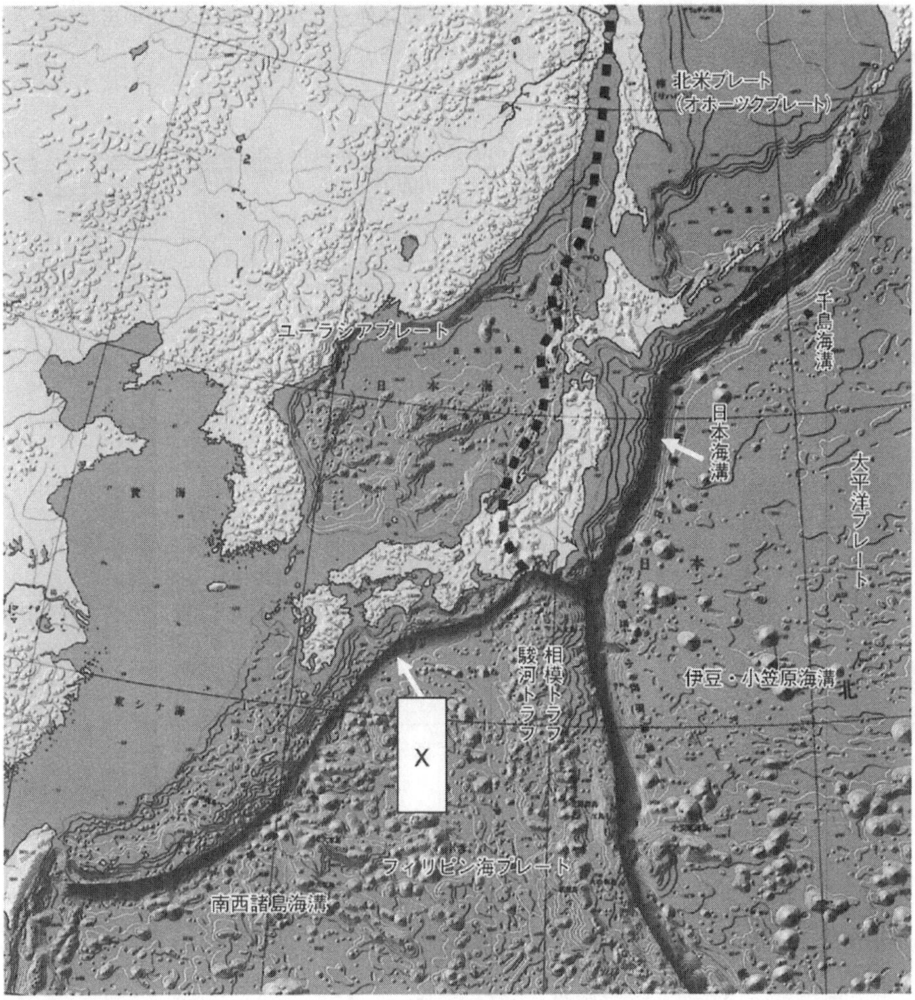

図３

「地震に揺らがない国にする　地震本部」(地震調査研究推進本部事務局)

(図２) https://www.static.jishin.go.jp/resource/figure/figure002013.jpg

(図３) https://www.static.jishin.go.jp/resource/figure/figure005048.jpg

※但し、出題の都合により、原図を一部加工して作成しています。

(1) 図３中のＸで発生する地震による津波被害は、最悪の場合、東日本大震災を上回る可能性があるといわれています。なぜそのような大きい被害が想定されるのか、以下の語句を用いて説明しなさい。

[指定語句]　震源域

(2) 図３中のＸにある地形の名称を**５字**で答えなさい。

問6　以下の図4と図5を参考にしたうえで、取手市で特に注意しなければならない自然災害として最も適当なものを、次のア～エから一つ選び、記号で答えなさい。

ア　洪水　　　イ　高潮　　　ウ　津波　　　エ　冷害

図4　取手市周辺を示した航空写真（上方向を北とする）

図5　取手市の位置

図4・5：「地理院地図（電子国土Web）」

※但し、出題の都合により、原図を一部加工して作成しています。

2　夏休みの歴史のレポート課題について、花子さんは「室町時代の一揆」、太郎くんは「明治・大正期の民衆暴動」を調べることにしました。次の会話文を読んで、以下の問いに答えなさい。

【花子さんの表　室町時代の一揆】

年	できごと
1428	正長の徳政一揆（土一揆）
1485	山城の国一揆
1488	加賀の一向一揆

花子さん　表にまとめた３つの一揆について調べを進めているよ。一揆といっても内容や性格はさまざまなんだよね。

太郎くん　まず、１つめの正長の徳政一揆はどんな一揆なの？

花子さん　一揆のきっかけとなったのは、近江坂本の（　Ａ　）一揆なんだよ。それが京都から畿内一帯に広まったんだ。人々が「徳政だ」と口にしていたと当時の史料に書かれているよ。

太郎くん　このときの徳政とは（　Ｂ　）を意味するんだよね。正長の徳政一揆が起きたときに幕府は、徳政令を出したの？

花子さん　いいえ、幕府は徳政令を出さなかったんだ。だけど、民衆が徳政を実力で行ったことがわかっているよ。

問１　会話文中の空欄（　Ａ　）には、室町時代の運送業者の名称が入ります。適当なものを、次のア～エから一つ選び、記号で答えなさい。

ア　飛脚　　　イ　土倉　　　ウ　運脚　　　エ　馬借

問２　会話文中の空欄（　Ｂ　）に当てはまる説明を10字程度で答えなさい。

太郎くん　２つめの山城の国一揆は、どんな一揆なの？

花子さん　これは、山城南部の、自分の支配する土地に定着した国人といわれた武士や、百姓といわれた人々が起こしたものだよ。

太郎くん　どんなことを要求したの？

花子さん　①応仁の乱後も争いを続ける②畠山氏が出ていくことなどを要求したんだよ。畠山氏が退《しりぞ》いたあと、人々は自分たちで国掟《くにおきて》という決まりをつくって、８年にわたり自治を行っているよ。

問３　会話文中の下線部①について、応仁の乱のころの文化に関して述べた文として適当なものを、次のア～エから一つ選び、記号で答えなさい。

ア　民衆の踊りであったかぶき踊りが、武士や貴族のあいだにも広まった。

イ　８代将軍足利義政が、京都北山の山荘に金閣を建てた。

ウ　雪舟が『天橋立図』に代表される水墨画を描いた。

エ　５・７・５の17文字で歌をよむ、連歌が流行した。

問４　会話文中の下線部②について、畠山氏は細川氏・斯波《しば》氏とともに将軍を補佐する役職につく一族でした。室町幕府の将軍を補佐する役職を何といいますか。**ひらがな**で答えなさい。

太郎くん　３つめの加賀の一向一揆はどんな一揆なの？

花子さん　一向一揆は一向宗という仏教の教えを信じる人々の一揆だよ。一向宗とは鎌倉時代に（　Ｘ　）が開いた（　Ｙ　）の別名だね。加賀の一向一揆では、一向宗を弾圧した守護大名を、一向宗の僧侶《そうりょ》や武士・百姓たちが滅ぼしたんだよ。そのあと、人々は約100年ほど自治を行っているよ。

太郎くん　ずいぶん長い間、続いたんだね。

花子さん　そうだね。室町時代は③さまざまな場面で自治ということばが出てくるんだ。時代を知るキーワードになると考えているよ。

問５　会話文中の空欄（　Ｘ　）と（　Ｙ　）に当てはまる語句の組み合わせとして適当なものを、次のア～エから一つ選び、記号で答えなさい。

ア　Ｘ：親鸞　Ｙ：浄土真宗　　　イ　Ｘ：親鸞　Ｙ：浄土宗

ウ　Ｘ：法然　Ｙ：浄土真宗　　　エ　Ｘ：法然　Ｙ：浄土宗

問６　会話文中の下線部③について、日明貿易で栄え、36人の有力町人による自治が行われた港町として適当なものを、次のア～エから一つ選び、記号で答えなさい。

ア　堺　　　イ　神戸　　　ウ　十三湊　　　エ　熱田

【太郎くんの表　明治・大正期の民衆暴動】

年	できごと
1905	日比谷焼き打ち事件
1918	米騒動

太郎くん　次は、僕の番だね。僕は表にまとめた２つの事件について調べを進めているよ。

花子さん　１つめの日比谷焼き打ち事件はどんな事件なの？

太郎くん　④日露戦争の講和条約であるポーツマス条約の内容に不満を感じた人々が、東京の日比谷公園に集まって条約反対の集会を開いたんだけど、参加した人々が暴動を起こしてしまったんだよ。政府は軍隊を出動させるまでになったし、東京だけでなく全国にも影響を与えた事件なんだよ。

花子さん　暴動を起こすことには賛成できないけど、それだけ人々は戦争に苦しんでいたということなんだね。

【写真】

出典：国立国会図書館「近代日本人の肖像」

https://www.ndl.go.jp/portrait/

問７　会話文中の下線部④について、【写真】は、ポーツマス条約を結んだ外務大臣です。外務大臣の名前とポーツマスのある国の組み合わせとして適当なものを、次のア～エから一つ選び、記号で答えなさい。

ア　小村寿太郎・アメリカ　　　　イ　小村寿太郎・イギリス

ウ　陸奥宗光・アメリカ　　　　　エ　陸奥宗光・イギリス

花子さん　２つめの米騒動はどんな事件なの？

太郎くん　⑤第一次世界大戦中にロシアで革命が起こるんだ。日本をはじめとする複数の国々が革命に介入し、邪魔《じゃま》をするためにシベリア出兵を宣言するんだ。そうすると、日本国内で米の値段が急激に上がったんだ。

花子さん　どうして米の値段が上がったの？

太郎くん　軍隊が海外に派遣《はけん》されるとなれば、米をたくさん買っていくからね。それを見越《みこ》して、米を人々に売らない商人が増えたんだね。いわゆる買い占め、売りおしみっていうものだね。

花子さん　なるほど。

太郎くん　そこで、米価の急激な上昇に反対した富山県の漁村の主婦たちが立ち上がったことをきっかけに、暴動が全国化するんだ。１道３府35県で暴動が起きたんだよ。一部は軍隊が出動して鎮圧しているんだ。この事件で当時の寺内正毅内閣は総辞職して、本格的な政党内閣である（　C　）内閣が成立するんだよ。

花子さん　日比谷焼き打ち事件も米騒動も戦争が関係しているね。戦争がない平和な世の中をつくることが大切だということだね。

問８　会話文中の下線部⑤について、第一次世界大戦に関して述べた文として**適当でないもの**を、次のア～エから一つ選び、記号で答えなさい。

ア　第一次世界大戦において、日本は日英同盟を理由に参戦し、ドイツに宣戦布告した。

イ　日本は中華民国に「二十一カ条の要求」をつきつけ、満州国の独立を認めさせた。

ウ　第一次世界大戦中の日本では、「成金」とよばれる人々があらわれた。

エ　第一次世界大戦の講和会議でベルサイユ条約が結ばれた。

問９　会話文中の空欄（　C　）に当てはまる人名として適当なものを、以下の説明文も参考にして、次のア～エから一つ選び、記号で答えなさい。

> 岩手県出身。それまでの首相とちがい、華族ではなかったことから「平民宰相《さいしょう》」とよばれた。教育の充実や地方の鉄道の整備などを行ったが、普通選挙の実施には消極的であった。1921年、東京駅で刺殺された。

ア　大隈重信　　イ　原敬　　ウ　犬養毅　　エ　加藤高明

3　次の文章を読んで、以下の問いに答えなさい。

①議員は人々の声を代弁する存在だ。同時に、一定の方向性を人びとに提示し、説得する存在でもある。②議会や大規模な選挙を考慮すると、議員は政党を結成したり、入党したり、政党との関係が生まれる。ただ、政党では意見の異なる人びとと行動する必要がある。そのため選挙に不利となったり、自らとは異なる主張を受け入れる必要もある。また誰が主導するのかという問題もあり、政策や人をめぐる党内対立の結果、分裂や離党が起きることもある。政党の離合集散は1990年代以降繰り返し行われてきた。

③首相を支える与党が形成される議院内閣制では、政党が議決などでまとまる一体性が政治的安定と意思決定の効率性に直結する。与党の一体性が低いと、政権は不安定になり、意思決定も困難になる。政党の一体性が低いと、有権者に方向性を示すことができず、選択肢としても十分に機能しない。このように政党の一体性は政党政治の根幹を成す。(中略)

どのような手法で党の一体性を高めるのかによって、政党運営は変わる。公認権などの規律で党をまとめることは政党維持の負担が大きい。各議員が望まない政策を強要することになるからだ。他方、政策の一致や忠誠心の高い状態は議員の自発性によるもので、党を維持しやすい。

公認権や④政治資金等の権限を背景にした党運営には限界がある。まず、権限が有効なのは政党や執行部への支持があくまで高い場合である。政党や内閣の支持が低下するなかでは公認などの脅しは効きにくい。むしろ執行部と異なる政策を強調することや、執行部への批判が議員自身の選挙に有利になるときもある。さらに、議員の反発が執行部批判、党首おろしの動き、造反、離党を生む危険もある。

濱本真輔『日本の国会議員　政治改革後の限界と可能性』(中公新書・2022年)

※出題の都合により、本文の内容を尊重しつつ一部編集を加えています。

問１　下線部①に関連して、「代弁する」を「０」と置き、「説得する」を「１」と置くこととする。これを以下の事例X→Y→Zの順で「０」または「１」と置いた場合、正しいものを、以下のア～クから一つ選び、記号で答えなさい。

X　学年のレクリエーション集会で何をやるかについて、学年の先生と私を含む生徒の代表者で話し合ったところ、多数決でバスケットボールとなった。しかし、私はコロナ禍においてそれは不適切であると考え、学年の先生と代表生徒に対してクラス内でのビデオ鑑賞にすべきだと働きかけた。この提案は受け入れられたが、一部の同級生から、私は「少し真面目すぎる」と言われていることを後になって知った。

Y　ある中学校の学園祭の出し物について、クラス37名中21名がカジノを、16名が縁日を希望していた。学級委員長のＳさんは、カジノが出し物にふさわしいと考えており、16名一人ひとりに縁日よりもカジノの方が全員で楽しめる旨《むね》を説明してまわったが、一部の人たちはそれに応じなかった。

Z　春休みの家族旅行の行き先について、父は沖縄を、母は北海道をそれぞれ主張した。我が家では母の発言権の方が強いので、このような場合母の方針に父もしぶしぶ従うというのが常だったが、私が沖縄に行きたかったこともあり、「いつもお母さんばかりが決めてしまうのは不公平。私とお父さんは沖縄に行きたいのだから、２対１で沖縄を目的地にするべき」と母に意見したところ、母が機嫌を損ね、家族旅行自体がなくなってしまった。

ア　000　　イ　001　　ウ　010　　エ　011
オ　100　　カ　101　　キ　110　　ク　111

問２　下線部②に関連して、政党に関する記述として正しいものを、次のア～エから一つ選び、記号で答えなさい。

ア　政権を担当している政党を与党といい、政権を担当していない政党を野党という。現在の日本の場合、自由民主党は与党であり、立憲民主党は野党である。

イ　政権を担当している政党を与党といい、政権を担当していない政党を野党という。現在の日本の場合、立憲民主党は与党であり、自由民主党は野党である。

ウ　政権を担当している政党を野党といい、政権を担当していない政党を与党という。現在の日本の場合、自由民主党は野党であり、立憲民主党は与党である。

エ　政権を担当している政党を野党といい、政権を担当していない政党を与党という。現在の日本の場合、立憲民主党は野党であり、自由民主党は与党である。

問３　下線部③に関連して、日本の議院内閣制に関するア～エの記述のうち、**誤っているものをすべて**選び、記号で答えなさい。なお、該当するものがない場合は「オ」を選び答えなさい。

ア　内閣総理大臣は18歳以上の国民による首相選挙によって選出される。

イ　内閣総理大臣は国会議員の中から選ばれるが、衆議院議員でもよいし参議院議員でもよい。

ウ　内閣総理大臣は、その他の大臣をいつでも辞めさせることができる。

エ　内閣は閣議に基づき、衆参両院を解散することができる。

オ　（上記のア～エの記述はすべて正しく、誤っているものは一つもない。）

問４　下線部④に関連して、以下の４カ所の空欄（　Ａ　）に共通して入る語句を**漢字**で答えなさい。

○日本国憲法

第49条　両議院の議員は、法律の定めるところにより、国庫から相当額の（　Ａ　）を受ける。

○国会法

第35条　議員は、一般職の国家公務員の最高の給与額（地域手当等の手当を除く。）より少なくない（　Ａ　）を受ける。

○国会議員の（　Ａ　）、旅費及び手当等に関する法律

第１条　各議院の議長は217万円を、副議長は158万４千円を、議員は129万４千円を、それぞれ（　Ａ　）月額として受ける。

問５　問４で答えた、国会議員の（　Ａ　）に関する(1)～(3)の記述について、正しければ「○」、誤っていれば「×」と答えなさい。

(1)　税金から支払われている。

(2)　減額する場合は、法律の改正が必要となる。

(3)　将来にわたって全く支給しないこととする場合は憲法改正が必要となる。

問６　次ページの資料は「国会議員１人当たりの年間の政治資金支出額」である。この資料から、国会議員は平均して**月額**でいくらの政治資金を支出していることになるか、おおまかに計算しなさい（採点にあたっては±５％の範囲を正解とする）。なお、解答する際は千の位を四捨五入し、解答欄に合う形で答えること。

国会議員１人当たりの年間の政治資金支出額（2015年）

		平均値	中央値	
経常経費	人件費	12,774,560	9,870,100	議員事務所で活動する私設秘書やスタッフの人件費
	光熱水費	382,377	317,323	電気やガス・水道などの使用料
	備品・消耗品	3,106,529	2,660,223	事務所や活動で用いる自動車やコピー機などの備品や、ガソリン・新聞・筆記用具などの消耗品
	事務所費	6,205,749	5,361,039	事務所の家賃や、公租公課、電話の使用料金や火災保険などの保険代金
政治活動費	組織活動費	6,567,200	4,812,151	政治団体の通常の活動に関する経費や交際費など
	選挙関係費	246,632	0	選挙に関して支出される経費、代表的なものとして、公認推薦料や陣中見舞など
	事業機関紙誌	982,900	0	機関紙の発行にあたって、必要な印刷費や発送費、原稿料などの費用や、機関紙発行に携わる者への給与など
	事業費宣伝	2,142,194	1,251,610	ポスターやビラ、パンフレットなどの作成費、ラジオ・テレビなどの広告料、宣伝用自動車の購入費用や維持費など
	事業費パーティー	3,646,681	2,282,364	政治資金パーティーの開催にあたって支出した会場費や記念品代など
	事業費その他	869,853	0	新年会や講演会、バス旅行など収入があったイベントにおいて支出した経費
	調査研究費	263,479	55,348	書籍の購入や研修会の費用など、政治活動のために行う調査費用
	寄付・交付金	7,717,185	3,000,000	他の政治団体への政治活動への寄付や、政治団体や政党の本部支部間や支部間で支出した金銭
	その他	1,101,979	0	上記以外の経費、たとえば借入金額の返済や労務の無償提供（本来給与が発生すべき活動を無償で行ってくれた場合）
支出総額		46,045,019	37,976,596	
N		681	681	

註記：Ｎは議員数、単位は円

出典：前掲書 p.216（出題の都合により一部編集を施しています）

問７　国会議員に対する報酬が高額すぎるとの批判が存在します。では、全くの無報酬とした場合はどうでしょう。確かに費用の節約にはなるかもしれませんが、しかし同時に多くの問題が起きるとも考えられます。それでは、どのような問題が起きると考えられるでしょうか。問題文・問４の法規・問６の資料なども参考にしつつ**箇条書きで３つ列挙**しなさい。

【理　科】〈第２回試験〉（社会と合わせて60分）〈満点：50点〉

1　以下の問題に答えなさい。

（１）図１、２の装置がつり合っているとき、おもりＡ、Ｂの重さは何gか答えなさい。滑車《かっしゃ》や糸の重さは考えないものとします。

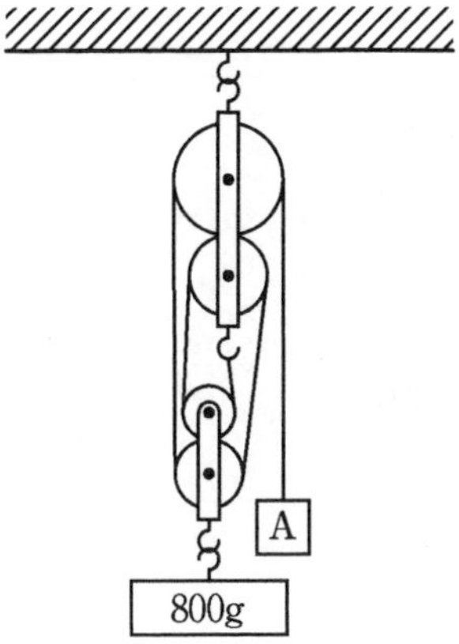

図１

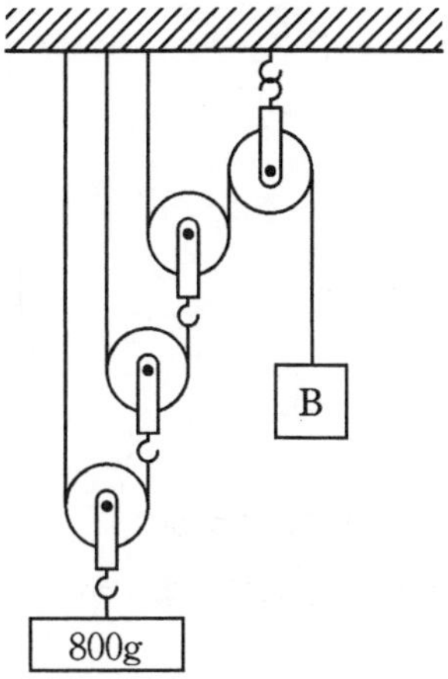

図２

（２）図３のように、ばね（ばねののびは加えた力に比例《ひれい》し、50gにつき１cmのび、ばねの重さは考えないものとします。）に円柱Ｐ（底面積25cm²）を取り付けたときのばねののびは20cmでした。次にばねを取りつけた面Ａをゆっくりと下げていくと、Ｐの位置も下がります。このとき、Ｐの下がったきょりと、ばねののびを調べたのが図４で、Ｐの下がったきょりと台ばかりの示す値を調べたのが図５です。Ｐは台ばかりの上にのせた容器の中の水にしずめていきます。

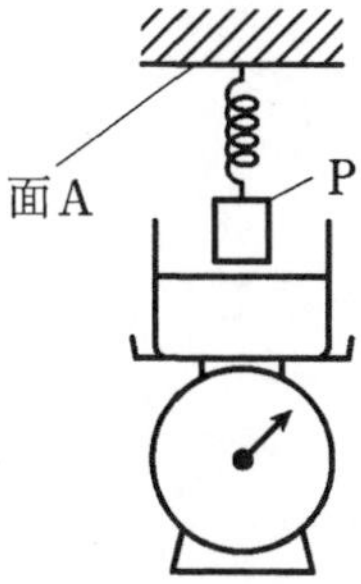

図３

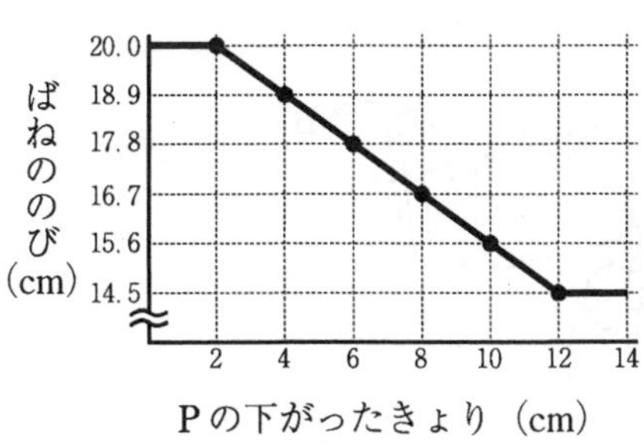

図４

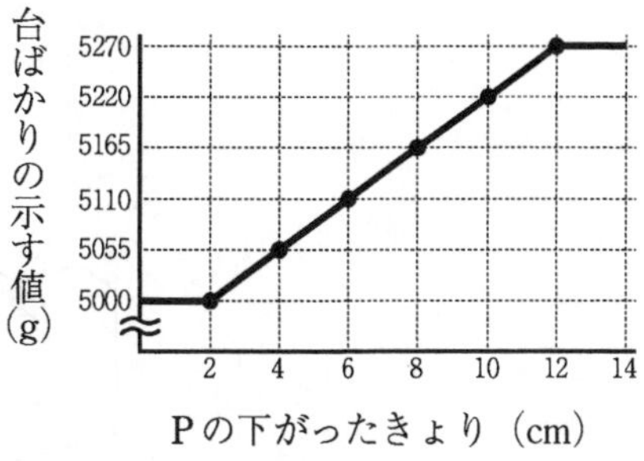

図５

①　Ｐの重さは何gですか。

②　Ｐが８cm下がったとき、ばねの引く力は何gに相当しますか。

（3）（2）と同じ円柱Pとばねと、台ばかり、水の入った容器に加えて、動かっ車（重さ1000g）、定かっ車、おもりQ（重さ890g）を使って図6のような装置を作りました。糸はすべて平行で、糸やばねの重さは考えないものとします。図6では、Pはちょうど半分しずんでいる様子です。

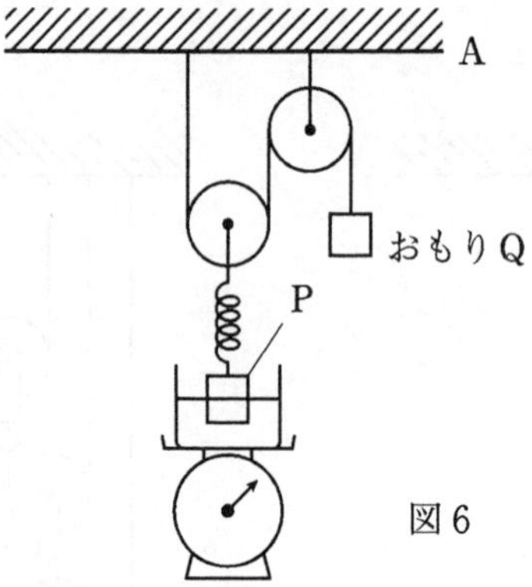

図6

① ばねは何cmのびていますか。

② 台ばかりは何gを示していますか。

2 図のような実験装置を用いて実験を行いました。内容を読み、問いに答えなさい。

実験操作① アの位置で鉄の棒を固定した。

実験操作② 反対側のはしの下に針金を置いた。

実験操作③ 針金の先の中央に軽い木材を刺《さ》した。（この木材の重さは考えないでよいものとする。）

実験操作④ イの部分をアルコールランプで熱した。

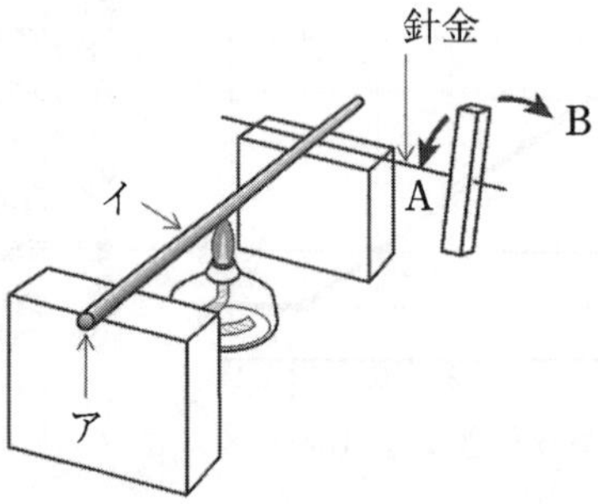

図

（1）鉄の棒を熱すると、木材の上の部分はA、Bのどちらに回りますか。

（2）（1）のように木材が動くのは鉄の棒がどうなるからですか。

（3）熱くなった鉄の棒の重さは、熱する前と比べてどうなりますか。

（４）鉄の棒をアルミニウムの棒にかえて実験を行うと木材の上の部分はＡ、Ｂどちらに動きますか。

（５）（４）のとき木材の動きの大きさはどのようになりますか。
　① 大きく動く　② 小さく動く　③ 変わらない　の中から最も適当なものを選び数字で答えなさい。

（６）身の回りの建物などは金属が熱によって変化する性質を考えて設計されています。金属でできているものには電気を送る電線などがありますが、電線はどのような点に注意して設計されているか、『気温がさがったとき』という言葉を用いて簡単に説明しなさい。

3　植物が呼吸していることを調べるためにＡ、Ｂ、Ｃのびんを図のようにセットし、数時間おいてから、それぞれのびんの中の気体を集めて石灰水《せっかいすい》の入った試験管ａ～ｃにそれぞれふきこみました。

発芽中のダイズの種子を入れておく　　葉を入れて暗箱に入れておく　　ダイズの種子も葉も入れない

（１）試験管内の石灰水は、それぞれどのようになりますか。ア～キから選びなさい。
ア　ａ、ｂ、ｃともに同じようににごる。
イ　ａ、ｂはにごるがｃはほとんどにごらない。
ウ　ａ、ｃはにごるがｂはほとんどにごらない。
エ　ａはにごるがｂ、ｃはほとんどにごらない。
オ　ｂ、ｃはにごるがａはほとんどにごらない。
カ　ｂはにごるがａ、ｃはほとんどにごらない。
キ　ｃはにごるがａ、ｂはほとんどにごらない。

（２）Ｂのように暗箱に入れて実験するのはどうしてですか。ア～オから選びなさい。
ア　呼吸をさかんにするため。
イ　呼吸をさせないため。
ウ　光合成をさせないため。
エ　水分の蒸発をふせぐため。
オ　葉を長持ちさせるため。

（３）さらに呼吸について詳しく調べるために以下のような装置Ｄ、Ｅを作りました。ガラス管にはインクが入っており、三角フラスコ内の気体の体積が変化すると左右に動くようになっていて、その中のビーカーにはアルカリ性の液体と水がそれぞれ入っています。アルカリ性の液体には二酸化炭素を吸収するはたらきがあり、植物の光合成や呼吸には影響しません。三時間経過したとき、装置Ｄではインクは実験を始めたときと比べてＡ、Ｂのどちらの方向に動くと予想されますか。

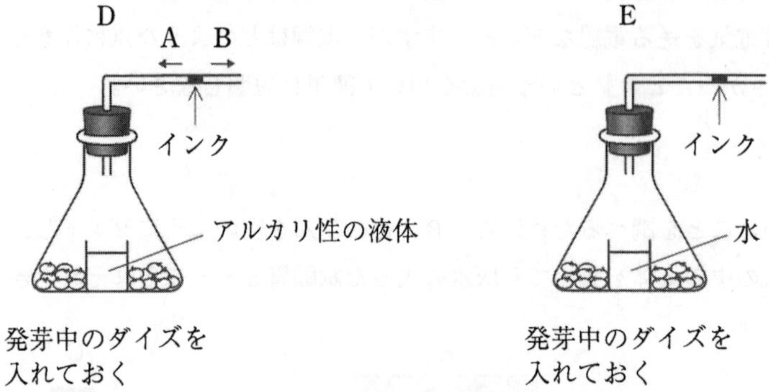

（４）（３）と同じ条件で、同じ時間経過したあと、装置Ｅのインクの動きは装置Ｄと同じ方向に動きました。装置Ｅのインクの動きは装置Ｄのインクの動きと比べてどうなると予想されますか。
① 大きく動いた　② 小さく動いた　③ あまり変わらない　のうちから適当なものを一つ選び、番号で答えなさい。

（５）装置Ｄで実験を行った結果、三角フラスコ内の気体の体積に変化があった事がわかりました。この気体の体積の変化はなにを表すか、以下の①～④の中から適当なものを一つ選び、番号で答えなさい。

① 呼吸で使われた二酸化炭素の量
② 呼吸で放出された二酸化炭素の量
③ 呼吸で使われた酸素の量
④ 呼吸で放出された酸素の量

4 図１はある日の太陽の様子を観察したものです。

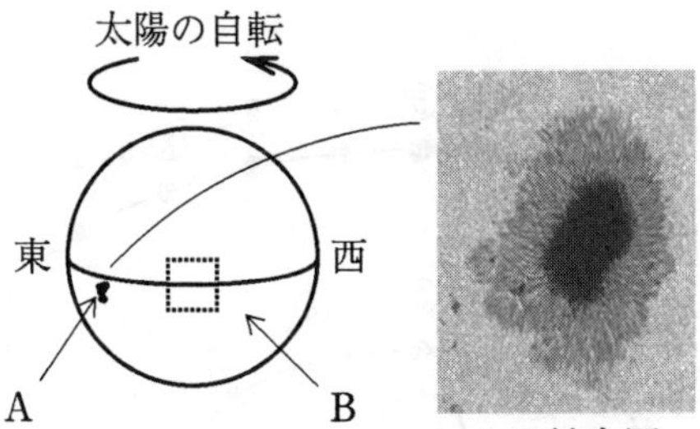

Aの拡大図
図１

（１）図１のAをなんといいますか。

（２）AがBの位置に移動したとき、見かけ上の大きさは以下のどのようになりますか。以下の①～③の中から適当なものを一つ選び、番号で答えなさい。なお、実際のAの大きさは１年間変化していないものとします。

① 大きくなる

② 小さくなる

③ 変わらない

（３）日食が起こるときの月の位置を解答欄に月を○として答えなさい。

（４）図２は地球のすぐ内側を公転する惑星《わくせい》Cと地球の動きを示したものです。この惑星Cの名称を答えなさい。また、この惑星が⑤の位置に来たとき、どのように見えるか解答欄に答えなさい。

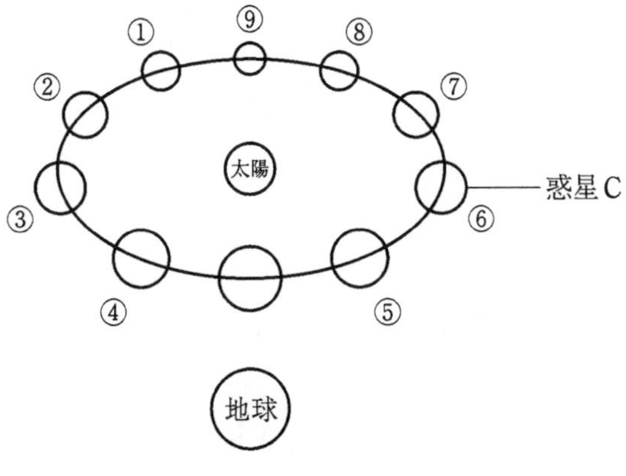

図２

（5）図3は地球のすぐ外側を公転する惑星Dと地球の動きを示したものです。この惑星のDの名称を答えなさい。

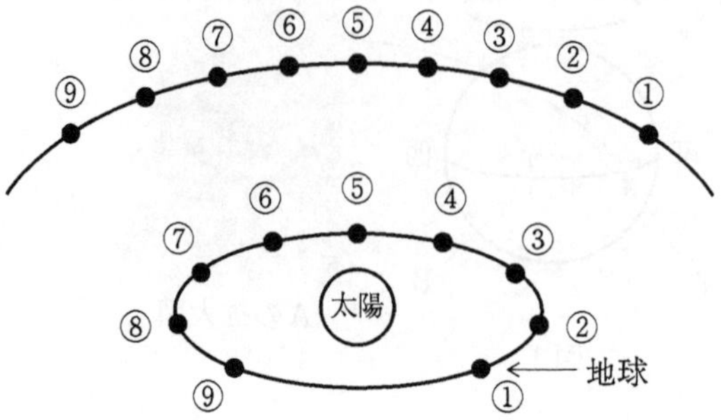

図3

（6）上図3において同じ番号の地球と惑星Dは同じ日の位置を表しています。

地球が公転《こうてん》軌《き》道《どう》の①～⑨で動くとき、同時刻の見かけの惑星Dの動きはどのように変化しますか。以下のⅠ～Ⅳから適当なものを一つ選び、記号で答えなさい。

Ⅰ　常に西から東に移動して見える。

Ⅱ　①～②の間は東から西に移動して見え、③～⑦の間は西から東へ移動して見え、⑧～⑨の間は東から西に移動して見える。

Ⅲ　①～③の間は西から東に移動して見え、④～⑥の間は東から西に移動して見え、⑦～⑨の間は西から東に移動して見える。

Ⅳ　①～③の間は西から東に移動して見え、④～⑦の間はほとんど移動せず、⑧～⑨の間は東から西に移動して見える。

イ　１　たとえば　２　つまり
ウ　１　つまり　２　しかし
エ　１　しかし　２　つまり

問四　傍線③とあるが、これはつまり収益になっていないということである。このときブログを書くという行為は、ブログの書き手にとってはどういうものであったか。文中から五文字で抜き出しなさい。

問五　傍線④とあるが、これとほぼ同じ内容を述べている部分を含む一文を傍線部より後から探し、初めの三文字を答えなさい。

問六　傍線⑤とあるが、それでは現代はどのような時代と言えるか。答えとなる箇所を文中から六文字で抜き出しなさい。

問七　傍線⑥と近い意味の言葉を記号で選びなさい。
ア　積極的に　イ　客観的に
ウ　本能的に　エ　強制的に

問八　空欄３に入れるのに最も適切なものを記号で選びなさい。
ア　テクノロジー　イ　モチベーション
ウ　クリエイティブ　エ　アイデンティティ

問九　傍線⑦とあるが、この時代の特徴として正しいものを二つ記号で答えなさい。
ア　他の人の成功例をまねるだけでも、順調な人生が送れる。
イ　自分の好きなことを突き詰めていくことが、生計を立てることにつながる。
ウ　全ての人がYouTuberとして稼ぐことを目指し、応援者を見つけようとする。
エ　絶対的な手本というものが存在し、それと戦うことで自我を確立することができる。
オ　自分の内面を作品化することを通して、自分が生きている実感を得ることができる。

問十　傍線ア～オのカタカナを漢字に直しなさい。

問十一　波線部にある「クリエイターの時代」というのはどのような時代であると述べられているか。【　】内の文章を要約する形で、八〇字以上百字以内で説明しなさい。ただし、「管理者」「好き」「希望」の三語を必ず用い、文末は「時代。」とすること。

しかし、「稼ぐ」という経済の面に目を向けてみても、創造力が「希望をつくる力」になっていくのです。】

創造によって生きられる人の選択肢は増えていきます。しかし、創造はそれ以上のものだと思います。それは、この本の冒頭でも書いた、④自分自身の人生の生き甲斐を自分でつくれる行為だということです。少し大きな話になってしまいますが、お付き合いください。インターネットが普及する以前にはひとつの絶対的な世界だけがありました。そして、その世界には、キリスト教などの宗教や、資本主義などの人類共通の共有する物語がありました。これは、大きな物語と呼ばれ、人類が共有する⑤絶対的な正解があった時代があったのです。このような時代では、僕らは⑥否が応でもその社会のシステムに組み込まれていきます。

しかし、僕らにも自分がある。いわゆる自我というものです。自分の自我を確立するためには、一度その大きな物語から外に出て、その大きな仕組みと戦うことが必要でした。大きな物語があった時代において、青春時代に一度外に出て、グレる、反抗するというのは、自分のアイデンティティを確立していくためのエ過テイだったのです。

しかし、いまは、インターネットによって多様性の時代になりつつあります。「あつ森（あつまれ　どうぶつの森）」や「フォートナイト」など、ひとつのゲームに参加するといっても、その目的や楽しみ方もそれぞれです。

ここには絶対的な物語がありません。常に変化し続ける流動的な社会のなかで、生きていく際に起こるのは、自分は誰なのか？という問いです。なぜなら、戦うべき絶対的なオケン威も物語もないからです。

この時代に、自分らしさをどのようにして感じて生きていけばいいか。そのキーワードが創造です。自分の内面を見つめ、引きこもるのではなく、何かを表現して出してみる。自分の内面は、何かしらの作品となることで他の人にとって理解できるものになります。そして、他の人からの評価や反応をもらうことで、新しい（３）が生まれ、自分が生きている実感を得られるようになる。

創造とは、かつてのような絶対的な物語がなくなり、自分自身の存在意義を実感しにくい時代に、自分が自分で自分の生きていく意義をつくることができる力なのです。哲学者のマルクス・ガブリエルは、この流動化する時代においては、「人と人の間で生まれる無数の意味の場」こそが拠《よ》り所になると言いました。

これから僕たちが表現できるキャンバスはさらに広がっていきます。リアルの世界においても、デザインやアートは非常に重要になってきています。デジタルの世界では、ゲーム、バーチャルリアリティをはじめ、まだ想像できていないものも含めて、無数の新しいキャンバスが生まれるでしょう。

誰もが自らのキャンバスを選び、自分を表現していく生き方をすることで、希望をつくれるようになる。そんな時代になるとしたら、次の時代は、多くの人がつくり出した彩りのある⑦希望に満ちた時代にしていけるのではないかと思います。

（二〇二二年　佐宗邦威『模倣と創造　13歳からのクリエイティブの教科書』より　問題のため一部文章を改めた）

問一　傍線①とあるが、それを可能にしていたものは何だと筆者は考えているか。傍線部より前から漢字四字で二つ抜き出しなさい。

問二　傍線②とあるが、筆者がそのように考えるのは、現代にどのような課題があるからか。その課題が具体的に書かれている一文を探し、初めの三文字を答えなさい。

問三　空欄１・２に入れる語の組み合わせとして正しいものを記号で答えなさい。

ア　１　つまり　　２　たとえば

現実味がありません。一般的な成功例ではなく、自分ならではの未来を描く。そして、自分のビジョンに対して、それぞれがいま感じている意味を語り、形にしたいというモチベーションから多様な学びが生まれる。これこそが、創造力の果たす役割であり、希望をつくる学びなのではないかと思います。

【２０２０年代はクリエイター経済の時代になるという大きな潮流があるといわれています。この本を書いている２０２２年ア ショトウは、２０００年代からつくられてきたインターネットの時代が大きく変わり、Web3という新しいインターネット時代の幕開けが始まるのではないかといわれています。このWeb3というのは、簡単に言うと、Googleやfacebookのような場を提供する強大な管理者が利益を総取りしてしまうのではなく、管理者なしに直接その創作者である一人ひとりのクリエイターに収益が入ってくるような新しいインターネット上の経済をつくろうという動きです。

すでにYouTuberのように、自分が制作した動画を通じて稼ぐことができる世の中になってはいますが、このクリエイター経済の時代には、デジタル上のゲームやバーチャル空間を中心に、さまざまな表現形態で稼げる場所が、あらゆる場所に広がっていくと考えればいいでしょう。（１）、デジタル上で3Dの靴をデザインしたり、ゲームのなかのアイテムをつくったり、マインクラフトでつくった建築物なども、新しいクリエイティブのフォーマットになっていくでしょう。（２）、あなたが自分の好きを突き詰め、自分が持つ創造力を活かして、世の中に何かしらの作品を生み出せるようになると、それが単なる趣味ではなく、稼いで生計を立てる手段のひとつになる可能性は、いままで以上に増えていくということです。

思えば、僕が創造の道を歩み始めた最初のきっかけが、ブログを書き始めたことでした。２００６年、「マーケターKuniのアンテナ」というブログ（いまでもGoogleイ ケン索すると残っています。当時の僕がいかにアマチュアの書き手であったかがよくわかるので恥ずかしいのですが）を書いて、外に発信することを始め、気づけば本を出版するようになり、自分が書いた本をきっかけに戦略デザインコンサルティングという新しい業態の仕事をつくることができています。

これはインターネットによって誰もが表現者になれることによりなし得たことといえます。インターネットという発信の場があり、ブログという簡単に発信できるツールができたことで、佐宗邦威という個人が直接世の中に対して自分の作品を届けていける環境が整っていったのです。当時の僕には、作品と言う感覚はありませんでしたが……。

③僕が書き始めたころは、ブログの書き手は、自分の文章を読んでもらい、知ってもらうだけでした。しかし、いまはnote・YouTube・Instagramなどの表現プラットフォームを通じて、読者から直接お金を受け取れる仕組みが広がってきています。すでに、世界全体で何かしらの収益をあげるクリエイターは2億人に達すると言われており、日本でもHikakinさんなど、YouTubeで収益をあげる人がスターになるような時代に入りつつあります。自分の好きなものや情熱で稼げる時代が、目の前にウ オトズれようとしています。

最初は、自分一人でつくっていた作品を、インターネット空間を通じて外に出していくことで、読者や応援者を見つけられる、人とつながれるだけではなく、生計を立てていくこともできる環境がさらに整いつつあります。

「それで食べていけるのか？」

クリエイターやアーティストと呼ばれる人は、ことあるごとにこの言葉を投げかけられてきました。そして、まだまだこの状況は続くでしょう。

ウ　菫さんに励まされたことで、かえって自分たちの未熟さを思い知らされて、恥ずかしく感じている。
エ　菫さんに叩かれた腕から菫さんの思いが伝わり、身が引き締まる思いがしている。

問九　傍線⑧の「きにやむ」の「き」「や」をそれぞれ漢字に直しなさい。

問十　傍線⑨とあるが、「僕」の中には「伝えたいこと」があったことを比喩を用いて表現している部分を含む一文を探し、初めの五文字を答えなさい。

二

次の文章を読んで、後の問いに答えなさい。（抜き出し、論述の問題に答える場合、句読点・記号は全て一字とする）

日本は第二次世界大戦後、経済成長をずっと続けてきました。この時代を引っ張っていったのは、科学技術であり、ビジネスの現場によって生まれた経済でした。「鉄腕アトム」や「ドラえもん」に代表されるように、科学技術は僕らの未来の可能性やワクワクを提示してくれるものでした。この時代においては、現在＜未来であり、明日は今日よりも良くなるとみんなが思っていました。未来は、そのより良い姿をみんなが共通して見られるゴールのようなものでした。

現在＜未来の時代では、いま我慢してでも、より良い未来のために努力する、つまり「頑張る」ことはとても重要でした。①放っておいても成長する環境では、成功例をみんながまねるだけでも、人生がうまくいく確率は高く、真面目に他の人の成功例を学ぶ姿勢が成功のコツでした。僕自身をはじめ、学校の現場にいる先生や親、子どもたちの教育を考える人はそういう前提のなかで生きてきた世代です。

それに対して、いま起こっているのは、このモデルの逆回転です。いまの13歳の人たちがこれから大人になっていく未来に予想されているのは、人口が減っていき、高齢者がより増えていき、世界的な気候変動による自然災害が予想され、進化するテクノロジーが人間の役割を奪いすぎるという難題ばかりです（もちろん、どんな世代にとっても同じ未来なのは言うまでもありません）。少なくとも、日本という国で生きる以上は、これらの社会課題が増えるなかで、手を打たない限り、課題はどんどん増えていくというのは、ひとつの事実です。

この環境においては、現在＞未来となります。未来のために我慢するよりは、いまを楽しむほうがいいし、絶対的な正解がないのなら、自分なりの成功でいい。これが、いまの子どもたちが生きる前提なのです。

昔は、より良い未来に到達するためにいま「頑張る」ことに意味がありました。設定した目標を達成することが重要で、より良い未来が待っているなら、そのプロセスは苦しくても良かったのです。これは、予測のできる道のある未来です。

しかし、これからは、②未来は手放しにより良くなるものだとは信じられなくなりました。見通しのよくない環境では、具体的な未来像を描いて目標を設定することも不安なうえに、目標を絶対に達成しようと頑張ることも辛くなります。そうであれば、達成できなくてもいいくらい大きな夢を持った上で、そこに向かうプロセス＝いまを楽しんでいく力を身につけることが重要なのではないかと思います。

昨今、なりたい仕事ランキングのなかには「YouTuber」が登場しますが、10年前に予測できた人はいないでしょう。僕も、いまは戦略デザイナーと名乗り、デザインファームの経営をしていますが、それも10年前には想像ができないことでした。

いくつもの職業がなくなり、大きく変わる可能性がある社会、10年先のことも予測できない世界で、職業を起点に叶えたい夢を語るのはそうされたみたいに。

それが怖くて、嫌で、だからきちんと自分の胸の底を探って、考えたことを言葉にするのを躊躇した。その場でウケれば十分だと、わかりやすい身内ネタに走った。

伝えたいことを問われるたび真っ白な紙の上に立たされたような気分になったが、紙の裏にはたくさんの言葉が走り書きされていた。それを裏返して、誰かに見せるのが怖かっただけだ。

体の脇で拳を握って、僕の言葉を待っている三人に思いの丈を伝えた。

言葉も考えもすれ違うけど、どうかみんなが立ち止まって、振り返って、相手の言葉を受け止められますように。そのやり取りを、他の誰かが貶《おとし》めることがありませんように。

「それが、僕の伝えたいことだと思います」

胸の内に浮かんだ気持ちを言葉にするのは怖い。否定されるかもしれないと思うとなおさらだ。でも、赤羽さんも、巌先輩も、南条先輩も、僕の言葉を退けなかった。

返ってきたのは、三者三様の深い頷きだった。

（二〇二一年　青谷真未『水野瀬高校放送部の四つの声』より
問題のため一部文章を改めた）

問一　空欄１に入れるのに適切な言葉を記号で答えなさい。

ア　対象　　イ　対称　　ウ　対症　　エ　対照　　オ　対償

問二　傍線①とあるが、「僕」は何に驚いたと考えられるか。最も適切なものを記号で答えなさい。

ア　菫さんの口調が軽やかだったこと。

イ　菫さんが謝る必要はないと言ったこと。

ウ　菫さんが、インタビューを受ける前から店をたたむつもりでいたこと。

エ　菫さんの体調が、店を閉めなければならないほど悪かったこと。

問三　傍線②とあるが、その店に愛着を感じていることがわかる菫さんの動作を含む一文を探し、初めの五文字を答えなさい。

問四　傍線③とあるが、その驚きの理由として最も適切なものを記号で選びなさい。

ア　今にもつぶれそうな店にお客さんがたくさんいたから。

イ　外見から想像した以上に、店内にお客さんが少なかったから。

ウ　店の売り上げを心配している学生が自分以外にもいると知ったから。

エ　想像していたよりもずっとパンの種類が多かったから。

問五　傍線④とあるが、「僕」は「僕たち」が菫さんにどんなことをしたと感じているか。文中から六字で抜き出しなさい。

問六　傍線⑤とあるが、「僕」が「伝えなければ」と思った内容を具体的に述べた一文を探し、初めの五文字を答えなさい。

問七　傍線⑥とあるが、この状況として正しいものを記号で選びなさい。

ア　誰かと話していて、相手の言葉に違和感を覚えたとき。

イ　テンポよく進んでいる会話を止めようとするとき。

ウ　話し相手に空気を読まないと思われているとき。

エ　言葉がすれ違った相手に励まされるとき。

問八　傍線⑦とあるが、このときの「僕」の気持ちとして最も適切なものを記号で選びなさい。

ア　菫さんに励まされて、自分たちのしたことが許されたように感じ、ほっとしている。

イ　菫さんが思ったより強い力で腕を叩いてきたので、一瞬やはり怒っているのかと不安になっている。

菫さんに一通りの説明を終え、僕は体の脇で固く拳を握った。

「誰かと喋っているとき、相手の言葉に違和感を覚えることってあると思います。勢いで口にした自分の言葉が、本心から少し離れてしまうことも。でも、テンポよく流れてる会話を止めるのって難しいです。下手に会話を止めると、空気を読まないって言われてしまうこともあるし。だけどやっぱり、言葉はすれ違ったままにしておかない方がいいんだって今回のことでわかりました」

菫さんは僕を見上げ、そうね、と穏やかな声で相槌を打ってくれる。それに背中を押され、懸命に言葉を続けた。

「誰かが⑥同じような状況に立ったとき、勇気を出して尋ね返したり、言い直したりする、そういうきっかけにこのドラマがなってくれればいいと思ってます」

僕の言葉に菫さんは何度も小さく頷いて、目元に柔らかな笑い皺を寄せた。

「文化祭って、私たちも見に行けるのよね？」

「は、はい。確か、二日目だったら誰でも……」

「だったら、私も是非そのドラマを聞きに行きたいわ」

店にまつわる話はどんなことでも全部脚本に盛り込んでくれて構わない、と快諾して、菫さんは軽く僕の腕を叩く。

「楽しみにしてるから、頑張って」

ごく軽い力だったのに、腕を叩かれた振動が全身に伝わったようだった。⑦体の芯がぶるりと震える。自然と背筋がまっすぐ伸び、僕は菫さんの目を見て「頑張ります」と応じた。

翌日の部活の時間、僕は早速菫さんと話してきたことを放送部のみんなに伝えた。

焦って早口になる僕の言葉を、三人は身じろぎもせず聞いていてくれた。

「今回のこと、脚本に盛り込んだ方がいいと思います。内容はかなり変わっちゃうかもしれないんですけど、菫さんがどんな気持ちで事実と異なることを言ったのかは絶対に入れたいんです。菫さんにそう言わせてしまった僕らのことも含めて」

気が急いて何度も話が前後したが、それでもなんとか最後まで言い切った。だが、僕が話を終えても誰も口を開かない。

「あの、あんまり上手く、伝わらないかもしれませんが……」

自分の伝え方が悪いのか、そもそも根本的な考え方が間違っているのか、判断がつかずに口ごもると、南条先輩が「違う」と鋭く僕の言葉を遮った。

「あんたの言ってることはわかる。そうじゃなくて、ちょっと考えてただけ。菫さんにそんなこと言わせちゃうなんて、あたしのインタビューの仕方が悪かったのかなって……」

珍しく肩を落とした南条先輩に、すかさず赤羽さんがフォローを入れる。

「質問内容を考えたのは私たちですから、南条先輩が⑧きにやむことないと思います」

赤羽さんの言う通りだ。この件に関しては誰がどれだけ悪かったかなんて決めようがない。南条先輩も頷いて、まっすぐ僕の方を見る。

「伝わってるから、続けて」

巌先輩も頷く。赤羽さんも真剣な顔で耳を傾けてくれている。

三人の顔を見ていたら、ふいにわかった。

⑨僕は伝えたいことがなかったわけじゃない。どうせ伝わらないだろうと諦めていただけだ。

何を伝えたいの、と問われたとき、ふっと頭に浮かぶ言葉があっても深追いしなかった。

だってどうせ否定されるし、撥ねつけられる。演劇部の先輩たちにンを作ってるとね、たまに来るのよ。②今にもつぶれちゃいそうなうちの店を心配してくれる学生さんが。たくさんお友達を連れてきて『また来ます！』って言ってくれる子とか、毎日毎日ひとつだけパンを買っていってくれる子とか……。卒業すると顔を見なくなっちゃうんだけど、でもまたしばらくすると来るの。同じ制服を着た学生さんが」

最初は恐る恐る店に足を踏み入れ、店内を見て③驚いたような顔をして、それから足しげく通うようになってくれるらしい。南条先輩も、もしかしたらそうだったのだろうか。

「でも、学校全体にうちのお店を紹介しようとしてくれたのは今回が初めてだったの。インタビューに来てくれたみんなは熱心で、どうすれば店にお客さんが来てくれるか一生懸命考えて、この店のいい所がアピールできるような質問をたくさんしてくれたじゃない？　それを見たら、もうすぐお店を閉めるなんて言い出せなくて」

がっかりさせてしまいそうだったから、と、菫さんは申し訳なさそうな顔で言う。

「インタビューで嘘ついちゃったのも、ごめんなさいね。せっかくだから、何か凄いお話をしてあげたかったんだけど、こんな小さなお店でしょう？　特に変わった話もできなくて……。学生さんたちにはたくさんお世話になったから、最後に何か役に立ちたかったんだけど」

ごめんなさい、と再三謝られてしまい、必死で首を横に振った。

そんなのちっとも、謝られるようなことではない。④むしろ謝るべきは僕たちだ。

僕たちは全員、初めてのインタビューで舞い上がって、店のことを学校のみんなに知ってもらうのはいいことだと思い込んで、とにかく店に客が集まるようなインタビューを心掛けた。店の成り立ちや、どれほどパン作りに情熱を注いでいるのか、客足が遠のいている現状の苦労など。人が来なくて困っていることが伝われば、きっと学校のみんなも店に足を運んでくれる。そう考えて、知らず知らずのうちに菫さんに、困っている話をするよう仕向けてはいなかったか。

きっと菫さんは、僕らが期待する回答を敏感に察知した。それでつい、僕らの要望に応えて話を大きくしてしまったのだ。

だとしたら、菫さんに嘘をつかせたのは僕たちではないか。

言葉もなく立ち尽くしていたら、菫さんに「大丈夫？」と声をかけられた。

僕はもう一度菫さんに謝ろうとしたが、直前で思い直して別の言葉に変えた。

「来月の文化祭で、放送部のラジオドラマを作ることになったんです。できれば今聞いたお話も脚本に盛り込みたいのですが、構いませんか？」

きょとんとした顔をする菫さんに、森杉パン屋と放送部の間で起きた一連のできごとをドラマ仕立てで流すのだと説明する。そうしながら、⑤伝えなければ、と強く思った。

他人に期待をすること。その期待に応えようとすること。そこで生まれる齟齬。

きっとこういうことは、日常生活でも起こり得る。振り返れば自分にだって覚えがあった。親や友達から期待されて、調子よく返事をしてしまって、後々自分で自分の首を絞めることなんて珍しくもない。

実例を伴った言葉は、きっと聞く人の心に残る。

今度こそ、嘘も飾りもなく届けたい。実直にパン屋を営み続けた菫さんが、最後まで高校生たちのことを考えてインタビューに応じてくれたことも、僕たち放送部が未熟だったせいでトラブルを起こしてしまったことも。

——伝えたいことって、こういうことか。

2023年度 江戸川学園取手中学校

【国　語】〈第二回試験〉（五〇分）〈満点：一〇〇点〉

一　次の文章を読んで、後の問いに答えなさい。（抜き出しの問題に答える場合、句読点・記号は全て一字とする）

僕（＝白瀬）、赤羽、南条、巌は放送部員である。活動の一環として近所の森杉パン屋にインタビューをして校内放送で取り上げたが、それがSNS上で拡散され、トラブルの原因になってしまった。あるとき、白瀬が下校時に森杉パン屋の前を通ると、「閉店のお知らせ」が出ていた。次の文章は、たまたま店に忘れ物を取りに来たインタビューの相手・菫《すみれ》さんと再会した場面である。

「お店、やめちゃったんですか」
憔悴《しょうすい》する僕とは（１）的に、菫さんはのんびりと笑う。
「そうなの。本当は十月いっぱいは開けておくつもりだったんだけど、息子が風邪をひいたものだから。しばらくお店に立てそうもないし、このタイミングで閉めてしまおうと思って。今日はちょっと忘れ物を取りにきたのよ」
菫さんはにこにこしている。インタビューがきっかけで嫌な目にも遭っただろうに。
そうだ、まずは謝らなければと、菫さんに向かって頭を下げた。
「あの、すみませんでした。僕らのインタビューでお店に迷惑をかけてしまって。本当に、こんな、こんなことになってしまって……」
謝っても済む問題ではないとわかっているだけに言葉がもつれる。せめて頭を下げ続けることしかできない僕に、菫さんは軽やかな口調で言った。
「謝る必要なんてないわ。あのインタビューを受ける前から、お店は年内で閉めるつもりだったの」
①驚いて顔を上げた僕に「もともと、あまり体調がよくなかったのよ」と菫さんは笑いかける。先日倒れたというのも、心労以上に持病が悪化したことが大きかったそうだ。
僕らのインタビューだけが原因で店を閉めるわけではないのだと知りホッとした反面、疑問もよぎった。
「だったら、どうしてインタビューに応じてくれたんですか？　僕たち電話で『水野瀬高校の生徒にお店の存在をもっと知ってもらいたい』『お店を盛り上げるお手伝いをしたい』ってお話ししましたよね。お店を閉めるつもりならそんなインタビュー受ける必要もなかったんじゃ？　それなのに、どうして……」
菫さんは口元に笑みを浮かべると、立ち話もなんだから、と店の引き戸を開けてくれた。
カーテンを抜け、久々に足を踏み入れた店内は、商品棚にパンが並んでいないせいか、ひどくがらんとして見えた。カーテンが夕日を透かし、全体が薄い緑に染まっている。
菫さんはレジカウンターに手をついて、猫の子でも撫でるように台を撫でる。
「インタビューの連絡を受けたとき、とっても嬉しかったの。だってわざわざ声をかけてきてくれたってことは、この店のパンが好きで、お客さんが少ないことを心配してくれた学生さんがいたってことでしょう」
ふふ、と柔らかな声を立てて菫さんは笑う。
「古くなったお店を直すより、パンの種類を増やしたくて一生懸命パ

2023年度

江戸川学園取手中学校 ▶解　答

※　編集上の都合により，第２回試験の解説は省略させていただきました。

算　数 ＜第２回試験＞（50分）＜満点：100点＞

解　答

1 (1) ① $\frac{4}{13}$　② $\frac{12}{13}$　③ 37.68　(2) 12％　(3) 63.25cm^2　(4) 18cm　2 (1) 秒速25m　(2) 39秒　3 (1) 10cm　(2) 3000cm^3　(3) 140秒後　4 (1) 625通り　(2) 140通り　(3) 320通り　5 (1) 301.44cm^3　(2) 150.72cm^3　(3) 185.12cm^3　6 (1) 1　(2) 12個　(3) 72組

社　会 ＜第２回試験＞（理科と合わせて60分）＜満点：50点＞

解　答

1 **問１** 2011(年)　**問２** ア　**問３** 鹿児島(県)　**問４** (1) ウ　(2) リアス　**問５** (1) (例) 東日本大震災のときよりも震源域が陸地に近いため，津波が到達するまでの時間が短いから。　(2) 南海トラフ　**問６** ア　2 **問１** エ　**問２** (例) 借金を帳消しにすること　**問３** ウ　**問４** かんれい　**問５** ア　**問６** ア　**問７** ア　**問８** イ　**問９** イ　3 **問１** ク　**問２** ア　**問３** ア，エ　**問４** 歳費　**問５** (1) ○　(2) ○　(3) ○　**問６** (例) (月額約)384(万円)　**問７** (例) 資産家しか国会議員になれなくなる。／政治活動に費用がかかることは変わらないので，調達するために汚職が起きやすくなる。／国会議員のなり手不足につながる。

理　科 ＜第２回試験＞（社会と合わせて60分）＜満点：50点＞

解　答

1 (1) **A** 200g　**B** 100g　(2) ① 1000g　② 835g　(3) ① 15.6cm　② 5220g　2 (1) B　(2) (例) のびる　(3) (例) 変わらない　(4) B　(5) ①　(6) (例) 気温がさがったときに縮んでも切れないようにたるませてある。　3 (1) イ　(2) ウ　(3) A　(4) ②　(5) ③　4 (1) 黒点　(2) ①　(3) 右の図①　(4) **名称**…金星　**図**…右の図②　(5) 火星　(6) Ⅲ

図①

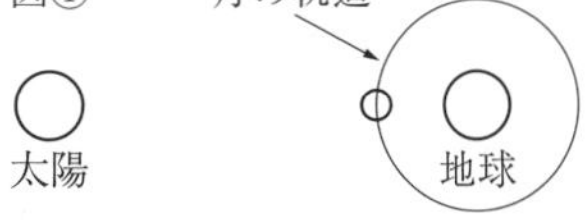

図②

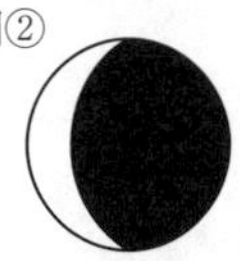

国　語　＜第２回試験＞（50分）＜満点：100点＞

解　答

一 **問１**　エ　**問２**　ウ　**問３**　菫さんはレ　**問４**　エ　**問５**　嘘をつかせた　**問６**　実直にパン　**問７**　ア　**問８**　エ　**問９**　気(に)病(む)　**問10**　伝えたいこ　二 **問１**　経済成長／科学技術　**問２**　いまの　**問３**　イ　**問４**　単なる趣味　**問５**　創造と　**問６**　多様性の時代　**問７**　エ　**問８**　イ　**問９**　イ，オ　**問10**　下記を参照のこと。　**問11**　(例)　管理者なしに直接創作者であるクリエイターに収益が入ってくるようになり，自分の好きを突き詰め，自分が持つ創造力を活かすことが生計を立てる手段のひとつになる，創造力が「希望をつくる力」になる時代。

●漢字の書き取り

二 **問10**　ア　初頭　イ　検(索)　ウ　訪　エ　(過)程　オ　権(威)

2022年度　江戸川学園取手中学校

〔電　話〕 (0297) 74－０１１１
〔所在地〕 〒302-0025　茨城県取手市西１－37－１
〔交　通〕 JR常磐線－「取手駅」より徒歩25分，
「取手駅」よりスクールバス５分

〈編集部注：一般の５科目型受験者は算数・社会・理科・英語・国語，英語型受験者は算数・英語・国語を選択します。また，一般・帰国で，受験する設問が異なる科目があります。〉

【算　数】〈第１回試験〉（一般は50分，帰国生は国語と合わせて60分）
〈満点：一般100点，帰国生75点〉

注意　・円周率は3.14としなさい。
・比はいちばん簡単な整数の比で表しなさい。
・帰国生試験の受験者は **1** ～ **4** のみ解答しなさい。

1　［**全員解答すること。**］　次の問いに答えなさい。

(1)　次の計算をしなさい。

①　$0.6\div\left(\frac{6}{7}-\frac{5}{6}\right)\times2\frac{1}{7}$

②　$\left(1\frac{1}{2}+2\frac{2}{3}\right)\div3\frac{3}{4}\times4\frac{4}{5}$

③　$\left\{\left(2\frac{1}{3}-\frac{1}{4}\right)\times6+3\frac{1}{2}\right\}\div\frac{8}{5}$

(2)　Ａさんはこれまでに５回テストを受けて，その平均点は75点でした。次回受験する６回目のテストで何点取れば，全６回のテストの平均点を76点にすることができますか。

(3)　下の【図１】は，正五角形ABCDEと２本の対角線を描いたものです。このとき，角 x の大きさを求めなさい。

【図１】

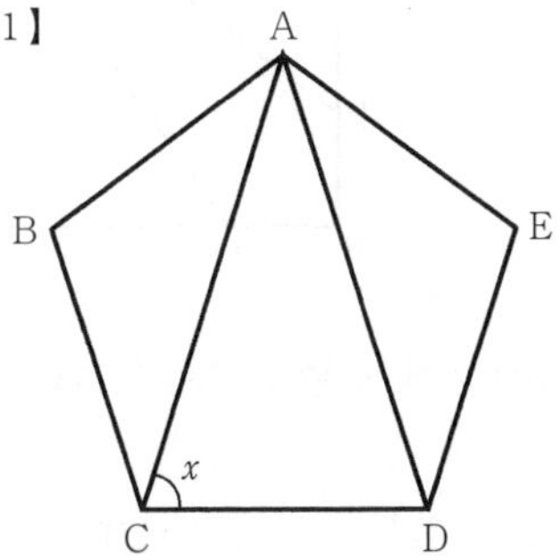

【図２】

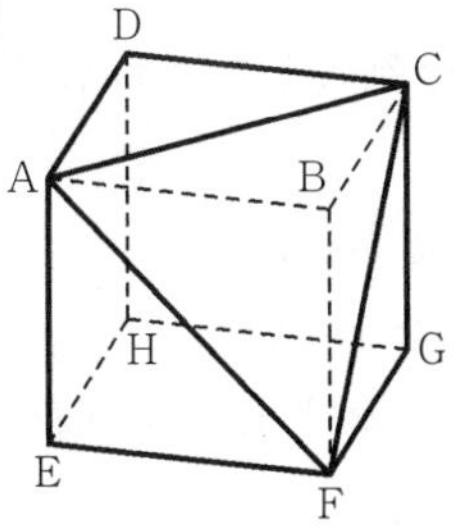

(4)　上の【図２】は，１辺の長さが６cmの立方体を，３点Ａ，Ｃ，Ｆを通る平面で切り，三角すいＦ－BACを取り除いた立体です。この立体の体積を求めなさい。

2　［**全員解答すること。**］　弟と兄が家から学校へ向かうとします。まず最初に弟が分速60ｍで家を出発し，その後10分遅れで兄が家を分速80ｍで出発しました。弟は家を出発してから10分後に，５分間の休けいをとりました。弟は休けいの後も同じ速さで進みましたが，途中で兄に追い抜かれました。弟が学校に到着したのは，兄が学校に到着した時刻の５分後でした。

　このとき，次の問いに答えなさい。

(1)　兄が弟を追い抜かしたのは，弟が家を出発してから何分後ですか。

(2)　家から学校までの距離は何mですか。

3　［**全員解答すること**。］　下の図のように，直角二等辺三角形と長方形が並んでいます。下の図の状態から，直角二等辺三角形は直線m上を毎秒１cmの速さで矢印の方向へ動き，そのとき２つの図形が重なった部分の面積について考えます。ただし，長方形は動かないものとします。

　このとき，後の問いに答えなさい。

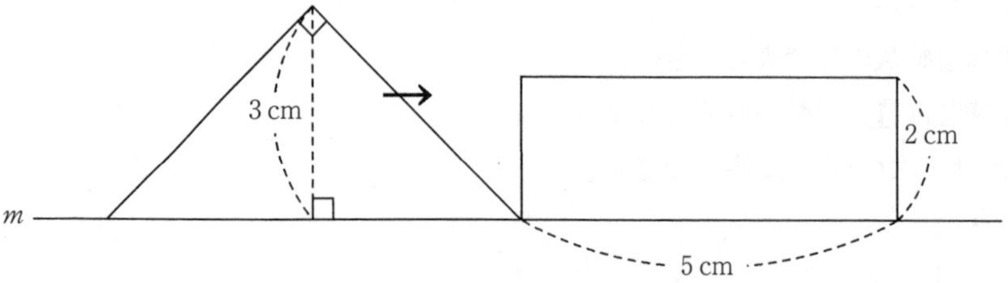

(1)　直角二等辺三角形が動き始めてから２秒後の重なっている部分の面積を求めなさい。

(2)　直角二等辺三角形が動き始めてから６秒後の重なっている部分の面積を求めなさい。

(3)　重なっている部分の面積が５cm^2となるのは直角二等辺三角形が動き始めてから何秒後と何秒後ですか。

4　［**全員解答すること**。］　右の図のような１辺の長さが４cmの正方形ABCDがあります。点P，Qはそれぞれ辺AB，BC上の点で，AP＝CQ＝３cm，DP＝DQ＝５cmです。

　このとき，次の問いに答えなさい。

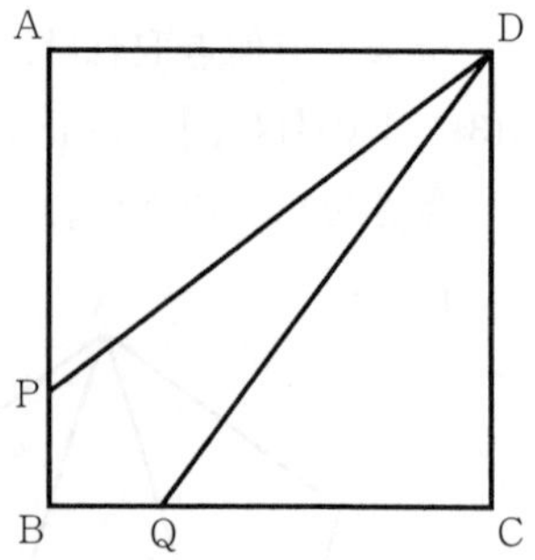

(1)　三角形QCDを，辺CDを軸として１回転させてできる立体について考えます。

　①　この立体の体積を求めなさい。

　②　この立体の表面積を求めなさい。

(2)　四角形PBQDを，辺CDを軸として１回転させてできる立体の表面積を求めなさい。

5　［**50分試験（５科目型，英語型）の受験生のみ解答すること**。］　数男君は今年(2022年)の決意として，貯金箱を用意し，ルールを決めて毎日お金をためることにしました。

ルール

　①　元日（１月１日）から12月31日まで１年間毎日貯金箱に貯金をする。

　②　前の日までに貯金箱に入っている金額が500円以下のときは毎日50円ずつ貯金箱に，それ以外のときは毎日100円ずつ貯金箱に貯金する。

　③　貯金箱に入っている金額が2000円をこえたら，その次の２日間に1000円ずつ貯金箱の中のお金を銀行に預ける。

　　たとえば，１月10日に貯金して2100円になった場合，１月11日と１月12日に1000円ずつ銀行に預ける。この２日とも②に従って貯金箱に貯金する。

このルールでお金をためるとき，次の**【ア】**～**【エ】**に入る数を答えなさい。ただし，銀行にはいつでも手数料なしでお金を預けることができるものとし，利息は考えないものとします。

(1)　はじめて銀行に1000円を預けるのは【 **ア** 】月【 **イ** 】日です。

(2)　１月１日から３月31日までに，銀行に1000円預ける回数は【 **ウ** 】回です。

(3)　１年間で数男君がためたお金の合計は【 **エ** 】円になります。

6　［**50分試験（５科目型，英語型）の受験生のみ解答すること**。］ [0]，[2]，[2]，[4]，[4]，[6]，[6]，[6] と数字の書かれた８枚のカードがあります。

一郎君と次郎君はこの８枚のカードを横一列に並べていろいろな整数をつくろうと話し合っています。そのときの会話の様子を読み，**【ア】**～**【ウ】**に入る数を答えなさい。**【ア】**については答えだけでなく，途中の計算や考え方も書きなさい。

一郎君：全部で８枚のカードがあるので，まずは８枚全部を横一列に並べて，８けたの整数をつくろうよ。

次郎君：８けたの整数は全部で【 **ア** 】通りあるね。次はこの中から３枚のカードを取り出してから横一列に並べて，３けたの整数をつくろうよ。

一郎君：やってみると３けたの整数は【 **イ** 】通りできたよ。

次郎君：最後に，この８枚の中から４枚のカードを取り出してから横一列に並べて４けたの整数をつくるとき，４の倍数となる４けたの整数は何通りできるのか考えてみよう。

一郎君：うーん，４の倍数となる整数はたくさんありそうだね。

次郎君：難しいけど，なんとか解くことができたよ。答えは【 **ウ** 】通りだね。

【社　会】〈第１回試験〉（理科と合わせて60分）〈満点：50点〉

1　近畿地方に関する以下の問いに答えなさい。

問１　下の雨温図①～③は，地図中の大阪・尾鷲・豊岡のいずれかの地点について表したものです。都市と雨温図の組み合わせとして適当なものを，下のア～カから一つ選び，記号で答えなさい。

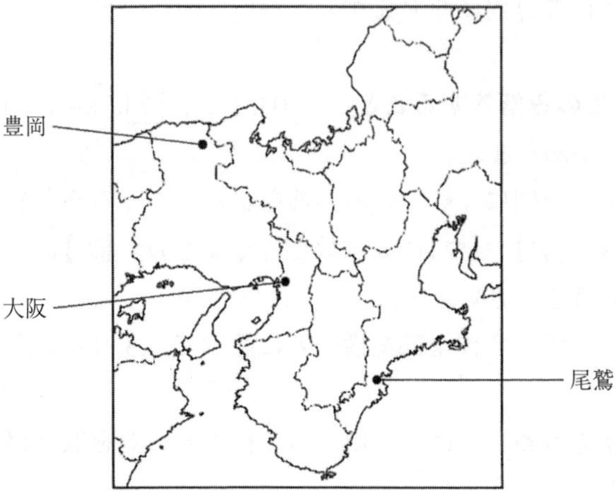

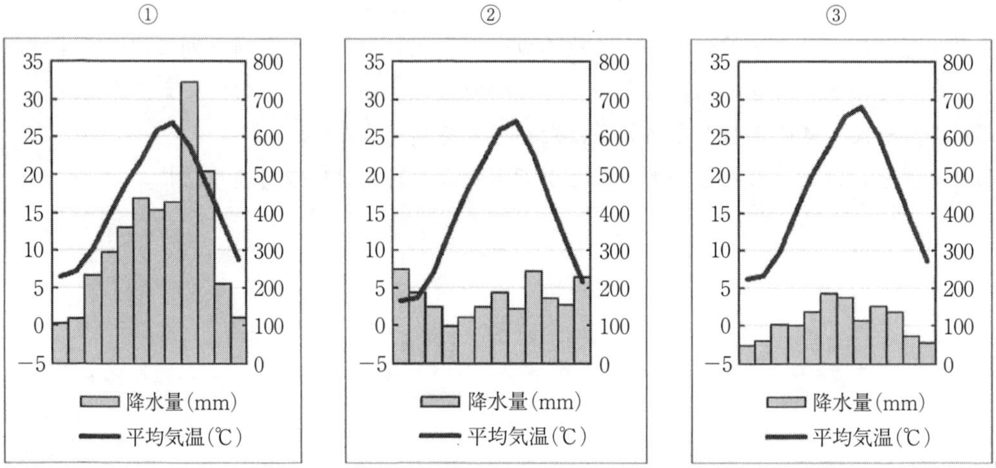

地図：「地理院地図 Vector」に基づいて作成
雨温図：気象庁 HP「過去の気象データ検索」に基づいて作成

	大阪	尾鷲	豊岡
ア	①	②	③
イ	①	③	②
ウ	②	①	③
エ	②	③	①
オ	③	①	②
カ	③	②	①

問２　次の表は，大阪府の昼間人口と夜間人口(2015年)を示したものです。これについて述べた文の空欄(Ａ)と(Ｂ)に当てはまる語句の組み合わせとして適当なものを，下のア～エから一つ選び，記号で答えなさい。

昼間人口(千人)	夜間人口(千人)
9,224	8,839

公益財団法人矢野恒太記念会(2019)
『データでみる県勢 2020年版』に基づいて作成

> 大阪府は，夜間人口に対する昼間人口の比率が100%を(　Ａ　)おり，大阪府から他府県への通勤・通学者よりも，他府県から大阪府への通勤・通学者の方が(　Ｂ　)ことがわかる。

ア　Ａ：上回って　Ｂ：多い
イ　Ａ：上回って　Ｂ：少ない
ウ　Ａ：下回って　Ｂ：多い
エ　Ａ：下回って　Ｂ：少ない

問３　工業について述べた文Ｘ・Ｙとその正誤の組み合わせとして適当なものを，下のア～エから一つ選び，記号で答えなさい。

Ｘ　瀬戸内海に面しており，古くから神戸港や大阪港がさかえ，海上輸送に便利だったことが，阪神工業地帯が発達した一因である。

Ｙ　大阪府の内陸部には，歯ブラシや自転車など日用品を作る中小企業の工場が集まっている。

ア　Ｘ：正　Ｙ：正
イ　Ｘ：正　Ｙ：誤
ウ　Ｘ：誤　Ｙ：正
エ　Ｘ：誤　Ｙ：誤

問４　農業について，以下の問いに答えなさい。

(1)　大阪や名古屋など大都市の周辺で，都市向けの野菜を栽培することを何と言いますか。漢字で答えなさい。

(2)　優れた京都の農林水産物の中でも，特に品質を厳選されたものは「京のブランド産品」として認定されて，下のマークを貼って売り出すことが認められています。このような取り組みを行う利点について，以下の語句を用いて説明しなさい。

[指定語句]　信頼

出典：京のふるさと産品協会HP「京のブランド産品(京マーク)って？」
https://kyoyasai.kyoto/mark

問５　伝統工芸品と産地の組み合わせとして適当なものを，次のア〜エから一つ選び，記号で答えなさい。

ア　京都府ー美濃焼

イ　滋賀県ー信楽焼

ウ　奈良県ー近江上布

エ　兵庫県ー清水焼

問６　次のページにある地形図は，尾鷲市周辺を表した２万５千分の１地形図(編集上の都合により，拡大してあります)です。これを見て，以下の問いに答えなさい。

(1)　地形図から読み取ることができる内容として**適当でないもの**を，次のア〜エから一つ選び，記号で答えなさい。

ア　市役所から見て北東の方角には，図書館と寺院がある。

イ　新尾鷲トンネルは，まだ工事中であり，完成していない。

ウ　東西方向に中川が流れていて，その上を国道が通っている。

エ　中村町にある学校と，宮ノ上町にある学校では，後者の方が高い場所に位置している。

(2)　地形図中の**A**ー**B**間の断面図を表したものとして適当なものを，次のア〜エから一つ選び，記号で答えなさい。

ア

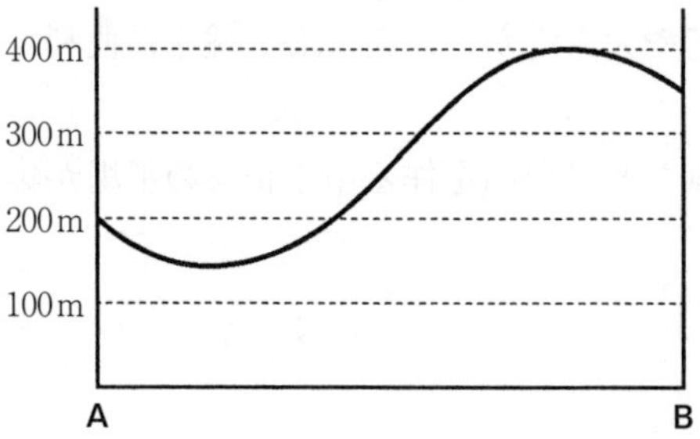

イ

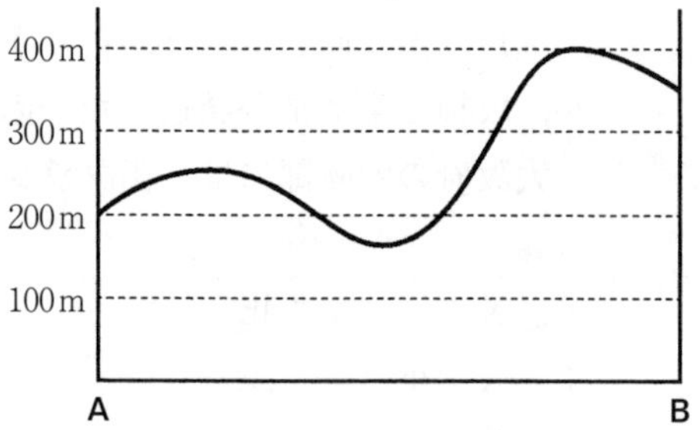

ウ

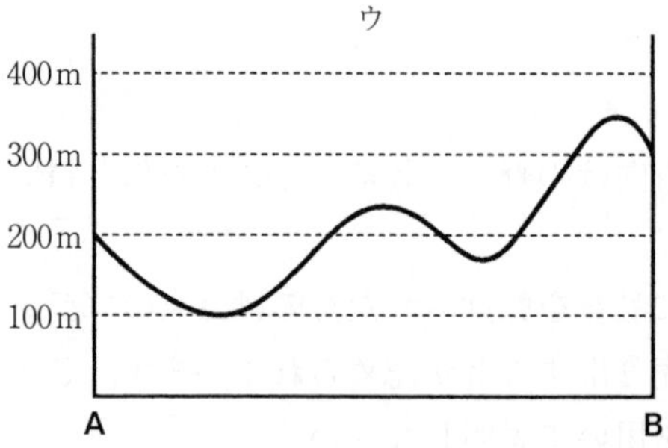

エ

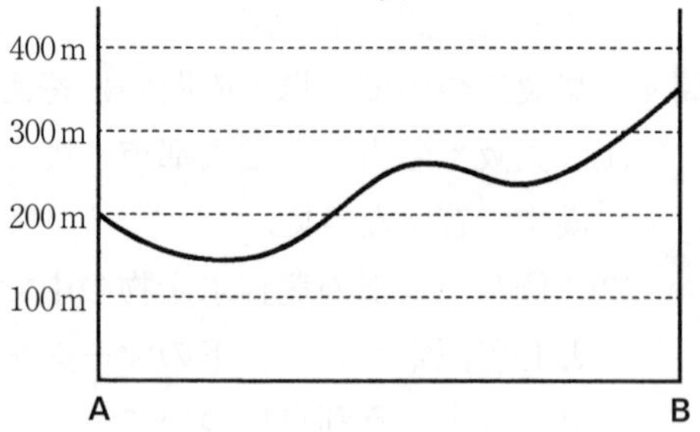

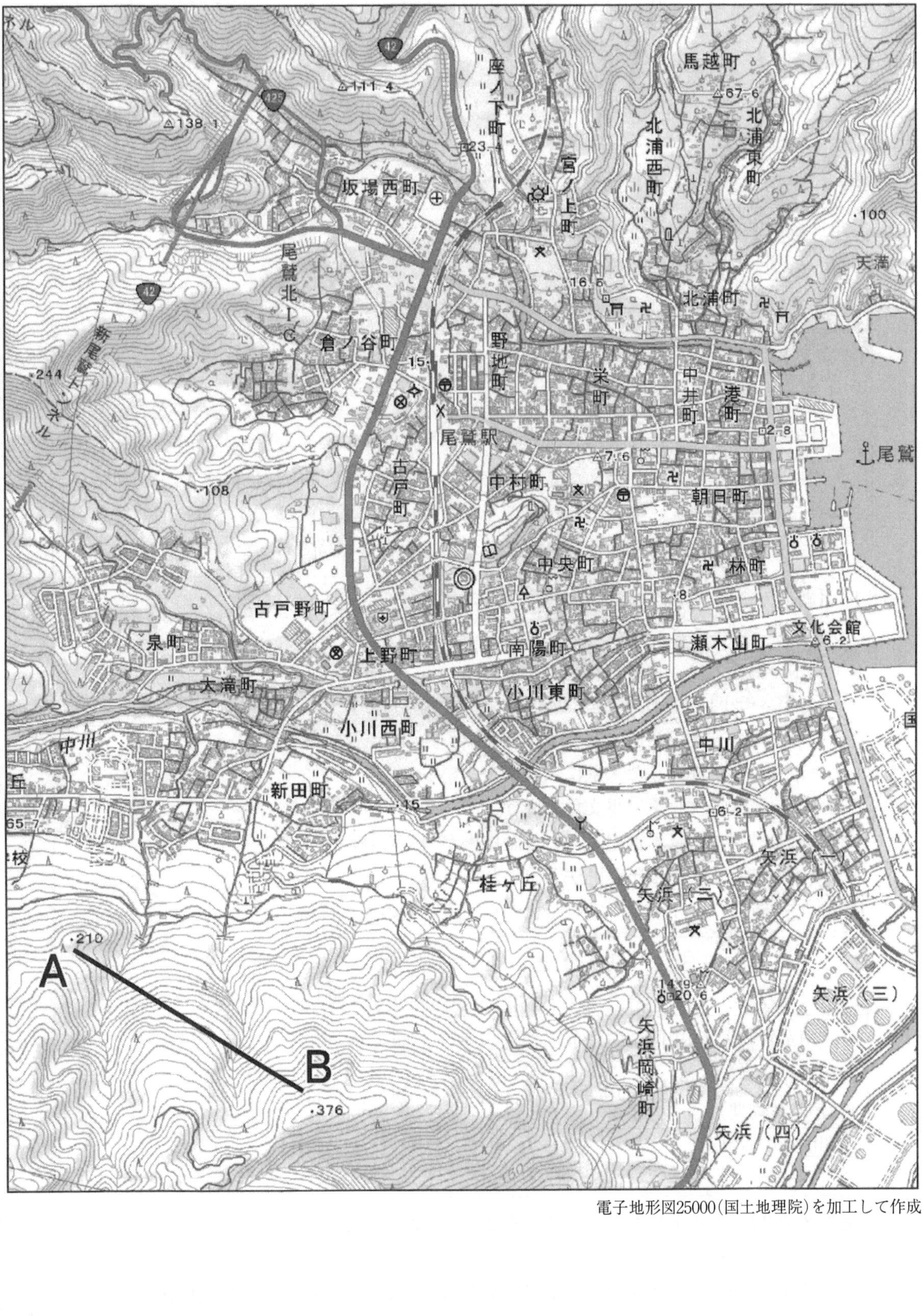

電子地形図25000（国土地理院）を加工して作成

2　江戸川学園取手中学校に通う花子さんは，社会科の江戸川先生から「むかし，小学生のころ，蚕を育てていたことがあるのよ。」というお話をお聞きしました。蚕を飼うことについて調べてみると養蚕《ようさん》業・製糸業・絹織物業が密接な関係にあることがわかりました。そこで，調べたことをカードにまとめ，さらに考察をまとめてみました。それらに関する以下の問いに答えなさい。

【調べカード１】　タイトル：蚕から絹織物ができるまで

(1)　養蚕業…蚕のエサとなる(　Ａ　)を栽培し，蚕を育て，繭《まゆ》をつくる。
(2)　製糸業…繭から生糸をつくる。
(3)　絹織物業…生糸などの絹糸を織り，絹織物をつくる。

【考察メモ１】　タイトル：カード１をまとめて学んだこと

　カードをつくることで，蚕から絹織物になるまでの一連の流れを整理することができました。また，今までの自分の知識があいまいで，不十分であったことにも気付きました。
　絹は英語で「シルク」といいます。また，古代アジアとヨーロッパを結ぶ交易路をシルクロードといいます。①奈良時代につくられた東大寺正倉院はシルクロードの終着駅ともいわれています。当時の人々にとって絹がとても貴重な品であったことがわかりました。

問１　【調べカード１】の空欄(Ａ)に当てはまる語句として適当なものを，次のア～エから一つ選び，記号で答えなさい。
　ア　米　　イ　桑《くわ》　　ウ　藍《あい》　　エ　麦

問２　【考察メモ１】の下線部①について，奈良時代に関して述べた文として**適当でないもの**を，次のア～エから一つ選び，記号で答えなさい。
　ア　奈良時代に即位した天皇に天武天皇がいる。
　イ　奈良時代の文化を天平文化という。
　ウ　奈良時代に『日本書紀』という歴史書がつくられた。
　エ　奈良時代に墾田永年私財法が出された。

【調べカード２】　タイトル：室町時代から江戸時代の主な貿易品

	輸入品	輸出品
②日明貿易	銅銭・生糸・絹織物	銅・硫黄《いおう》・刀剣《とうけん》
③南蛮貿易	中国産の生糸・鉄砲	銀
朱印船貿易 (江戸時代初期)	中国産の生糸・絹織物	銀
④開国後の貿易 (1865年)	毛織物・綿織物	生糸・茶

【考察メモ２】　タイトル：カード２をまとめて学んだこと

　室町時代から江戸時代の初期まで生糸を輸入していたのに，幕末の開国後の貿易では，生糸は主要な輸出品となっています。この理由を考えると，きっと⑤鎖国が関係しているに違いないと思いました。調べてみると，鎖国後の⑥1700年代中ごろから，生糸の生産量が急に増えていったことがわかりました。また絹織物業でも京都の西陣織だけでなく，現在の群馬県の（　B　）などでも盛んになっていたことがわかりました。

問３　【調べカード２】の下線部②について，日明貿易に関して述べた文として**適当でないもの**を，次のア～エから一つ選び，記号で答えなさい。

ア　足利義満が明に使者を送り，貿易がはじまった。

イ　倭寇と正式な貿易船を区別するために，勘合が用いられた。

ウ　貿易港として堺や博多が栄えた。

エ　対馬の宗氏が貿易を管理していたので，貿易船は必ず対馬に寄港した。

問４　【調べカード２】の下線部③について，南蛮貿易が行われていたころに活躍《かつやく》した人物として織田信長がいます。織田信長に関して述べた文として適当なものを，次のア～エから一つ選び，記号で答えなさい。

ア　桶狭間の戦いで柴田勝家を破った。

イ　仏教だけでなく，キリスト教を厳しく弾圧した。

ウ　長篠の戦いで鉄砲を活用し，武田軍を破った。

エ　商工業を保護するために，同業者組合を積極的に結成させた。

問５　【調べカード２】の下線部④について，1858年に日米間で結ばれた，貿易をすることを認めた条約を何といいますか。漢字で答えなさい。

問６　【考察メモ２】の下線部⑤について，次の表は鎖国までの流れをまとめたものです。空欄（X）に当てはまる幕府が出した鎖国に関する命令の内容を，簡単に答えなさい。

年	主なできごと
1612	キリスト教を禁止する。
1616	ヨーロッパ船の来航を長崎，平戸に限定する。
1624	スペイン船の来航を禁止する。
1635	（　X　）
1639	ポルトガル船の来航を禁止する。

問７　【考察メモ２】の下線部⑥について，次のア～エのできごとは1700年代以降のできごとです。古い順に並べて，記号で答えなさい。

ア　８代将軍徳川吉宗が享保の改革を行う。

イ　老中水野忠邦が天保の改革を行う。

ウ　老中松平定信が寛政の改革を行う。

エ　老中田沼意次が商業を重視した政治を行う。

問８　【考察メモ２】の空欄（B）に当てはまる語句として適当なものを，次のア～エから一つ選び，記号で答えなさい。

ア　足利　　イ　桐生　　ウ　松坂　　エ　小千谷

【調べカード３】　タイトル：明治以降の製糸業

1872年…官営の模範《もはん》工場として富岡製糸場が開業。

（以降，長野県，山梨県などにも小規模な製糸工場がつくられる。）
1909年…清国を追い越し，世界最大の生糸輸出国となる。

【調べカード４】　タイトル：明治以降の貿易

年	輸入品	輸出品
1885	綿糸・砂糖・綿織物	生糸・茶
1899	綿花・砂糖・機械類	生糸・綿糸

【考察メモ３】　タイトル：カード３・４をまとめて学んだこと

1885年の輸入品であった綿糸が1899年には輸出品となっています。ここから，日本が綿花から綿糸をつくる（　Ｃ　）業にも力を入れていたことがわかります。しかし，原料である綿花を輸入する（　Ｃ　）業に比べ，原料から国内で生産できる製糸業は，より利益を生むものとして日本の発展に貢献したのではないかと考えました。

問９　【考察メモ３】の空欄（Ｃ）に当てはまる語句として適当なものを，次のア～エから一つ選び，記号で答えなさい。
ア　紡績《ぼうせき》　　イ　綿作　　ウ　綿織物　　エ　ちりめん

3　次の文章を読んで，以下の問いに答えなさい。

権利と人権，日頃はあまり区別せずに使っている場合が多いと思いますが，両者の意味には，重なる部分と異なる部分があります。【表】に示す２つの文章を比較しながら声を出して読んでみてください。①どちらかの文章に，違和感がありますか。

権利は，社会のなかの秩序やルールにしたがって，人間やその集団が生きていくうえで必要なことを主張し享受する力，ということができます。秩序やルールの多くは，②法律や条例などで，国民や住民も共有していることが大前提です。したがって，義務を果たしていなかったり，制度が課した要件を満たしていなかったりすれば，権利を行使できないということも起こります。たとえば，医療保険の保険料を納付していなければ，保険に基づくサービスの利用はできません。また，国民年金の保険料を納付していなければ，20歳以上で障がいになっても，障害基礎年金は給付されません。

一方，③人権という考え方の根底には，強者から弱者を保護するという思想があります。人権思想は中世社会において発展したといわれますが，これは王室の権利（王権）に対する市民の権利（人権）の保護を意味するものです。すなわち，人権は，「弱き者」の立場の確保を目的として，庶民が「強き者」から獲得した譲歩であって，すべての人に無条件に保障されるべきものです。

【表】　権利と人権

Ａ　義務や責任を果たさないものには権利は認められない。
Ｂ　義務や責任を果たさないものには人権は認められない。

④憲法第97条には，「この憲法が日本国民に保障する基本的人権は，人類の多年にわたる自

由獲得の努力の成果であって，これらの権利は，過去幾多の試錬に堪へ，現在及び将来の国民に対し，侵すことのできない永久の権利として信託されたものである」という規定があります。「多年にわたる自由獲得の努力の成果」，「侵すことのできない永久の権利」という表現は，人権の性格をよく表しています。

すなわち，⑤人権とは，何かを条件にして認められたり，認められなかったりするというものではなく，人である限りにおいて認められるべきものということができます。「権利」には，対義語として「義務」という言葉がありますが，「人権」には対義語がないことがこのことをよく示しています。

山縣文治（2021）『子どもの人権をどうまもるのか－福祉施策と実践を学ぶ－』
一般財団法人放送大学教育振興会

※但《ただ》し，出題の都合により，原文の趣旨を尊重しつつ一部改めた。

問１　下線部①について，文章の内容によれば筆者は【表】のＡおよびＢの記述について，どのように示していると言えますか。適当なものを，次のア～エから一つ選び，記号で答えなさい。

ア　筆者は，【表】のＡの記述に違和感があると暗に示している。

イ　筆者は，【表】のＢの記述に違和感があると暗に示している。

ウ　筆者は，【表】のＡおよびＢの両方の記述に違和感があると暗に示している。

エ　筆者は，【表】のＡおよびＢの両方の記述に違和感がないと暗に示している。

問２　下線部②について，法律と条例の共通点および相違点に関する以下の記述について，適当なものを，次のア～エから**すべて**選び，記号で答えなさい。なお，適当なものが一つもない場合は「オ」と答えなさい。

ア　法律は国会が決定する一方，条例は内閣が決定し国会に対しては承認を求めるだけでよい。

イ　法律に基づいて罰せられることはあるが，条例に基づいて罰せられることはない。

ウ　法律は憲法に矛盾した内容であってはいけない。そして，それは条例も同様である。

エ　一部の地域に適用される法律がある一方，日本全国一律に適用される条例もある。

オ　（上記のア～エはすべて適当でない）

問３　下線部③に関連して，次のア～エの用語にはすべて「権」という文字が含まれます。その「権」が「人権」を指している用語はどれですか。次のア～エから一つ選び，記号で答えなさい。

ア　司法権　　イ　国民主権　　ウ　参政権　　エ　三権分立

問４　下線部④に関連して，ここに書かれている「憲法」は日本国憲法を指しますが，「憲法」とその他の用語との関係を示した図として**適当でないもの**を，次のア～エから一つ選び，記号で答えなさい。

ア

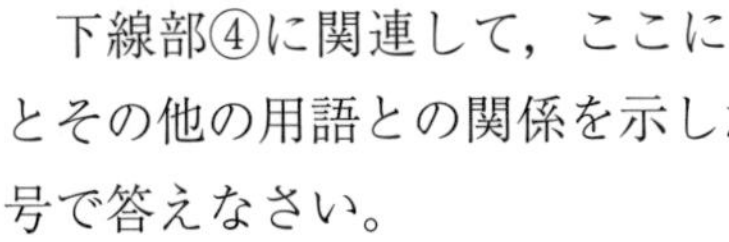

イ

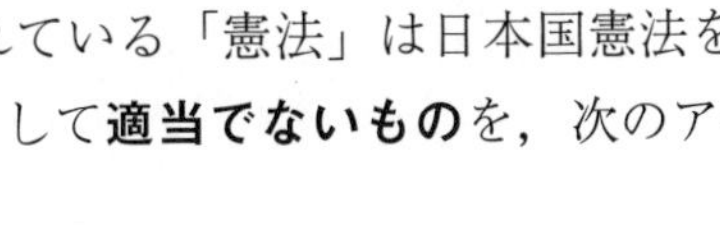

ウ

エ

問５　下線部⑤について，ここに書いてあるとおり，人権は人間であることを根拠にすべての人に認められていますが，一方で「ある人の人権が，他の人の人権と衝突するとき，制限される」ことがあります。このような制限(あるいはその仕組み)を何と言いますか。日本国憲法に規定されている用語を用いて答えなさい。

問６　次のア～エの制限のうち，問５で答えた制限(あるいはその仕組み)とはちがうものはどれですか。次のア～エから一つ選び，記号で答えなさい。

ア　お酒を製造する場合，酒類製造免許を取らなければ合法的に製造できないこと。

イ　お酒には通常より高い税率が課されること。

ウ　小学生がお酒を飲みたい・買いたいと思っても，法律によってそれが事実上制限されていること。

エ　「緊急事態宣言」により，飲食店を経営する人がお酒の販売・提供を制限されること。

問７　「国民主権」，「平和主義」，「基本的人権の尊重」の三つはあわせて「日本国憲法の三大基本原理」とよばれています。この三つがすべて大切であることは当然ですが，それでももし，「基本的人権の尊重」がほかの二つ以上に大切であると主張するとしたら，どのようなことを根拠に主張できるでしょうか。端的に答えなさい。

【理　科】〈第1回試験〉（社会と合わせて60分）〈満点：50点〉

1　水は身近にある液体の一つで，生物にとっても重要なものでもあります。私たちが毎日使っている水の量は1人あたり約300リットルにのぼると言われています。そのうち99%は，体，衣服，使ったお皿を洗ったりトイレで排水したりすることに使われています。この水がそのまま自然に出てしまうと，大切な水を汚《よご》してしまうことになります。そうならないためにも，太郎さんは，ものが水に溶けること，そしてその溶けたものをどうすれば取り除けるかを身近なもので実験しながら考えました。次の各問いに答えなさい。

問1　ものが水に溶けることを溶解《ようかい》と言います。例えば，角砂糖を水の入った容器に入れると，容器の底で角砂糖のまわりからもやもやしたものがあらわれ次第に小さくなっていきます。これは角砂糖が目に見えないほどの小さな粒となって水の中に散らばっていくからです。このように，ものが水に溶解した液体を何と言いますか。漢字3文字で答えなさい。

問2　問1の液体は，やがて全体的に均一に混ざった透《とう》明な液体になっていきます。この均一に混ざった液体は，時間が経つとどのように変化しますか。次のア～エから適切なものを選び記号で答えなさい。ただし，水は減らないものとします。

ア　濃さは全体的に変わらない。

イ　上と底の部分では上の方が濃くなってくる。

ウ　上と底の部分では底の方が濃くなってくる。

エ　溶けたものが水の中からあらわれて底にたまってくる。

問3　お皿などを洗うと，水の中にいろいろなものが混ざっていきます。その中で水に溶けていないものは，ゴミ用ネットなど，フィルターの役割をするものを用いて取り除くことができます。一般的に実験室ではろうとやろ紙を用いて取り除きますが，この方法を何と言いますか。

問4　水に溶けているものは問3の方法では取り除けません。例えば砂糖水に溶けている砂糖を問3の方法では取り除くことはできません。このような場合には，温度によって水に溶ける重さが異なることを利用し，冷やして取り出す方法があります。この方法を何と言いますか。

問5　右の表は，ミョウバンと食塩をそれぞれ100gの水に溶かしたときの重さの最大量を表したものです。ミョウバンを50gはかり取ったのち，あやまって食塩を36g混ぜてしまいました。この状態からできるだけ多くミョウバンを取り出すために，80℃の水100gにミョウバンと食塩の混ざったものを溶かしました。問4の方法を1回行うことでミョウバンだけをできるだけ多く取り出すには，水を0，20，40，60，80℃のどの温度まで冷やせば良いですか。表を元に答えなさい。また，そのときミョウバンは何g取り出すことができますか。

表

温度[℃]	0	20	40	60	80
ミョウバン[g]	5.7	11.5	24.0	57.5	320.6
食塩[g]	35.6	35.8	36.3	37.1	38.0

問6　墨汁《ぼくじゅう》は水中に墨《すみ》(炭素)が混ざったものですが，泥《どろ》水などと異なりしばらく放っておいても中に混ざった墨(炭素)が底に沈《しず》むことはありません。炭素は水に溶けませんから，通常はすぐに沈むはずです。水中で沈まないように浮かび続けていることになります。実は，炭素一粒一粒のまわりをにかわというものがおおって助けているのです。牛乳も同様に，牛乳の白い成分である乳脂肪《しぼう》がタンパク質によっておおわれて水中で浮かんでいる状態ですが，こ

の浮かんでいる成分を取り除ければ，洗い物の際にも汚れた水となることを防げることになります。しかし，この牛乳の中の白い成分を問３や問４の方法では取り除くことができません。ところが，あるものを加えることで問３の方法を用いて取り除くことができるようになります。何を加えれば良いですか。次のア～エから適切なものを全て選び記号で答えなさい。

ア　水　　イ　食酢　　ウ　砂糖　　エ　レモン汁

2　18世紀末にイギリスで産業革命が起こり，蒸気機関が発明されました。これによって今まで人力や動物などの力を借りて行ってきたことが蒸気機関によって一気に効率良く行えるようになりました。その後，ガソリンエンジンやディーゼルエンジンなどが発明され，そうしたものによって発生するエネルギーによって人々の暮らしはより良くなっていきましたが，反面地下に眠る化石燃料(主に石炭や石油)を使用し【 ① 】を排出することから，温暖化をはじめとする地球環境に与える影響も大きくなってきました。人々がより良く暮らすためにエネルギーを発生させてきたことが環境を破壊するようにもなってきたのです。こうしたことを解決していく方法として，作ったエネルギーをより【 ② 】に使うこと(省エネ)，そして石油等に変わるエネルギーとして③再生可能エネルギーの利用を増やすことがあげられます。近年それらの研究が進んでおり，その一つとして，エコキュートなどに活用されている④ヒートポンプ，近年注目を集めているものとして，温度差によるゼーベック効果を利用した熱電発電(温度差を作り出せばできる発電で，バイオマスなどのあらゆる可燃物や廃熱，地熱や太陽熱，海水の温度差など，色々な熱源の利用が可能となっている)などがあります。これらは無駄《むだ》に散ってしまう熱を上手に利用するので，非常にクリーンなものとなっています。

問１　空欄《らん》①に最もあてはまる気体を漢字５文字で答えなさい。

問２　空欄②に最もあてはまる語句を，次のア～エから選び，記号で答えなさい。

ア　創造的　　イ　効率的　　ウ　積極的　　エ　破壊的

問３　下線部③について，再生可能エネルギーを利用したものとして他にどのようなものがあるか。一つあげなさい。

問４　下線部④について，ヒートポンプは冷蔵庫やエアコンなどをはじめ，エコキュートなど現在様々なものに利用されています。これは，室外の空気中の熱をヒートポンプ内の気体に吸収させ，それをわずかな電気を用いて圧縮させます。するとそれによって気体は液体へと変化し，結果気体が持っていた熱を放出することで周囲の温度が上がります。また，その後ヒートポンプ内の液体をわずかな電気を用いて膨張させると，液体はまわりの熱を吸収して気体へと変化することで周囲の温度を下げる働きをするのです。次の各問いに答えなさい。ただし，１ワットの電球を１秒使用したときの電気エネルギーを１ジュールといい，例えば60ワットの電球を１分間(60秒)使用すると3600ジュールの電気エネルギーを使用したことになります。また，水１gを１℃温度上昇させるのに必要な熱エネルギーは約４ジュールであることがわかっています。

(1)　10℃の水１kgを100℃にするのに直接電気エネルギーのみで行った場合，約何ジュールになりますか。またそれは，60ワットの電球を何分間使用したのと同じエネルギーとなりますか。

(2)　(1)について，10℃の水１kgを100℃にするのにヒートポンプを使用したところ，使用した電気エネルギーは90000ジュールでした。これは直接電気エネルギーのみで行った場合に比べ単純に何分の１に節約できましたか。

3 昔の人は身近な自然の現象から経験的に天気を予測していました。このことを観天望気《かんてんぼうき》といいますが，それを元にした天気のことわざがあります。例えば「夕焼けは晴れ」などがそうです。日本の天気は一般に西側から東側へかけて変化していくことをふまえると，夕焼けが見られるときは，西の方が雲を作る元となる水蒸気が少ない状況，つまり晴れているので，翌日は晴れになると考えられます。他にも「朝霧は晴れ」「霜柱が立つと【　i　】」「うろこ雲が見えると雨」「月が傘をかぶっていると次の日は【　ii　】」などがあります。太郎君は９月のある日，校舎の外から空をながめたら，様々な形の雲があることに気付きました。太郎君はこの雲について次のような実験をしました。

【実験】 右の図のように，炭酸用ペットボトルに少しぬるま湯を入れた後，線香のけむりを入れ，キャップを閉めて数回振りました。(A)ペットボトルを手で強く押して圧力を上げた後，(B)手を離し圧力を下げたところ，(C)ペットボトルの中が白くくもりました。これについて，次の問いに答えなさい。

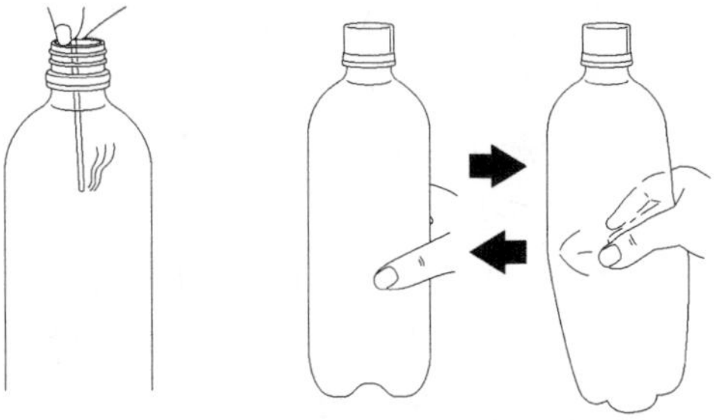

問１　霧は，地表付近で空気中の水蒸気が水滴として表れて空気中に浮かんでいる状態です。盆地や谷沿いで起こりやすく，主に朝地表付近の熱が上空へ逃げていって地面が冷やされ，地面に接している水蒸気を多く含む空気が冷やされ(放射冷却《れいきゃく》)て発生します。地上の熱が上空へ逃げるためには，上空に雲が全くない状態が必要となります。つまり冬の朝，高気圧におおわれていると朝霧が発生しやすく，快晴になるというわけです。一方霜柱は，地表にある土が放射冷却によって冷え，０℃以下になると土の粒と粒の間にある水や水蒸気が凍《こお》って氷になります。すると次から次へと土の水分が集まり凍っていくので，この凍った氷の根元から柱状となっていくのです。以上のことから，空欄【ｉ】にあてはまる天気は一般的に何であると考えることができますか。次のア～エから選び記号で答えなさい。

ア　晴れ　　イ　雨　　ウ　くもり　　エ　雪

問２　うろこ雲は巻積雲といい，魚のうろこのような雲が上空の高いところに見られます。この小さな白い雲のかたまりがはっきりとたくさん見えた場合，上空で空気が乱れている状態であり，低気圧が近づいていて天気が崩れる前ぶれであると考えられるので，一般的にこの後天気は雨になっていきます。一方，月が傘をかぶっているということは，高い上空に雲(巻層雲など)がかかっていて低気圧が近づいている証拠であると考えられます。以上のことから，空欄【ii】にあてはまる天気は一般的に何であると考えることができますか。次のア～エから選び記号で答えなさい。

ア　晴れ　　イ　雨　　ウ　くもり　　エ　雪

問３　【実験】において下線部(A)～(C)の内容は，雲ができるまでのようすを述べた次の文の①～⑥のどれにあてはまりますか。それぞれ①～⑥の番号で答えなさい。

①　地上では上からの空気の重さで気圧が高い状態です。

②　太陽の光によってあたためられた空気は軽くなり上昇します。

③　山の上や空の高いところは上に乗る空気が少ないので気圧が低い状態です。

④　気圧が低いと空気を押さえつける圧力が低いので空気は膨らみます。

⑤　空気は膨らむのにエネルギーを使うため，その分温度が下がります。

⑥　温度が下がると空気中の水蒸気は冷やされて水に戻ろうとして，空気中のチリにくっついて雲になります。

4　水族館での先生と太郎君の会話を読んで，以下の問いに答えなさい。

太郎君「先生，今泳いでいるのは何ですか？」

先　生「これはペンギンです。」

太郎君「泳いでいるということは，ペンギンはずっと水の中で過ごせるのですか？」

先　生「（ ① ）。ペンギンは魚とは異なり，（ ② ）と同じ仲間です。海中を自在に泳ぎ回る様子からしばしば『水中を飛ぶ』とも形容されますね。」

太郎君「では（ ③ ）呼吸をしているのですね。」

先　生「そうですね。最近は温暖化によって海水の温度も（ ④ ）してきて，水の中の生き物の様子も変わり始め，⑤『食べる－食べられる』の関係が崩れ始めてきていますね。南極でも，そこにすむ生物たちの様子が徐々に変わりつつあるようです。近年，南極ではヒゲペンギンやアデリーペンギンといったペンギンの減少が報告されています。減少の原因として以下のシナリオが指摘されています。

『温暖化→海氷の減少→アイスアルジー（海氷付着性藻類）の減少→アイスアルジーを食べるオキアミの減少→オキアミを食べるペンギン（他の動物も含めて）の減少』

というシナリオです。」

太郎君「以前家族と行ったところではトキを見ましたが，日本にいたトキもいなくなってしまったと聞きました。」

先　生「そうですね。人間が深く関わることで数がとても減ってしまい，気づいたときにはすでに自力で数が回復する状況ではなくなっていました。保護してなんとか残ったつがいで数を戻そうと取り組みましたが，残念ながら日本産のトキは絶滅してしまいました。現在国内で保護され繁殖によって順調に数を増やしているトキは，同一種の中国産のトキの子孫です。そのように災害や人間によって，自然の中でのバランスが一旦崩れてしまうとなかなか元に戻らないのです。動物たちはその絶妙なところで数のバランスを保って生活しているのです。」

問１　この会話文中の空欄①に当てはまるものをア・イから選び，記号で答えなさい。

ア　できます　　イ　できません

問２　この会話文中の空欄②に当てはまる語句を漢字１字で答えなさい。

問３　この会話文中の空欄③に当てはまる語句を答えなさい。

問４　この会話文中の空欄④に当てはまるものをア～ウから選び，記号で答えなさい。

ア　上昇　　イ　下降　　ウ　停滞

問５　この会話文中の下線部⑤のような関係を何と言いますか。

問６　この会話文中の下線部⑤について，ある島の捕食者(食べる)側のオオヤマネコと被食者(食べられる)側のカンジキウサギの数の変化を調べました。以下の図は，カンジキウサギの数の変化を表したものとすると，一般的にオオヤマネコの数の変化はどのようになると考えられますか。図中に書き加えなさい。

図

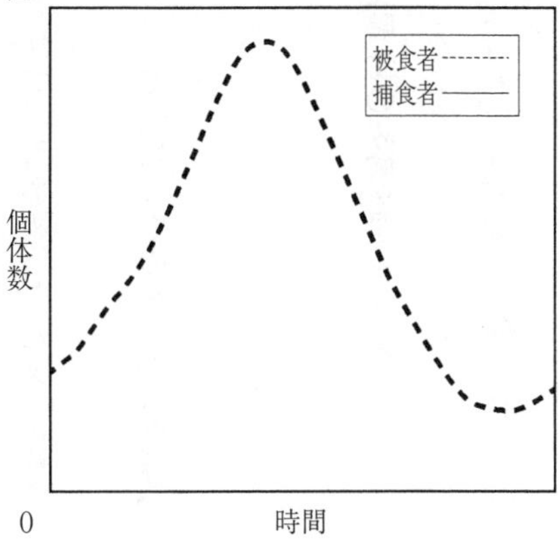

問七　空欄４に入れるのに適切な言葉を文中から九字で抜き出しなさい。

問八　傍線⑥の空欄に漢字を一字ずつ入れて、四字熟語を完成させなさい。

問九　傍線⑦の空欄に入れる四字熟語として適切なものを次から選び、記号で答えなさい。

ア　試行錯誤　　イ　付和雷同

ウ　因果応報　　エ　心機一転

［問十・問十一は５科目型・英語型の受験生のみ解答すること。］

問十　傍線⑧とあるが、それはどのようなことで、それを踏まえ、問題を解決する際に私たちはどうしなければならないと筆者は考えているか。

【　】内の文章を要約する形で、八〇字以上百字以内で説明しなさい。ただし、「難局」「道筋」「知性」の三語を必ず用いること。

問十一　傍線ア〜オのカタカナを漢字に直しなさい。

ます。その「使い方」に定まった決まりはありません）。「知」とはデジタルデータではなく、身体と感情を持った人間一人一人が身につけ、実践し、対話し、⑦□□□□する中でしか「役立たない」。大学とはそのために用意された場です。新型コロナウイルスが社会にもたらした「良い影響」がもしあったとするならば、ただオンラインで勉強だけすることが「大学の学び」ではない、ということに人々が気づいたことではないでしょうか。

【⑧コロナ禍がわれわれに教えたことは、このような経験したことのない難局に対するために必要な知とは、すでに誰かによって形作られパッケージされている「コンテンツ」ではありえない、という簡明な事実です。われわれはメディアで発言する専門家の意見の「食い違い」を日常的に目にしています。ある専門家は「ＰＣＲ検査を拡大すべきだ」と主張し、別の専門家は「無闇な検査は控えるべきだ」と言う。あちらの専門家は「いち早く都市をロックダウンすべきだ」と言い、こちらの専門家は「経済への悪影響を考えるべきだ」と言う。

　われわれはこのコロナ禍を解決してくれる解決策がどこかにあるはずだ、と信じたい。しかしそんなものは「まだ」どこにもない。コロナ禍を乗り越える知見はコンテンツとしては「まだ」存在していないのです。それは身銭を切って必死に考え、調査し、研究している「誰か」がこれから生み出す「かもしれない」ものです。それを担うのが「知」の仕事であり、大学の仕事なのです。

　コロナ禍に限りません。何であれ「問題を解決すること」の確かな道筋は、どこかの誰かが出来合いの答えとして示してくれるわけではありません。それは最終的には、自分の知性をもとに、自分の責任と判断で、自分自身で選び取っていくしかないのです。】

（二〇二〇年　増田　聡『「大学の学び」とは何か　『人生すべてがコンテンツ』を越えて』より　内田　樹　編『ポストコロナ期を生きるきみたちへ』所収　問題のため一部文章を改めた）

問一　傍線①とあるが、それをもたらした要因の一つを十四字で述べた部分を文中から探し、初めの五字を抜き出しなさい。

問二　空欄１～３に入れるのに適切なものをそれぞれ次から選び、記号で答えなさい。同じ記号は一度しか使えません。

ア　インストール　　イ　デジタルデータ
ウ　メディア　　エ　インターネット
オ　コンテンツ

問三　傍線②とあるが、社会における知識の捉え方について、どのようなものからどのようなものへと変化したかを述べた段落を探し、初めの五字を答えなさい。

問四　傍線③とあるが、その観点を具体的に述べた一続きの二文を探し、初めの五字を答えなさい。

問五　傍線④とあるが、そうした学生たちの様子から筆者が考えたり感じたりしたこととして正しいものを次から選び、記号で答えなさい。

ア　カリキュラム通りにしっかり勉強させることが大学の役割であることを改めて痛感している。
イ　コンテンツをインストールすることができない大学に対して、学生の不満が噴出するのは当然であると嘆いている。
ウ　友人との雑談やサークル活動ができないことに不満をぶつける学生たちを情けなく感じている。
エ　勉強とは直接関係がない要素にこそ、大学の本質があることを示す事例であると考察している。

問六　傍線⑤とあるが、では筆者は大学はどのようなところだと述べているか。そのことを明確に述べた部分を含む一文を探し、初めの五字を答えなさい。

「コンテンツ」という概念は、知識や表現の質的な違いよりも、それが「ひとかたまり」の情報としてウ ドウトウに扱えることを強調します。書物と放送番組が同じく「コンテンツ」であると名指されるようになると、③それを評価する観点もまた似通ってきます。かつては、書物とテレビ番組は別の（　２　）、別の世界、別の価値基準に属するものでした。テレビ番組であればそれは速報性によって評価され、書物であればそれが人間の知性にどのように深い影響を与えるかにより評価されました。

しかし「コンテンツ」として同一のスマートフォンで視聴される対象になれば、その区別は融解していきます。「面白いか」「泣けるか」「笑えるか」。あるいは送り手にとっては、そのコンテンツがどれだけ「売れるか」。異なるメディアに隔てられ、異なる基準により評価されていた知識や表現は、今や横並びに測られるようになりました。

かつては、知識とはそれとの長い格闘の末に身につけるものでした。それが「コンテンツ」と呼ばれるようになってから、教育のあり方も変化したように感じます。何かのために必要な知識は、どこかに「コンテンツ」として存在しており、必要ならそれを見つけて「アクセス」しさえすればいい、という感覚が、学生や社会に浸透したように感じます。

先に触れた、「カリキュラム通りに学生をしっかり勉強させる」ことを目指した大学「改革」のハイケイにあった考え方は、私の考えでは、知識や能力を「コンテンツ」としてとらえる考え方です。学費を払った分に見合うだけの知識や能力が得られる場として、つまり、「知」を商品のように取引するような場へと大学は変化させられてきました。

しかし、大学教育は「コンテンツをインストールする」こととは本質的に異なります。エ ヒニクなことに、コロナ禍によって大学に通えなくなり、④「オンライン授業はうんざりだ」「早く大学を再開してくれ」と声をあげる学生たちこそが、そのことに気づきつつあるのかもしれません。

教育内容＝（　３　）が、オンライン授業のかたちで学生に伝達されている現在の大学の状況は、いわば（政府が、あるいは社会が理想とした）「勉強に純化された大学」です。授業と授業の間の移動時間や、友人との雑談や、サークル活動などといった「勉学と直接関係ない」要素をすべて排除した、純化された「知識コンテンツのインストール」に多くの人々が不満を漏《も》らしている。この事実は、勉強以外の無駄なことがむしろ大学の本質であったことを示しているのではないでしょうか。

いえ、もっと強く言いましょう。「⑤大学は勉強するところではない」のです。

大学とは「学術の中心として、高い教養と専門的能力を培うとともに、深く真理を探究して新たな知見を創造し、これらの成果を広く社会に提供することにより、社会の発展に寄与する」（教育基本法第7条）と定められている制度です。「　４　」というところがポイントです。大学とは「まだ存在しない知」を生み出すことこそがその存在根拠なのです。

つまり大学とは、知識を商品のように学生に売るところではありません。また、知識を持った「人材」を育成して企業に送り出すためのところでもない。そうではなく、大学とは、一人一人の学生の知的成長を促すための場所や機会を提供することで、社会にとって必要な知を維持し、そこから新しい知を生産するための場です。

それはハードディスクにソフトウェアをインストールすることよりも、公園で子供たちが⑥創□工□して遊んでいる状況に似ています。（教員や図書館は「ジャングルジム」のようなオ ユウグに似てい

に関しては、カギカッコは字数に含めません）

問七　傍線⑦とあるが、このときのオーナーの説明として正しいものを次から選び、記号で答えなさい。

ア　善意でしたことなのに犯罪者呼ばわりされて不本意に感じ、少しだけ怒りを覚えている。

イ　九年前のことを思い出して、広希の思いが雨音に伝わったことを天国の広希に届けようと念じている。

ウ　広希の「共犯者」は自分だけではなく、帆波や国吉など、雨音を愛しく思う者すべてであったことに安堵《あんど》している。

エ　自分が広希の共犯者であることを認め、ようやくこの日が来たことを感慨《かんがい》深く思っている。

問八　傍線⑧の帆波の説明として適切なものを記号で選びなさい。

ア　おなかいっぱいでもケーキは食べたい雨音の子供っぽさを愉快に感じている。

イ　自分の気持ちを素直に表現できない雨音をほほえましく思っている。

ウ　雨音に気を遣わせてしまった自分の大人げなさを恥ずかしく感じている。

エ　三人で食べたいという雨音の優しさに触れ、嫉妬《しっと》していた自分を反省している。

二

［**問一～問九は全員解答すること。問十・問十一は5科目型・英語型の受験生のみ解答すること。**］　次の文章を読んで、後の問いに答えなさい。（抜き出し、論述の問題に答える場合、句読点・記号は全て一字とする）

（筆者はここより前の文章で、大学の教育「改革」について述べている）

「コンテンツ」という言葉があります。音楽や映画といったエンタテインメント表現を指して使われることが多い言葉ですが、書物や放送番組、インターネットで見聞きすることができるさまざまな情報も指しますし、最近では大学の講義でさえ「コンテンツ」と呼ばれることが少なくありません。大雑把にいえば、「情報のひとまとまり」くらいの意味で広く使われている言葉です。

コンテンツという言葉が日本語に定着したのはさほど古いことではありません。新聞《しんぶん》アキジデータベースなどで調べてみると、「コンテンツ」は①90年代なかば頃に日本語の空間の中に急浮上してきた言葉だとわかります。それまでの「作品」や「楽曲」、「番組内容」といった言葉をひとまとめに塗り替えるように「コンテンツ」という言葉は流布しました。

言葉の変化とは、単に「同じものを違う言葉で指すようになった」ことではありません。一つの、あるいは複数の言葉が別の言葉にとってかわられるとき、そのイハイケイには社会の「ものの見方」の変化が横たわっています。言葉の変化は社会の変化です。

コンテンツという言葉の浮上は、②社会における文化や知識をとらえる枠組みの変化を示しています。それをもたらした要因の一つはインターネットの社会への普及でしょう。１９９５年はウインドウズ95が発売され、パソコンからのネット接続が容易になった年です。インターネットは異なった種類の多様な表現や知識をデジタルデータという共通の状態に還元することで、情報の流通を著しく便利にしました。かつては別々のメディアによって支えられ、各々異なるかたちでわれわれの思考や感性を形作っていたさまざまな知識や文化表現は、90年代なかばを境として（１）のかたちで一括して扱われ、消費される傾向が進んでいくことになります。

「べつにそういう意味で持って帰るって言ったんじゃないよ。いまはおなかいっぱいだから」
「雨音ちゃんは、国吉さんのことになると素直《すなお》じゃないんだから」
「そんなことないよ」
あるある、と笑いながら帆波さんはカップをもちあげた。
「一緒《いっしょ》に食べよう。三人で」
窓《まど》の外に目を向けて、あたしは「うん」と短く応《こた》えた。

（二〇二一年　いとうみく『あしたの幸福』より
問題のため一部文章を改めた）

問一　空欄１～３に入れるのに適切な慣用句をそれぞれ次から選び、記号で答えなさい。空欄に入れるときに適切な形に直すものもあります。

ア　かぶりを振《ふ》る　　イ　首を傾《かし》げる
ウ　膝《ひざ》を打つ　　エ　肩《かた》をすくめる
オ　指をくわえる　　カ　顎《あご》を出す

問二　傍線①とあるが、その内容として最も適切なものを次から選び記号で答えなさい。

ア　予想に反してとてもおいしそうな匂いがしていることに、大きな驚きを感じている。
イ　帆波がこんなにセンスの良い料理を出すお店を知っていたことを意外に感じ、感心している。
ウ　ビーフシチューの煮込みハンバーグと言われたが、とてもそれらしい匂いとは思われず、不審に感じている。
エ　誕生日に家で食べていたビーフシチューと同じ匂いだと思い、そのことに戸惑いを感じている。

問三　傍線②③で雨音が疑問に思っている内容として最も適切なものをそれぞれ次から選び、記号で答えなさい。

ア　家ではほとんど洋食を作らない国吉が、こんなにおいしそうな匂いのビーフシチューの煮込みハンバーグを作れる理由。
イ　雨音の誕生日に広希が自分の料理をテイクアウトしていることを、国吉は気づいていたのではないかと帆波が言った理由。
ウ　雨音の誕生日に家に来なかった帆波が、国吉の作った料理を広希がテイクアウトしていたことを知っていた理由。
エ　広希が雨音の誕生日に毎年この店のビーフシチューの煮込みハンバーグをテイクアウトしていた理由。

問四　傍線④の内容を詳しく述べたものとして最も適切なものを記号で選びなさい。

ア　パパが言ってくれなかったとはいえ、食べていたものがお母さんの作ったものであることにも気づかないあたしはばかみたいだ。
イ　パパの心遣いに気づかずに毎日を過ごしていたし、言われるまでお母さんの心遣いにも気づかなかったあたしはばかみたいだ。
ウ　娘の気持ちも考えずに、母親の手作りの料理を食べさせて自分だけ満足していたパパはばかみたいだ。
エ　どうでもいいことはぺらぺらしゃべるのに、肝心なことを教えるのを忘れるなんて、パパはばかみたいだ。

問五　傍線⑤とあるが、雨音が広希を「ダメだ」と判断したところを次のように説明するとき、空欄に入れるのに適切な表現を文中から十四字で抜き出し、初めの五字を答えなさい。

（　　　）という言い方をしたら、帆波がやきもちを焼くことにも気づかないところ。

問六　傍線⑥とあるが、雨音が嬉しく思ったことは何か。そのことを含む帆波の会話文を探し、初めの七字を答えなさい。（この問題いんだけど、いいかなって」

「⑤……パパ、相変わらずダメだね」

鼻をすんすんやりながら言うと、帆波さんはくすくす笑って目じりを下げた。

「わたし、国吉さんにやきもち焼いてたんだよ」

そう言って「本当においしい」と、シチューを口に入れた。

⑥嬉しいのか悲しいのかわからなくて、少し胸《むね》が苦しかったけど、あたしたちはテーブルに並《なら》んだ料理を完食した。

ほどなくすると、ウェイターが皿を下げに来た。

「お飲物をご用意いたしますが、いかがいたしましょう」

「あたしは紅茶《こうちゃ》をお願いします」

「デカフェはありますか？」

帆波さんはカフェインレスのコーヒーを頼《たの》んだ。

「ご用意いたします」

まわりを見ると、いつの間にかテーブルは満席になっていた。

ロウソクの灯りがゆらゆら天井《てんじょう》にうつっているのをぼーっと眺《なが》めていると、白髪《はくはつ》のウェイターが飲みものを運んできた。

「お口に合いましたでしょうか」

「あ、はい」

「どれもおいしかったです。とくに煮込《にこ》みハンバーグ」

短く応《こた》えるあたしにかわって、帆波さんが応えた。

「ありがとうございます。いつかこちらで召《め》し上がっていただきたいと思っていましたので、ひとつ夢《ゆめ》がかないました」

「オーナーさんですか？」

帆波さんが言うと、その人はゆっくり首肯《しゅこう》した。「パパの共犯者《きょうはんしゃ》」とあたしがつぶやくと、⑦オーナーは目元に深いしわを作った。

「九年前から、この日におふたり分の料理をご予約頂《いただ》いておりました」

ってことはあたしが五歳《さい》の誕生日《たんじょうび》からだ。ああ、おばあちゃんが亡《な》くなってから。

「デザートをお持ちしました」

オーナーのうしろから国吉さんがあらわれた。コックコート姿《すがた》が似《に》合《あ》っている。というより馴染《なじ》んでいる。

「どうぞごゆっくりなさってください」オーナーがさがると、国吉さんは手にしていたケーキをテーブルに置いた。

苺《いちご》とブルーベリーがたっぷりデコレーションされたショートケーキ。その皿の上にチョコペンできれいなメッセージが書いてあった。

Happy Birthday, Amanesan !

「帆波さんから予約の連絡《れんらく》を頂いたので。わたしからのお祝いです」

国吉さんは会釈《えしゃく》をすると、厨房《ちゅうぼう》のほうへからだを向けた。

「ありがとうございます」

背中《せなか》に向かって言うと、国吉さんは足を止めて振《ふ》り返り、「お誕生日おめでとうございます」とささやくように言って、帆波さんに小さく会釈をした。

「帆波さん」

「ん？」

「これ、持って帰ってもいいかな」

あたしが言うと、⑧帆波さんはふっと笑った。

「そうだね、そうしよ」

頬《ほお》が火照るのを感じながらこくんとうなずいて、あたしは紅茶に砂《さ》糖《とう》を入れた。

「国吉さんが帰ってきたら三人で食べようね」

るハンバーグで、あたしの大好物。それにサラダとかココットやなにか。ケーキは苺《いちご》とブルーベリーののったホールのショートケーキが定番。

「どうして」

あたしがつぶやくと、帆波さんは目じりを下げた。

「広希さん、毎年ここのお料理をテイクアウトしてたんだね」

あたしは皿のなかのハンバーグをじっと見つめた。

「②なんで」

声が小さく震《ふる》えた。

「お誕生日《たんじょうび》は、お母さんの料理を食べさせてあげたかったんだよ」

「じゃあ、国吉さんもずっと知ってて」

ううん、と帆波さんは（　２　）た。

「オーナーが、毎年協力してくれていたんだって」

そういえば、オーナーは国吉さんの事情《じじょう》を知っているとか言ってたっけ……。

「雨音ちゃんが十二歳《さい》のお誕生日のまえにね、わたし、広希さんにこのことを聞いたの。でも最近になって思うんだけど、国吉さんは毎年、広希さんが雨音ちゃんの誕生日に料理をテイクアウトしていたことに、気づいていたんじゃないかな」

「③どうして？」

「だって、国吉さん、家ではほとんど洋食作らないでしょ。それって、そういうことなんじゃないかな」

膝《ひざ》の上でナプキンをぎゅっと握《にぎ》った。入口に近いテーブルの女の人たちから楽し気な笑い声があがった。

「温かいうちに食べよ」

帆波さんはソースプーンを動かして、ビーフシチューにハンバーグを絡《から》めるようにして口に運んだ。

「雨音ちゃんは、ずっとずっと小さい頃《ころ》から、お母さんにもお誕生日をお祝いしてもらっていたんだよ」

静かにやさしく響《ひび》く帆波さんの声に目頭が熱くなって、あたしはあわててハンバーグを頬張《ほおば》った。

この味。

そう、この味だ。

パパは毎年、「やっぱりここのハンバーグが一番おいしいな」って言って、あたしが食べるのを嬉《うれ》しそうに見てた。

④ばかみたい。言ってくれなきゃわからないよ。それじゃあパパの自己満足《じこまんぞく》じゃん。いつもどうでもいいことばっかり、ぺらぺらしゃべってたのに。

ぽろぽろと涙《なみだ》がこぼれた。あわてて手で拭《ぬぐ》うと帆波さんがハンカチをあたしの前に置いた。それを顔に当てると、喉《のど》の奥《おく》がひくひくして、涙腺《るいせん》のタガが外れた。

パパは自分がこんなに早く死んじゃうなんて思っていなかったんだろうけど。帆波さんが話してくれなかったら、あたしは一生パパのことも国吉さんのことも、ふたりのことも、なにも知らなかった。

パパがいなくなって、初めてこんなに泣いた……。

ハンカチを握ったまま顔をあげると、帆波さんの笑顔があった。

「広希さんね、去年の誕生日は誘《さそ》ってくれたの」

「じゃあなんで来てくれなかったの？　もしかしたら帆波さん、気をつかって」

「それもあるけど、ちょっと悔《くや》しかったのもあるかな」

「悔しかった？」

だって、と帆波さんは（　３　）た。

「雨音ちゃんが十八歳の誕生日までは、母親の手料理でお祝いをした

二〇二二年度 江戸川学園取手中学校

【国語】〈第一回試験〉 （一般は五〇分、帰国生は算数と合わせて六〇分）
〈満点：一般一〇〇点、帰国生七五点〉

一 **［全員解答すること。］** 次の文章を読んで、後の問いに答えなさい。（抜き出しの問題に答える場合、句読点・記号は全て一字とする）

雨音は父・広希を交通事故で亡くして間もない中学生。帆波は父親の婚約者である。国吉は雨音の実母だが、事情があって雨音が産まれてすぐに家を出てしまった。そのため雨音は国吉が実母であるという実感が薄い。三人は今、雨音が父親と二人で暮らしていた場所で一緒に生活している。これは雨音の誕生日《たんじょうび》に、帆波の策略に乗せられ、帆波と一緒《いっしょ》に国吉の働くレストランを訪れた場面である。

「……そういえば、誕生日に帆波さんと一緒って初めてだね」
クリスマスも、お正月も帆波さんはうちに来たし、パパや帆波さんのお誕生日は三人でレストランに行った。なのに、あたしの誕生日だけはパパとふたりだった。帆波さんがうちに来るようになった最初の誕生日は、帆波さんが一緒じゃないことにほっとしたけど、翌年《よくとし》はちょっと変な気がした。それで「帆波さんは？」って聞いたら、「明日来るって言ってたよ」ってパパはなんでもないように言った。
「なんでいつも来てくれなかったの？」
「お誕生日だからね、雨音ちゃんの」
あたしが（　1　）と、帆波さんは笑みを浮《う》かべてグラスを口につけた。
しばらく窓《まど》の外に目をやっていると、ウェイターがテーブルの前に来た。
「ブロッコリーとチーズのサラダとほうれん草のココットでございます。ただいまメインをお持ちいたします」
シンプルな白い平皿にちょこんと盛《も》りつけられたサラダと、ぽってりとした丸い器にとろけそうなたまごののったココットが、テーブルに置かれた。
「今日はね、コース料理みたいな出し方にはしないでくださいってお願いしたの。お誕生日会ってテーブルの上、にぎやかでしょ」
さっきウェイターさんにお願いしていたのはそれか。
「別に、いいのに」
ここはレストランでうちじゃないんだから……。
「ビーフシチューの煮込《にこ》みハンバーグでございます」
そういって白い深皿が正面に置かれた。
①えっ？
この匂い……。
「わ、おいしそう」
帆波さんに促《うなが》されるようにして、あたしはソーススプーンをそっとハンバーグにあてた。
口に入れると、じゅわっと舌《した》の上に肉汁《にくじゅう》が広がる。ビーフシチューのコクの深いソースと鼻から抜《ぬ》けるやさしい香《かお》り。
同じだ。
あたしの誕生日は、いつも家でパパとふたりでお祝いをした。
ごちそうは小さいときから毎年決まってビーフシチューの煮込みハンバーグ。パパおすすめのレストランからテイクアウトしてきてくれ

2022年度

江戸川学園取手中学校 ▶解説と解答

算　数　＜第１回試験＞（一般は50分，帰国生は国語と合わせて60分）＜満点：一般100点，帰国生75点＞

解　答

[1] (1) ① 54　② $5\frac{1}{3}$　③ 10　(2) 81点　(3) 72度　(4) 180cm^3　[2] (1) 25分後　(2) 2400m　[3] (1) 2cm^2　(2) 7.5cm^2　(3) 3.5秒後と7.5秒後　[4] (1) ① 37.68cm^3　② 75.36cm^2　(2) 157cm^2　[5] (1) ア 1　イ 27　(2) 6　(3) 31450　[6] ア 1470通り　イ 43通り　ウ 60通り

解　説

[1] 四則計算，平均算，角度，体積

(1) ① $0.6\div\left(\frac{6}{7}-\frac{5}{6}\right)\times2\frac{1}{7}=\frac{3}{5}\div\left(\frac{36}{42}-\frac{35}{42}\right)\times\frac{15}{7}=\frac{3}{5}\div\frac{1}{42}\times\frac{15}{7}=\frac{3}{5}\times\frac{42}{1}\times\frac{15}{7}=54$　② $\left(1\frac{1}{2}+2\frac{2}{3}\right)\div3\frac{3}{4}\times4\frac{4}{5}=\left(\frac{3}{2}+\frac{8}{3}\right)\div\frac{15}{4}\times\frac{24}{5}=\left(\frac{9}{6}+\frac{16}{6}\right)\times\frac{4}{15}\times\frac{24}{5}=\frac{25}{6}\times\frac{32}{25}=\frac{16}{3}=5\frac{1}{3}$　③ $\left\{\left(2\frac{1}{3}-\frac{1}{4}\right)\times6+3\frac{1}{2}\right\}\div\frac{8}{5}=\left\{\left(\frac{7}{3}-\frac{1}{4}\right)\times6+\frac{7}{2}\right\}\times\frac{5}{8}=\left\{\left(\frac{28}{12}-\frac{3}{12}\right)\times6+\frac{7}{2}\right\}\times\frac{5}{8}=\left(\frac{25}{12}\times6+\frac{7}{2}\right)\times\frac{5}{8}=\left(\frac{25}{2}+\frac{7}{2}\right)\times\frac{5}{8}=\frac{32}{2}\times\frac{5}{8}=10$

(2) （平均点）＝（合計点）÷（回数）より，（合計点）＝（平均点）×（回数）となるから，５回のテストの合計点は，75×５＝375（点）で，６回のテストの合計点を，76×６＝456（点）にすればよい。よって，６回目のテストで，456－375＝81（点）取ればよい。

(3) （N角形の内角の和）＝180×（N－２）で求められるので，五角形の内角の和は，180×（５－２）＝540（度）で，正五角形の１つの内角は，540÷５＝108（度）になる。そして，三角形ABCは，AB＝ACの二等辺三角形だから，角ACBの大きさは，（180－108）÷２＝36（度）となる。よって，角xの大きさは，108－36＝72（度）とわかる。

(4) この立方体の体積は，６×６×６＝216（cm^3）である。また，取り除いた三角すいF－BACの体積は，$6\times6\div2\times6\times\frac{1}{3}=36$（$cm^3$）である。よって，求める立体の体積は，216－36＝180（cm^3）と求められる。

[2] 速さ，旅人算

(1) ２人が進むようすは，右の図のようになる。弟は出発してから10分間で，60×10＝600（m）進んでいる。弟が休けいしている間に兄は，80×５＝400（m）進んだので，弟が出発してから，10＋５＝15（分後）の２人の間の距離《きょり》（右の図のア）は，600－400＝200（m）とわかる。この後，兄は弟に１分間で，80－60＝20（m）ずつ近づくので，兄が弟に追いつくのにかかる時間は，200÷20＝10（分）となる。よって，兄が弟を追い抜《ぬ》かしたのは，弟が家を出発してから，15＋10＝25（分後）である。

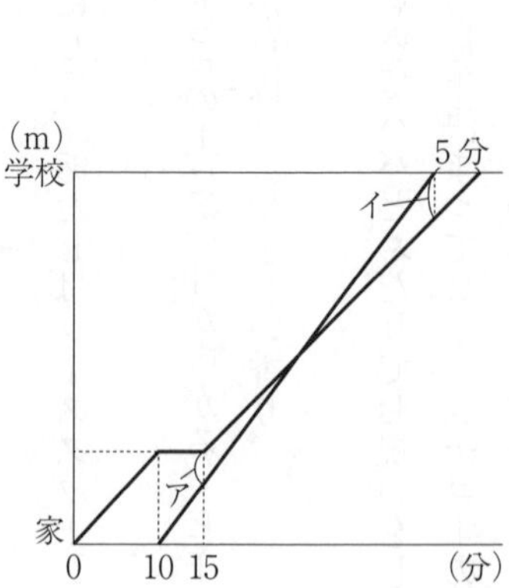

(2)　兄が学校に到着《とうちゃく》したとき，弟は学校の手前，60×５＝300(m)(図のイ)のところにいる。兄が弟を追い抜いてから２人の間の距離が300mになるのにかかる時間は，300÷20＝15(分)なので，兄が家から学校まで行くのにかかった時間は，５＋10＋15＝30(分)とわかる。よって，家から学校までの距離は，80×30＝2400(m)と求められる。

3　平面図形—図形の移動，面積

(1)　直角二等辺三角形は動き始めてから２秒後に，１×２＝２(cm)動いたので，右の図１のようになる。２つの図形が重なった部分は，アの長さが２cmの直角二等辺三角形になるから，その面積は，２×２÷２＝２(cm^2)となる。

図１

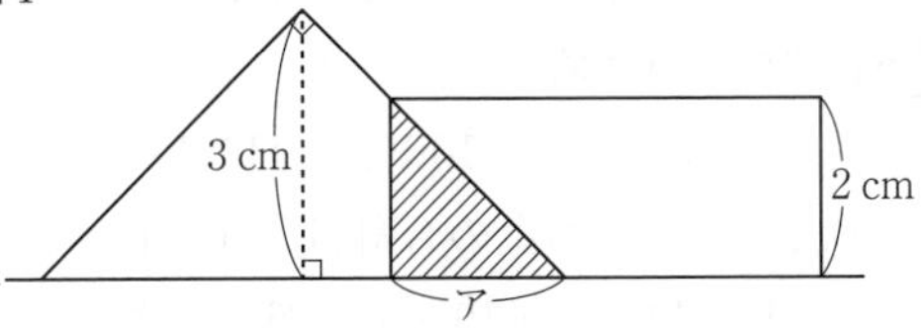

(2)　直角二等辺三角形は６秒後に，１×６＝６(cm)動いたので，下の図２のようになる。図２で，(あ)の部分は，イの長さが，６－５＝１(cm)の直角二等辺三角形だから，その面積は，１×１÷２＝0.5(cm^2)である。また，(い)の部分はウの長さが，３－２＝１(cm)，エの長さが，１×２＝２(cm)の直角二等辺三角形なので，その面積は，２×１÷２＝１(cm^2)となる。全体の直角二等辺三角形の面積は，６×３÷２＝９(cm^2)だから，重なっている部分の面積は，９－0.5－１＝7.5(cm^2)と求められる。

図２

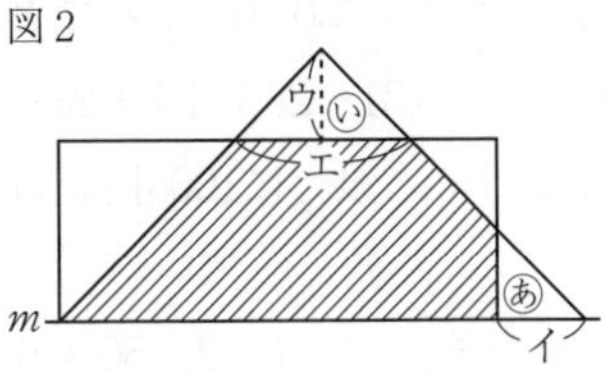

図３

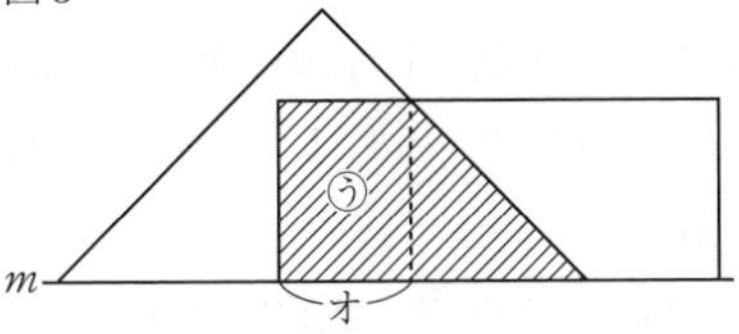

図４

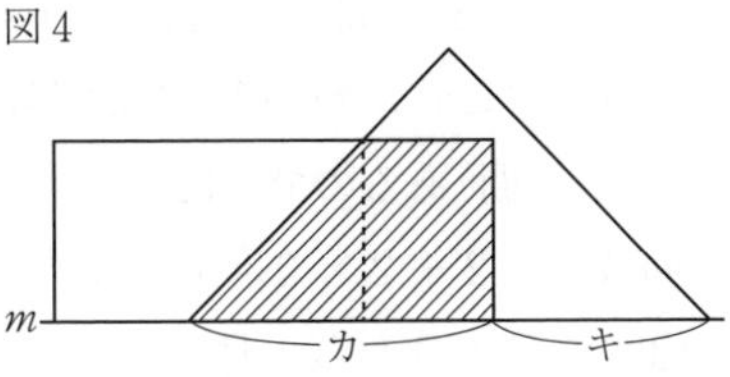

(3)　図１の後，重なった部分の面積が，５－２＝３(cm^2)ふえるので，上の図３の(う)の部分の面積が３cm^{2}とわかる。すると，オの長さは，３÷２＝1.5(cm)だから，図１の状態から動くのにかかる時間は，1.5÷１＝1.5(秒)となり，図３のように重なるのは動き始めてから，２＋1.5＝3.5(秒後)になる。次に，上の図４のように重なる場合も考えられるので，カの長さは3.5cm，キの長さは，６－3.5＝2.5(cm)とわかる。よって，動いた長さは，５＋2.5＝7.5(cm)だから，図４のように重なるのは，動き始めてから，7.5÷１＝7.5(秒後)である。

4　立体図形—体積，表面積

(1)　①　右の図１のような円すいができる。よって，この立体の体積は，$3\times3\times3.14\times4\times\frac{1}{3}=$37.68(cm^3)となる。

図１

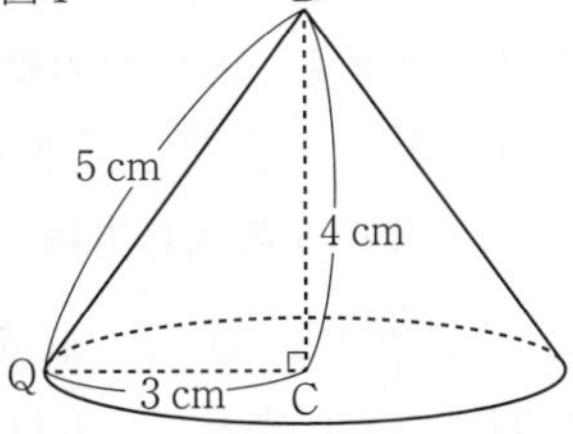

図２

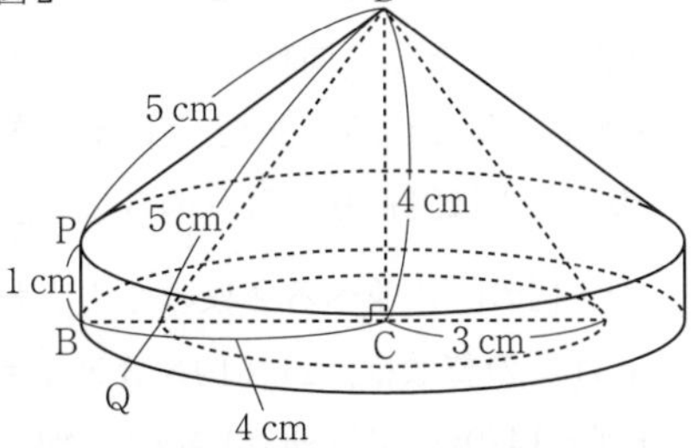

②　この円すいの底面積は，３×３×3.14＝９×3.14(cm^2)である。また，(円すいの側面積)＝(母線)×(底面の円の半径)×(円周率)で求められるので，５×３×3.14＝15×3.14(cm^2)になる。よって，この立体の表面積は，９×3.14＋15×3.14＝(９＋15)×3.14＝24×3.14＝75.36(cm^2)となる。

⑵　上の図２のような，円柱の上に円すいを重ねた立体から図１の円すいをくり抜いた立体ができる。底面積は半径４cmの円の面積から半径３cmの円の面積を引いた，４×４×3.14－３×３×3.14＝(16－９)×3.14＝７×3.14(cm^2)になる。次に，円柱部分の側面積は，４×２×3.14×１＝８×3.14(cm^2)，また，外側と内側の円すいの側面積の和は，５×４×3.14＋５×３×3.14＝(20＋15)×3.14＝35×3.14(cm^2)とわかる。よって，図２の立体の表面積は，７×3.14＋８×3.14＋35×3.14＝(７＋８＋35)×3.14＝50×3.14＝157(cm^2)と求められる。

5　調べ，周期算

⑴　500÷50＝10，10＋１＝11(日)より，１月１日から１月11日までの11日間は50円ずつ貯金するので，ためたお金の合計は，50×11＝550(円)である。次に，(2000－550)÷100＝14余り50，14＋１＝15(日)，12＋15－１＝26(日)より，１月12日から１月26日までの15日間は100円ずつ貯金するので，１月１日から１月26日までにためたお金の合計は，550＋100×15＝2050(円)になる。よって，はじめて銀行に1000円を預けるのは１月27日とわかる。

⑵　１月27日に貯金箱に入っているお金は，2050－1000＋100＝1150(円)，１月28日は，1150－1000＋100＝250(円)になる。(500－250)÷50＝５より，この後の１月29日から，５＋１＝６(日間)は50円ずつ貯金するので，ためたお金の合計は，250＋50×６＝550(円)となり，その後の15日間で2050円になり，次の２日間に1000円ずつ銀行に預けて250円になる。よって，１月29日から，６＋15＋２＝23(日間)で，250＋50＝300(円)から最後の２日間に1000円ずつ預けて250円になることをくり返すことがわかる。2022年は平年なので，１月29日から３月31日まで，(31－29＋１)＋28＋31＝62(日間)あるので，62÷23＝２余り16より，１月１日から３月31日までに，銀行に1000円預ける回数は，２＋２×２＝６(回)となる。

⑶　１月１日から１月28日まで，2050＋100×２＝2250(円)貯金し，その後，23日間で，50×６＋100×15＋100×２＝2000(円)ずつ貯金することがわかる。１月29日から12月31日までの，365－29＋１＝337(日間)では，337÷23＝14余り15より，2000円を14回，余りの15日間で，50×６＋100×(15－６)＝1200(円)貯金することになる。よって，１年間でためたお金の合計は，2250＋2000×14＋1200＝31450(円)と求められる。

6　場合の数

千万の位を２とすると，８けたの整数２□□□□□□□の７個の□に並べる２枚の４の入れ方は，$\frac{7\times6}{2\times1}$＝21(通り)，残りの５個の□に並べる３枚の６の入れ方は，$\frac{5\times4\times3}{3\times2\times1}$＝10(通り)，さらに残りの２個の□に０，２の並べ方は，２×１＝２(通り)あるので，８けたの整数は，21×10×２＝420(通り)ある。同様に，千万の位を４とするときも，８けたの整数は千万の位が２のときと同じ420通りつくれる。また，千万の位を６とすると，６□□□□□□□の７個の□に並べる２枚の２の入れ方は21通り，残りの５個の□に並べる２枚の４の入れ方は，$\frac{5\times4}{2\times1}$＝10(通り)，さらに残りの３個の□に並べる２枚の６の入れ方は，$\frac{3\times2}{2\times1}$＝３(通り)，最後に０の入れ方は１通りだから，８けたの整数は，21×10×３×１＝630(通り)ある。よって，８けたの整数は全部で，420＋420＋630＝1470(…ア)(通り)ある。次に，３けたの整数をつくるときの３枚のカードの組み合わせは，①(０，２，４)，(０，２，６)，(０，４，６)，②(２，４，６)，③(２，２，０)，(４，４，０)，(６，６，０)，④(２，２，４)，(２，２，６)，(４，４，２)，(４，４，６)，(６，６，２)，

(６，６，４)，⑤(６，６，６)がある。３けたの整数は，①では，百の位は２通り，十の位は残りの２通り，一の位はさらに残りの１通りの並べ方があるので，２×２×１×３＝12(通り)できる。②では，百の位は３通り，十の位は残りの２通り，一の位はさらに残りの１通りだから，３×２×１＝６(通り)できる。③では，２２０，２０２のように２通りずつつくれるので，２×３＝６(通り)できる。④では，２２４，２４２，４２２のように３通りずつつくれるから，３×６＝18(通り)できる。⑤は１通りできる。したがって，３けたの整数は，12＋６＋６＋18＋１＝43(…イ)(通り)できる。最後に，４けたの４の倍数は下２けたが４で割り切れるので，その組み合わせは，①′(□□０４)，②′(□□２０)，③′(□□４０)，④′(□□６０)，⑤′(□□２４)，⑥′(□□４４)，⑦′(□□６４)になる。①′の□□に入る数は，２２，２４，２６，４２，４６，６２，６４，６６の８通りある。②′の□□に入る数は，２４，２６，４２，４４，４６，６２，６４，６６の８通りある。③′の□□に入る数は①′と同じ８通りある。④′の□□に入る数は，２２，２４，２６，４２，４４，４６，６２，６４，６６の９通りある。⑤′の□□に入る数は，２０，２４，２６，４０，４２，４６，６０，６２，６４，６６の10通りある。⑥′の□□に入る数は，２０，２２，２６，６０，６２，６６の６通りある。⑦′の□□に入る数は，２０，２２，２４，２６，４０，４２，４６，６０，６２，６４，６６の11通りある。よって，４の倍数となる４けたの整数は，８＋８＋８＋９＋10＋６＋11＝60(…ウ)(通り)できる。

社　会　＜第１回試験＞（理科と合わせて60分）＜満点：50点＞

解　答

１ **問１**　オ　**問２**　ア　**問３**　ア　**問４**　(1)　近郊農業　(2)　(例)　マークをつけることで品質の高さをアピールして，消費者の信頼を得ることができる。　**問５**　イ　**問６**　(1)　イ　(2)　エ　**２** **問１**　イ　**問２**　ア　**問３**　エ　**問４**　ウ　**問５**　日米修好通商条約　**問６**　(例)　日本人の海外渡航と帰国を禁止する。　**問７**　ア→エ→ウ→イ　**問８**　イ　**問９**　ア　**３** **問１**　イ　**問２**　ウ　**問３**　ウ　**問４**　イ　**問５**　公共の福祉　**問６**　ウ　**問７**　(例)　「基本的人権の尊重」こそ憲法の目的であり，ほかの二つはそのための手段であるから。

解　説

１　近畿地方についての問題

問１　季節風の影響《えいきょう》を受けにくい大阪は年間を通して降水量が少ないので③，太平洋側に位置する尾鷲《おわせ》(三重県)は夏の南東季節風や台風などの影響を受けて年降水量が4000mm近い多雨地として知られているので①，日本海側に位置する豊岡(兵庫県)は冬の北西季節風の影響を受けて冬の降水量が多いので②となる。

問２　昼間人口は9224千人，夜間人口は8839千人で，9224千÷8839千は１を超《こ》えるので夜間人口に対する昼間人口の比率は100％を上回る。大阪府は周辺の府県からの通勤・通学者が多いため，夜間人口に比べて昼間人口のほうが多くなる。

問３　阪神工業地帯は，大阪から神戸(兵庫県)にかけての大阪湾沿岸に広がる工業地帯で，古くから神戸港や大阪港がさかえ，商業地として発達していた。現在は内陸部に電気機器や日用品をつくる中小企業の工場が集まり，沿岸部では鉄鋼業や機械工業などの重化学工業がさかんである。

問４　⑴　大消費地である大都市の近くで，都市部に住む人々のために，野菜やくだもの，花，たまごなどをつくる農業を近郊農業といい，作物の鮮度《せんど》を保ったまま大都市に出荷することができ，輸送費を抑《おさ》えることもできる。　⑵「京のブランド産品」は，京都で安心・安全と環境に配慮《はいりょ》して生産された農林水産物の中から，品質や規格などの基準を満たしたものだけに貼《は》ることが許されるマークである。このマークをつけることで，安心・安全や品質のよさを打ち出すことができ，消費者の信頼を得ることができる。

問５　信楽《しがらき》焼は，滋賀県甲賀市信楽町を中心につくられる焼き物で，1976年に国から伝統的工芸品の指定を受けた。奈良時代に聖武天皇が紫香楽《しがらき》宮を造営するさいにかわらを焼いたのがはじまりとされ，室町時代から茶器の生産がさかんになった。なお，アの美濃焼は岐阜県，ウの近江上布は滋賀県，エの清水焼は京都府の伝統的工芸品。

問６　⑴　(=):::::(=)はトンネルを表す地図記号であり，工事中の印ではない。新尾鷲トンネルは，2021年８月に全線開通した国道42号熊野尾鷲道路の一部である。なお，方位記号のない地形図では上が北，右が東，下が南，左が西を表している。アについて，市役所(◎)の北東(右斜《なな》め上)に図書館(🕮)と寺院(卍)がある。ウについて，西から東へと流れる中川には，小川東町と桂ヶ丘の間で国道が川の上を通っている。エについて，中村町にある学校(文)付近の高さは7.6m，宮ノ上町にある学校(文)付近の高さは16.5mである。　⑵　ＡからＢに向かって，最初は低くなっていき，１つ目の谷を過ぎるとＡとＢの中間付近にかけて高くなる。ここから再度ゆるやかに低くなり，２つ目の谷を過ぎて再び高くなって最後は上がり続けて350mぐらいとなる。

2　養蚕業・製糸業・絹織物業の歴史についての問題

問１　桑《くわ》の葉は蚕のエサとなるため，古くから日本人にとって重要な作物であった。北関東や長野県を中心に，蚕を育てて繭《まゆ》をつくる養蚕業，繭から生糸をつくる製糸業，生糸から絹織物をつくる絹織物業が発達した。

問２　奈良時代が始まったのは，平城京に都を移した710年である。天武天皇は，飛鳥時代の672年に天智天皇のあとつぎをめぐって起こった壬申《じんしん》の乱で勝利して即位《そくい》し，天皇を中心とした中央集権体制をつくろうとした。

問３　室町幕府の第３代将軍だった足利義満は，明(中国)との間で貿易を開始した。このとき，正式な貿易船であることを証明するために勘合という合い札が用いられたことから，日明貿易は勘合貿易ともよばれる。勘合貿易では寄港地となった堺や博多がさかえた。なお，対馬《つしま》(長崎県)の宗氏が貿易を管理していたのは，江戸時代に行われた朝鮮との貿易である。

問４　1575年，織田信長・徳川家康連合軍は柵やへいを築き，3000丁の鉄砲を効果的に用いて，当時最強といわれた武田軍の騎馬隊を長篠で打ち破った。なお，アは「柴田勝家」ではなく「今川義元」が正しい。イについて，仏教勢力をおさえるため，キリスト教を保護した。エについて，商工業を発展させるため，特定業者の独占権を取り上げげた。

問５　1858年，江戸幕府の大老井伊直弼は，アメリカ総領事ハリスとの間で日米修好通商条約を結んだ。これにより，函館・新潟・神奈川(横浜)・兵庫(神戸)・長崎の５港が開かれ，貿易が開始された。

問６　江戸幕府は，1612年にキリスト教の禁教令を出し，1616年には中国船を除く外国船の来航地を平戸と長崎に限定した。その後，1624年にスペイン船の来航，1635年に日本人の海外への渡航と日本への帰国，1639年にポルトガル船の来航を禁止して鎖国を完成させると，1641年には平戸にあったオランダ商館を長崎の出島に移した。

問７　アは1716～45年，イは1841～43年，ウは1787～93年，エは1772～86年のできごとなので，年代の古い順にア→エ→ウ→イとなる。

問８　桐生市(群馬県)は，古くから絹織物の産地としてさかえており，1977年には桐生織が伝統的工芸品の指定を受けた。なお，足利は栃木県，松坂(松阪)は三重県，小千谷は新潟県の市である。

問９　繊維《せんい》から糸をつむぐ産業を紡績《ぼうせき》業といい，日本では綿花から綿糸をつくる綿糸紡績業がその代表である。紡績業は日本の産業革命の中心となり，渋沢栄一らによって1883年に大阪紡績会社が開業されると，綿糸の生産は著しく増大した。

３　権利と人権についての問題

問１　文章には，「義務を果たしていな」ければ「権利を行使できない」とあるが，人権については「すべての人に無条件に保障されるべき」と書かれている。また，権利の対義語は義務であるが，人権には対義語がないとしている。これらのことから，「義務や責任を果たさない」としても人権は認められるので，Ｂの記述には違和感があると暗に示しているとわかる。

問２　日本国憲法第98条では，日本国憲法を「国の最高法規」と位置づけ，「その条規に反する法律，命令，詔勅《しょうちょく》及《およ》び国務に関するその他の行為の全部又《また》は一部は，その効力を有しない」と定めているので，法律も条例も憲法に矛盾《むじゅん》してはならない。なお，アについて，条例を制定するのは地方議会である。イについて，条例に違反して罰せられることがある。エについて，条例は特定の地域に適用されるきまりである。

問３　日本国憲法では，基本的人権として，平等権，自由権(精神・身体・経済活動の自由)，社会権(生存権・教育を受ける権利・勤労の権利・労働三権)，参政権，請求権(請願権・国家賠償《ばいしょう》請求権・裁判を受ける権利・刑事補償請求権)などを保障している。

問４　日本国憲法第99条では，「天皇又は摂政及び国務大臣，国会議員，裁判官その他の公務員は，この憲法を尊重し擁護《ようご》する義務を負ふ」と定めているので，憲法を守る義務は一部の者にあるのであって，国民にはない。

問５　社会全体の共通の利益のことを公共の福祉といい，他人の人権を侵害《しんがい》しない場合に個人の人権が保障されること(他人の人権を侵害する場合には制限されること)が定められ，国民は基本的人権をふりかざしてはならないとされている。

問６　小学生がお酒を飲むことや買うことが制限されているのは，まだ心身が発達段階である年齢のときに，脳や臓器の働きに悪影響があったり，アルコール中毒・依存症《しょう》になったりすることを防ぐためである。

問７　基本的人権は，人が生まれながらに持っている侵《おか》すことのできない永久の権利であるので，これを尊重することが何より大切である。その実現のために，国の政治をどのように進めていくのかを最終的に決める権限を国民が持つこと(国民主権)や，戦争をせず平和のうちに生きていくこと(平和主義)が成り立っていなくてはならない。

理 科 ＜第1回試験＞（社会と合わせて60分）＜満点：50点＞

解 答

1 **問1** 水溶液 **問2** ア **問3** ろ過 **問4** 再結晶 **問5** 40℃，26 g **問6** イ，エ **2** **問1** 二酸化炭素 **問2** イ **問3** （例） 太陽光発電 **問4** (1) 360000ジュール，100分間 (2) 4分の1 **3** **問1** ア **問2** イ **問3** (A) ① (B) ③ (C) ⑥ **4** **問1** イ **問2** 鳥 **問3** 肺 **問4** ア **問5** 食物連鎖 **問6** 解説の図を参照のこと。

解 説

1 ものの溶《と》け方と水溶液《すいようえき》についての問題

問1 ものが水に溶けて(溶解して)できた液体を水溶液という。

問2 ものが水にじゅうぶん溶けてできた水溶液は透明《とうめい》で，濃《こ》さはどの部分も均一になっており，これは時間がたっても変わらない。

問3 ろうとやろ紙などを用いて，固体と液体が混ざっているものを液体(ろ液)と固体に分ける方法をろ過という。ろ過によって固体はろ紙上に残り，液体はろ紙を通ってろうとの下に落ちる。

問4 水に溶ける固体のほとんどは，一定量の水に対して，水の温度が高いほど溶ける重さの最大量が増える。そのため，温度が高くて濃い固体の水溶液を冷やしていくと，溶ける重さの最大量が減って溶けきれなくなり，固体の一部が結晶《けっしょう》となって出てくる。このことを利用して，水溶液を冷やして溶けている固体を取り出す方法を再結晶という。

問5 表より，ミョウバン50 gは水100 gに対して，60℃では全て溶けるが，40℃では一部が溶けきれない。また，食塩36 gは水100 gに対して，40℃では全て溶けるが，20℃では一部が溶けきれない。よって，80℃の水100 gにミョウバン50 gと食塩36 gの混ざったものを溶かし，この水溶液を冷やしていくと，60℃ではどちらの結晶も現れないが，40℃ではミョウバンの結晶だけができ，20℃では両方の結晶ができる。つまり，ここでは40℃まで冷やすとよい。また，このときに取り出すことができるミョウバンの結晶は，50－24＝26(g)である。

問6 牛乳に食酢《す》やレモン汁《じる》のような強めの酸性の液体を加えると，牛乳の白い成分である乳脂肪《しぼう》をおおうカゼインというタンパク質が変化して，白い成分が固まって底に沈《しず》むので，白い成分をろ過で取り除くことができる。

2 さまざまなエネルギーの利用についての問題

問1 石油や石炭などの化石燃料は，成分に炭素を含《ふく》んでいるため，燃やすと二酸化炭素が排出《はいしゅつ》される。

問2 「省エネ」とは省エネルギーを略した言い方で，省エネルギーとは限りある資源で作ったエネルギーをむだに使わず，効率的に利用することを指す。

問3 再生可能エネルギーとは，半永久的になくならないエネルギーのことで，太陽からの光や熱，地下のマグマの熱(地熱)，風力，水の流れ，植物が光合成で作り出す養分などがあげられる。これらは発電に利用されることが多く，古くから行われている水力発電のほか，近年では太陽光発電，風力発電，地熱発電などが普及《ふきゅう》している。また，植物(サトウキビやトウモロコシなど)から作られるエタノールはバイオ燃料と呼ばれ，ガソリンに代わる自動車の燃料などに利用されている。

問４　(1)　水１ｇを１℃温度上昇《じょうしょう》させるのに必要な熱エネルギーが約４ジュールなので，10℃の水１kg（＝1000ｇ）を100℃にするには，４×1000×（100－10）＝360000（ジュール）が必要となる。また，60ワットの電球は１分間で3600ジュールの電気エネルギーを使うので，360000ジュールは60ワットの電球を，360000÷3600＝100（分間）使用したのと同じエネルギーである。　(2)　ヒートポンプを使用した場合の90000ジュールは，直接電気エネルギーのみで行った場合に比べて，90000÷360000＝$\frac{1}{4}$に節約できる。

3　観天望気，雲のでき方についての問題

問１　朝霧《あさぎり》は，上空に雲が全くない状態になって，放射冷却《れいきゃく》が起こると発生する。霜柱《しもばしら》も放射冷却によって地表の土が冷えることでできるので，朝霧と同じく上空に雲が全くない状態，つまり晴れているときに起こる。したがって，霜柱が立つのは晴れの予兆といえる。

問２　月が傘《かさ》をかぶっているということは，低気圧が近づいている証拠《しょうこ》であると考えられるのだから，うろこ雲が見えたときと同じく，これから天気が崩《くず》れて雨になる前ぶれということができる。

問３　(A)　ペットボトルを手で強く押《お》すと，ペットボトルの中の気圧が高くなるので，①の状態にあてはまる。　(B)　押していたペットボトルの手を離《はな》すと，ペットボトルの中の気圧が低くなるので，③の状態にあてはまる。　(C)　ペットボトルの中が白くくもったのは，空気が膨《ふく》らんで温度が下がったために，ペットボトルの中の水蒸気が水に戻《もど》ったからである。つまり，ペットボトルの中では雲が発生するときと同じ現象が起こっていて，ペットボトルの中にできた白いくもりは雲と同じようなものといえる。ここでは，白いくもりが発生しているので，雲ができた⑥の状態にあてはまる。

4　ペンギンの特徴《とくちょう》，食物連鎖《れんさ》についての問題

問１～問３　ペンギンは鳥の仲間であるが，空を飛ぶための翼《つばさ》がなく，かわりにフリッパーというひれのようなものをもち，エサをとるために水の中を素早く泳ぐ。身近にいる空を飛んでいる鳥と同じく肺呼吸をしているので，ずっと水の中で過ごすことはできず，水中にもぐっていられるのは最大でも数十分とされる。

問４　地球の温暖化によって，気温だけでなく海水の温度も上昇している。

問５　生物どうしは「食べる－食べられる」の関係で深く複雑に結びつき合っている。この関係を食物連鎖という。

問６　被食《ひしょく》者（食べられる）側のカンジキウサギの個体数が増えると，捕食《ほしょく》者（食べる）側のオオヤマネコはエサが増えるので，あとを追うようにして個体数が増える。ところが，オオヤマネコが増えてカンジキウサギをたくさん捕《つか》まえるようになると，カンジキウサギの個体数は減少に転じる。すると，今度はエサが不足するようになって，オオヤマネコの個体数もあとを追うようにして減っていく。そして，オオヤマネコに捕まる個体数が減ることで，カンジキウサギの個体数は増加するといった個体数の増減をくり返す。よって，捕食者の個体数の変化を表した実線のグラフは，被食者の個体数の変化を表した点線のグラフと同じように波形となるが，波の「山」の位置が右側に少しずれた右の図のように表せる。なお，被食者の個体数は捕食者に比べては

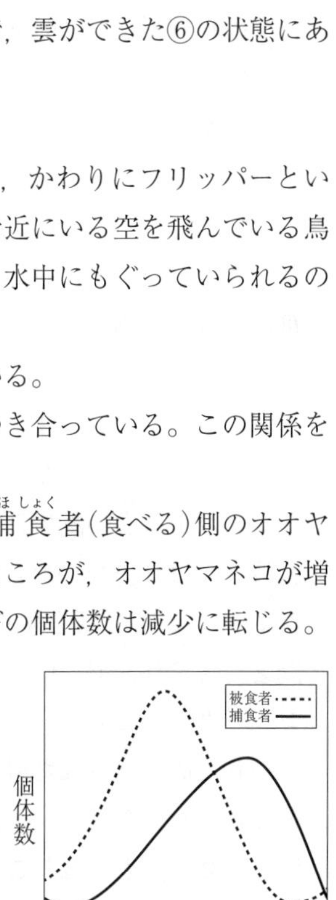

るかに多いのがふつうなので，点線のグラフよりも全体的に下の方に実線のグラフをかくのが望ましい。

国　語　＜第１回試験＞（一般は50分，帰国生は算数と合わせて60分）＜満点：一般100点，帰国生75点＞

解　答

一　問１　1　イ　2　ア　3　エ　問２　エ　問３　②　エ　③　イ　問４　ウ　問５　母親の手料　問６　雨音ちゃんは，　問７　エ　問８　イ

二　問１　インターネ　問２　1　イ　2　ウ　3　オ　問３　かつては，　問４　「面白いか　問５　エ　問６　そうではな　問７　新たな知見を創造し　問８　(創)意(工)夫　問９　ア　問10　(例)　経験したことのない難局を乗り越えるために必要な解決策はまだ存在していない。そうした問題を解決するための道筋は，自分の知性をもとに，自分の責任と判断で選び取っていかなければならない。　問11　下記を参照のこと。

●漢字の書き取り

二　問11　ア　記事　イ　背景　ウ　同等　エ　皮肉　オ　遊具

解　説

一　**出典はいとうみくの『あしたの幸福』による。**毎年の自分の誕生日には，母(国吉)が働くレストランの料理を父(広希)がテイクアウトして祝ってくれていたと，父を亡くしてから「あたし」(雨《あま》音《ね》)は知る。

問１　**1**　自分の誕生日だけはうちに来なかった理由について，帆波《ほなみ》さんから「お誕生日だからね，雨音ちゃんの」と言われた「あたし」は，その発言の真意をはかりかねたものと想像できる。よって，“疑問に思う”という意味の「首を傾《かし》げる」があてはまる。　**2**　誕生日には母の料理を食べさせてあげたいとの思いで毎年「ここのお料理」をテイクアウトしていた父の思いを知りながら，母は自分に料理をつくり続けていたのかと「あたし」に訊《き》かれた帆波さんは，「ううん」と言っているので，「かぶりを振《ふ》」ったとするのがよい。なお，「かぶりを振る」は，“頭を左右に振って，否定する”という意味。　**3**　父に誘《さそ》われていながら，去年の雨音の誕生日に来なかった理由について，続く部分で帆波さんは，母に嫉妬《しっと》していたからだと語っている。婚約《こんやく》者に向けて，「雨音ちゃんが十八歳《さい》の誕生日までは，母親の手料理でお祝いをしたいんだけど，いいかな」と言う父に，帆波さんは仕方ないなと思いながらもあきれたものと想像できるので，「肩《かた》をすくめ」たとするのがよい。なお，「肩をすくめる」は，どうしようもないという気持ちを表すときにするしぐさ。

問２　続く部分で，いつも父とふたりで祝っていた自分の誕生日では「ビーフシチューの煮込《にこ》みハンバーグ」がごちそうに決まっていたと，「あたし」が振り返っていることに注目する。今，帆波と訪れた店で出された料理が，毎年家で食べていたものと「同じ」匂《にお》いだったことに「あたし」はとまどったのだから，エがふさわしい。

問３　②　父が「毎年ここのお料理をテイクアウトして」いたという帆波の言葉を聞き，「あたし」はその理由をたずねている。よって，エが合う。　③　直前で，母は「あたし」の誕生日に自分の料理を父がテイクアウトしていたことに気づいていたのではないかと，帆波さんは言っている。

これに対し「あたし」は「どうして」と聞いているので，イがよい。

問４　直後で，「あたし」が「それじゃあパパの自己満足じゃん」と思ったことをおさえる。毎年，母が働くレストランからテイクアウトしてきた煮込みハンバーグを，父は「一番おいしいな」と言いながら食べるとともに，誕生日のごちそうを喜ぶ「あたし」のようすも満足そうに見ていたが，その料理が母によるものだという事実を知った今，母の料理を「あたし」に食べさせ，自分だけ感《かん》慨《がい》に浸《ひた》っていた当時の父のようすを振り返り，あらためて「ばかみたい」だと思ったのだから，ウが選べる。

問５　母は「あたし」が生まれてすぐに家を出ていき，帆波は父の婚約者だったという関係にあることをおさえる。去年，「あたし」の誕生日に誘われた帆波さんは，父から「雨音ちゃんが十八歳の誕生日までは，母親の手料理でお祝いをしたいんだけど，いいかな」と言われ，「ちょっと悔《くや》しかった」と話している。それを聞いた「あたし」は，婚約者の前で，前妻とのつながりを大切にする言葉を平然と言ってのける父の無神経さにあきれ，「……パパ，相変わらずダメだね」とつぶやいたのだから，「母親の手料理でお祝いをしたい」という部分がぬき出せる。

問６　問４でもみたように，「あたし」は自分の誕生日に食べていたものが，母の手料理だったということをこの日初めて知らされている。去年の誕生日，あえて来なかった帆波さんの気持ちを思うと少しやりきれなさを感じていた一方，そばには居なくても，ずっと見えないところで愛情を注いでくれていた母の思いにふれ，「あたし」は嬉《うれ》しさと悲しさが同居した，複雑な気持ちになったのである。よって，「雨音ちゃんは，ずっとずっと小さい頃《ころ》から，お母さんにもお誕生日をお祝いしてもらっていたんだよ」の一文が，「あたし」が「嬉しく思った」ことにあたる。

問７　九年前から，誕生日には二人ぶんの料理の予約を受けていたオーナーが，いつか「あたし」にレストランへ来て欲しいと思っていたことをおさえる。「あたし」から「パパの共犯者」と言われたオーナーは，その事実を受け入れるとともに，かねてより望んでいた「夢」がひとつ実現したことにしみじみと感じ入り，「目元に深いしわ」をつくったものと想像できるので，エが合う。

問８　ケーキを「持って帰ってもいいかな」と言った「あたし」の真意を読み取り，帆波さんは「国吉さんが帰ってきたら三人で食べようね」と返事をしている。それを聞いた「あたし」は，みんなで食べたいわけではなく，単におなかがいっぱいだからケーキを持ち帰りたかっただけだと言ってはいるが，帆波さんは，「素直」に気持ちを表現できない「あたし」にほほえましさを感じ，「ふっと笑った」のだろうと考えられる。よって，イがふさわしい。

二　**出典は内《うち》田《だ》樹《たつる》編の『ポストコロナ期を生きるきみたちへ』所収の「『大学の学び』とは何か(増《ます》田《だ》聡《さとし》著)」による。**コンテンツをインストールするのではなく新たな知見を創造するための場が大学だとしたうえで，問題解決の道筋は自分の知性をもとに選び取っていかねばならないと筆者は述べている。

問１　続く部分で，「言葉の変化は社会の変化」だと述べた後，「コンテンツ」という言葉が「日本語の空間の中に急浮《ふ》上《じょう》してきた」要因の一つとして，「インターネットの社会への普《ふ》及《きゅう》」があげられると筆者は指摘している。

問２　**１**　前の部分にある，「インターネット」の普及がもたらした社会の変化に注目する。「かつては別々のメディアによって支えられ」ていた知識や文化表現(たとえば，書物は紙媒体《ばいたい》，音楽はCDによる供給だった，など)は，「デジタルデータ」化され，インターネット上で一括《いっかつ》して扱《あつか》われるようになったと述べられている。　**2**　次の段落の最後で，「異なるメディアに隔《へだ》てられ，異なる基準により評価されていた知識や表現は，今や横並びに測られるように」なったと述べられている。つまり，かつては別の「メディア」に属するものだった「書物」や「テレビ番組」は，今では「デジタルデータ」という共通の状態に還元《かんげん》され，評価を受けることになったのである。なお，「メディア」は，媒体。手段。　**3**　本来，「一人一人の学生の知的成長を促《うなが》すための場所や機会を提供」し，「社会にとって必要な知を維持《いじ》」するとともに「新しい知」も生み出すところに大学の存在意義があるが，コロナ禍《か》によって実際に足を運ぶことができなくなった今，大学はオンライン授業などを通じて「知」を商品のように取引する，つまり「コンテンツ」を切り売りする場に変化していったと筆者は述べている。

問3　「かつては」で始まる段落にあるように，「長い格闘《かくとう》の末に身につけるもの」だった知識が，インターネットの普及によって「コンテンツ」と呼ばれるようになってからは，学生のみならず社会全体が，必要になったら求めるもののあるところに「アクセス」しさえすればいいと考えるようになったと述べられている。

問4　かつては，「書物とテレビ番組」は別物であり，ゆえに評価基準も異なるものだったが，それらが「コンテンツ」となった現代では，「『面白いか』『泣けるか』『笑えるか』。あるいは～『売れるか』」という観点から評価されるようになったと述べられている。

問5　次の段落で，オンライン授業によって「コンテンツ」を伝達する現在の大学の状況《じょうきょう》に多くの学生が不満を持っているという事実は，勉強以外の一見無駄《むだ》なことがむしろ大学の本質であったことを示していると述べられている。よって，エが選べる。

問6　オンライン授業によって「勉強に純化」され，「知」を商品として切り売りするような場となっている現在の大学の状況を受けて，筆者は批判的なまなざしでもって，「まだ存在しない知」を生み出すところにこそ，大学の存在根拠《こんきょ》があると強く主張している。つまり，「大学は勉強するところでは」なく，「一人一人の学生の知的成長を促すための場所や機会を提供することで，社会にとって必要な知を維持し，そこから新しい知を生産するための場」なのである。

問7　直後の一文で，筆者が「大学とは『まだ存在しない知』を生み出すことこそがその存在根拠」だと述べていることに注目する。つまり，「教育基本法第７条」に書かれた条文の「ポイント」になるのは，「新たな知見を創造し」という部分だとわかる。

問8　「使い方」に定まった決まりのない遊具を使って，公園では子供たちがさまざまな遊び方を見出しているのだから，「創意工夫」が合う。なお，「創意工夫」は，新しい思いつきを実行するために，方法をいろいろと考えること。

問9　大学とは「まだ存在しない知」を生み出すことが存在根拠であり，「コンテンツ」をインストールする場所ではない。「知」は，「試行錯誤《さくご》」する中で生かすものだといえる。「試行錯誤」は，何度も試し，失敗を重ねながら解決に向かっていくこと。

問10　直前で筆者は，「新型コロナウイルスが社会にもたらした『良い影響《えいきょう》』がもしあったとするならば，ただオンラインで勉強だけする」のが「大学の学び」ではないということに，人々が気づいたことだと述べている。つまり，「コロナ禍」のような難局に対するには，「すでに誰《だれ》かによって形作られパッケージされ」た「コンテンツ」に身を任せるのではなく，「新たな知見」を生み出す必要があるのではないかと，筆者は「大学」の話を通じて伝えようとしたものと考えられる。あらゆる問題を解決するための道筋は，出来合いの「コンテンツ」にはなく，自らの知性をもとに，自分の責任と判断で，選び取っていくしかないのである。

問11　**ア**　新聞や雑誌などで，できごとやものごとを伝える文章。　**イ**　背後にある事情。
ウ　程度が同じようす。　**エ**　期待どおりにならず，あいにくなようす。　**オ**　遊びに使う器具。

Dr.福井の 入試に勝つ！ 脳とからだのウルトラ科学

記憶に残る“ウロ覚え勉強法”とは？

人間の脳には，ミスしたところが記憶に残りやすい性質がある。順調にいっているときの記憶はあまり残らないが，まちがえて「しまった！」と思うと，その部分がよく記憶されるんだ（これは，脳のヘントウタイという部分の働きによる）。その証拠に，おそらくキミたちも「あの問題を解けたから点数がよかった」ことよりも，「あの問題をまちがえたから点数が悪かった」ことのほうをよく覚えているんじゃないかな？

この脳のしくみを利用したのが“ウロ覚え勉強法”だ。もっと細かく紹介すると，テキストの内容を一生懸命覚え，知識を万全にしてから問題に取り組むのではなく，テキストにざっと目を通した程度（つまりウロ覚えの状態）で問題に取りかかる。もちろんかなりまちがえると思うが，それを気にすることはない。まちがえた部分はよく記憶に残るのだから……。言いかえると，まちがえながら知識量を増やしていくのが“ウロ覚え勉強法”なのである。

ここで，ポイントが2つある。1つは，ヘントウタイを働かせて記憶力を上げるために，まちがえたときは「あ～っ！」とわざとらしく驚くこと。オーバーすぎるかな……と思うぐらいでちょうどよい。

もう1つのポイントは，まちがえたところをそのままにせず，ここできちんと見直すこと（残念ながら，驚くだけでは覚えられない）。問題の解説を読んで理解するのはもちろんだが，必ずテキストから見直すようにする。そうすれば，記憶力が上がったところで足りない知識をしっかり身につけられるし，さらにその部分がどのように出題されるかもわかってくる。頭の中の知識を実戦で役立てられるようにするわけだ。

Dr.福井（福井《ふくい》一成《かずしげ》）…医学博士。開成中・高から東大・文Ⅱに入学後，再受験して翌年東大・理Ⅲに合格。同大医学部卒。さまざまな勉強法や脳科学に関する著書多数。

2022年度　江戸川学園取手中学校

〔電　話〕　(0297) 74－０１１１
〔所在地〕　〒302－0025　茨城県取手市西１－37－１
〔交　通〕　JR常磐線 —「取手駅」より徒歩25分
「取手駅」よりスクールバス５分

【適性型Ａ】〈第１回適性型試験〉（50分）〈満点：100点〉

1　しろうさんはお父さんとレストランへ食事をしに来ました。以下は、レストランで料理を待っている間の様子です。この会話文を読んで、あとの問題に答えなさい。

しろう：お父さん、この水にはレモンが入っているね。なんでだろう？
父　親：それは水をおいしくするためだよ。水道水の中には消毒用の塩素が入っていて、そのせいで水がおいしくないという人も多いんだ。(1)レモンはその塩素を抜く効果があるんだよ。
しろう：そういえば、前にメダカを飼ったときにも、メダカが死なないように塩素を抜くために水を汲《く》んでおいたよね。それと同じ？
父　親：そうだね。(2)水の汲み置きでも日光の力で塩素は抜けるんだ。時間はかかるけどね。
しろう：へえ。でも、日本って雨も多くて水はたくさんあるよね？それなら、新鮮できれいな水をたくさん飲めそうなのに、なんで消毒をしないといけないんだろう？
父　親：ちょっとこの図と表を見てごらん。

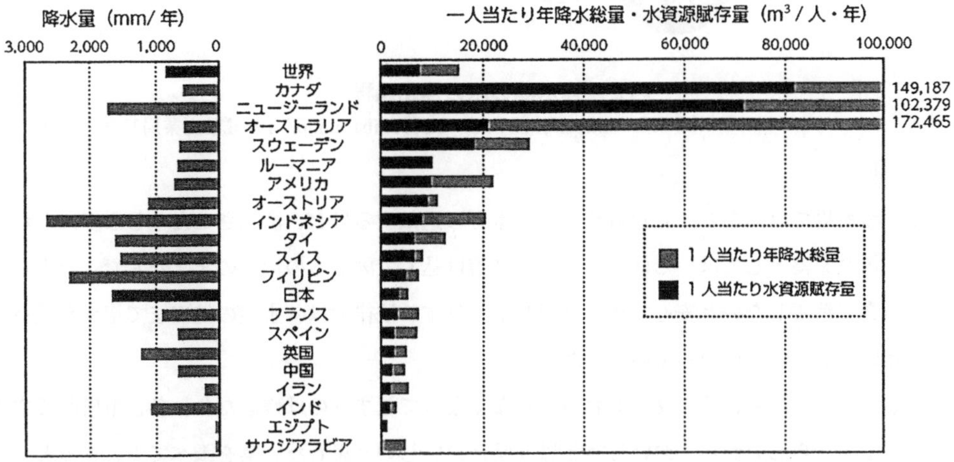

（注）
1．FAO（国連食糧農業機関）[AQUASTAT] の2016年12月時点の公表データをもとに国土交通省水資源部作成
2．1人当たりの水資源賦存量は、[AQUASTAT] の [total renewable water resources（actual）] をもとに算出
3．「世界」の値は [AQUASTAT] の [total renewable water resources（actual）] が掲載されている182か国による

図１．世界の降水量と一人当たり水資源量
（国土交通省『平成28年版　日本の水資源』より）

しろう：日本は降水量は多いほうなのに、１人当たりが使える水はあまり多くないんだね。これは［　ア　］からだね。

父　親：そして、日本は環境的にも［　イ　］ため、水資源量は降水量からさらに減ってしまうんだ。さらに、日本を含むアジアの国は(3)その水の多くを農業のために使わなければならないから、生活のために使える水の量はもっと少なくなってしまう。そうすると、少し汚れた水も使わなければいけないから、多くの人が安全に水を飲めるように汚れた水を消毒するために塩素を入れているんだよ。

しろう：でも、メダカが塩素で死んじゃうってことは、人間の身体にも悪いものなんじゃないの？

父　親：もちろん身体にいいものではないけど、人体に影響がないくらい少ない量に設定されているんだ。ちょっと浄水場で水がきれいにされる様子を見てみようか。

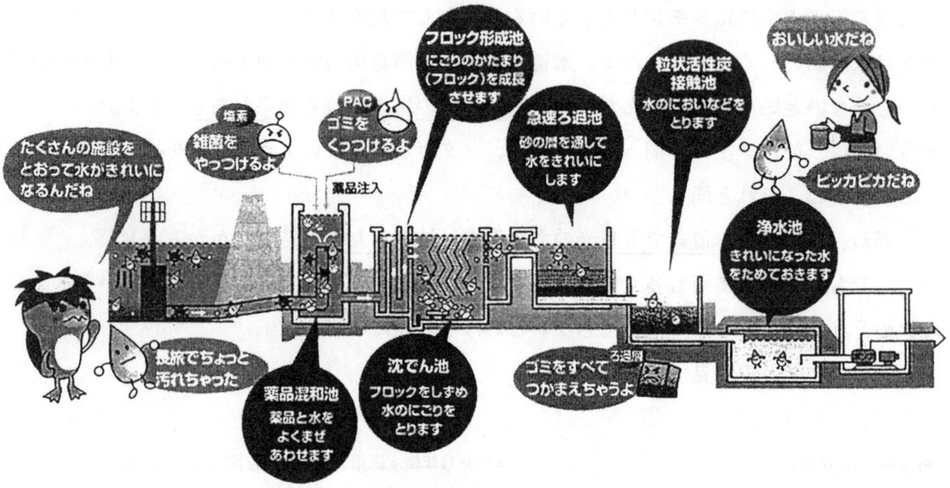

図２．浄水場の水の浄化過程

（ＵＲＬ：https://www.kigyou.pref.ibaraki.jp/『茨城県企業局ＨＰ』より）

しろう：へえ、浄水場では川などから送られてきた水をろ過はするけど、沸騰《ふっとう》させたりしないんだね。

父　親：そう。汚れを落としてはいるけど、水の中に溶け込んでいるものはそのままなんだ。だから、最後に塩素で消毒しないと安心できないでしょ。日本の法律では、水道の蛇口まで塩素が残っていないといけないことになっているんだよ。

しろう：そうなんだね。でも、そのせいでおいしくなくなってしまうのは残念だね。各都道府県で水のおいしさは違うらしいから、おいしいと思う県とおいしいと思わない県を調べてみようっと。

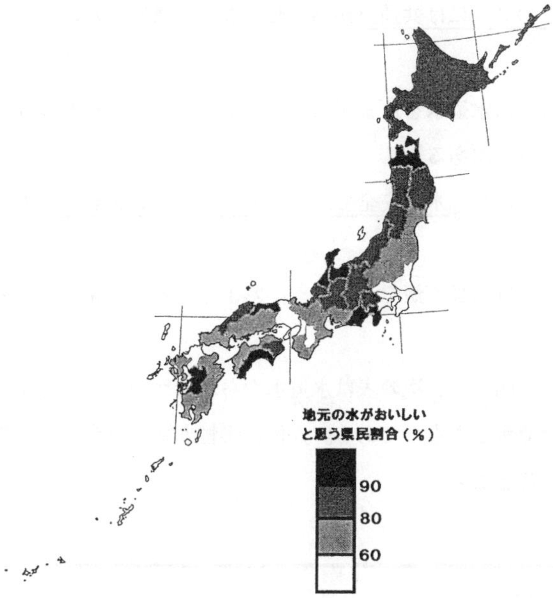

図３．水のおいしさ都道府県ランキング

（ＵＲＬ：https://honkawa2.sakura.ne.jp/7234.html『社会実情データ図録』より作成）

父　親：最近では水の中の汚染物質と塩素が結びついて有害な物質ができるとも言われているんだ。そのような有害な結びつきが起こりやすいかどうかを示したのがこの地図だよ。

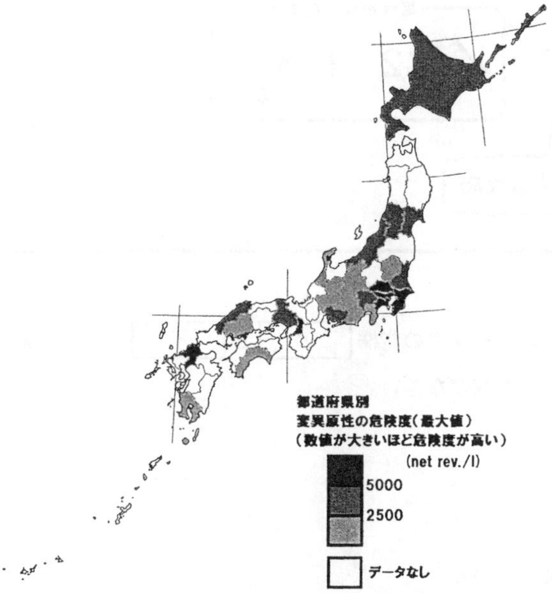

図４．日本の変異原性の危険度

（ＵＲＬ：https://www.nicjp.net/『株式会社エヌ・アイ・シーＨＰ』より作成）

しろう：比べてみると、(4)この２つには共通点があるね。有害な物質と水のおいしさには何か関係があるのかもしれないね。

父　親：それもあって、最近では水道水を飲まずに、ミネラルウォーターを買う人も多くなったね。うちにもウォーターサーバーがあるし。

しろう：そうだね。でも、やっぱり(5)水は安全でおいしいほうがいいよね。そのためにできることを考えてみよう。

父　親：そうだね。でも、まずはお昼ご飯を食べよう。ちょうど料理が来たみたいだよ。

問題１　下線部(1)および(2)に関して、次の表は水道水から塩素が抜ける反応を、レモンを入れた場合と汲み置きをした場合で示したものである。人体に毒性があると考えられる塩素を**ア**～**カ**のうちから１つ選び、記号で答えなさい。

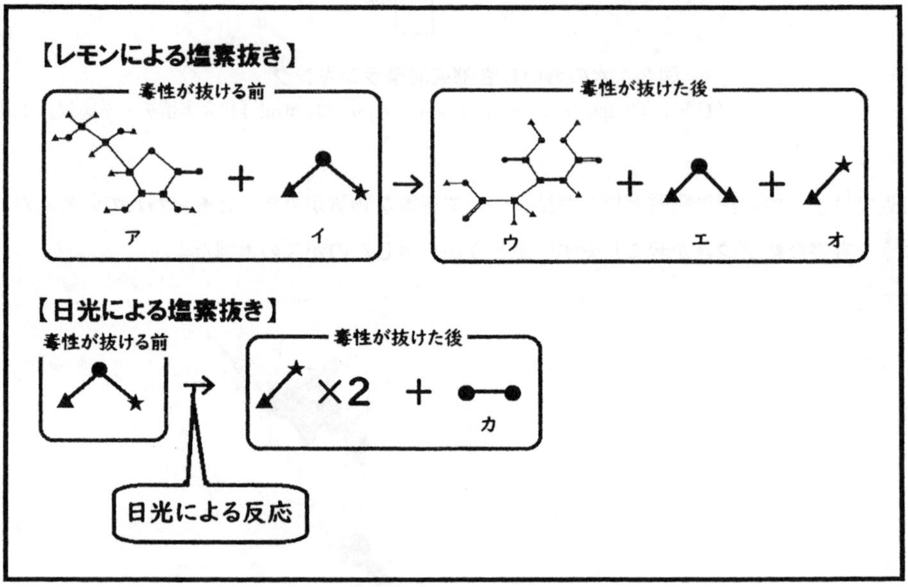

問題２　図１を参考にして、会話文中の空欄［ア］と［イ］に入る言葉を次の**あ**～**え**、**か**～**け**の中からそれぞれ１つずつ選びなさい。

空欄［ア］

あ　人口が多い

い　国土面積が狭い

う　植物が多く茂っている

え　一部の人がたくさん水を使っている

空欄 イ

か　山地が多く、水が流れてしまう

き　平地が多く、水がたまってしまう

く　寒冷地が多く、水が凍ってしまう

け　乾燥地が多く、水が蒸発してしまう

問題３　下線部(3)に関して、なぜ日本を含むアジアの国々では農業に多くの水を必要とすると考えられるか。行われている農業とその特徴を示して、説明しなさい。

問題４　下線部(4)に関して、**図３**および**図４**を比較して、その共通点を述べなさい。

問題５　下線部(5)に関して、今後の水のあり方には以下のような意見がある。これらを参考にして、あなたが考える今後の水のあり方とそのためにあなたができることを述べなさい。

＜Xさんの意見＞

日本の浄水場は汚れた水を飲むことが可能な水にするために多くの苦労をしている。今以上に水を安全でおいしくすることは難しいと思う。今後は、水道水は食器などの洗浄や入浴のために使用するようにして、飲料水は市販のミネラルウォーターを購入するか、浄水器を活用するなどの方法をとるのがよいだろう。

＜Yさんの意見＞

日本の水をきれいにするためには、浄水場に入る前の水をきれいにする必要がある。取水している山間部ではゴルフ場などが開発されているため、水が汚れてしまう。また、雨水は空気中の汚れを吸うので、大気汚染も水を汚す原因となる。これらの環境問題の解決が水の安全性やおいしさにもつながっていくのだ。

2　ゆたかくんとこころさんは、地域経済について調べ学習をしています。先生が見せてくれた**資料１**を読んで、それぞれ調べたことを持ち寄って二人で話し合っています。**資料１～資料３**と二人の対話を読んで、あとの問題に答えなさい。

資料１

地元と外との関係を考えるときに、建設的な地域経済循環《じゅんかん》の構造図は頭に入れておきたいところです。

地域経済は地元内と域外との取引によって成立しているわけですが、この域外収支がマイナスであれば、地域から富がどんどん流出して衰退《すいたい》していきます。何らかの生産活動を通じて作られた商品サービスが販売されると、そこから生まれる富が分配されますが、地域振興《しんこう》で基本となるのは平均所得の改善です。(1)お金ではない価値があるとはいえ、平均所得を改善しなければ内需は拡大しませんし、地域に必要なものを域外から購入してくることも困難になります。

地域経済循環のイメージ

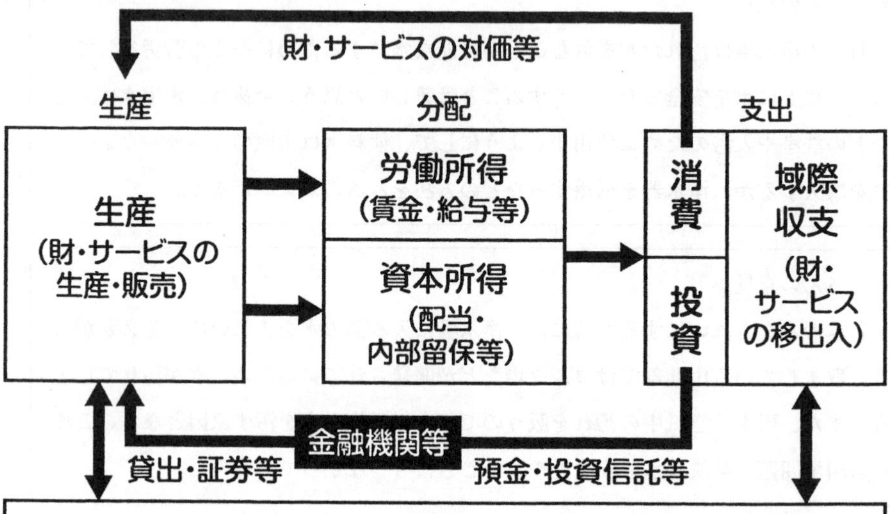

資料:環境省

（2021年　木下斉『まちづくり幻想』より作成）

資料２

「(2)問題は地域に入ってくるお金が少なすぎることではない！」と、英国のロンドンに本部のあるNew Economics Foundation（通称ＮＥＦ）が打ち出したのが、「漏れバケツ」理論という概念《がいねん》です。

次の絵をご覧ください。地域を「バケツ」だと考えてみましょう。そのバケツにできるだけたくさんの水を注ぎ込もうと、つまり「地域にお金を引っぱってこよう」と、政府からの交付金や補助金のほか、企業誘致《ゆうち》、観光客の呼び込みなど、各地域は懸命に努力をしています。

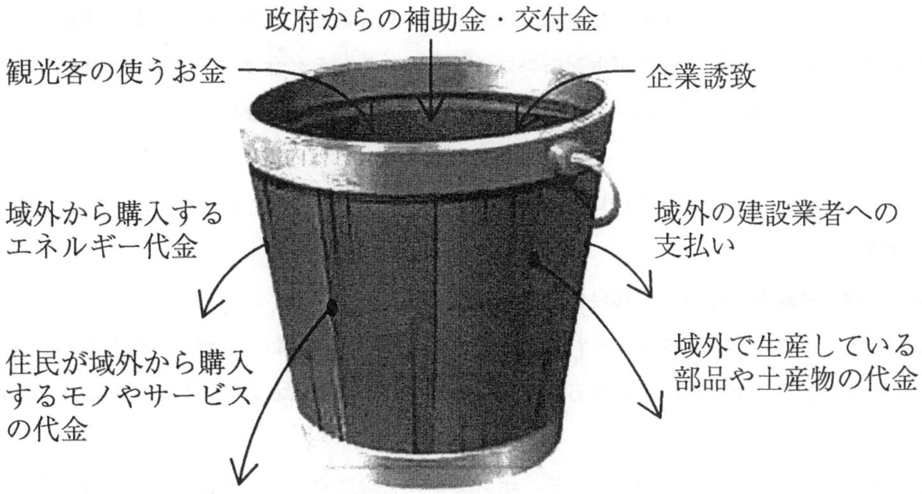

しかし、そうやってせっかく地域に引っぱってきたお金の多くが、次の瞬間には地域外に漏《も》れ出ていないでしょうか？補助金で行った建設工事が地域外の業者の手によるものだったら、その工事費用の大部分は地域外に出て行ってしまいます。企業誘致をしても、その原材料や販売･メンテナンスなどの関連企業が地域になければ、やはりせっかくのお金も「素通り」していってしまうでしょう。従業員として地元の人を雇用していたら、その給与は地域に入りますが、その従業員が地元の商店ではなく、郊外にある大規模ショッピングセンターで買い物をするとしたら、従業員を「通り抜けて」、やはり、そのお金は地域の外に出ていきます。観光客を呼び込んで、土産物を買ってもらったとしても、その土産物が地域外や国外でつくられたものであれば、やはりお金は地域にとどまりません。

［中略］

バケツの例に戻りましょう。バケツに水を入れても入れても、バケツに穴がいっぱい空いていたら、水は流れ出てしまい、バケツに水はたまりません。(3)<u>そういう状況に直面したら、どうしますか</u>？

（2018年　枝廣淳子『地元経済を創りなおす』より作成）

資料３

ホンモロコは、確かに京都に持っていくと高く売れる。京都の台所、錦市場に行くと、甘露煮が一〇〇グラムで一五〇〇円を超える値をつけている。しかし、こんな淡水魚をありがたがって食べる文化を持つのは京都周辺だけである。我も我もと京都の市場にホンモロコを出すと、とたんに競争が起きる。そして、値が下がってしまうのである。

「八頭ホンモロコ共和国」という手書きの看板を掲げた拠点に、主だったメンバーが集まって話し合いがもたれた。

高級魚としてのブランドを維持するために、何をすべきか。市場の拡大は図れないか。議論を黙って聞いていた七條さんが、口を開いた。

「もともと、何のために始めたのか？」

七條さんは、こう説いた。荒れ果てた先祖伝来のデンパタを見るのは悲しいことだ。活かされていない土地で何かできないか、と始めたのがホンモロコの養殖だ。そもそも儲《もう》けようとか、採算が取れるとかを考えて始めたことではない。楽しいからしているのだ。それでいいじゃないか。争うなどもってのほかだ、と。

七條さんには、「楽しい」という以外に、もうひとつ大切にしていることがある。それは「地域を誇《ほこ》らしく思う気持ち」だ。

我らが田んぼで高級魚が育つ。それ自体、誇らしい。

みんなで集まり、おいしい食べ方をあれこれ工夫する。酒を酌《く》み交わしながら、その味を自画自賛する。そしてホンモロコを知らない人に、食べ方を紹介しながら、こんなにおいしい魚がとれるわが故郷を自慢する。

誇らしさは、子どもたちにも広がっている。ホンモロコを給食で使うようになってから、子どもが胸を張るようになった。七條さんは何度も小学校を訪ねては、ホンモロコが育つ水がきれいなこと、そんな環境に自分たちが暮らしていることを、繰り返し教えている。

「それで、いいじゃないか。子どもが地域を好きになってくれれば」

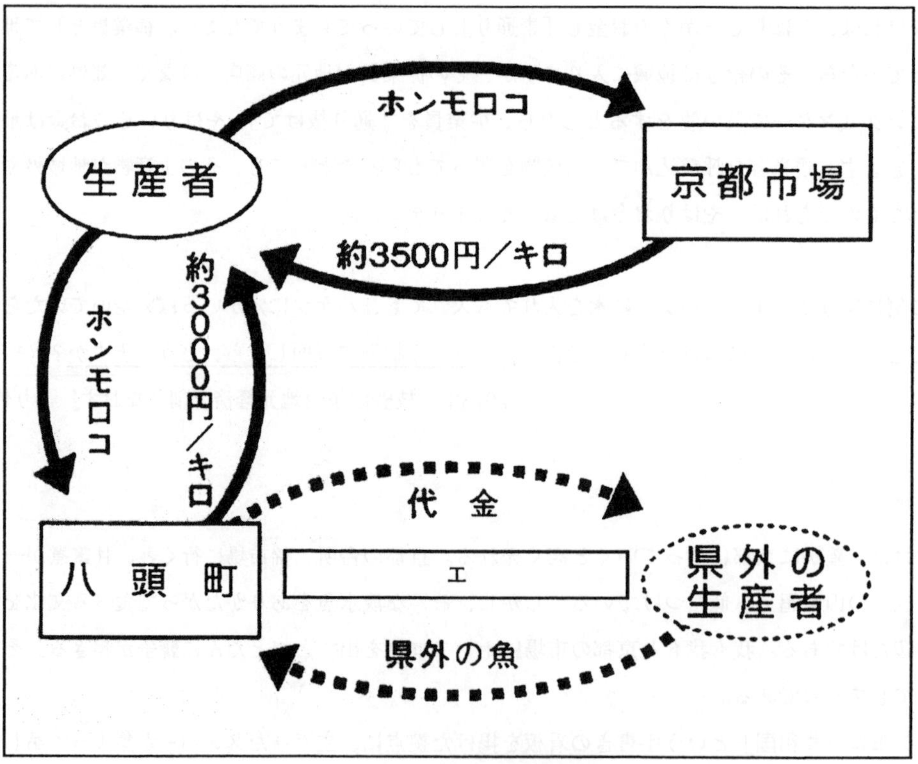

ホンモロコの経済効果

（2013年　藻谷浩介『里山資本主義』より作成）

対話

ゆたか：先生からいただいた**資料１**は僕にはちょっと難しかったな。そこで図書館で関連する本を調べてみたんだ。見つけた本の中に『漏れバケツ』理論というものが紹介されていたよ。それが**資料２**のものだね。**資料１**の『地域経済循環の構造図』という図に当てはめると、こうなるね。

（ここで、ゆたかくんがペンで図に四角形を描く）

こころ：なるほど。いまゆたかくんが四角形で囲った内側がバケツの中に当たるわけだ。

ゆたか：その通りだよ。それにしても下線部(2)『問題は地域に入ってくるお金が少なすぎることではない！』という指摘は本質を突いていると感じたよ。本当の問題は [ア] ということだね。

こころ：この指摘は**資料１**に書いてあることと共通しているね。ところで下線部(3)『そういう状況に直面したら、どうしますか』とあるけれど、解決策にはどんなことがあると書いてあったの？

ゆたか：バケツに水を入れても穴から流れ出てしまって水がたまらない。そんなときの解決策は２つ、『水を注ぎ入れるペースをアップする』か『 [イ] 』か、だと書いてあったよ。

こころ：私は**資料１**に書いてあった下線部(1)『お金ではない価値がある』というところが気になって調べて見たところ**資料３**を見つけたよ。ホンモロコの養殖をしている八頭町の事例なんだけど、八頭町の人たちにとっての『お金ではない価値』とは『楽しい』ことと『 [ウ] 』ということだと書いてあるね。

ゆたか：たしかにそうかも知れないけれど、地域経済を改善させようというときに『楽しければいい』というだけでは困ってしまうのではないかな。自分たちで食べてしまっては売上にならないもの。

こころ：ところが八頭町のホンモロコ養殖にはきちんと経済効果もあるんだよ。**資料３**の『ホンモロコの経済効果』という図を見て。この点線はホンモロコの養殖をはじめてから必要なくなった取引を表しているんだ。図の『 [エ] 』という説明の通り、地域の域外収支にも良い影響が出たんだよ。

問題１　**対話**の二重下線部で、ゆたかくんは図にどのような四角形を描き込んだでしょう。解答用紙の図に、適切な四角形を描き入れなさい。

問題２　二人の会話文が成り立つように [ア] 、 [イ] 、 [ウ] 、 [エ] を埋めるのに適切な内容を書きなさい。

3　次の **文章１** と **文章２** を読み、あとの問題に答えなさい。

文章１

ときどき、「まわりの人が自分のことをわかってくれない。夢についても理解してもらえない」と言って、最初の一歩が踏み出せない人がいます。

君がもしもそうなら、それはまわりの人への説得がうまくいっていないからです。

なぜ説得がうまくいっていないかといえば、その理由は、君が君を説得できていないからだと思います。自分自身が納得できていなければ、決して最初の一歩は踏み出せません。

人を説得する前にやらなきゃならないことは、自分を説得することです。

何かを始めるには、真っ先に自分を納得させなければなりません。

自分自身が本当に信じきれていることなら、きっと他人も信じてくれます。

自分を納得させるためには、よく考えること。そして本当に小さいことから試して、実績を作っていくことです。そうやって、自分を納得させていきましょう。

もちろん、何かをしていくうえでは、まわりの人に応援されたほうがいい。

でも、まわりの人の応援がなければ、何もできないわけではありません。

君が本当に納得して、自信を持っていれば、最初はたった１人でも何かを始めることができます。その「始めた何か」を続けていくうちに、君の納得は深くなり、自信は大きくなり、それにつれて応援してくれる人が増えていきます。

もしも君に、とっても素晴らしい味方が大勢いたとしても、君の最高の味方は君自身です。

もしも君に、たった１人の味方もいなくても、君には君自身という最高の味方がいるから、大丈夫です。

（出典　植松努『「どうせ無理」と思っている君へ』より）

文章２

教育現場において、次のような光景をイメージできないだろうか。

美術の授業などで絵を描いたとき、当の本人は新しく、斬新《ざんしん》な絵を描いたつもりでも、それを評価する先生や友人たちに「センスがない」「もっとこうしたほうがいい」などと言われてしまうケースがある。主体者として創造《そうぞう》的で新しく価値があるものを生み出したとしても「そんなの新しくない」「価値がない」「みんな知っている」などのフィードバックをされると、絵を描く意欲が失われる。場合によっては、自分の意に反した無難な絵を描く習慣が身についてしまうことさえある。

主体者がせっかく創造プロセスの脳を活用したとしても、そのプロセスにおいてネガティブなフィードバックばかり受けていたら、創造モチベーションは高まらず、創造プロセスの脳を活用しなくなってしまう。

クリエイティビティを育むための「マジック」などない。いかにクリエイティビティ脳を活用し続けるか、脳の創造プロセスを活用し続けるか、それらを継続し続けるかがクリエイティビティを高める。重要なのは、他人に低く評価されたからといって、やめないことだ。

そもそも自分だけでなく他人にとっても新しく、奇抜なアイデアを思いつくのは難しいものだ。さまざまな人に対して価値があるものを生み出すのも、そう簡単ではない。クリエイティビティが天性のものと取り扱われる理由は、誰にとっても新しく価値あるものになりにくく、周りからのネガティブなフィードバックを受けやすいからだ。だから、自分には向いていない、難しいとクリエイティブ脳の活用を止めてしまうことが挙げられる。

クリエイティブ脳を育むポイントの一つとして考えられるのは、ネガティブな他者評価を受け流す能力だ。他者の評価にかかわらず、いかに自分にとって新しく価値あるものを考え続け、生み出し続けるのかが重要なのである。

その点で、教育者や上司など評価者側の役割も改めて捉《とら》え直す必要がある。誰にとっても新しく価値ある創造的なものはそう簡単に生まれない。それを客観視したうえで、創造の主体者がクリエイティビティを発揮する場面を提供し続けることが求められる。

創造プロセスの脳は、非常に複雑なプロセスを経る。したがって、習得も容易ではない。日々の繰り返し、反復がどうしても必要となる。そのためには、創造の主体者が前向きに創造プロセスを継続してくれるための言葉がけをしたり環境を整えたりする必要がある。創造している当人が自身でも言語化できない新しさを見出してあげたり、当人にとって何が新しく、価値があるのかについてとことん向き合う機会を創出するのも大切だ。

ここまでの議論を踏まえ、改めてクリエイティビティを定義しよう。とりわけ、創造プロセスと評価プロセスが異なることを強調したい。「創造とは、周りの評価にかかわらず、本人にとって新しく価値ある情報や刺激を脳内で生み出すプロセスをいい、その能力をクリエイティビティという」

このほうが、創造とは何かがより理解されやすいだろう。

クリエイティブする主体者が「クリエイティブ脳」を使っていることが重要なのだ。

周りの評価や、評価者にとっての新しさ、価値にとらわれることなく、クリエイティビティを高めたい本人にとって新しく価値あるものであればいい。それがクリエイティブ脳を育むための第一歩と言えよう。

（出典　青砥瑞人『BRAIN DRIVEN　パフォーマンスが高まる脳の状態とは』より）

問題１　**文章１** は「自分を納得させて、人を説得するため」に、**文章２** では「クリエイティビティを高めるため」に、どのようなことが大切だと書いてありますか。二つの文章に共通する主張を「～こと」という形で書きなさい。

問題２　**問題１**で答えたことを実践していくには、あなた自身はどのようなことが大切だと思いますか。あなたがこれから取り組んでいきたいことも入れて、180字以上210字以内で書きなさい。（「、」や「。」なども１字に数えます。）

【適性型Ｂ】 〈第１回適性型試験〉 (50分) 〈満点：100点〉

1 こころさんとゆたかくんは、お祭りに参加するため、近所のお寺に来ています。

ゆたか：こころさん、この灯篭《とうろう》を見て。面白い形をしているよ。(**図１**)

こころ：すてきね。さっきお寺の方にお聞きしたのだけど、『切《きり》子《こ》灯篭《とうろう》』と呼ぶそうよ。

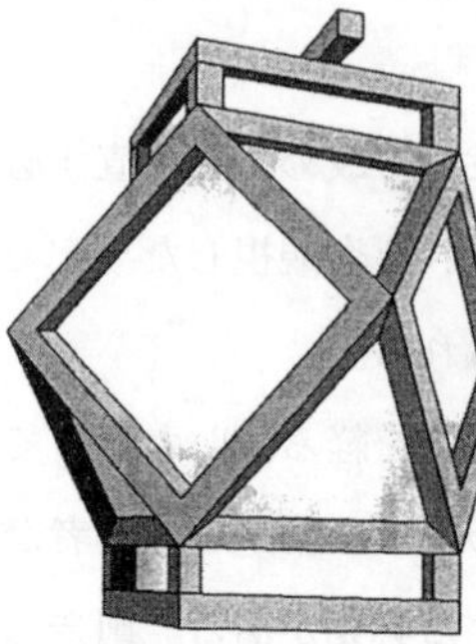

図１　切子灯篭

ゆたか：同じ大きさの正方形と正三角形を規則的に組み合わせた立体のように見えるね。よし、ノートに描いてその特徴を調べてみよう。……そうか。この立体は立方体から８つのかどを切り取ったものとみなせるんだね。たとえば、３つの辺ＡＢ、ＡＣ、ＡＤそれぞれの真ん中の点Ｐ、Ｑ、Ｒを通る平面で立方体を切って、Ａのかどを切り取る。(**図２**) 同じようにして、他の７つのかども切り取る。そのときに残った立体と同じ形だとみなせるよね。

こころ：いま調べたんだけど、その立体を『立方八面体《りっぽうはちめんたい》』と呼ぶそうよ。(**図３**)

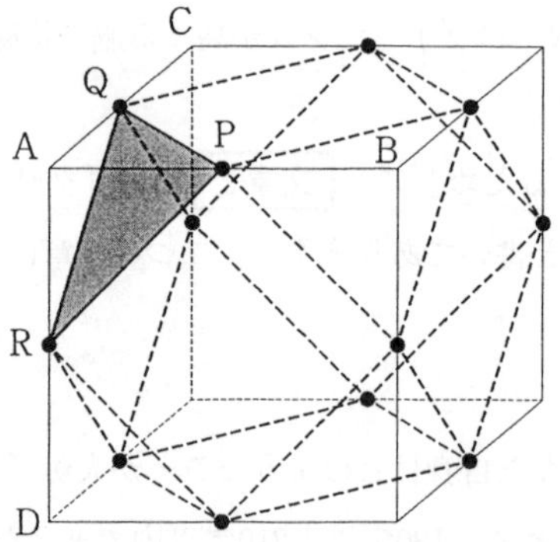

図２　ゆたかくんがノートに描いた図形

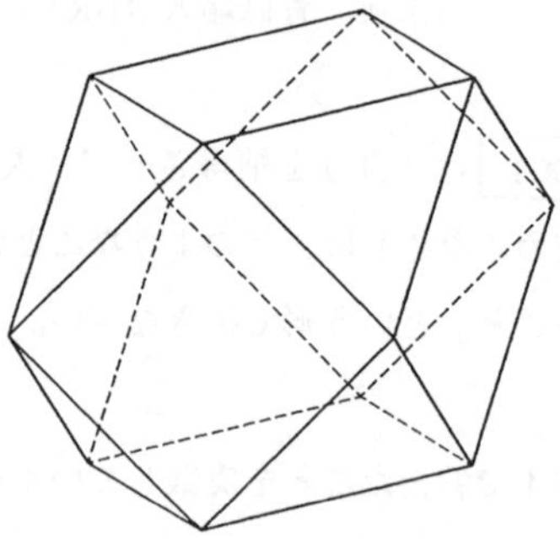

図３　立方八面体

こころ：ゆたかくんの考えによれば、立方八面体の面の数は、数え上げなくても、立方体の面の数６と立方体の頂点の数８を足し合わせた数14に等しいと分かるわね。

ゆたか：そうだね。それから、立方八面体の頂点の数は、数え上げなくても、立方体の辺の数に等しいと分かるから、 **ア** だね。

問題１　会話文中の［　ア　］にあてはまる数を書きなさい。

こころ：立方八面体の辺の数は、数え上げなくても分かるのかしら。……ええと、まず、正方形６つと正三角形８つの辺の数の合計は、４×６＋３×８を計算すれば良い。一方、この立体のすべての辺は、正方形の１辺と正三角形の１辺が重なり合ってできている。よって、立方八面体の辺の数は［　イ　］である。

問題２　会話文中の［　イ　］にあてはまる数を書きなさい。

ゆたか：ほんとうだ。こころさん、すばらしい考えだね。その考えを応用すれば、実際に数え上げなくても、いろいろな立体の辺の数が求められそうだね。

こころ：すごい発見をしたようで、なんだかワクワクするわ。

ゆたか：そうだな。……たとえば、サッカーボールは、正五角形12個と正六角形20個をつなげてできた立体をふくらませた形だと聞いたことがあるよ。（**図４**）

こころ：その「ふくらませる前の立体」のことを、『切《せっ》頂《ちょう》二《に》十《じゅう》面《めん》体《たい》』と呼ぶのよね。すべての辺は、正五角形の１辺と正六角形の１辺が重なり合ってできているわ。

図４　ゆたかくんが説明するサッカーボール

ゆたか：だから、こころさんの考えを応用すれば、切頂二十面体の辺の数は［　ウ　］だね。

問題３　会話文中の［　ウ　］にあてはまる数を書きなさい。また、ゆたかくんは切頂二十面体の辺の数をどのように求めたのか、言葉や数、式、図、表などを使って説明しなさい。

2　こころさん、ゆたかくん、先生は近隣で生きている動物について話しています。次の会話をもとに問題に答えなさい。

こころ：先生、昨日学校前の道路でアライグマのような生き物が道路を横切るのを見ました。

先生　：どんな特徴《とくちょう》だったか覚えていますか。

こころ：顔は小さくて、しっぽが長かったように思います。

先生　：それはハクビシンかもしれないね。もしハクビシンだったら、それは昔からその地域にいたわけではなく、海外や他の地域からはいってきた外来種《がいらいしゅ》なのですよ。

こころ：そうなのですね。でも、かわいかったからたくさん見られるといいな。

先生　：そうとばかりは言えないのです。外来種の中でも特定外来《とくていがいらい》生物という生き物は、昔から日本にいた生き物や(ア)人に影響《えいきょう》を与えてしまうので、逆に増えすぎて困っているくらいなのです。

ゆたか：なぜ、増えてはいけないのですか。

先生　：例えば、茨城県でもアライグマは特定外来生物に指定されているのですが、年々増えていることが確認されていて、多くの被害や影響があることがわかっています。

ゆたか：そうなると、もともとそこにいた生き物はどうなるのだろう。

こころ：アライグマは雑食ですよね。そういう生き物が入ってきたら他の生き物の数にも影響が出てしまうよね。

ゆたか：他にはどのような影響があるのですか。

先生　：ウシガエルも特定外来生物に指定されているのですが、ウシガエルはいろいろな生き物を食べます。バッタなどの昆虫だけでなく、小さなカエルも。そうするうちに、在来種《ざいらいしゅ》が減り、多くの種類の生き物がいなくなってしまうのです。日本の自然は、在来種の生き物がいることで成り立ってきましたから、生き物の数の(イ)バランスがくずれてしまうことになります。

こころ：そういうことなら、早く対策しなくてはいけないのではないですか。

先生　：できるならそうしたいのですが、一度広がってしまった動物を完全にいなくすることは難しいのです。ですから、そうなる前に(ウ)持ち込まないということが大切なのです。

ゆたか：わかりました。『入れない、捨てない、拡《ひろ》げない』ですね。

問題１　下線部(ア)にあてはまるアライグマが人に与える影響をひとつ答えなさい。

問題２　生き物の生きるはんいは、特定外来生物以外にも影響を受けます。エゾシカは北海道では**図１**のように約20年間で北海道全域に生息するようになりました。気温の変化が原因として、考えられる理由を解答らんの（　）をうめ答えなさい。

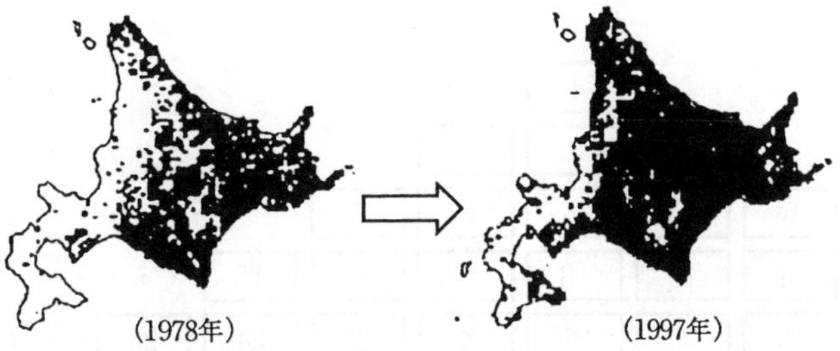

図１　北海道における保護されたエゾシカの数の変化（北海道ホームページより作成）
注）図中黒い部分はエゾシカが保護管理された地域

問題３　下線部(イ)の動物の数のバランスについて右の図で示しました。①～③は、肉食の動物、昆虫、昆虫を食べる動物の数の変化をあらわしています。ウシガエルが地域で増えた点をＡとしたとき、肉食の動物、昆虫を食べる動物、昆虫の数は①～③のどれであらわされているでしょうか。それぞれ答えなさい。

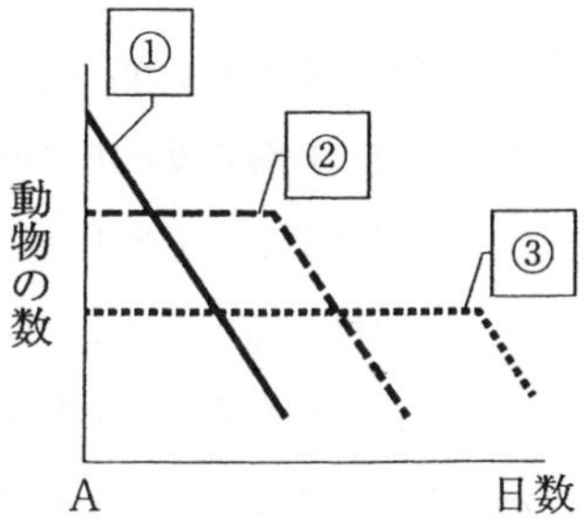

問題４　下線部(ウ)について、特定外来生物であるヒアリというアリは毒をもっており、刺されると強い痛みなどを引き起こします。2020年に主に右**図２**の地域（図中●）で発見されています。

図２から考えて、ヒアリはどのようにして日本に入りこんだのかを答えなさい。

図２　2020年にヒアリが発見された主な場所

3　こころさんとゆたかくんと先生は、机の上にカードを並べて、1つずつ数字を書いています。

先生　：1列目に1枚、2列目に3枚、3列目に5枚と、1列増えるごとに2枚ずつカードを増やして並べていきます。そして、並べられたカードに1つずつ数字を書いていきます。1列目のカードには1、2列目のカードには左端《ひだりはし》から順に2、3、4、3列目のカードには左端から順に5、6、7、8、9と書いていきます。(**図1**)

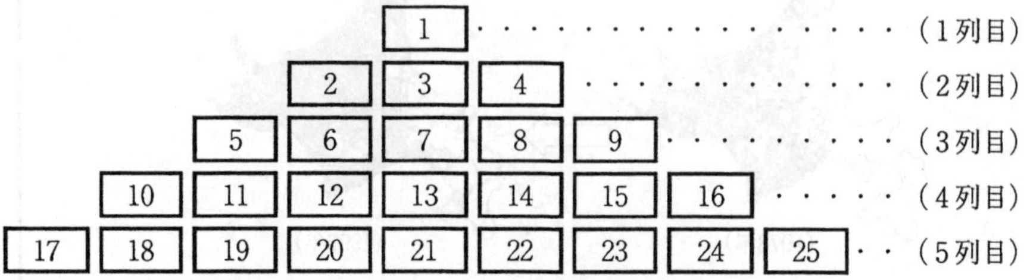

図1　並べたカードに1から順に数字を書いた

こころ：先生、おもしろいことに気がつきました。

先生　：どんなことですか。

こころ：各列の右端のカードに書かれた数字は

1列目が$1 = 1 \times 1$、2列目が$4 = 2 \times 2$、3列目が$9 = 3 \times 3$

4列目が$16 = 4 \times 4$、5列目が$25 = 5 \times 5$

で、どれも同じ数を2回かけた数になっています。

ゆたか：この方法でカードを並べていき、数字を書いていくと、10列目には　ア　枚のカードが並び、10列目の右端のカードに書かれる数字は　イ　だね。

問題1　会話文中の　ア　、　イ　にあてはまる数をそれぞれ書きなさい。

先生　：この方法でカードを並べていき、数字を書いていくと、1000という数字が書かれたカードは何列目の、左端から何番目になりますか？

こころ：各列の右端のカードに書かれる数字を利用できないかしら。

ゆたか：先生、分かりました。1000という数字が書かれたカードは　ウ　列目の、左端から　エ　番目です。

問題2　会話文中の　ウ　、　エ　にあてはまる数をそれぞれ書きなさい。

4　夏のある日のこころさんとゆたかくんの会話をもとに問題に答えなさい。

こころ：今日は運動する部活動は中止ですって。

ゆたか：楽しみにしていたのに。でも、今日は暑いから仕方ないね。熱中症になってしまうからね。

こころ：あら。熱中症は暑さだけが関係しているわけではないのよ。最近はＷＧＢＴ（暑さ指数）という数値を使うと聞いたわ。ＷＧＢＴはこのような装置（**図１**）で、乾《かん》球温度（気温）、湿《しつ》球温度、黒球温度から計算できるらしいよ。

ゆたか：ということは気温が高いだけでは熱中症になりやすいかどうかを判断していないってことだね。

こころ：その通り。そして、その三つの温度の中でも注）湿度がとても大きく影響《えいきょう》しているのですって。

ゆたか：それはどういうことかな。

こころ：(ア)湿度が高いと汗が蒸発しにくくなるから、熱くなった体から熱が出にくくなるそうよ。

ゆたか：そうなのか。でも、注射のときに消毒に使われるアルコールは、うでにぬるとすぐに蒸発しちゃうよ。

こころ：それは、(イ)水とアルコールでは蒸発のしやすさが違うからね。アルコールの方が蒸発しやすいんだよ。

ゆたか：ところで黒球温度って何だろう。

こころ：それは黒色にぬられた銅《どう》の球の中心に温度計をさして、ものから反射する熱を測った温度のようね。

ゆたか：どういうところに置く必要があるのかな。

こころ：（　　　　　ウ　　　　　）だね。

ゆたか：なるほど。これから気温だけでなく、他の影響も考えなくてはいけないね。

注）湿度とは、下の式で表される数字です。

$$\text{湿度（\%）}=\frac{\text{その温度で }1\,\mathrm{m}^3\text{に含まれている水蒸気の量}}{1\,\mathrm{m}^3\text{に含むことができる水蒸気の最大量}}\times 100$$

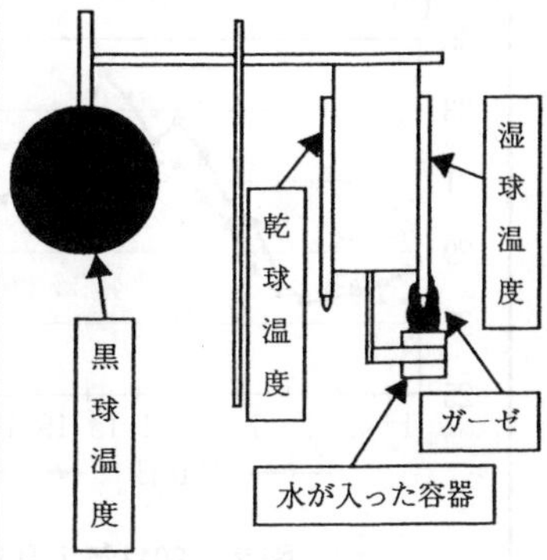

図１　ＷＧＢＴを測定する装置

問題１　湿球温度をはかる温度計は、温度計の先が水を含んだガーゼでおおわれています。下線部(ア)を参考に、湿球温度は、乾球温度と比べて高くなりますか、低くなりますか。また、湿度が高いほど、乾球温度との差は大きくなりますか。また、小さくなりますか。

問題２　下線部(イ)について、水18gが蒸発するには10.5キロカロリー、アルコール46gが蒸発するには10.1キロカロリーの熱が必要です。同じおもさの水とアルコールをそれぞれ蒸発させるのに必要な熱の比を、水を１として答えなさい。ただし、解答は小数点以下第二位を四捨五入した数字で答えること。ただし、カロリーとは、ものがあたためられたり、冷やされたりするときに出入りする熱の大きさを表す単位です。

問題３　会話文中の空らん（　ウ　）にあてはまる文章を下の①～④から選び番号で答えなさい。

①　壁や地面に近いひなた

②　壁や地面に近い日かげ

③　壁や地面からはなれたひなた

④　壁や地面からはなれた日かげ

問題４　下のグラフ（**図２**）は2011年７月18日と８月15日の東京の気温と湿度の変化をそれぞれ表しています。これらのグラフから熱中症で運ばれた人の数が多くなったと考えられるのは、７月18日と８月15日のどちらか。日にちを答えなさい。また、その日を選んだ理由も答えなさい。

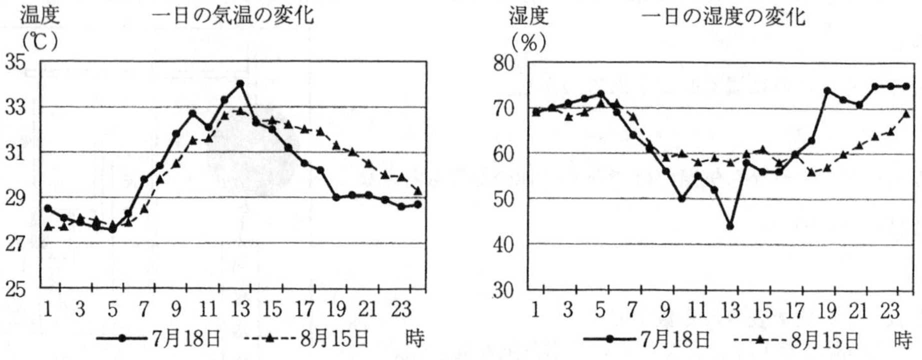

図２　2011年７月18日と８月15日の気温（℃）と湿度（%）の変化
(国土交通省気象庁より作成)

5　ゆたかくんは、宮沢賢治作の『楢《なら》ノ木大学士の野宿』のある場面について、先生、こころさんと話をしています。その場面は、楢ノ木大学士が宝石を探す途中で野宿をし、寝ていた耳元で鉱物の会話が聞こえたという場面です。文中の「　」の会話では、(ホ) はホンブレン (角せん石)、(バ) はバイオタイト (黒うんも) の言葉を表しています。

(ホ)「そんなに肱《ひじ》を張《は》らないでお呉《く》れ。おれの横の腹に病気が起《おき》るじゃないか。」

(バ)「おや、変なことを云《い》うね、一体いつ僕が肱を張ったね」

(ホ)「そんなに張っているじゃないか、ほんとうにお前この頃湿気《しっけ》を吸ったせいかひどくのさばり出して来たね」

(バ)「おやそれは私のことだろうか。お前のことじゃなかろうかね、お前もこの頃は頭でみりみり私を押しつけようとするよ。」

(中略)

(バ)「それはたしかに、あなたは僕の先輩《せんぱい》さ。けれどもそれがどうしたの。」

(ホ)「どうしたのじゃないじゃないか。僕がやっと体骼《かく》と人格が完成してほっと息をついてるとお前がすぐ僕の足もとでどんな声をしたと思うね。こんな工合《ぐあい》さ。もし、ホンブレンさま、ここのところで私もちっとばかり延《の》びたいと思いまする。どうかあなたさまのおみあしさきにでも一寸取りつかせてくださいませ。まあこういうお前のことばだったよ。」

宮沢賢治『楢ノ木大学士の野宿』より

ゆたか：先生、この場面はどういうことを表しているのですか。岩石のなかの鉱物が話をするわけもないし。

先生　：この場面では、火山の中でできた岩石の中の鉱《こう》物を人に例えて表しているのですよ。

こころ：話の中で、肱《ひじ》を張ると書いてありますね。鉱物が肱《ひじ》を張ったりしないですよね。

先生　：もちろんそうです。ただ、ここではマグマの中ではとけていた鉱物が冷えてかたまり、その後水分をすってしまいお互い大きくなろうと押し合いをしている様子を表していますね。

ゆたか：会話の中の「あなたは僕の先輩」ってどういうことですか。

先生　：(ア)鉱物の種類によって固まる温度は違います。この場面にあるように、ホンブレン (角せん石) はバイオタイト (黒うんも) より先に固まるので「先輩」というわけです。

こころ：そのバイオタイトがホンブレンと押し合うほどくっついてるということは、この岩石は［　イ　］ですね。

先生　：この場面の後を読んでみると、他の鉱石が「あのまっくらなところで一緒にまわりからのはげしい圧迫《あっぱく》やすてきな強い熱にこらえてきた」と言っていましたからね。

ゆたか：では、どうやって「あのまっくらな」という地中から声が聞こえる地表に登ってきたのだろう。

こころ：(ウ)火山の噴火とかかな。

先生　：それもありますが、地面はいつも動いていて山を大きくしたり、谷を深くしたりしているのですよ。

ゆたか：地中深くの見えないところの岩石が、それでみられるようになるのですね。

先生　：そうですね。そのおかげで私たちは岩石から地下の情報を知ることができるのですよ。

問題１　下線部(ア)について、ホンブレン（角せん石）とバイオタイト（黒うんも）は結しょうになる温度に差があります。どちらの方が高い温度で結しょうになり始めるのでしょうか。ホンブレン、バイオタイトのどちらかで答えなさい。

問題２　空らん［　イ　］にあてはまる岩石のめいしょうを下の①～③のなかから選び番号で答えなさい。

①　堆積岩　　　　②　深成岩　　　　③　火山岩

問題３　文章にでてくる岩石の様子をあらわした図は、下の図の(a)、(b)のどちらですか。記号で答えなさい。また、(a)と(b)の様子のちがいはなぜ起こるのか。説明しなさい。

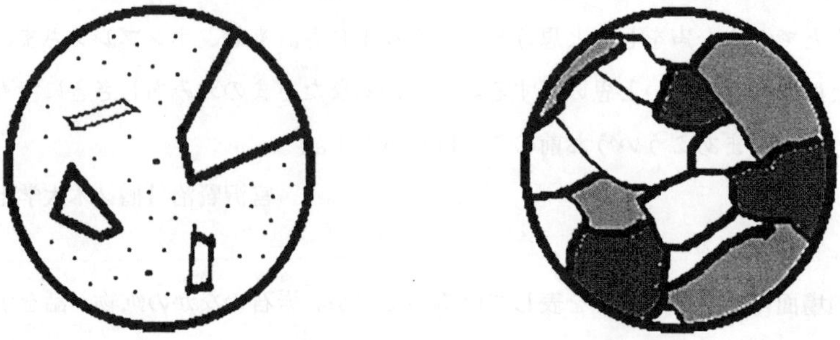

(a)　　　　(b)

問題４　下線部(ウ)について、火山が噴火したとき、太陽や月が赤っぽく見えることがあります。なぜこのように赤っぽく見えるのでしょうか。その理由を解答らんの（　）をうめて答えなさい。

6　こころさんは、ゆたかくんが読んだ『和《わ》算《さん》』の本について興味を持っています。

こころ：ゆたかくんが読んだ『和算』の本には、どんなことが書かれていたの？
ゆたか：たとえば『油分け算』というものがあって、こんな問題＜Ｑ１＞だったんだ。

> ＜Ｑ１＞
> 大きな容器Ｘにたくさんの油が入っています。ここから、
> ７Ｌの油が量《はか》れる容器Ａと３Ｌの油が量れる容器Ｂを使い、
> ５Ｌを取り出す方法を説明しなさい。

こころ：面白そうね。ゆたかくんは、この＜Ｑ１＞を解けるの？
ゆたか：はじめは分からなくて先生に相談したら、ヒントを教えてくれたんだ。だから、いまは解けるよ。
こころ：へー、私も解けるようになりたいわ。そのヒントを私にも教えてくれる？
ゆたか：いいよ。それは、こんな例題と、その２通りの解き方だったよ。

＜例題＞
大きな容器Ｘにたくさんの油が入っています。ここから、
５Ｌの油が量れる容器Ａと３Ｌの油が量れる容器Ｂを使い、
４Ｌを取り出す方法を説明しなさい。

＜解き方　その１＞
次の①～⑥の順に行うと、容器Ａに４Ｌが取り出せる。

①　ＸからＡに５Ｌ移す。

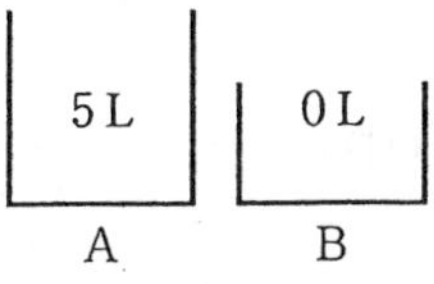

②　ＡからＢに３Ｌ移す。

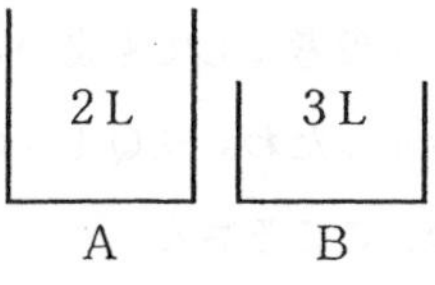

③　ＢからＸに３Ｌ移す。

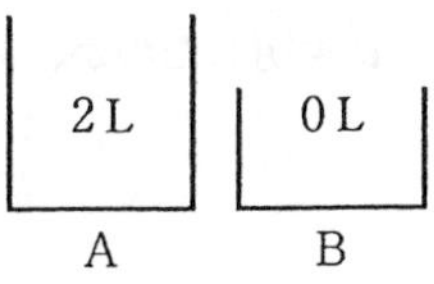

④　ＡからＢに２Ｌ移す。

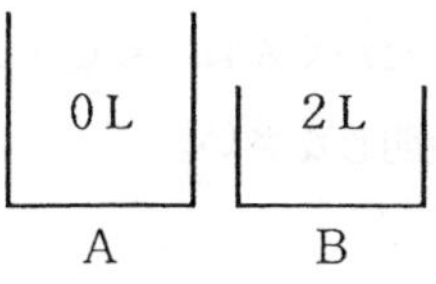

⑤　ＸからＡに５Ｌ移す。

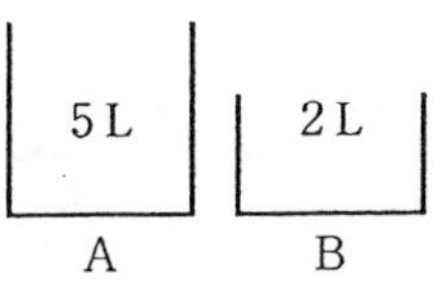

⑥　ＡからＢに１Ｌ移す。

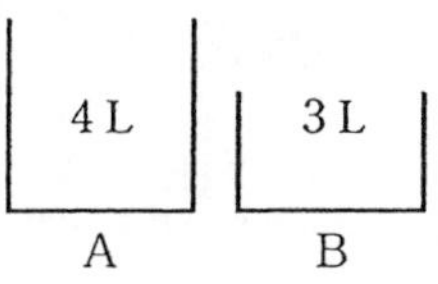

＜解き方　その２＞

たとえば、容器Ａに３Ｌ、容器Ｂに２Ｌそれぞれ入っていることを（３，２）と表し、次の図の位置にある点として表す。

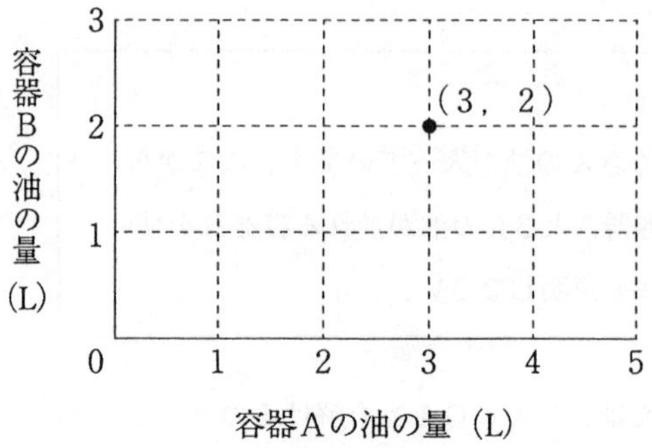

すると、次の①〜⑥の順に点の位置を移すと、容器Ａに４Ｌが取り出せると分かる。

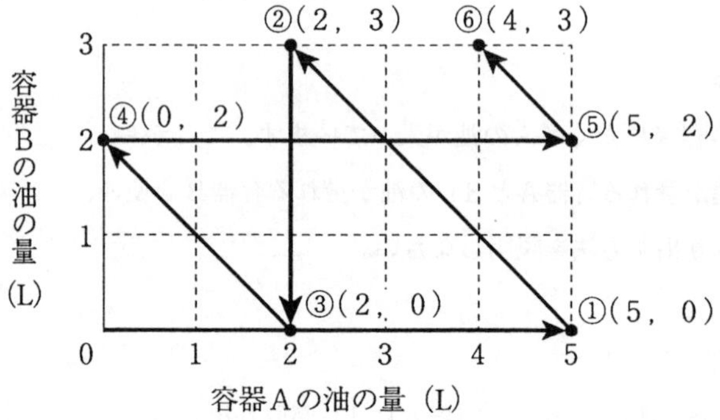

ゆたか：解き方は、どちらを参考にしても良いと思うよ。

こころ：なるほど。よく分かったわ。＜Ｑ１＞の解き方を説明するわね。……

ゆたか：正解。さすがだね、こころさん。

問題　こころさんはゆたかくんに、＜Ｑ１＞の解き方をどのように説明したのか、言葉や数、式、図、表などを使って説明しなさい。

2022年度 江戸川学園取手中学校 ▶解　答

※　編集上の都合により，第１回適性型試験の解説は省略させていただきました。

適性型A　＜第１回適性型試験＞（50分）＜満点：100点＞

解　答

1　**問題１**　イ　　**問題２**　ア　あ　　イ　か　　**問題３**　（例）　アジアでは水田に水をためて栽培する稲作が広く行われているから。　　**問題４**　（例）　突然変異の危険度が高い地域は水がおいしいと思う人の割合が低く，それらは人口が集中する都市部で多く見られる。　　**問題５**　（例）　Ｙさんと同じように水の安全性やおいしさが環境問題を考えるきっかけになっていくとよいと思う。日本は世界でも数少ない水道水を安心して飲める国であるのだから，それをもう一度取り戻していくためには環境をよくしていくことが最優先であろう。Ｘさんの意見では水質の汚染に対して根本的な答えになっていないように感じる。

2　**問題１**　（例）　右の図　　**問題２**　**ア**　（例）　地域からお金が流出する　　**イ**　（例）　漏れバケツの穴をふさぐ　　**ウ**　（例）　地域を誇らしく思う　　**エ**　（例）　県外から購入していた魚の代金がかからなくなる

地域経済循環のイメージ

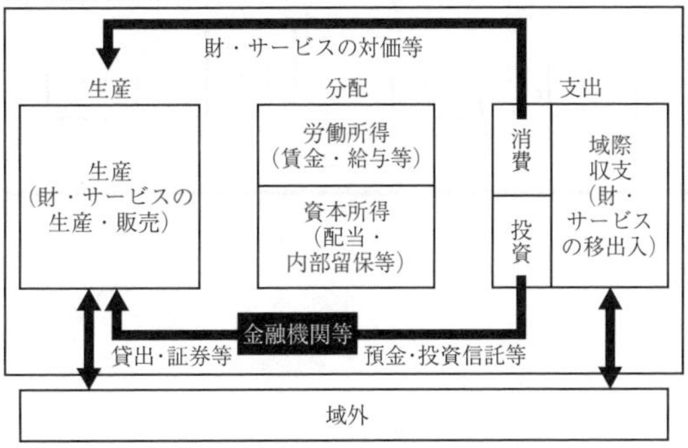

3　**問題１**　（例）　評価されないからといって，簡単にやめないということ。　　**問題２**　（例）　他人から評価されなくても自分の好きなことを続けるために，しっかりと目標を決めることが大切だと思います。僕は小学校低学年から野球をやっていて，高校卒業まで続けたいと考えています。もし，中学に入って野球を応援してもらえずやめるべきだと言われたとします。その場合でも，僕には高校卒業までは野球をがんばるという確かな目標があるため「野球を続ける」と迷いなく答えられます。半端にならないように自分の目標を達成させたいです。

適性型B　＜第１回適性型試験＞（50分）＜満点：100点＞

解　答

1　**問題１**　12　　**問題２**　24　　**問題３**　90／**説明**…（例）　正五角形12個と正六角形20個の辺の数の合計は，５×12＋６×20を計算すればよく，180である。一方，この立体のすべての辺は，正五角形の１辺と正六角形の１辺が重なり合ってできている。よって，求めたい辺の数は，180÷２＝90となる。

2 **問題１** （例） 作物を食べてしまう。 **問題２** （例） （約20年間で気温が）上昇した（ため，エゾシカの）えさを北部の地域でもとることができるようになった（から） **問題３** **肉食の動物**…③ **昆虫**…① **昆虫を食べる動物**…② **問題４** （例） 外国からの貨物を運ぶ船にまぎれて入りこんだ。

3 **問題１** **ア** 19枚 **イ** 100 **問題２** **ウ** 32列目 **エ** 39番目

4 **問題１** （湿球温度は，乾球温度と比べて）低くなる。／（湿度が高いほど差は）小さくなる。 **問題２** １：0.4 **問題３** ③ **問題４** （熱中症が多くなったと思われるのは）８月15日／**理由**…（例） 気温が高い９時から15時ごろの湿度が，８月15日の方が高いから。

5 **問題１** ホンブレン **問題２** ② **問題３** **記号**…(b)／**理由**…（例） 地中の深くでゆっくりと固まっていくため，結しょうが大きくなるから。 **問題４** （例） （太陽や月の光のうち，）青色の光は噴火の煙やちりに反射（され，赤色の光が）通過してしまう（から）

6 （例） 下の図の①～⑧の順に行うと，容器Ａに５Ｌが取り出せる。

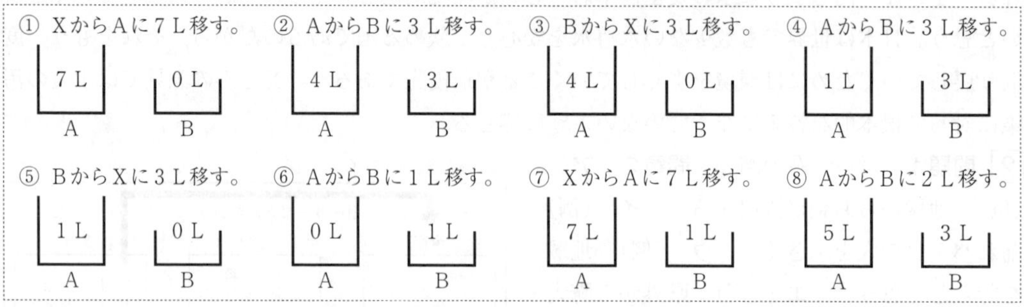

2022年度　江戸川学園取手中学校

〔電　話〕　(0297) 74－０１１１
〔所在地〕　〒302－0025　茨城県取手市西１－37－１
〔交　通〕　JR常磐線 ―「取手駅」より徒歩25分
　　　　　　「取手駅」よりスクールバス５分

〈編集部注：一般の５科目型受験者は算数・社会・理科・英語・国語，英語型受験者は算数・英語・国語を選択します。また，一般・帰国で，受験する設問が異なる科目があります。〉

【算　数】〈第２回試験〉（一般は50分，帰国生は国語と合わせて60分）
〈満点：一般100点，帰国生75点〉

（注意）　・円周率は3.14としなさい。
・比はいちばん簡単な整数の比で表しなさい。
・帰国生入試の受験者は**1**～**4**のみ解答しなさい。

1　［全員解答すること。］

次の問いに答えなさい。

(1)　次の計算をしなさい。

①　$1-\left(\frac{3}{22}\div\frac{9}{11}+\frac{1}{4}\right)$

②　$\left(0.4+\frac{3}{4}\times 2.4\right)\times 2-3\frac{3}{5}$

③　$1-\left(0.125\div\frac{5}{16}+0.3\right)\times\frac{5}{6}+\frac{1}{4}$

(2)　みかんが何個かあります。このみかんを子どもに配るとき，１人に４個ずつ配ると５個あまり，１人に５個ずつ配ると４個足りません。みかんは全部で何個ありますか。

(3)　下の【図１】の斜線部分の面積を求めなさい。

【図１】

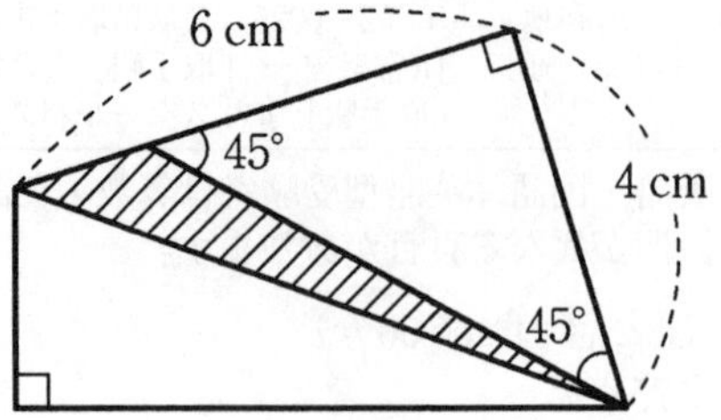

【図２】

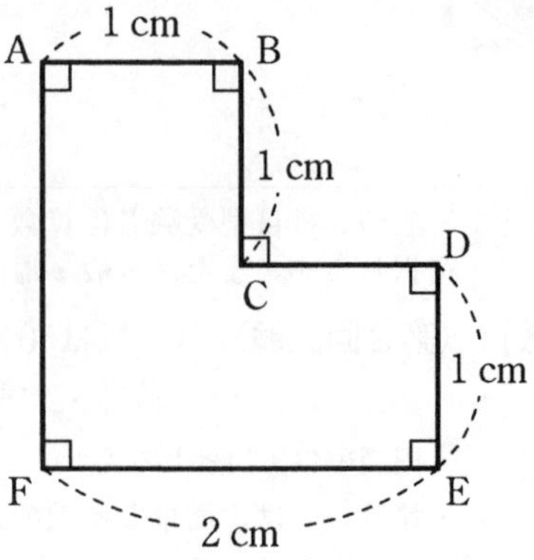

(4)　上の【図２】の六角形ＡＢＣＤＥＦを，辺ＡＦを軸として１回転させてできる立体の体積を求めなさい。

2　**［全員解答すること。］**

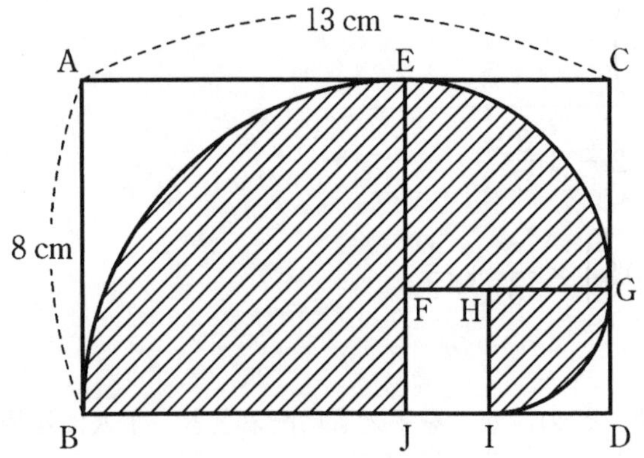

上の図は，縦８cm，横13cmの長方形ＡＢＤＣの内部に線を引き，正方形ＡＢＪＥ，正方形ＥＦＧＣ，正方形ＨＩＤＧ，長方形ＦＪＩＨという４つの図形に区切ったあと，正方形ＡＢＪＥ，正方形ＥＦＧＣ，正方形ＨＩＤＧのそれぞれの内部におうぎ形をかき入れたものです。

このとき，次の問いに答えなさい。

(1)　長方形ＦＪＩＨの面積を求めなさい。

(2)　斜線部分の面積を求めなさい。

3 ［全員解答すること。］

6％の食塩水100gが入った容器Aと，12％の食塩水300gが入った容器Bがあります。

このとき，次の問いに答えなさい。

(1) 容器Aと容器Bに入っている食塩水をすべて混ぜ合わせてできる食塩水の濃さを求めなさい。

(2) 容器Bに入っている食塩水をとり出して容器Aに入れて混ぜ合わせると，10％の食塩水になりました。容器Bからとり出した食塩水の量は何gですか。

(3) 容器Aと容器Bからそれぞれ同じ量の食塩水をとり出し，容器Aからとり出した食塩水は容器Bへ，容器Bからとり出した食塩水は容器Aへ混ぜました。すると，2つの食塩水の濃さが同じになりました。とり出した食塩水の量は何gですか。

4 ［全員解答すること。］

右のように整数が並んでいるとき，次の問いに答えなさい。

1段目				1			
2段目			2	3	4		
3段目		5	6	7	8	9	
4段目	10	11	12	13	14	15	16
⋮				⋮			

(1) 5段目の右端にある数を答えなさい。

(2) 70は何段目の左から何番目の数ですか。

(3) ある段の左端にある数と右端にある数をたすと314になりました。それは何段目ですか。

5 **［50分試験（５科目型，英語型）の受験生のみ解答すること。］**

右の図のような，ＡＢ＝30 cm，ＡＤ＝24 cm，ＡＥ＝18 cmの直方体ＡＢＣＤ－ＥＦＧＨがあります。この直方体の表面のＣとＦ，ＤとＥをそれぞれまっすぐ結んだところ，その長さは30 cmになりました。

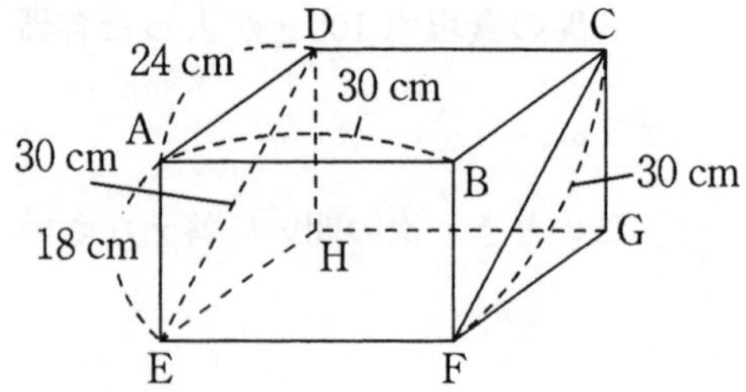

２点Ｐ，Ｑがこの直方体の面にできた四角形ＣＤＥＦの辺上を動きます。点ＰはＣを出発して毎秒２cmの速さでＣ→Ｄ→Ｅ→Ｆ→Ｃ→…の順に，点ＱはＣを出発して毎秒１cmの速さでＣ→Ｆ→Ｅ→Ｄ→Ｃ→…の順に，それぞれ動きます。２点Ｐ，ＱがＣを同時に出発するとき，次の問いに答えなさい。

(1)　２点が初めて出会うのは，出発してから何秒後ですか。

２点Ｐ，Ｑが初めて出会う地点をＳ，２度目に出会う地点をＴとします。３点Ａ，Ｓ，Ｔを通る平面でこの直方体を切断するとき，

(2)　切断面の図形の名称は何ですか。最も適する名称を答えなさい。

(3)　切断してできる２つの立体のうち，Ｅを含む立体の体積を求めなさい。答えだけでなく，途中の計算や考え方も書きなさい。

6 **[50分試験(5科目型，英語型)の受験生のみ解答すること。]**

50円玉，10円玉，5円玉，1円玉がそれぞれ8枚ずつ，合計32枚の硬貨があります。ある品物を買うのにおつりのないように支払います。このお店では50円以上の品物が1円単位で売っているものとします。支払いに使える硬貨は合計10枚までとし，合計の枚数をできるだけ少なくすることにします。

たとえば，60円の品物を買うときの支払い方は50円玉1枚，10円玉1枚のみとなります。10円玉4枚，5円玉4枚という支払い方は考えません。また，226円支払う場合は50円玉4枚，10円玉2枚，5円玉1枚，1円玉1枚の合計8枚で支払うことしかできません。最大で支払うことのできる金額は50円玉8枚，10円玉2枚の合計10枚で420円支払う場合です。

このとき，次の問いに答えなさい。ただし，使わない種類の硬貨があってもかまいません。

(1) 50円以上420円以下の品物で支払うことのできない最小の値段を求めなさい。

(2) 50円以上420円以下で，一の位が1の品物のうち，支払うことのできない値段をすべて求めなさい。

(3) 200円以上300円以下の品物で支払うことのできない値段は全部で何通りあるか求めなさい。

【社　会】〈第２回試験〉（理科と合わせて60分）〈満点：50点〉

1　次の年表は、2021年の１月から８月までの出来事を表したものです。これを見て、以下の問いに答えなさい。

月	出来事
1月	・阪神淡路大震災発生から26年が経過した。 ・①アメリカ合衆国大統領にバイデン氏が就任した。
2月	・ミャンマーでクーデターが発生し、国軍が全権を掌握《しょうあく》した。
3月	・②エジプトにあるスエズ運河でコンテナ船が座礁《ざしょう》した。
4月	・３度目の緊急事態宣言が発令された。 ・③ホンダが、ガソリン車を2040年までに全廃することを発表した。
5月	・総務省が、④15歳未満の子どもの人口推計を発表した。
6月	・⑤イギリスでＧ７が開催された。 ・関西電力が、美浜原発３号機の再稼働を決定した。
7月	・熱海で土石流による大規模な⑥災害が発生した。 ・東京オリンピックが開幕した。
8月	・タリバンがアフガニスタンを制圧した。 ・東京オリンピックが閉幕した。

問１　下線部①に関連して、下のグラフ１は対米・対中における日本の貿易総額の推移を、表２は対米・対中における日本の輸入品目の上位５品目とその割合（2019年）を表したものです。グラフ中のＡ・Ｂと、表中のＣ・Ｄは、それぞれアメリカ合衆国・中国のいずれかを示しています。アメリカ合衆国を示した組み合わせとして適当なものを、次のア～エから一つ選び、記号で答えなさい。

グラフ１　対米・対中における日本の貿易総額の推移

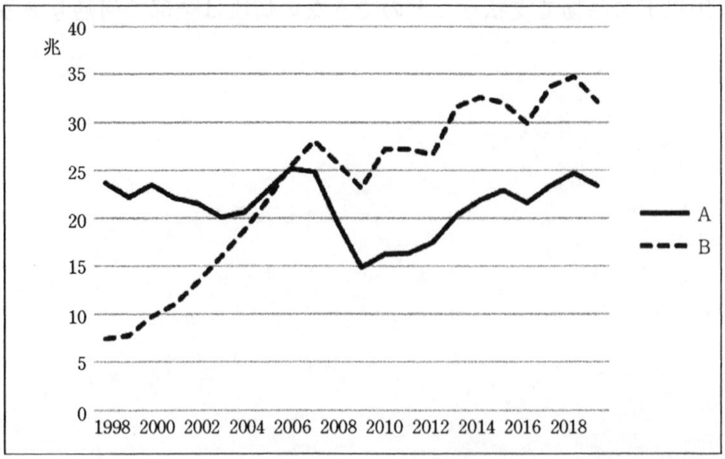

財務省「貿易統計」に基づいて作成

表２　対米・対中における日本の輸入品目の上位５品目とその割合（2019年）

貿易相手国	C		D	
順位	輸入品目	割合（%）	輸入品目	割合（%）
１位	機械類	47.0	機械類	26.3
２位	衣類	9.7	航空機類	5.8
３位	金属製品	3.7	医薬品	5.6
４位	家具	2.5	科学光学機器	5.3
５位	がん具※	2.1	肉類	4.6

※がん具：おもちゃのこと

公益財団法人矢野恒太記念会（2020）『日本国勢図会2020／21年版』に基づいて作成

ア　A・C　　　イ　B・C　　　ウ　A・D　　　エ　B・D

問２　下線部②について、スエズ運河の位置として適当なものを、下の地図中のア～エから一つ選び、記号で答えなさい。

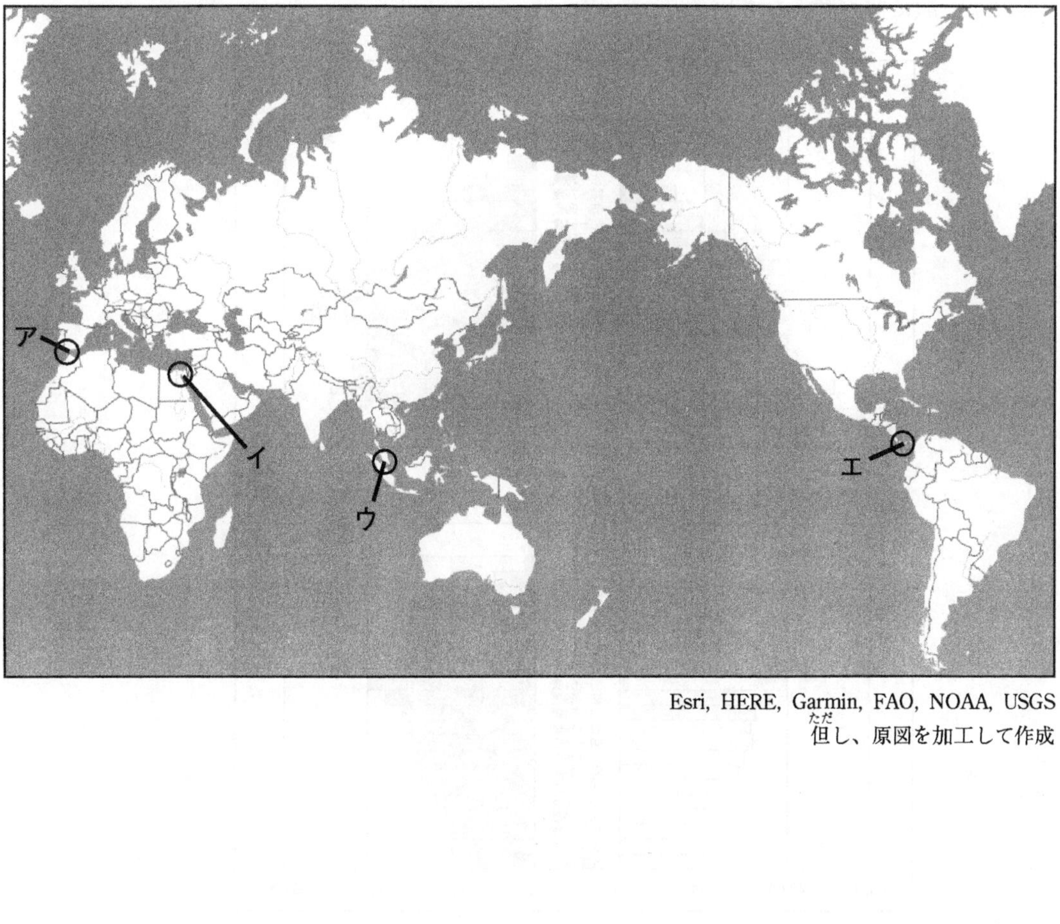

Esri, HERE, Garmin, FAO, NOAA, USGS

但《ただ》し、原図を加工して作成

問３　下線部③に関連して、以下の問いに答えなさい。

(1)　近年、自動車を都市郊外の駐車場にとめ、鉄道やバスに乗り換えて都心部に向かう方法が注目されています。このような方式を何と言いますか。カタカナで答えなさい。

(2)　自動車産業について述べた文Ｘ・Ｙとその正誤の組み合わせが適当なものを、次のア～エから一つ選び、記号で答えなさい。

Ｘ　自動車の生産においては、工場に余計な部品をとどめずに車を生産し続ける「ジャスト・イン・タイム」が行われていることが多い。

Ｙ　燃料電池自動車は、燃料電池の価格の高さや水素ステーションの整備が進んでいないことが大きな課題である。

ア　Ｘ：正　Ｙ：正　　　イ　Ｘ：正　Ｙ：誤

ウ　Ｘ：誤　Ｙ：正　　　エ　Ｘ：誤　Ｙ：誤

問４　下線部④に関連して、次のア～エは、1950年、1980年、2010年、2040年（将来推計値）のいずれかを示した日本の人口ピラミッドです。解答欄に当てはまるように、古いものから順に並べ替えなさい。

ア

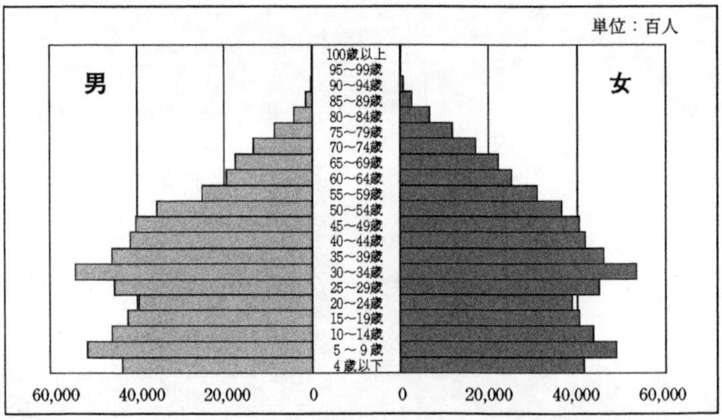

イ

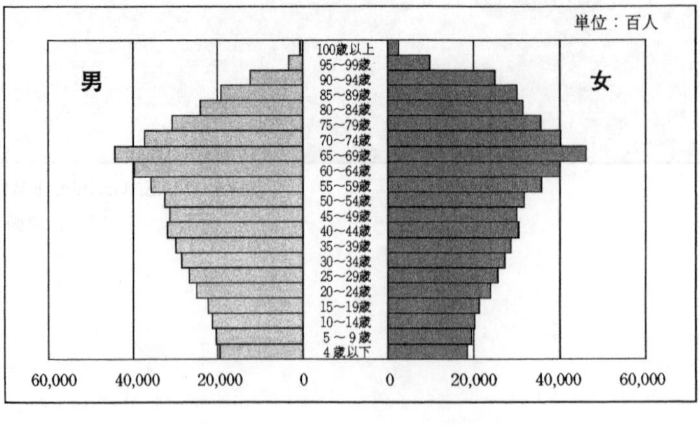

ウ

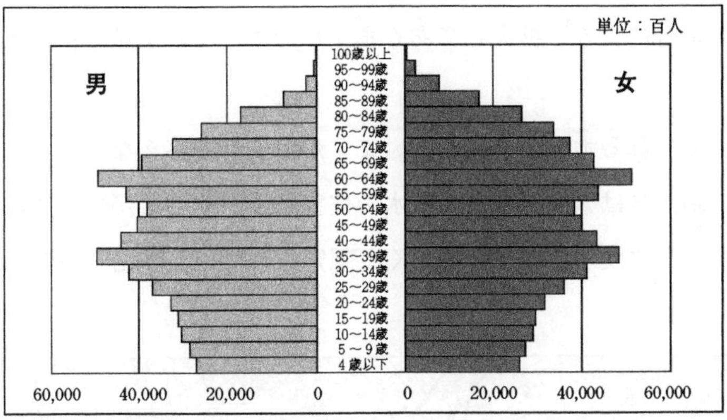

エ

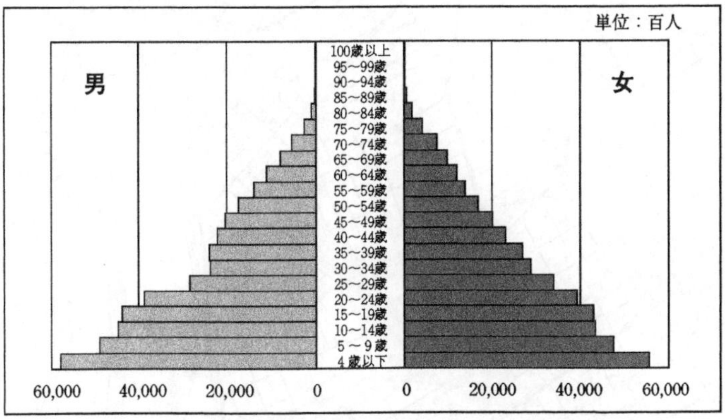

総務省統計局「国勢調査」、国立社会保障・人口問題研究所「日本の将来推計人口」より作成

問５　下線部⑤に関連して、日本時間12月21日午後２時０分に成田国際空港を出発し、イギリスのロンドン（経度０°）へ向かう航空機に搭乗しました。飛行機に乗っていた時間を12時間30分としたとき、ロンドンに到着したのは、イギリス時間の何月何日何時何分ですか。解答欄に当てはまるように答えなさい。但《ただ》し、「午前・午後」は当てはまるものに○をつけること。

問６　下線部⑥に関連して、次の地形図は、茨城県の古河市周辺を表した２万５千分の１地形図（編集上の都合により、拡大してあります）です。これを見て、以下の問いに答えなさい。

(1)　地形図中に見られる地形Ａを何と言いますか。漢字で答えなさい。

(2)　地形図中の地点Ｂは、洪水による浸水の被害が長引くことが想定される地域の中にあります。地点Ｂで浸水の被害が長引くと想定されている理由を説明しなさい。

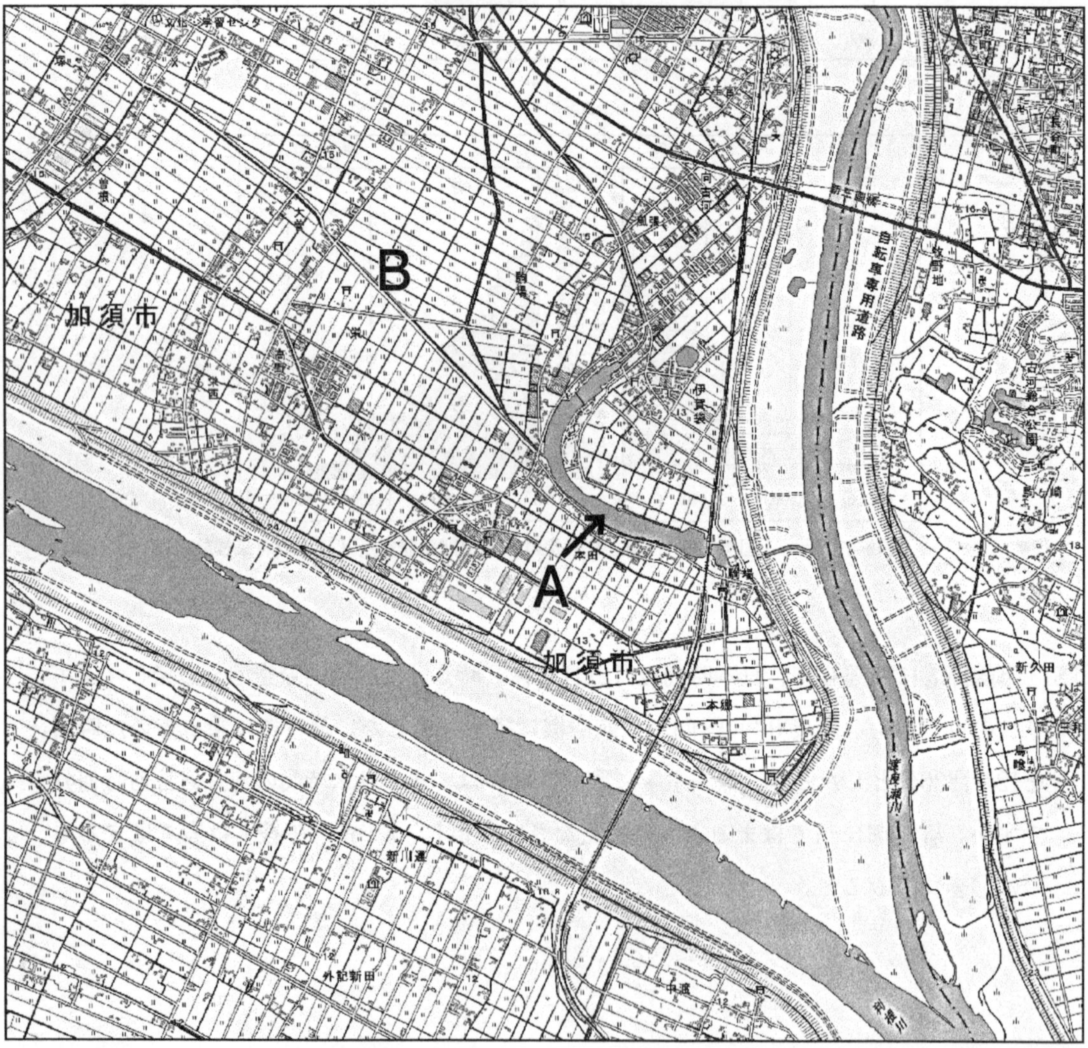

電子地形図25000（国土地理院）を加工して作成

2　取手市に住む太郎くんは、取手市内を散歩して、史跡《しせき》を写真にとりました。そして、そのうちの何枚かを花子さんに見せることにしました。以下はその会話文です。これに関して、以下の問いに答えなさい。

【写真１】

【会話文１】

太郎くん「写真１は、取手市にある県指定文化財の本多作左衛門重次《ほんださくざえもんしげつぐ》の墓だよ。」

花子さん「本多作左衛門重次という人を全く知らないんだけど。学校の授業で習わないし、受験にも必要無いでしょ。」

太郎くん「まあ、そうは言わずに、身近なところから歴史を学ぶのも大切だからね。本多作左衛門重次という人は、三河国の大名であった徳川家に仕えていた武士だったんだ。勇猛《ゆうもう》で『鬼左作《おにさくざ》』と呼ばれていたらしい。」

花子さん「なるほど。でも、どうして取手にお墓があるのかな。」

太郎くん「北条氏の滅亡《めつぼう》後、徳川家康が①<u>豊臣秀吉</u>の命令で、関東に移されるよね。それ以前の何らかの理由で、本多作左衛門重次は秀吉の怒りを買ったようなんだ。その結果、家康が関東に移るときに、家康に命じられて、現在の取手周辺に閉じこもって住むようになったんだ。」

花子さん「なるほど。どんな人にも歴史はあるんだね。」

太郎くん「彼が戦場から妻に宛《あ》てたといわれる手紙も有名なんだ。これは簡潔な手紙の手本とされているよ。手紙の文は

『一筆啓上《けいじょう》、火の用心、お仙《せん》泣かすな、馬肥《こ》やせ』

というだけのものなんだけど、わかりやすく要件だけを伝えているよね。ちなみにお仙とは、本多作左衛門重次の長男のことだよ。長男は後に本多成重と名乗り、②<u>譜代大名</u>になっているよ。」

花子さん「確かに『鬼』と言われていたというけれど、家族を思いやる優しい気持ちが伝わってくる素敵な手紙だと思うよ。」

問１　会話文１の下線部①について、豊臣秀吉の政策に関して述べた文として**適当でないもの**を、次のア～エから一つ選び、記号で答えなさい。

ア　太閤検地を行い、石高で土地を評価した。

イ　刀狩令を出し、農民たちから刀や武器を取り上げた。

ウ　征夷大将軍に就任して、宣教師に国内での布教を許した。

エ　1592年と1597年の２度にわたって朝鮮を攻めた。

問２　会話文１の下線部②について、譜代大名とはどのような大名か、簡単に説明しなさい。

【写真２】

【会話文２】

太郎くん「この写真２は『新《しん》四《し》国《こく》相《そう》馬《ま》霊《れい》場《じょう》八十八カ所』の１つで、取手市内にある10番札所《ふだしょ》の観音堂《かんのんどう》だよ。」

花子さん「まず、『新四国相馬霊場八十八カ所』って何のこと。」

太郎くん「そもそも、『四国霊場八十八ヶ（カ）所』というものがあるんだ。これは四国地方の③空海にゆかりのある88の寺院の総称だよ。この88の寺院をお参りすることで、願い事がかなうと言われているんだよ。また、お参りする人が寺院に札を納めるなどしたので、寺院を札所とも言うんだ。お参りする人たちをお遍路《へんろ》さんと言うね。」

花子さん「ということは、空海ゆかりの『四国霊場』にあやかって、『新四国相馬霊場』をつくったということかな。取手周辺はかつて相馬郡だったからね。」

太郎くん「その通り。『新四国相馬霊場』の成立は、1759年とされているよ。現在の取手市にある長禅寺の僧が、『四国霊場』の砂を持ち帰って開いたとされているんだ。④江戸時代は海路と河川によって物資が運ばれていたんだけど、利根川の水運を背景に経済的に発展していた取手宿周辺の他にも、現在の我孫子市や柏市にも札所があるよ。」

花子さん「なるほど。四国には行けない人々も、札所めぐりができたということね。」

太郎くん「取手市の長禅寺には⑤江戸時代の文化を代表する俳人、小林一茶の

『下総の四国廻《めぐ》りや閑古鳥《かんこどり》』

という句碑《くひ》があるんだよ。」

花子さん「国語ならまかせて。閑古鳥は夏の季語だね。『新四国相馬霊場』が開かれたこと、小林一茶の俳句からも取手宿が経済的にも、文化的にも栄えていたことが分かるね。」

問３　会話文２の下線部③について、空海が開いた宗派と関係の深い寺院の組み合わせとして適当なものを、次のア～エから一つ選び、記号で答えなさい。

ア　天台宗・比叡山延暦寺　　　イ　天台宗・高野山金剛峯（峰）寺

ウ　真言宗・比叡山延暦寺　　　エ　真言宗・高野山金剛峯（峰）寺

問４　会話文２の下線部④について、日本海沿岸と大阪を結ぶ西廻《まわ》り航路や日本海沿岸と江戸を結ぶ東廻り航路を整備した人物として適当なものを、次のア～エから一人選び、記号で答えなさい。

ア　河村瑞賢　　イ　角倉了以　　ウ　三浦按針　　エ　山田長政

問５　会話文２の下線部⑤について、江戸時代の文化に関して述べた文として**適当でないもの**を、次のア～エから一つ選び、記号で答えなさい。

ア　杉田玄白らが、ヨーロッパの解剖《かいぼう》書を翻訳《ほんやく》して『解体新書』を出版した。

イ　伊勢松坂の医師であった本居宣長が『古事記伝』を著し、国学を大成した。

ウ　ドイツ人でオランダ商館医のシーボルトが長崎郊外に「鳴滝塾」を開いた。

エ　東海道の名所風景を描いた葛飾北斎の『東海道五十三次』が人気となった。

3 2022年は日本の鉄道開業150周年にあたります。以下の表は、鉄道の歴史に関心のあるトオル君が交通に関する事項を書き出したものの一部です。以下の問いに答えなさい。

年	できごと
1872	・①新橋 ── 横浜に鉄道が開業する。
1885	・日本鉄道会社により大宮 ── 宇都宮間が開業する。
1889	・東海道線が全通する（新橋〔東京〕 ── 神戸間）。
1906	・鉄道国有法が制定され、鉄道の約９割が国有となる。 ・（　Ａ　）株式会社が設立される。
1923	・②関東大震災で路面電車に大きな被害。代わりにバスが使用される。
1964	・東海道新幹線が開業する。 ・首都高速道路が開通する。
（　Ｂ　）	・国鉄（日本国有鉄道）分割民営化。ＪＲ（日本鉄道）各社が発足する。

問１　表中の下線部①について、新橋・横浜間の鉄道開業にあたって、日本はどこの国の技術を導入しましたか。適当なものを、次のア～エから一つ選び、記号で答えなさい。なお、その国は1902年に日本と同盟を結んでいます。

ア　イギリス　　イ　アメリカ　　ウ　オランダ　　エ　フランス

問２　表中の空欄（　Ａ　）には、日露戦争のポーツマス条約によって、日本がロシアから譲られた中国東北部の権利にもとづき設立された鉄道会社名が入ります。漢字５字で答えなさい。

問３　表中の下線部②について、関東大震災に関して述べた文Ｘ・Ｙとその正誤の組み合わせが適当なものを、次のア～エから一つ選び、記号で答えなさい。

Ｘ　関東大震災が起きたときの元号（年号）は大正であった。

Ｙ　暴動が起こるとのうわさが流れ、朝鮮人や中国人が殺害された。

ア　Ｘ：正　Ｙ：正　　　イ　Ｘ：正　Ｙ：誤

ウ　Ｘ：誤　Ｙ：正　　　エ　Ｘ：誤　Ｙ：誤

問４　空欄（　Ｂ　）に当てはまる年として適当なものを、次のア～エから一つ選び、記号で答えなさい。

ア　1977　　イ　1987　　ウ　1997　　エ　2007

4 次の文章を読んで、以下の問いに答えなさい。

「親権」は、①民法に出てくる法律用語である。文字どおりに読めば、「親の権利」だが、民法820条には、次のように書かれている。

民法820条
親権を行う者は、子の利益のために子の監護及び教育をする権利を有し、義務を負う。

少しややこしいが、法律には、親権は、②「権利」であるだけではなく、「義務」であるとも書かれている。親権の構造は複雑であるために、民法の教科書などをみても、なかなかコンパクトにまとめられたものがない。その中でも、次の定義がわかりやすい。

「③成年に達しない子の身上の世話及び教育並びに財産の管理のために、その父母に認められる義務及び権利の総称」。2016年の日本家族＜社会と法＞学会のシンポジウムで、家族法改正研究会が報告した定義である。

なお、民法820条に出てくる「監護」は、「身の回りの世話をすること（身上の世話）」である。そして、親権のうちから、日々の監護と教育をする義務と権利を取り出し、「監護権」と呼んでいる。

親権を持つ者が親権者、監護権を持つ者が監護者である。

親権者と監護者は一致していることがほとんどであるが、一致しないこともある。

それでは、親権は誰の誰に対する権利で、誰の誰に対する義務だろうか。

④おおむね研究者のあいだでは、次のように言われている。親子間の関係では、親権は親からみれば、子どもの利益のために子どもの監護と教育などをおこなう「親の子どもに対する義務」であり、子どもからみれば、監護と教育などを親に求める「子どもの権利」であるとされる。そして、社会や国と親との関係では、監護や教育に不当に介入する者に対して、その介入を拒む「親の権利」であると理解されている。

さらに「⑤子供の権利条約」は、子どもと国との関係では、親権者が養育できないか、または養育が不十分なときに、子どもから国に対して養育を求める権利があり、親と国との関係では、国は親に対して、親の養育責任を適切に援助する義務があるとしている。

そして、親権には、あくまで「子の利益のために」おこなうという制約が課されている。この「子の利益のために」という言葉は、後に述べる2011年の⑥法改正で、民法820条にようやく加えられた。親権は、子どもに対する支配権であるかのような誤解があり、そのことが児童虐待を助長しているとの指摘を受けて、この言葉が新たに入ったのである。

これによって、親権は子どもに対する親の義務であることが、いっそう明確になった。

榊原富士子・池田清貴（2017）『親権と子ども』岩波書店

※但し、出題の都合により、原文の趣旨を尊重しつつ一部改めた。

問1　下線部①について、民法に関する記述として**適当でないもの**を、次のア～エから一つ選び、記号で答えなさい。

ア　民法は法律のひとつである。

イ　民法上の親権の構造は単純であり、条文から直ちに明らかになる。

ウ　民法の条文数は多く、800条以上の条文からなる。

エ　民法にはさまざまな権利に関する規定がある。

問2　下線部②に関連して、日本国憲法に規定されている「教育を受ける権利」についての記述として**適当でないもの**を、次のア～エから**すべて**選び、記号で答えなさい。

ア　「教育を受ける権利」は社会権とよばれる権利に分類されている。

イ　「その保護する子女に普通教育を受けさせる義務」は基本的人権である。

ウ　公立小学校では授業料がかからないが、それは「教育を受ける権利」を根拠としている。

エ　小学校の給食費の支払いを、「教育を受ける権利」を根拠に拒むことはできない。

問3　下線部③について、小学6年生はここにいう「成年に達しない子」にあたりますが、2022年1月1日現在のルールによれば成年、つまり成人年齢に達するのは満何歳になったときですか。数字で答えなさい。

問４　下線部④以降の文章の内容を示した図として**適当でないもの**を、次のア～ウから一つ選び、記号で答えなさい。なお、すべての図が適当である場合は「エ」と答えなさい。

ア

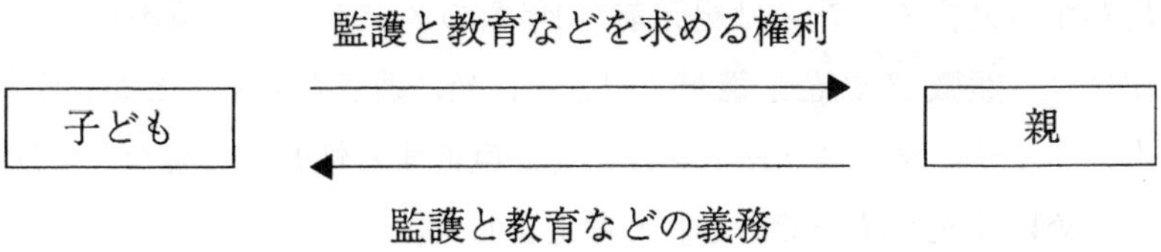

イ

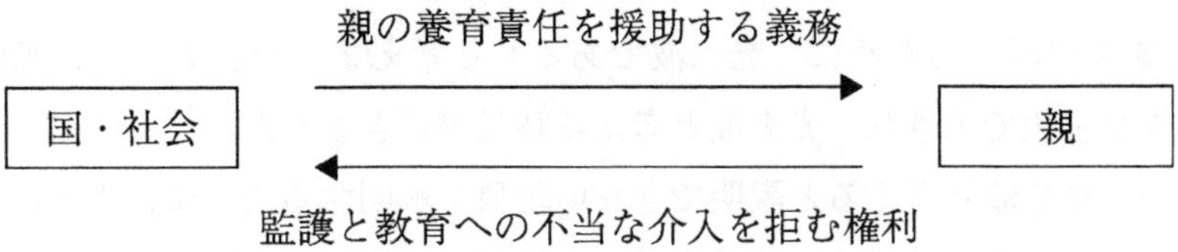

ウ

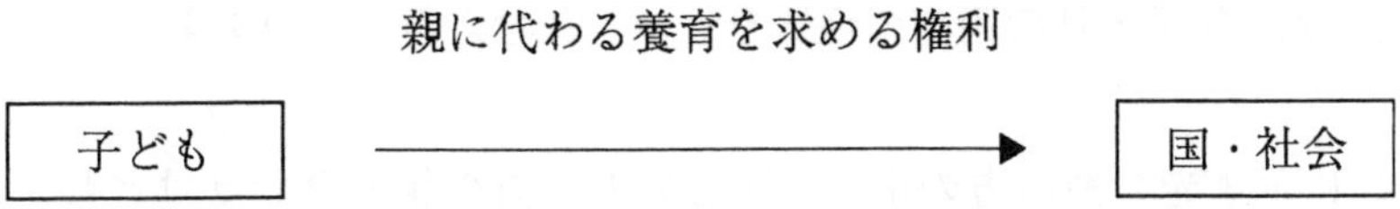

エ　（上記のア～ウはすべて適当である）

問５　下線部⑤に関連して、条約についての記述として適当なものを、次のア～エから一つ選び、記号で答えなさい。

ア　条約は国会が締結し、内閣がこれを承認する。

イ　条約はある国家のある地域に適用されるルールである。

ウ　条約は国家間のルールであるから、条約に矛盾する憲法は改正を強制される。

エ　条約の内容は常に平等とは限らず、一方の国だけが得をする条約もありうる。

問６　下線部⑥について、法律を改正する最終的な権限を持つ機関として適当なものを、次のア～エから一つ選び、記号で答えなさい。

ア　国会　　　　イ　内閣　　　　ウ　裁判所　　　　エ　地方自治体

問７　子どもの権利を守ることは、大人の権利を守ることに比べて難しい側面があります。子どもと大人のどちらも持っている権利の例を一つ挙げ、その権利を守ることが大人の場合に比べて、子どもの場合で難しい理由を具体的に答えなさい。

【理　科】〈第２回試験〉（社会と合わせて60分）〈満点：50点〉

1　文章を読んで、次の各問いに答えなさい。

私たちの生活には「光」はなくてはならないものです。この光の研究には長い歴史があります。現存《げんそん》する最古のレンズは紀元前700年頃のメソポタミア遺跡《いせき》から発掘されました。17世紀には、顕微鏡《けんびきょう》や望遠鏡《ぼうえんきょう》が発明され、光に速さがあることが分かりました。

17世紀後半、アイザック・ニュートンは、光が直進する性質や、鏡などで反射する性質を説明するために「光が粒子である」と考えました。

一方、クリスチャン・ホイヘンスは、光を粒子と考えると説明できない回折《かいせつ》や干渉《かんしょう》といった現象《げんしょう》を解明するために「光は波である」と考えました。その後、光が波であることが様々な実験で示され、光を波と考える時代が続きました。

20世紀初頭《しょとう》、光を波と考えると説明できない現象を解明するために、アルバート・アインシュタインは、光の粒子である「光子」を提唱し、光の粒子説を復活させました。

現在では、「光は粒子と波の両方の性質をもつ」と考えられています。

問１　図のア～エに示す光の進み方の中で、正しい進み方の組み合わせはどれか、下表の①～⑧から一つ選び、番号で答えなさい。

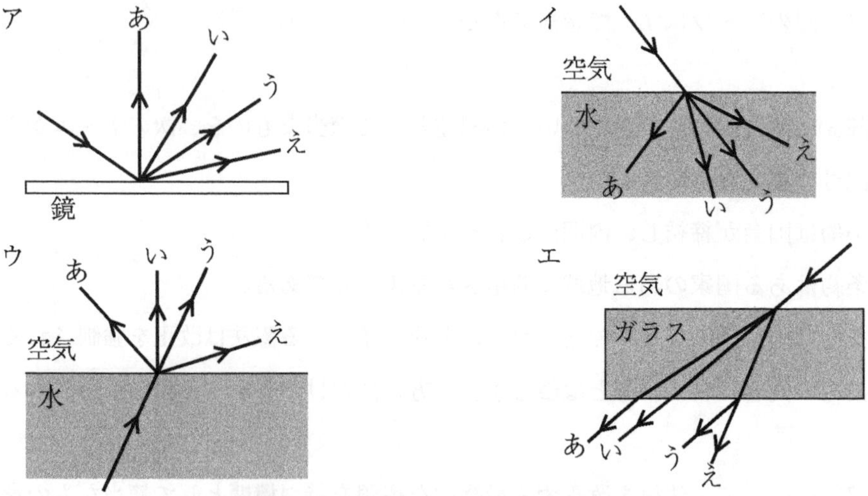

	ア	イ	ウ	エ
①	あ	い	う	え
②	い	え	う	あ
③	う	い	え	う
④	え	い	う	い
⑤	あ	あ	え	あ
⑥	い	え	え	え
⑦	う	う	う	あ
⑧	え	え	え	う

問２　光が水中から空気中へと進むとき、光の一部は反射されて水中にもどり、一部は屈折《くっせつ》して空気中に出る。しかし、入射角を大きくしていくと、ある角度で光は全て反射されて空気中に出てこなくなる。このような反射を何というか、答えなさい。

問３　太陽光などの光を電気エネルギーに変える装置を何というか、答えなさい。

問４　下図左のような容器の底にコインをおいたところ、コインは見えなかった。そこに下図右のように水を入れたら、コインの左はしがぎりぎり見えるようになった。このとき、コインの左はしから出た光が、目にとどくまでの道すじを、解答欄《かいとうらん》の図にかき込《こ》みなさい。

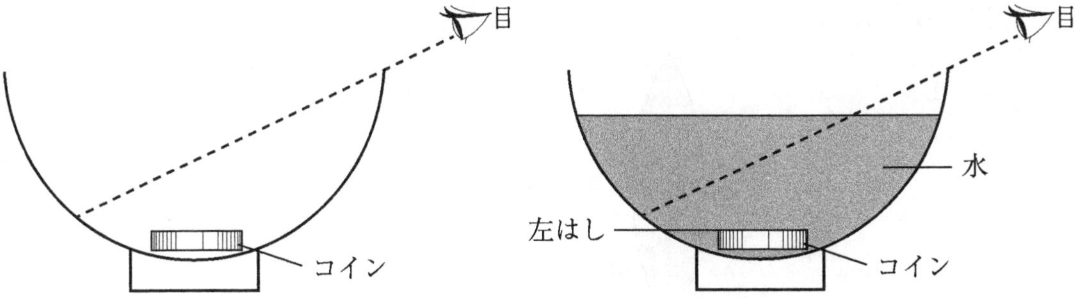

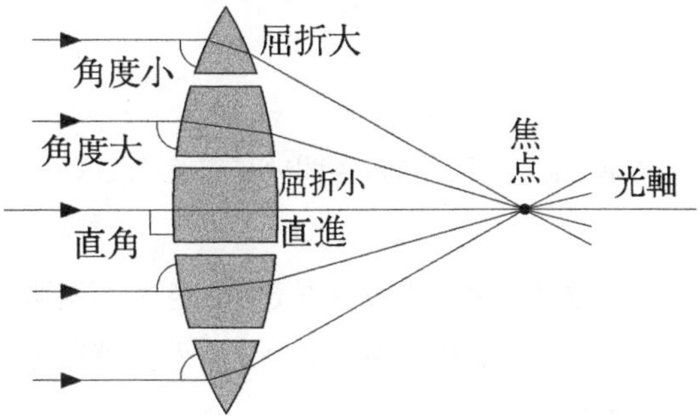

凸《とつ》レンズの中心を垂直《すいちょく》に通る線を光軸《こうじく》といいます。図のように、光軸に平行に進んできた光は、レンズの表面で屈折《くっせつ》して、レンズを通った後、一点に集まります。この点をレンズの焦点《しょうてん》といいます。凸レンズの面は、球状に曲がっているので、凸レンズのはしになるほど、光がレンズの面となす角が小さくなるので、中心に向かって大きく屈折します。光がレンズから出るときも同じように、レンズのはしになるほど光が面となす角が小さくなるので、大きく屈折します。

光軸に平行な光はレンズを通った後、焦点を通り、焦点を通ってからレンズに入射する光はレンズを通った後、光軸に平行に進みます。レンズの中心を通る光は直進します。レンズのつくる像には実像と虚像《きょぞう》があり、実像は上下・左右が物体と逆になります。顕微鏡や望遠鏡は凸レンズを２枚組み合わせて作られています。

問５　顕微鏡や望遠鏡の仕組《しく》みは、どうなっているか。次の①～④から選び、番号で答えなさい。

①　対物《たいぶつ》レンズの作った虚像を、接眼《せつがん》レンズで実像にしている。

②　対物レンズの作った実像を、接眼レンズで虚像にしている。

③　対物レンズの作った虚像を、接眼レンズで虚像にしている。

④　対物レンズの作った実像を、接眼レンズで実像にしている。

問６　図の点Ｌから出た光がレンズを通った後、一点に集まるようすを解答欄の図にかき込みなさい。ただし、図中の３つの破線《はせん》方向について点Ｌからの光の道すじをかき込みなさい。光がレンズで屈折する場合は、レンズの中心線（図中のたての線）で１回屈折するようにかいてよい。

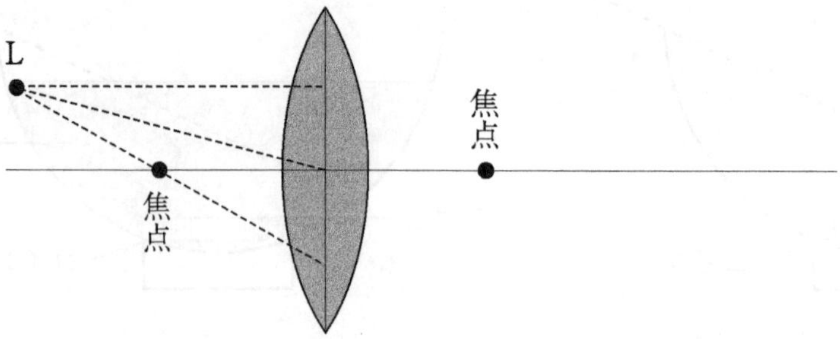

2　文章を読んで、次の各問いに答えなさい。

地球は太陽との距離やその大きさが適切であったために、液体の水が存在できる温度と大気を保つのに適していました。調和を保ってきた地球環境が、いまバランスを崩し始めています。

IPCC（気候変動に関する政府間パネル）は、自然起源の太陽や火山の活動、エルニーニョ現象などの自然の内部の動きを考えても、「地球の温暖化には疑う余地がない」と明言《めいげん》しています。地球温暖化により、世界中で異常気象が発生しています。日本においても、かつて無いほどの豪雨《ごうう》や豪雪《ごうせつ》、台風の強大化による被害が出ています。

問１　2021年７月、台風８号が観測史上初という経路《けいろ》で日本列島に上陸しました。その経路は次のページの①～④のどれか、一つ選び番号で答えなさい。

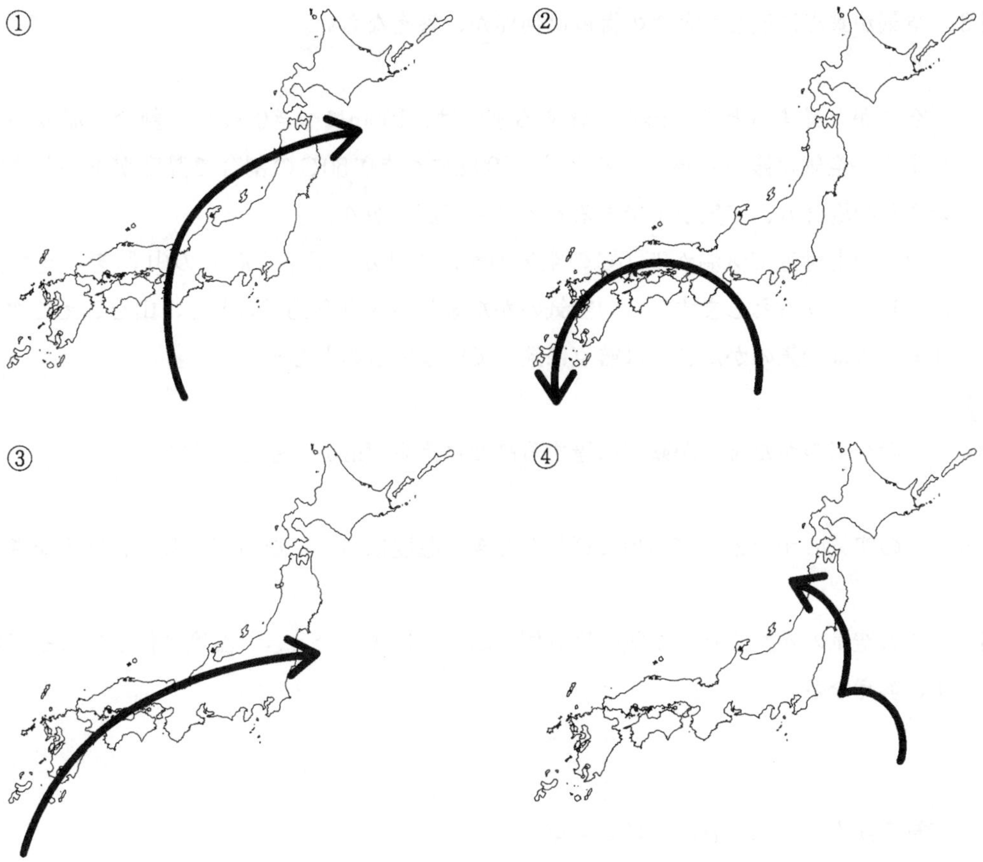

問２　雷雨《らいう》などの、集中豪雨の原因となり、せまい範囲に激しい雨をもたらす雲で、雲の高度が10kmにも達《たっ》するものを何というか、答えなさい。

　雲は大気中の水蒸気《すいじょうき》が、上空で小さな水滴《すいてき》や氷の粒（氷晶《ひょうしょう》）になって空気中に浮いているものです。水滴や氷晶が上昇《じょうしょう》気流にさからえるほど大きくなると、雨となって降ってきます。地上付近で空気があたためられると、膨張《ぼうちょう》して周囲《しゅうい》の空気より軽くなり、上昇します。上空の気圧《きあつ》は低いので、上昇するほど膨張が進みます。空気が膨張すると温度が低くなるので、空気が含《ふく》むことができる水蒸気量が限界《げんかい》になり水滴や氷晶になって雲のもとになります。このように、空気が上昇することで雲ができます。

　ある温度で、それ以上空気中に水蒸気を含むことができなくなった状態《じょうたい》を飽和《ほうわ》といいます。その温度で空気が含むことができる最大の水蒸気量を飽和水蒸気量といいます。飽和水蒸気量は１［m^3］の空気が含むことができる水蒸気の量［g］で表します。空気中の水蒸気量が飽和水蒸気量と同じになる気温を露点《ろてん》といいます。また、湿度《しつど》は次の式で計算され、百分率《ひゃくぶんりつ》［％］で表します。

$$\text{湿度［％］}=\frac{\text{空気１［}\mathrm{m^3}\text{］中に含まれている水蒸気量［g］}}{\text{その気温での飽和水蒸気量［g］}}\times 100$$

問3　空気が露点に達したときの湿度は何%か、答えなさい。

空気が上昇するとき、露点に達するまでは、100mにつき0.98℃の割合で温度が下がります。空気が露点に達したあとは、100mにつき0.50℃の割合で温度が下がります。いずれの場合も、空気が下降《かこう》するときは温度が上がります。

今、地上付近で気温が25.0℃の空気のかたまりが、標高《ひょうこう》2500mの山脈《さんみゃく》をこえて反対側へ吹《ふ》き下りるとします。この空気のかたまりの露点を15.2℃とし、山をこえて吹き下りるときは空気のかたまりは露点に達していないものとします。

問4　この空気のかたまりが露点に達する高度は標高何mか、答えなさい。

問5　この空気のかたまりが山頂に達したとき、温度は何℃になっているか、答えなさい。

問6　この空気のかたまりが山脈の反対側のふもとに達したとき、温度は何℃になっているか、答えなさい。

3　文章を読んで、次の各問いに答えなさい。

2021年7月、欧州連合(EU)の欧州委員会が、2035年に新車として発売できる車は、温室効果ガスの排出ゼロの車のみとする規制の提案を発表しました。これが実現すると、販売できるのは電気自動車や燃料電池車のみとなります。

電気自動車は、電池に充電した電気を用いて走ります。走るときに温室効果ガスを排出しません。充電に使われる電気に火力発電などが使用されると、結果的に温室効果ガスを排出していることになります。燃料電池車は、水素を空気中の酸素と反応させて電気を作り、それでモーターを動かして走ります。水素は石油や天然ガスから生成されるものが多く、その際、温室効果ガスが発生してしまいます。発電に風力、水力、波力、太陽光などの再生可能エネルギーを用いることで、温室効果ガスの排出をゼロに近づけることが可能です。

問1　地球温暖化の原因となる温室効果ガスで、特に車の排出ガスとして問題となっているものは何か、名称を答えなさい。

問2　問1の気体を空気が混《ま》ざらないように集める方法として、正しい方法を何というか、答えなさい。

問３　問１の気体の性質として正しいものを次の①～④から選び、番号で答えなさい。

①　水に溶《と》けず、空気より軽い。　　　　②　水に少し溶け、空気より重い。

③　水に溶けやすく、空気より軽い。　　　　④　水に溶けやすく、空気より重い。

問４　いろいろな水溶液《すいようえき》と金属との反応を示す下の表を正しく埋《う》めなさい。ただし、よく溶ける場合は○、濃《こ》い水溶液に溶ける場合は△、溶けない場合は×と表すこととする。

	アルミニウム	亜鉛《あえん》	鉄	銅	銀	金
硫酸《りゅうさん》		○	○	△	△	×
塩酸	○				×	×
水酸化ナトリウム水溶液	○	△		×	×	×
炭酸水			×	×	×	×

ある重さのアルミニウムに、ある濃さの塩酸を少しずつ加えたところ、気体が発生しました。加えた塩酸の体積と、発生した気体の体積の関係をグラフにすると下のようになりました。①はアルミニウムａ［g］にｘ［%］の塩酸を加えたときのグラフで、②はアルミニウムｂ［g］にｙ［%］の塩酸を加えたときのグラフです。

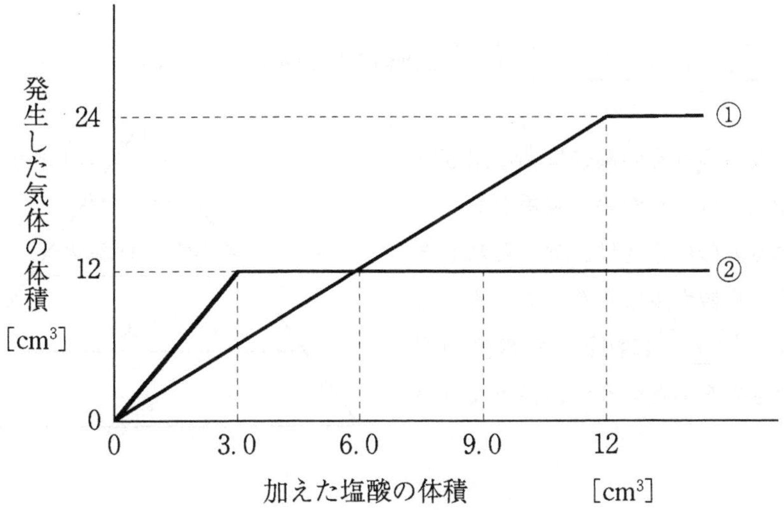

問５　アルミニウムに塩酸を加えて発生した気体は何か、名称を答えなさい。

問６　ａはｂの何倍か、答えなさい。割り切れない場合は、小数第１位まで求めなさい。

問７　ｘはｙの何倍か、答えなさい。割り切れない場合は、小数第１位まで求めなさい。

4 文章を読んで、次の各問いに答えなさい。

下の図のように、自然の中では、生き物が食べる－食べられるという関係でつながっています。このくさりのようにつながった関係を［ア］といいます。［ア］の始まりは光合成をする植物です。植物は、光のエネルギーと空気中などの［イ］(無《む》機《き》物《ぶつ》)、植物体内に吸収した水を使用して有機物《ゆうきぶつ》をつくり出します。このことから、植物は［ウ］と呼《よ》ばれます。草食動物は、［ウ］が作った有機物を食べるため、消費者と呼ばれます。草食動物を食べる肉食動物も、間接的《かんせつてき》に［ウ］が作った有機物を食べているので消費者になります。

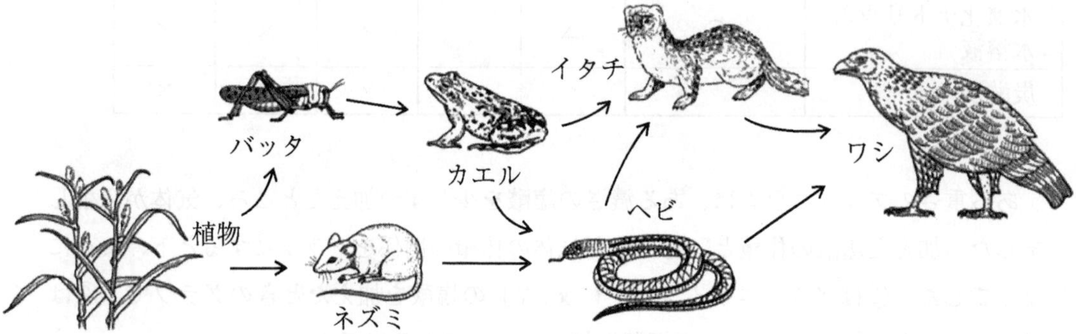

問1　文章中の［ア］、［イ］、［ウ］に適切な語句をいれなさい。

問2　食べる－食べられるの関係にある生き物の個体数《こたいすう》や重さは、たがいに関係があり、一般《いっぱん》に食べる方の生き物は、食べられる方の生き物よりも数が少なくなっている。右図のように、［ア］に注目した数量の関係を表したものを何というか、答えなさい。

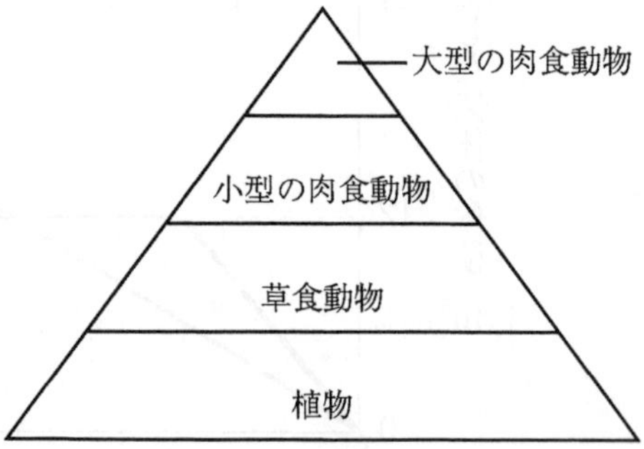

誕生《たんじょう》したばかりの地球には酸素はほとんどありませんでした。しかし、24億4000万年前に「シアノバクテリア」という、光合成をするバクテリアが海の中で誕生し、酸素を作り始めたことによって水中や大気中の酸素の割合が増えていきました。さらに、上空に達した酸素に太陽からの強い紫外線があたり反応することで、ある物質が生成され、それによって [エ] が作られ、太陽から降りそそぐ有害《ゆうがい》な紫外線《しがいせん》がさえぎられるようになりました。地球に存在する磁場《じば》によって宇宙線や太陽風がさえぎられ、[エ] によって紫外線がさえぎられることによって地上に生物が進出できるようになりました。

問3　文章中の [エ] に適切な語句をいれなさい。

問4　1980年代ごろから、南極上空の [エ] がうすくなっていることが観測されており、[エ] に穴が空いたような状態になっている。この穴を何というか、答えなさい。

の潜水艇が探査し、調査するプロジェクトに参加する。

イ　どうすれば陸上競技で世界新記録が更新できるのか、トップアスリートと人間工学者とがチームを組んで検討する。

ウ　人間の意識がどのようにして生じるのかについて、ヒトの脳の活動を観測するのに理想の環境を整備して調査する。

エ　未知のウイルスのゲノム解析を、手元にあるすぐに使用可能な1台のコンピューターで行うための方法を検討する。

問六　次の選択肢は本文中の波線部ア〜エを改めて示したものです。このうち一つだけ本文中での使われ方が異なるものを選び、記号で答えなさい。

ア　歯止め　　イ　間違い

ウ　妥協　　エ　ディスカウント

問七　傍線部6内の空欄を埋めるのに適切な漢字一字を書きなさい。

問八　傍線部7の空欄を埋めるのに適切な四字の言葉をこれより前の本文中から探し、抜き出して書きなさい。

問九　傍線部8「『探査を嗜む』チーム」とはどのようなチームのことか。答えとしてもっとも適切なものを次から一つ選び、記号で答えなさい。

ア　探査を、社会に役立てようとするチーム。

イ　探査を、慎重に判断して実行するチーム。

ウ　探査を、責任を持ってやり遂げるチーム。

エ　探査を、その困難も含めて楽しむチーム。

問十　傍線部A〜Eのカタカナを漢字に改めて書きなさい。（**5科目型・英語型の受験生のみ解答すること。**）

問十一　本文を八十字以上、百字以内で要約しなさい。なお解答には「はやぶさ2」「未知への挑戦」「制約への挑戦」の三語を入れること。（**5科目型・英語型の受験生のみ解答すること。**）

思う。

こう言うと「制約への挑戦」の影が薄くなるようだが、それは本意ではない。実際はやぶさ2チームは、リュウグウ滞在中、探査の成果よりも 7□□□□を発信することに努めた。

当事者としては、成果だけで評価されるなんてもったいない。直面する困難や悩み、未来の予定や選択肢、結果の Cジュンチョウさも挫折も見せることで、少しでも新しい世界を探検することの臨場感を子供たちに見せたかったし、未踏天体という極限環境での技術マネジメントの顚末を全世界の人と Dキョウユウしたかった。おかげで、幼稚園の子供からお年寄りの方まで、主婦の方から企業の第一線の方まで、世界中のいろんな方々にいろんな視点から、はやぶさ2に熱い視線を注いでいただいた。

本書の読者には、はやぶさ2メンバーが次から次へ難局に直面しながらも、まったく悲壮感がないことを感じていただけただろうか。挑戦のレベルは絶望的に高かったが、メンバーはその状況を良い意味で楽しんでいた。探査機の運用は時々刻々重要な判断を迫られ、一つの間違いが大 Eジコにつながる。メンバーはそういうプレッシャーを常に感じながら、その状況を前向きな力に変えていた。はやぶさ2チームは 8「探査を嗜む」チームだった。そういうチーム文化を作るために、たくさんの努力をした。

だって、人類の科学の進歩を実地に示すのが宇宙科学ミッションだから。やっている当人たちが楽しまないと、良い成果が出せるはずがない。

昨今はコンプライアンスばかり重視され挑戦が難しいと言われている。民間のメーカーや技術系企業に、この時代にどうやってそんな挑戦ができたのか？　というような、技術マネジメントの視点で尋ねられることが多くなった。はやぶさ2がそのような「チーム作り」の視点で評価を得ているのは望外の喜びだ。私たちは「はやぶさ2は単なる宇宙工学・理学ミッションに非ず。宇宙探査を通じて社会に良い波及効果をもたらしたい」という想いを持ってはやぶさ2計画を進めてきたが、今、その観点からも、いくらか世の中に響かせるものがあったのではと実感している。

（二〇二〇年　津田雄一『はやぶさ2　最強ミッションの真実』より。
問題のため一部文章を改めた。）

問一　傍線部1「生半可な技術では満足できない体質になってしまった」とあるが、それはなぜか。説明としてもっとも適切なものを次から一つ選び、記号で答えなさい。

ア　以前には想像もつかなかった技術も、実現できるような気がするから。

イ　最大の挑戦に完璧な形で成功したため、新しく挑戦する気はないから。

ウ　成果が間もなくわかるようになるので、あわててもしかたがないから。

エ　もはや太陽系内の小惑星探査には、新しい発見がありそうにないから。

問二　傍線部2内の空欄を埋めるのに適切な漢字一字を書きなさい。

問三　傍線部3の空欄を埋めるのに、もっとも適切な語句を次から一つ選び、記号で答えなさい。

ア　伝統と継承　　イ　継承と革新

ウ　革新と発展　　エ　発展と終着

問四　傍線部4内の空欄を埋めるのに適切な漢字一字を書きなさい。

問五　傍線部5「制約への挑戦」の具体例を示したものとして、もっとも適切なものを次から一つ選び、記号で答えなさい。

ア　生物学者が深海生物の生態を知るために、深海の環境を最新くさん思いつく（その具体的内容は、将来に2乞うご□待！）。私たちはもっと凄い探査ができる。そういう新しい宇宙工学の地平が見えるようになった。はやぶさ2をやる前に想像していた、はやぶさ2後の世界よりずっとずっと遠くを見渡せるようになったのだ。

　はやぶさは小惑星サンプルリターンへの道筋を作った先駆者だった。そしてはやぶさ2は、これぞ小惑星サンプルリターンという世界を作った。先駆者の作った道筋を継承し、作った当人も想像しなかったレベルに押し上げたのだから、3□□□□□の両方の役割を果たしたと言えよう。地球帰還の成否を見ていない現時点でも、二代目の役割を十二分に果たしたと思う。

　太陽系にはリュウグウより大きな天体、遠くの天体が何十万もある。はやぶさ2の技術を伸ばせば、まだ人類が到達できていないそのような天体の探査も夢ではない。それが技術と科学を伸ばす道だ。

＊＊＊

　もう少しだけ、はやぶさ2がもたらした科学成果の意味を深く4掘り□げてみたい。

　多くの人にとって、はやぶさ2のような探査ミッションの面白さは、その成果というよりも、困難に遭遇し、それに打ち勝とうとした挑戦のプロセスにあるだろう。私もどちらかというとそういう質だ。しかし、そのことと、はやぶさ2が真に科学に貢献したかどうかは別だ。私は「挑戦」には2つの種類がある、と思う。ひとつは「5制約への挑戦」、もうひとつは「未知への挑戦」だ。この2つはまったく違う類のものだ。前者は、人類の叡智を結集すれば原理的には実現できることを、お金や人員、時間が限られた中で如何に効果的・効率的に行うかということだ。言い換えると、実学上の挑戦とも言えよう。それに対して後者は、そもそも原理がわからないような目標を如何に達成するか、知らない世界をどのように既知の世界に変えるかだ。こちらは人類の根源的な好奇心に応えるものだ。そして、基礎科学を前進させるのは、この「未知への挑戦」の方だ。未知への挑戦は人類共通の価値を高めるものだから、世界の科学者がはやぶさ2を通じてAイチガンとなり、はやぶさ2の成果を世界が称賛した。

　はやぶさ2の第2回目の着陸を、JAXAは一度躊躇した。本当は2度着陸を行うことがどれだけ高い価値をもたらすか知っているのに。科学者は、2回目の着陸点の二択を迫られたとき、当初地下物質が少ないが安全上無難なS01点に行きたいと希望した。本当はC01点の価値が遥かに高いことを知っていたのに。どちらも、はやぶさ2をとりまく「制約」を勘案して、最高の価値を追い求めることにア歯止めをかけたのだ。着陸を2回やることなど、世界中どこもやったことがないから、このような「未知への挑戦」は退くも進むも、イ間違いとは言えない。しかし、はやぶさ2は最終的には、2回目の着陸をC01点という最高の場所に対して実行し成功させた。「未知への挑戦」を最高の形で成し遂げたのだ。実は、宇宙科学ミッションの歴史においても、真の科学的欲求に忠実に応えられることはそうそうない。何かしらウ妥協が入る。だから、着陸のような大変な難局、制約を打破し、真の科学的欲求を引き出し、エディスカウントなしの「未知への挑戦」を完遂したことの価値はとても大きいのだ。

　ここでは2回目の着陸の例を挙げたが、はやぶさ2のリュウグウでの活動は、本書で見てきたように、このような未知への挑戦の成功が光る場面がたくさんあった。

　組織も人も、常に現実のしがらみに縛られている。それが真の挑戦を妨げる。そのしがらみをBヨウイ周到にとり去り、「あ、われわれは真の挑戦をしてもいいんだ」と思える状態に持っていった。そして挑戦し、成功した。このように真の「未知への挑戦」への入り口を6こじ□けて見せたことが、科学技術への大きな貢献ではないかとで答えなさい。

ア　脊尾からのかけ声を待ってから走り出す練習。

イ　加速を犠牲にして確実にバトンを受け取る練習。

ウ　攻めた走り方をしてレースに勝つための練習。

エ　リスクを承知で十の速度でバトンパスする練習。

問六　傍線部5中の空欄を埋めるのに適切な漢字一字を書きなさい。

問七　傍線部6「顔をつかまれて、上を向かされた、ような気がした」とあるが、このときの「俺」の気持ちの説明としてもっとも適切なものを次から一つ選び、記号で答えなさい。

ア　勝利にこだわりすぎてしまっていると指摘されたような気がした。

イ　脊尾が姿勢を変えたので自分の目線が高くなったような気がした。

ウ　できるはずもないようなことを不当に強要されたような気がした。

エ　無難な形にしようとする弱気な考えを責められたような気がした。

問八　傍線部7「ゆっくりうなずいた」とあるが、このときの脊尾の気持ちとしてもっとも適切なものを次から一つ選び、記号で答えなさい。

ア　思っていた以上に「俺」の関東大会出場への希望が強いことがわかって、「俺」を頼もしく思っている。

イ　「俺」にも意外な面があったことを発見することができて、自分も今後しっかりしようと決心している。

ウ　自分が「俺」と同じものを目指して次のレースに出られるということが確認できて、嬉しく思っている。

エ　ずっと知りたいと思っていた「俺」の本音を知ることができて、ようやく自分の考えがまとまっている。

二

［問一～問九は全員解答すること。問十・問十一は5科目型・英語型の受験生のみ解答すること。］ 次の文章を読んで、後の問いに答えなさい。（抜き出しの問題に答える場合、句読点・記号は全て一字とする）

　はやぶさ2が見せたリュウグウの世界は、多くの科学的な知見をもたらしたし、科学者に新たなインスピレーションをもたらした。リュウグウを訪れ、その探査状況を電波で送り返しただけの現段階でも、これだけの驚きの世界を見せることができたのだから、リュウグウのサンプルが地球に帰って来た時に私たち人類に何をもたらしてくれるのか、とても楽しみだ。この点は、もう間もなくなのだからそれを待ちたい。

　他方で、工学の観点では、最大の挑戦であったリュウグウ探査で、揺るぎない成果を獲得した。これらは、次世代の宇宙探査の土台となる。はやぶさ2の技術を踏み台にして、次のミッションを考えられるのだ。

　実際、それを成し遂げた私たち自身も思ってもみなかったような感覚の変化を今感じている。小惑星へ1メートル以下の精度で着陸し、複数の地点から物質を採取し、地下掘削をし、地表探査ロボットを展開させ、軌道周回することができた。ここまで出来てしまうと、小天体を科学調査する技術という意味では、少なくとも太陽系の中の数千個の小天体は我々の技術で十分調査可能というレベルに達したと言えるだろう。その一方で、工学者としては、悲しいかな、1生半可な技術では満足できない体質になってしまった。もう着陸精度が凄くても、大穴をあけられても驚かない。いまや、もっと高度で面白い技術をたえがどうしたいか訊いてんだよ」

俺がどうしたいか？

「どうしたいんだよ、朝月は」

脊尾にきちんと名前を呼ばれたのは、初めてだったかもしれない。

朝月渡がどうしたいのか。そんなことは、訊かれるまでもなく、ずっと同じだ。

「……勝ちたい」

本音、きちんと本音。できるかどうかじゃない。向いてるかどうかじゃない。シンプルに、俺が成し遂げたいこと。

「勝ちたい！」

このチームで、明日の決勝、勝ちたい。優勝は無理でも、負けたくない。関東、行きたい。

脊尾が7ゆっくりうなずいた。

「だったら、もっと俺を信頼しろ。できなくてもしろ。そんでもっと引っ張れ。ちゃんと渡すから」

見知ったはずの三走は、力強い目で俺を見ていた。ギラギラとした目。夏の太陽みたいな眼差しだ。最初からこんな目してたっけな？こいつ……。

（二〇二一年　天沢夏月『ヨンケイ!!』より。
問題のため一部文章を改めた。）

問一　本文中の空欄A～Cを埋めるのに、もっとも適切な語句を次からそれぞれ一つずつ選び、記号で答えなさい。

ア　急に　イ　静かに　ウ　素直に

問二　傍線部1「弁解するように」とあるが、このときの脊尾の気持ちの説明としてもっとも適切なものを次から一つ選び、記号で答えなさい。

ア　思うところがあって様子をうかがっていたわけではないと、伝えようとする気持ち。

イ　今日のバトンパスについて責めるつもりはないと、わかってもらおうとする気持ち。

ウ　今日のレースで、リスクのあるバトンパスをしていたことを謝りたいという気持ち。

エ　大音量で自分の声を再生するのは恥ずかしいので、やめてもらいたいという気持ち。

問三　傍線部2「練習でやってないこと」とあるが、その内容としてもっとも適切なものを次から一つ選び、記号で答えなさい。

ア　運まかせな姿勢でレースをすること。

イ　疑念を持ったままレースに出ること。

ウ　十分な速度でバトンをパスすること。

エ　普段とは異なる走法で走り出すこと。

問四　傍線部3「気づかなかったふり」とあるが、何に気づかなかったふりをしたのか。答えとしてもっとも適切なものを次から一つ選び、記号で答えなさい。

ア　相手が落ちついた様子で話をしているのに、自分が冷静になれずに話がこじれてしまっていること。

イ　謝ろうと思っていたのに先に相手が謝ってしまい、素直になれないだけなのではないかということ。

ウ　自分の必死さをわかってもらえず不平を言ったが、自分が伝えるのを拒んでいただけだということ。

エ　脊尾に謝るのが遅いと怒ってしまったが、原因は自分にあるかも知れないと頭の片隅で考えたこと。

問五　傍線部4「試合でやらないことを、おまえが練習してた」とあるが、「俺」がどのような練習をしていた、と脊尾は主張しているのか。答えとしてもっとも適切なものを次から一つ選び、記号

「そんなふうに守って、明日の決勝勝てると思うか？」
脊尾が静かに訊いた。
「勝てないかもな」
それは今日思った。
「でもタイムが届かなくて負けるより、バトンを落として負ける方が、俺は後悔する」
そうだろう？
そうだろう？
誰だって、そうだろう？
盛大なミスをして終わるより、それなりで終わりたいだろう？　終わりよければすべてよし、なんて言葉、終わった瞬間にはくそくらえって思うさ。けど終わるまでは、それに縋ったっていいだろう？　俺たちは、三年間を費やしてきた。決して短くない時間を捧げてきた。その終わりがお粗末なバトンミスだなんて、一生悪夢に見る。冗談じゃない。
「なに言ってんの、おまえ」
6顔をつかまれて、上を向かされた、ような気がした。脊尾は依然はす向かいに座っている。少し身を乗り出して、俺をじっと睨んでいる。
「ふざけんな。どっちだって後悔するに決まってんだろ、そんな二択。なんでそもそもこの二択なんだ」
なんで、おまえが、怒ってんだよ。
「バトンも成功して、タイムも最高を出す。そうだろ？　それをやるべきだろ？　なんで最初からそれを目指さない？」
バトンパスの理想は、前走者が十のスピードのまま、十のスピードで走る次走者にバトンを渡すことだ。そんなの、わかってるさ。
「できねえんだよ！」
俺は喚いた。
「できるわけ、ねえだろそんなの。俺とおまえの間に、そんな信頼関係なんかねえよ」
そうだ。遅過ぎたんだ。俺とおまえは、わかり合うのがあまりに遅過ぎた。もっと早くに、お互いを知ることができていれば……バトンパスだって、きっと、もっと――。
「おまえさァ……弱音吐くタイミングじゃねえだろ。泣いても喚いても、決勝は明日なんだぜ。明日走らなきゃなんないんだ。今の全力で、今できることをやるしかないんだ。できねえ、ってなんだよ？　違うだろ、やりたくないんだろ！　失敗が怖いから！」
俺は言い返そうと口を開く。でも言い返す言葉は見つからなかった。だって、脊尾の言っていることは正しい。失敗が怖いと、俺は今さっき、言い返そうとしているまさにこの口で、脊尾に言っちまった。
「なあ、おまえ関東行きたくないの？　言ってただろ、空斗さんに。関東行きたいんだって。憧れだったんだって。あれがおまえの本音だと思ったよ。練習も、すげえ必死にやってたし。違うのか？」
ゴールデンウィーク後半の練習日、連休で帰省していた空斗さんが練習に顔を出してくれたことがあった。確かに空斗さんに対して、絶対関東行きたいんだと言った覚えはある。あの人の手前、気概を見せないわけにもいかなかった……もちろん、見栄だけじゃないけど。行きたいとは思っている。関東大会。かつて憧れたリレー。走れるのなら、走りたい。だけどあんなふうに、空斗さんたちみたいに走れるかといわれたら、それはノーだ。無理だ。無理だって、今日思った。
「なにごちゃごちゃ考えてるのか知らないけどさ、そんな難しいこと訊いてないだろ」
脊尾ががしがしと頭をかきながら言った。
「向いてるかどうかとか、できるかどうかとか、訊いてねえよ。おまは苦笑して「ごめんって」と両手を上げた。

「古巣の学校でさ。走る意味がよくわからなくなった時期があるんだ。知ってるだろ、秀川高校っていう。今日のヨンケイで、オレらの組で一位だったとこ。まあ全体でも一位だったけど」

「……だから？」

促すと、脊尾は肩をすくめる。

「走るのは好きだった。でも、秀川で陸上やってるうちに、走ることの何が好きだったのか、見失った。秀川のせいだと言うつもりはないよ。単純にオレの選択ミス。信念も野心もないのに、そんなキツイところに呼ばれてホイホイ行っちまって、覚悟が足りてなかった。強豪校でやっていく覚悟が」

脊尾は何かを追い出すみたいに、頭を振った。

「最近やっと、少し思い出した気がする。雨夜がさ、ちょっと自分に似てる気がして。あいつが必死に走ってるの見てたら、なんだか自分も走らないとな、ってなる。そのきっかけが支部大会だった。悪かった、それまでの練習態度も問題があった」

素直に謝られて、俺は上手く返事ができなかった。

たぶん、支部大会前に聞いていたら、もう少し脊尾と上手くやっていけたのかもしれない。あるいは、最初から友だちになれたのかもしれない。そうしたら今日までに、もっといいバトンを繋いでこられたのかもしれない。今日のレースの結果を、【　B　】二人で喜べたのかもしれない……。

「で、話を戻すけど」

脊尾が言った。

「練習でやってないことをやるなって言ったけど、オレはそれ、逆だと思う。4試合でやらないことを、おまえが練習してたんだよ」

俺は数秒ぼんやりしてから、目を白黒させた。

「は？」

なに言ってんだ、こいつ。

「バトン、全力で〝もらう〟。つもりだったって言うんだろ？　加速できなくてもいいから、とにかくもらうことに全力を尽くすつもりだった、って」

脊尾は、言い返そうとした俺の機先を制する。

「けど、おまえの背中はちゃんと走ろうとしてた。オレがいけって言う前に、攻め気に走り出してた。その後ブレーキ踏みそうだったから叫んじまったけど」

俺がぐっと言葉に詰まったのは、それが事実だと自覚しているからだ。空斗さんなら……と考えた瞬間、足が勝手に動き出していた。

「逆に訊くけど、なんでブレーキ踏もうとしたんだよ」

俺は脊尾を睨みつける。

わかるだろ？　おまえも三年なら。

「だって嫌だろ！　これが最後の年なんだぞ！　最後のチャンスなんだ。バトンミス一つで終わるなんて……」

口にすると、それは思っていた以上に格好の悪い理屈だった。だけど本音だ。きっと、日本中の高校三年生が、陸上に限らず、スポーツに限らず、感じている恐怖だ。今年で最後。一走、一跳、一泳、一球、一投、一打、一奏、一描、一書、その他すべての部活動におけるありとあらゆる動作に、きっとたくさんの三年生が魂を込めている。高校一年、高校二年のときには感じなかった。だけど高校三年は……最後だと思った瞬間、【　C　】怖くなって必死に練習しだしたりして……俺はそれを否定しない。だって俺もそうだから。

「だったら詰まってでも、確実にもらう方が絶対いい」

俺は自分のつま先に向かって、5吐き□てるようにつぶやく。脊尾の顔なんか見られない。

二〇二二年度 江戸川学園取手中学校

【国　語】〈**第二回試験**〉（一般は五〇分、帰国生は算数と合わせて六〇分）
〈満点：一般一〇〇点、帰国生七五点〉

一 ［**全員解答すること。**］ 次の文章を読んで、後の問いに答えなさい。（抜き出しの問題に答える場合、句読点・記号は全て一字とする）

「こんな場所で、人の声だだ洩れにしないでほしいね」

いきなり後ろから声がして、俺は無意識のまま再生と早戻しを繰り返していたビデオを取り落としそうになった。ちょうど画面から「走れ走れ走れ」と脊尾の声が聞こえて、慌てて音声を切る。

顔を上げると、声の主が俺をじっと見下ろしている。その淡々とした顔から、何を思っているのか読み取るのは難しい。いったいいつから見られていたのだろう。

「そんな顔しなくても、今通りかかっただけだよ」

脊尾が1弁解するように言った。

「よかったよな、そのバトンパス」

後ろから見ていたのか、そんなことを付け加える。

「よかった？」

「今までよりは、よかったんじゃないか？　しっかり加速できてたように見えた」

それはそうかもしれない。結果だけを見れば。だけど俺は、納得できていない。釈然としていない。今日のレースは、運がよかっただけじゃないかって。

「……俺はそうは思えない」

低い声で否定すると、脊尾ははす向かいのソファーに腰を下ろした。

「どうして？」

「リスキーだった。たまたま上手くいっただけだ。俺はバトン、あんなに攻めるつもりはなかった」

「そうか。オレも特に攻めたつもりはなかったけど」

脊尾は飄々と言う。その態度に、俺は苛立つ。

「おまえは、なんでいつもそうなんだ。試合のときに、2練習でやってないことをやろうとするな！」

でかい声が出た。一度そういう声を出してしまうと、引っ込みがつかない。

「支部大会だって危うく落とすところだった！　おまえがあんなに突っ込んでくるから！　練習じゃ一度だってあんなふうに走ってないだろ。今日だってそうだ。なんだよいきなり声出して煽りやがって。どっちのレースも、一歩間違えたら失格になってたかもしれないんだぞ！」

脊尾は【　Ａ　】俺を見返していた。落ち着いた顔だ。なんでそんな落ち着いてられるんだ？　自分が何をしたのかわかってるのか？　それともやっぱり「ミスってもいいや」くらいの気持ちでやってるのか？　そんなやつに、俺の必死さがわかってたまるか。

「支部の大会のときは、悪いと思ってる」

やがて脊尾は、そんなふうにぽつりと謝った。

「ちゃんと謝れてなくて、話せなくて悪かった」

「今さらだ」

俺は唸る。自分が拒絶してたせいじゃないのか、という疑念がわずかに頭をもたげたが、3気づかなかったふりをして押しつぶす。脊尾

2022年度
江戸川学園取手中学校　▶解　答

※　編集上の都合により，第２回試験の解説は省略させていただきました。

算　数　＜第２回試験＞（一般は50分，帰国生は国語と合わせて60分）＜満点：一般100点，帰国生75点＞

解　答

[1] (1) ① $\frac{7}{12}$　② $\frac{4}{5}$　③ $\frac{2}{3}$　(2) 41個　(3) 4 cm^2　(4) 15.7cm^3　[2] (1) 6 cm^2　(2) 76.93cm^2　[3] (1) 10.5％　(2) 200 g　(3) 75 g　[4] (1) 25　(2) 9段目の左から6番目　(3) 13段目　[5] (1) 40秒後　(2) 台形　(3) 2520cm^3　[6] (1) 149円　(2) 341円，381円，391円　(3) 25通り

社　会　＜第２回試験＞（理科と合わせて60分）＜満点：50点＞

解　答

[1] **問1**　ウ　**問2**　イ　**問3**　(1)　パークアンドライド　(2)　ア　**問4**　エ→ア→ウ→イ　**問5**　12(月)21(日)午後5(時)30(分)　**問6**　(1)　三日月湖　(2)　(例)　２つの河川の合流地点の近くにあり，増水したときに氾らんしやすい。また，周辺に田んぼが広がっていて，水はけが悪いから。　[2] **問1**　ウ　**問2**　(例)　関ヶ原の戦い以前より徳川家に従っていた大名。　**問3**　エ　**問4**　ア　**問5**　エ　[3] **問1**　ア　**問2**　南満州鉄道　**問3**　ア　**問4**　イ　[4] **問1**　イ　**問2**　イ　**問3**　(満)20(歳)　**問4**　エ　**問5**　エ　**問6**　ア　**問7**　(例)　生命・身体の自由。子どもは大人に比べて，肉体的な面や経済的な面などで弱い立場に置かれやすいから。

理　科　＜第２回試験＞（社会と合わせて60分）＜満点：50点＞

解　答

[1] **問1**　③　**問2**　全反射　**問3**　光電池(太陽電池)　**問4**　下の図①　**問5**　②　**問6**　下の図②　[2] **問1**　④　**問2**　積乱雲　**問3**　100％　**問4**　1000m　**問5**　7.7℃　**問6**　32.2℃　[3] **問1**　二酸化炭素　**問2**　水上置換(法)　**問3**　②　**問4**　下の図③　**問5**　水素　**問6**　2倍　**問7**　0.5倍　[4] **問1**　**ア**　食物連鎖　**イ**　二酸化炭素　**ウ**　生産者　**問2**　生態ピラミッド(個体数ピラミッド)　**問3**　オゾン層　**問4**　オゾンホール

図①

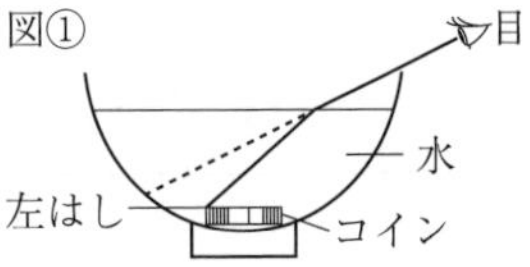

図②

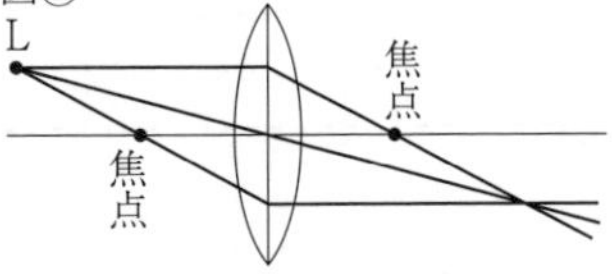

図③

	アルミニウム	亜鉛	鉄	銅	銀	金
硫酸	○	○	○	△	△	×
塩酸	○	○	○	×	×	×
水酸化ナトリウム水溶液	○	△	×	×	×	×
炭酸水	×	×	×	×	×	×

国語 ＜第２回試験＞（一般は50分，帰国生は算数と合わせて60分）＜満点：一般100点，帰国生75点＞

解答

一 **問1** A イ　B ウ　C ア　**問2** ア　**問3** ウ　**問4** エ　**問5** イ　**問6** 捨　**問7** エ　**問8** ウ　二 **問1** ア　**問2** 期　**問3** イ　**問4** 下　**問5** エ　**問6** イ　**問7** 開　**問8** プロセス　**問9** エ　**問10** 下記を参照のこと。　**問11** （例）はやぶさ２の成果には人類にとってわからないことを調査し科学的好奇心を満たす未知への挑戦と，限られた予算や時間の中で困難を乗り越える制約への挑戦との両面において大きな価値があるといえる。

●漢字の書き取り

二 **問10** A 一丸　B 用意　C 順調　D 共有　E 事故

Memo

Memo

Memo

出題ベスト10シリーズ

①国語読解ベスト10

②漢字合格の2790題

③計算合格の820題

④図形問題ベスト10

■過去の入試問題から出題例の多い問題を選んで編集・構成。受験関係者の間でも好評です！

有名中学入試問題集

●男子校編

●女子校編

■中学入試の全容をさぐる!!
■首都圏の中学を中心に、全国有名中学の最新入試問題を収録!!

※表紙は昨年度のものです。

算数の過去問25年分

■筑波大学附属駒場
■麻布
■開成

○名門３校に絶対合格したいという気持ちに応えるため過去問実績No.1の声の教育社が出した答えです。

都立中高一貫校 適性検査問題集

■都立一貫校と同じ検査形式で学べる！

●自己採点のしにくい作文には「採点ガイド」を掲載。
●保護者向けのページも充実。
●私立中学の適性検査型・思考力試験対策にもおすすめ！

当社発行物の無断使用は固くお断りいたします。御使用の前はまずご相談ください。

当社発行物には500点余の首都圏中・高過去問をはじめ、６点の学校案内、そのほかいくつかの情報誌などがございます。その多くが年度版で、限られたスタッフが来るべき受験シーズン前に余裕を持って受験生へ届けられるよう、日夜作業にあたり出版を重ねております。

その中で、最近、多くの印刷物やネット上において当社発行物からの無断使用が見受けられ、一部で係争化しているところもございます。事例といたしましては、当社の新刊発行を待ち、それを流用して毎年ネット上に新改訂として掲載していたＡ社、当社過去問から三百箇所をはぎ合わせ「自社制作につき無断転載禁止」とし、集客材としてホームページに掲載していたＢ社、当社版誌面を無断スキャンし、記述式解答は一部殆ど丸取りして動画を制作していた家庭教師グループＣ社、当社発行物の表紙を差し替え、内容を複製し配布していた塾のＤ社などほか数社がございます。

当社発行物の全部もしくは一部を無断使用することは固くお断りいたします。

当社コンテンツの中にはリーズナブルな設定でご提供している事例もたくさんございますので、ご利用されたい方はまずは、お気軽にご相談くださいますようお願いします。同時に、当社発行物を無断で使用している媒体などにつきましての情報もお寄せいただければ幸いです（呈薄謝）。

株式会社 声の教育社

スーパー過去問の 解説執筆・解答作成スタッフ（在宅）募集！

※募集要項の詳細は、10月に弊社ホームページ上に掲載します。

2025年度用
中学スーパー過去問

■編集人 声の教育社・編集部
■発行所 株式会社 声の教育社
〒162-0814 東京都新宿区新小川町8-15
☎03-5261-5061(代) FAX03-5261-5062
https://www.koenokyoikusha.co.jp

※本書の内容についての一切の責任は当社にあります。内容・解説・解答・その他は当社ホームページよりお問い合わせ下さい。

東京都／神奈川県／千葉県／埼玉県／茨城県／栃木県ほか

2025年度用
声の教育社版

中学受験案内

■全校を見開き2ページでワイドに紹介！

■中学～高校までの授業内容をはじめ部活や行事など、6年間の学校生活を凝縮！

■偏差値・併願校から学費・卒業後の進路まで、知っておきたい情報が満載！

私立・国公立353校掲載

Ⅰ 首都圏（東京・神奈川・千葉・埼玉・その他）の私立・国公立中学校の受験情報を掲載。

合格情報
近年の倍率推移・偏差値による合格分布予想グラフ・入試ホット情報ほか

学校情報
授業、施設、特色、ICT機器の活用、併設大学への内部進学状況と併設高校からの主な大学進学実績ほか

入試ガイド
募集人員、試験科目、試験日、願書受付期間、合格発表日、学費ほか

Ⅱ 資　料
(1)私立・国公立中学の合格基準一覧表（四谷大塚、首都圏模試、サピックス）
(2)主要中学早わかりマップ
(3)各校の制服カラー写真
(4)奨学金・特待生制度，帰国生受け入れ校，部活動一覧

Ⅲ 大学進学資料
(1)併設高校の主要大学合格状況一覧
(2)併設・系列大学への内部進学状況と条件

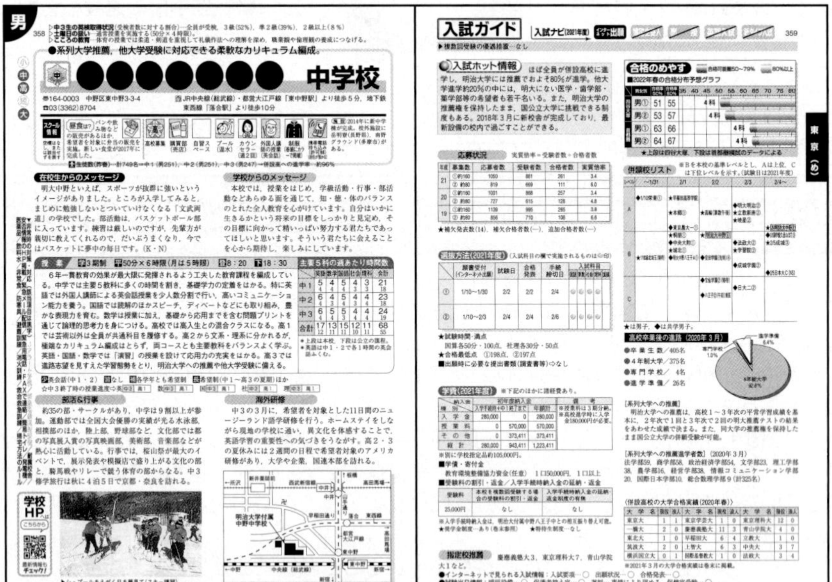

志望校・併願校を この1冊で選ぶ！決める!!

過去問で君の夢を応援します
声の教育社
〒162-0814　東京都新宿区新小川町8-15
TEL.03-5261-5061　FAX.03-5261-5062
https://www.koenokyoikusha.co.jp

よくある解答用紙のご質問

01

実物のサイズにできない

拡大率にしたがってコピーすると，「解答欄」が実物大になります。配点などを含むため，用紙は実物よりも大きくなることがあります。

02

A3用紙に収まらない

拡大率164％以上の解答用紙は実物のサイズ（「出題傾向＆対策」をご覧ください）が大きいために，Ａ３に収まらない場合があります。

03

拡大率が書かれていない

複数ページにわたる解答用紙は，いずれかのページに拡大率を記載しています。どこにも表記がない場合は，正確な拡大率が不明です。

04

１ページに２つある

１ページに２つ解答用紙が掲載されている場合は，正確な拡大率が不明です。ほかの試験回の同じ教科をご参考になさってください。

江戸川学園取手中学校

【別冊】入試問題解答用紙編

解答用紙は本体からていねいに抜きとり、別冊としてご使用ください。

※　実際の解答欄の大きさで練習するには、指定の倍率で拡大コピーしてください。なお、ページの上下に小社作成の見出しや配点を記載しているため、コピー後の用紙サイズが実物の解答用紙と異なる場合があります。

●入試結果表

年度	回	項目		国語	算数	社会	理科	英語	5科合計	合格者
2024	第１回	配点(満点)		100	100	100		50	350	最高点
		合格者平均点	東大	71.6	69.3	72.9		42.3	256.1	東大 316
			医科	68.9	64.9	67.9		41.0	242.7	医科 313
			難関大	61.5	54.5	62.8		40.2	219.0	難関大 251
		受験者平均点	東大	60.1	52.8	61.2		40.1	214.2	最低点
			医科	59.5	51.9	58.8		38.9	209.1	東大 236
			難関大	51.7	40.5	51.7		38.7	182.6	医科 221
		キミの得点								難関大 197
	回	項　目		適性A	適性B			英　語	3科合計	合格者
	第１回適性型	配点(満点)		100	100			50	250	最高点
		合格者平均点	東大	64.0	79.5			48.6	192.1	東大 204
			医科	59.9	79.7			48.4	188.0	医科 205
			難関大	59.4	70.5			48.1	178.0	難関大 219
		受験者平均点	東大	45.8	62.5			47.4	155.7	最低点
			医科	42.0	59.6			46.9	148.5	東大 183
			難関大	40.4	52.7			46.7	139.8	医科 176
		キミの得点								難関大 166
	回	項目		国語	算数	社会	理科	英語	5科合計	合格者
	第２回	配点(満点)		100	100	100		50	350	最高点
		合格者平均点	東大	81.2	69.6	70.9		39.9	261.6	東大 283
			医科	80.5	64.8	69.0		36.9	251.2	医科 287
			難関大	76.7	61.0	65.7		37.0	240.4	難関大 263
		受験者平均点	東大	73.3	58.6	63.2		35.3	230.4	最低点
			医科	71.7	54.6	61.7		34.4	222.4	東大 249
			難関大	66.1	48.2	55.0		33.5	202.8	医科 232
		キミの得点								難関大 225
年度	回	項目		国語	算数	社会	理科	英語	5科合計	合格者
2023	第１回	配点(満点)		100	100	100		50	350	最高点
		合格者平均点	東大	75.2	76.5	75.0		43.4	270.1	東大 308
			医科	75.2	74.6	72.1		42.9	264.8	医科 323
			難関大	71.6	61.7	67.2		42.4	242.9	難関大 290
		受験者平均点	東大	67.5	62.9	64.3		40.9	235.6	最低点
			医科	66.5	60.2	61.5		40.5	228.7	東大 251
			難関大	62.3	49.1	54.9		39.9	206.2	医科 245
		キミの得点								難関大 221
	回	項　目		適性A	適性B			英　語	3科合計	合格者
	第１回適性型	配点(満点)		100	100			50	250	最高点
		合格者平均点	東大	65.6	81.4			49.1	196.1	東大 212
			医科	59.7	83.7			49.6	193.0	医科 206
			難関大	59.9	69.8			47.8	177.5	難関大 202
		受験者平均点	東大	47.9	63.8			46.5	158.2	最低点
			医科	44.0	59.6			46.4	150.0	東大 188
			難関大	42.9	52.9			45.8	141.6	医科 185
		キミの得点								難関大 168

〔参考〕満点(合格者最低点)　2023年：第２回 350(東 244・医 240・難 219)
2022年：第１回 350(東 266・医 250・難 236)　第１回適性型 250(東 199・医 190・難 181)
第２回 350(東 262・医 252・難 239)

※　表中のデータは学校公表のものです。ただし、３科合計・５科合計は各教科の平均点を合計したものなので、目安としてご覧ください。

声の教育社

２０２４年度　江戸川学園取手中学校

算数解答用紙　第１回

番号		氏名		評点	/100

◎5の（3）は途中の計算や思考過程も書きなさい。その他の問題は答えのみを記入しなさい。

1

（1）①	（1）②	（1）③
（2）	（3）	（4）
	cm^2	cm

2

（1）	（2）
日	日

3

（1）	（2）	（3）
cm	cm^2	分　秒後

4

（1）	（2）
人	人
（3）	（4）
人	人

5

（1）	（2）
通り	通り

（3）

（答）　通り

6

（1）	（2）	（3）
cm^2	：	cm^3

（注）この解答用紙は実物を縮小してあります。169％拡大コピーをすると、ほぼ実物大の解答欄になります。

〔算　数〕100点（推定配点）

1 （1）　各４点×3　（2）～（4）　各５点×3　2 （1）　４点　（2）　５点　3 各５点×3　4 （1）　４点　（2）～（4）　各５点×3　5，6 各５点×6

２０２４年度　江戸川学園取手中学校

社会解答用紙　第１回

番号		氏名		評点	/50

1

問1	問2（1）	問2（2）
問3		
問4（1）	問4（2）	
問5		

2

問1（1）	問1（2）
問2	問3	問4
問5		
問6	問7	問8

3

問1	問2
	（省）
問3	問4
問5	問6
問7	
事例：	
説明：	

（注）この解答用紙は実物を縮小してあります。169%拡大コピーをすると、ほぼ実物大の解答欄になります。

〔社　会〕50点(推定配点)

1　問1～問3　各2点×4　問4　(1)　2点　(2)　3点　問5　各2点×2　2　各2点×9　3　問1～問6　各2点×6　問7　3点

2024年度　江戸川学園取手中学校

理科解答用紙　第1回

番号		氏名		評点	/50

1

問1		
(1)	(2)	(3)
g	cm	

問2

問3	問4
g	

2

問1	問2			問3
	ア	イ	ウ	固体　液体

問4

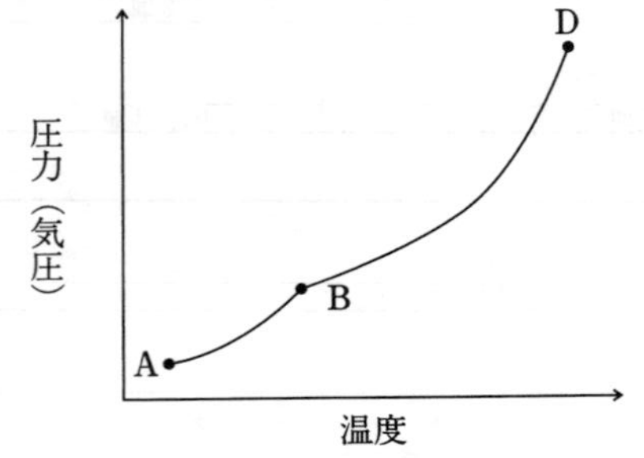

3

問1①	問1②	問2

問3		
T	G	C

問4

4

問1		
あ	い	う
高い　低い	高い　低い	

問2	問3(1)	問3(2)
晴れの日　雨の日		1日目　2日目　3日目

問4
上空に［う］があるときには

問5

（注）この解答用紙は実物を縮小してあります。B5→A3(163%)に拡大コピーすると、ほぼ実物大の解答欄になります。

〔理　科〕50点(推定配点)

1～4　各2点×25＜4の問1は完答＞

２０２４年度　江戸川学園取手中学校

国語解答用紙　第一回

番号　　氏名　　評点　／100

一

問一　1　2
問二　問三
問四　問五
問六　問七
問八　問九

二

問一　問二
問三　問四
問五　問六　問七
問八　問九
問十　ア　イ　ウ　エ　オ
問十一

（注）この解答用紙は実物を縮小してあります。Ｂ５→Ｂ４（141%）に拡大コピーすると、ほぼ実物大の解答欄になります。

〔国　語〕100点(推定配点)

一　問１　各２点×２　問２　５点　問３　２点　問４，問５　各５点×２　問６　２点　問７，問８　各５点×２　問９　６点　二　問１　５点　問２　２点　問３〜問６　各５点×４　問７，問８　各２点×２　問９　５点　問10　各２点×５　問11　15点

２０２４年度　江戸川学園取手中学校　第１回適性型

適性型Ａ解答用紙

番号　　氏名　　評点　／100

1

問題1　A　B

問題2

問題3

問題4

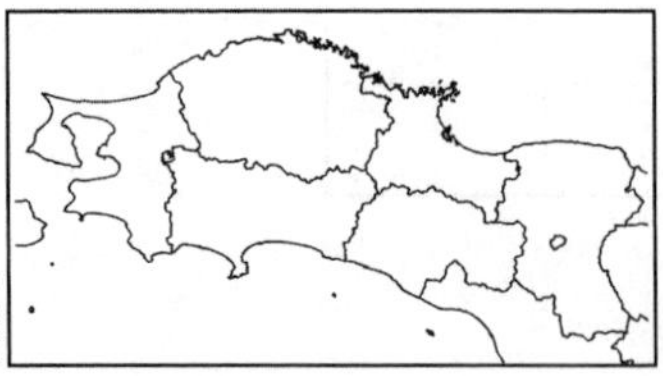

問題5　(1)　(2)

問題6　(1)史料の番号：　(1)推測される仮説：

(2)

2

問題1

問題2

問題3

問題4

問題5

3

問題1

問題2

15　60　120　180　210

（注）この解答用紙は実物を縮小してあります。192%拡大コピーをすると、ほぼ実物大の解答欄になります。

〔適性型Ａ〕100点(推定配点)

1　問題1　各5点×2　問題2　3点＜完答＞　問題3，問題4　各5点×2　問題5　各3点×2　問題6 (1)　各5点×2　(2)　10点　2　問題1　3点　問題2　5点　問題3　3点　問題4，問題5　各5点×2　3　問題1　10点　問題2　20点

2024年度　江戸川学園取手中学校　第1回適性型

適性型B解答用紙

番号		氏名		評点	/100

1

問題1

ア　　　　m

問題2

イ	ウ

問題3

エ　　　　m	オ　　　　m^2

2

問題1

ア　　　　通り

問題2

イ	ウ　　　　通り

問題3

エ　　　　通り	オ　　　　通り

カ　　　　通り

3

問題1

ア	イ

問題2

曲線 a	曲線 b	曲線 c

問題3	問題4

4

問題1

ア	イ
ウ	エ

問題2	問題3	問題4
オ		

（注）この解答用紙は実物を縮小してあります。167%拡大コピーをすると、ほぼ実物大の解答欄になります。

〔適性型B〕100点（推定配点）

1, 2　各5点×10＜1の問題2は完答＞　3　問題1　各4点×2　問題2　各3点×3　問題3，問題4　各5点×2　4　問題1　各2点×4　問題2〜問題4　各5点×3

2024年度 江戸川学園取手中学校

算数解答用紙 第2回

番号		氏名	

評点
/100

（注）この解答用紙は実物を縮小してあります。167%拡大コピーをすると、ほぼ実物大の解答欄になります。

◎5の(2)は途中の計算や思考過程も書きなさい。その他の問題は答えのみを記入しなさい。

1

(1) ①	(1) ②	(1) ③
(2)	(3)	(4)
:	cm^2	cm^3

2

(1)	(2)
%	分後

3

(1)	(2)
(　,　)	
(3)	
(　,　)	

4

(1)	(2)	(3)
cm	:	倍

5

(1)	
通り	
(2) (答)　　通り	
(3)	(4)
通り	通り

6

(1)	(2) ①	(2) ②
		cm^3

〔算　数〕100点(推定配点)

1 (1) 各4点×3　(2)～(4) 各5点×3　2～5 各5点×12　6 (1) 5点　(2) 各4点×2

２０２４年度　江戸川学園取手中学校

社会解答用紙　第２回

番号　　氏名　　評点　／50

1
問１（あ）　問１（い）
問２B　（県）
問２D　（県）
問３　問４
問５
問６

2
問１
問２
問３　問４　問５

3
問１　問２
問３　問４

4
問１　問２
問３　問４
問５　問６
問７
①
②
③

（注）この解答用紙は実物を縮小してあります。169％拡大コピーをすると、ほぼ実物大の解答欄になります。

〔社　会〕50点(推定配点)

1　問１～問４　各２点×６<問２は各々完答>　問５　３点　問６　２点　2，3　各２点×９　4　問１～問６　各２点×６<問４は完答>　問７　３点

2024年度　江戸川学園取手中学校

理科解答用紙　第2回

番号		氏名		評点	/50

1

問1

(1)

(2)

$\boxed{} + \dfrac{0.2+0.1-0.2}{\boxed{}}$ / $\boxed{}$

問2

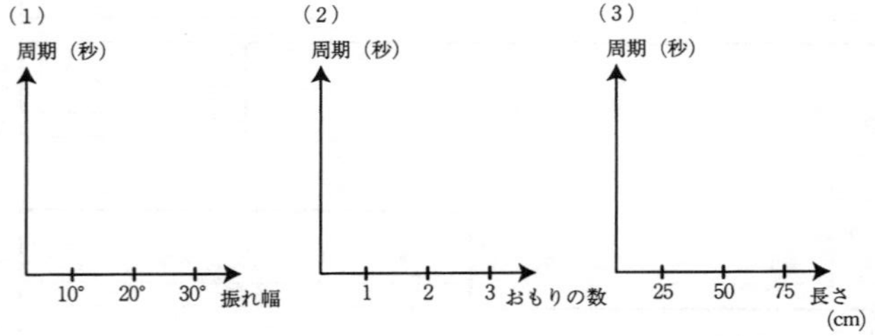

問3

(1)	(2)
	縦 : 横 = :

2

問1

ア	イ	ウ

問2

①	②

問3	問4
g	%

3

問1	問2	問3

問4

(1)

(2)

4

問1

①	②

問2

問3	問4	問5

（注）この解答用紙は実物を縮小してあります。Ｂ５→Ａ３(163%)に拡大コピーすると、ほぼ実物大の解答欄になります。

〔理　科〕50点(推定配点)

1～4　各2点×25

２０２４年度　江戸川学園取手中学校

国語解答用紙　第二回

番号		氏名		評点	／100

一

一	A		B		C
二		三		四	
五		六		七	
八					

二

一		二			
三		四	五	六	
七		八		九	
十	ア		イ		ウ
	エ		オ		
十一					

（注）この解答用紙は実物を縮小してあります。Ｂ５→Ｂ４（141％）に拡大コピーすると、ほぼ実物大の解答欄になります。

〔国　語〕100点(推定配点)

一　各３点×10　二　問１～問９　各５点×９　問10　各２点×５　問11　15点

2023年度　江戸川学園取手中学校

算数解答用紙　第1回

番号		氏名		評点	/100

◎6の(3)は途中の計算や思考過程も書きなさい。その他の問題は答えのみを記入しなさい。

1

(1)①	(1)②	(1)③
(2)	(3)	(4)
11時　　分	cm²	cm³

2

(1)	(2)
時間	時間

3

(1)	(2)	(3)
通り	通り	通り

4

(1)(i)	(1)(ii)
(　　,　　)	cm²
(2)	(3)
cm	cm

5

(1)	(2)	(3)
%	%	回目

6

(1)	(2)
cm³	cm³

(3)

(答)　　　　cm³

（注）この解答用紙は実物を縮小してあります。169％拡大コピーをすると、ほぼ実物大の解答欄になります。

〔算　数〕100点(推定配点)

1 (1) 各4点×3　(2)～(4) 各5点×3　2, 3 各5点×5　4 (1) 各4点×2　(2), (3) 各5点×2　5, 6 各5点×6

２０２３年度　江戸川学園取手中学校

社会解答用紙　第１回

番号		氏名		評点	/50

4

問1　問2　問3　問4　問5

問6　昭和　　年

問7

（注）この解答用紙は実物を縮小してあります。169%拡大コピーをすると、ほぼ実物大の解答欄になります。

1

問1　問2　問3 A　問3 B　問4 X　問4 Y　問4 Z　問5

2

問1　問2　問3　問4　20　問5　問6

3

問1　問2　問3

〔社　会〕50点(推定配点)

1　問1～問4　各2点×7　問5　3点　2, 3　各2点×9　4　問1～問6　各2点×6<問2は完答>　問7　3点

２０２３年度　江戸川学園取手中学校

理科解答用紙　第１回

番号		氏名		評点	/50

（注）この解答用紙は実物を縮小してあります。Ｂ５→Ａ３（163%）に拡大コピーすると、ほぼ実物大の解答欄になります。

1

問 1		問 2	g
問 3	g	問 4	g/cm³
問 5	g	問 6	cm³
問 7	g/cm³		

2

問 1		問 2	
問 3			
問 4		問 5	
問 6			

3

問 1	水素		アンモニア	
問 2	水素	置換法	アンモニア	置換法
問 3				
問 4		cm³		

4

問 1	ア		イ	
問 2	①		②	
	③			
問 3		mm		

〔理　科〕50点（推定配点）

1～4　各２点×25＜1の問１は完答＞

二〇二三年度　江戸川学園取手中学校

国語解答用紙　第一回

番号		氏名		評点	/100

一

一	A		B		C	
二		三		四		
五		六		七		
八						

二

一	A		B		C	
二		三		四		
五		六				
七						
八	ア		イ		ウ	
	エ		オ			
九						

（注）この解答用紙は実物を縮小してあります。Ｂ５→Ｂ４（141%）に拡大コピーすると、ほぼ実物大の解答欄になります。

〔国　語〕100点(推定配点)

一　問１　各２点×３　問２〜問８　各５点×７　二　問１　各２点×３　問２　６点　問３〜問７　各５点×５　問８　各２点×５　問９　12点

２０２３年度　江戸川学園取手中学校　第１回適性型

適性型Ａ解答用紙

番号		氏名		評点	/100

1

問題１　（1）　（2）

問題２

問題３

問題４　ウ　エ

問題５

問題６

2

問題１

問題２

問題３　イ　ウ

問題４

3

問題１

問題２　15　60　120　180　210

（注）この解答用紙は実物を縮小してあります。192％拡大コピーをすると、ほぼ実物大の解答欄になります。

〔適性型Ａ〕100点（推定配点）

1　問題１　各３点×２　問題２，問題３　各５点×２　問題４　各３点×２　問題５　５点　問題６　10点

2　問題１　３点　問題２　10点　問題３　各５点×２　問題４　10点　3　問題１　10点　問題２　20点

２０２３年度　江戸川学園取手中学校　第１回適性型

適性型Ｂ解答用紙

番号		氏名		評点	/100

1

問題１

ア　時速　　km

問題２	問題３
イ　　m	ウ　　m

問題４

エ　　秒間	オ　　m

2

問題１

ア　　分間

問題２

イ　午前　　時	ウ　　分	エ　　秒

問題３

オ　１シン時　　シン分

説明

（注）この解答用紙は実物を縮小してあります。185％拡大コピーをすると、ほぼ実物大の解答欄になります。

3

問題１	問題２

問題３

A	B	C

問題４

①	②	③

問題５

問題６

4

問題１

問題２

（A）	（B）	（C）

問題３

ア）元より日本にはいない生物が入り込む・　　・アオコ，赤潮
イ）石油などの化石燃料を大量に消費する・　　・在来種の減少
ウ）生活排水などが河川へ大量に流れ込む・　　・地球の温暖化

問題４

→　→　→

問題５

問題６

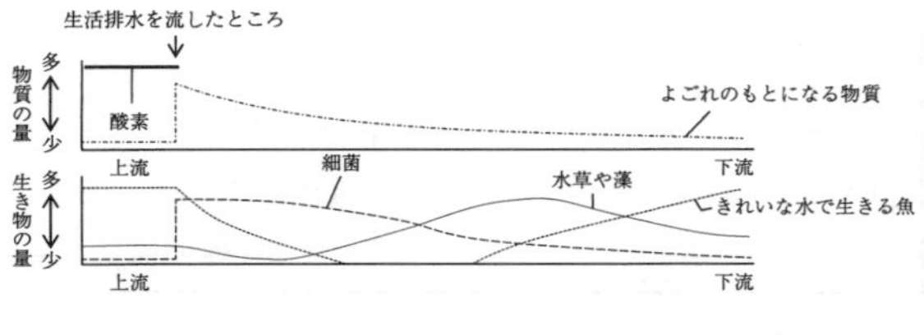

〔適性型Ｂ〕100点(推定配点)

1　各５点×５　2　問題１，問題２　各５点×２　問題３　オ…５点，説明…10点　3　問題１～問題３　各２点×５　問題４～問題６　各５点×３＜問題４は完答＞　4　問題１～問題３　各２点×７　問題４　５点＜完答＞　問題５，問題６　各３点×２

２０２３年度　江戸川学園取手中学校

算数解答用紙　第２回

番号		氏名		評点	/100

◎5の（３）は途中の計算や思考過程も書きなさい。その他の問題は答えのみを記入しなさい。

1

（１）①	（１）②	（１）③

（２）	（３）	（４）
%	cm^2	cm

2

（１）	（２）
秒速　　m	秒

3

（１）	（２）	（３）
cm	cm^3	秒後

4

（１）	（２）	（３）
通り	通り	通り

5

（１）	（２）
cm^3	cm^3

（３）

（答）　　　　cm^3

6

（１）	（２）	（３）
	個	組

（注）この解答用紙は実物を縮小してあります。167%拡大コピーをすると、ほぼ実物大の解答欄になります。

〔算　数〕100点(推定配点)

1～6　各５点×20

2023年度　江戸川学園取手中学校

社会解答用紙　第2回

番号		氏名		評点	/50

3

問1

問2

問3

問4

問5（1）

問5（2）

問5（3）

問6　月額約　　万円

問7

（注）この解答用紙は実物を縮小してあります。169%拡大コピーをすると、ほぼ実物大の解答欄になります。

1

問1　（年）

問2

問3　（県）

問4（1）

問4（2）

問5（1）

問5（2）

問6

2

問1

問2　10

問3

問4

問5

問6

問7

問8

問9

〔社　会〕50点（推定配点）

1　問1～問4　各2点×5　問5　(1)　3点　(2)　2点　問6　2点　2　各2点×9　3　問1～問6　各2点×6＜問3，問5は完答＞　問7　3点

2023年度 江戸川学園取手中学校

理科解答用紙 第2回

番号		氏名		評点	/50

1

(1)	A	g	B	g
(2)	①	g	②	g
(3)	①	cm	②	g

2

(1)		(2)	
(3)		(4)	
(5)			
(6)			

3

(1)		(2)	
(3)		(4)	
(5)			

4

(1)		(2)	
(3)			
(4)	名称		
(5)		(6)	

（注）この解答用紙は実物を縮小してあります。167%拡大コピーをすると、ほぼ実物大の解答欄になります。

〔理　科〕50点(推定配点)

1 各2点×6　2 (1)～(5) 各2点×5 (6) 3点　3 各2点×5　4 (1)～(3) 各2点×3 (4) 名称…2点，どのように見えるか…3点 (5)，(6) 各2点×2

二〇二三年度　江戸川学園取手中学校

国語解答用紙　第二回

番号　　氏名　　評点 ／100

一

問一

問二

問三

問四

問五

問六

問七

問八

問九　に　む

問十

二

問一

問二

問三

問四

問五

問六

問七

問八

問九

問十　ア　イ　素　ウ　エ　過　オ　威

問十一

（注）この解答用紙は実物を縮小してあります。167%拡大コピーをすると、ほぼ実物大の解答欄になります。

〔国　語〕100点(推定配点)

一　各3点×10　二　問1〜問9　各5点×9＜問1，問9は完答＞　問10　各2点×5　問11　15点

2022年度　江戸川学園取手中学校

算数解答用紙　第1回

番号		氏名		評点	/100

◎6のアは途中の計算や思考過程も書きなさい。その他の問題は答えのみを記入しなさい。

1

(1) ①	(1) ②	(1) ③

(2)	(3)	(4)
点	度	cm^3

2

(1)	(2)
分後	m

3

(1)	(2)
cm^2	cm^2

(3)	
秒後と	秒後

4

(1) ①	(1) ②	(2)
cm^3	cm^2	cm^2

5

ア	イ	ウ	エ

6

ア

(答)　　　通り

イ	ウ
通り	通り

（注）この解答用紙は実物を縮小してあります。169%拡大コピーをすると、ほぼ実物大の解答欄になります。

〔算　数〕100点(推定配点)

1～4　各5点×15＜3の(3)は各5点×2＞　5　ア・イ　4点　ウ，エ　各4点×2　6　ア　5点　イ，ウ　各4点×2

２０２２年度　江戸川学園取手中学校

社会解答用紙　第１回

番号		氏名		評点	/50

（注）この解答用紙は実物を縮小してあります。172%拡大コピーをすると、ほぼ実物大の解答欄になります。

1

問１　問２　問３

問４（１）　問４（２）

問５　問６（１）　問６（２）

2

問１　問２　問３

問４　問５

問６

問７　→　→　→　問８

問９

3

問１　問２

問３　問４

問５

問６

問７

〔社　会〕50点(推定配点)

1　問１～問３　各２点×３　問４　(1)　２点　(2)　３点　問５，問６　各２点×３　**2**　各２点×９<問７は完答>　**3**　問１～問６　各２点×６<問２は完答>　問７　３点

２０２２年度　江戸川学園取手中学校

理科解答用紙　第１回

番号		氏名		評点	/50

1

問１　問２　問３ g
問４　問５ ℃
問６

2

問１　問２
問３
問４（１）ジュール　分間
（２）分の１

3

問１　問２
問３（A）（B）（C）

4

問１　問２　問３
問４　問５
問６

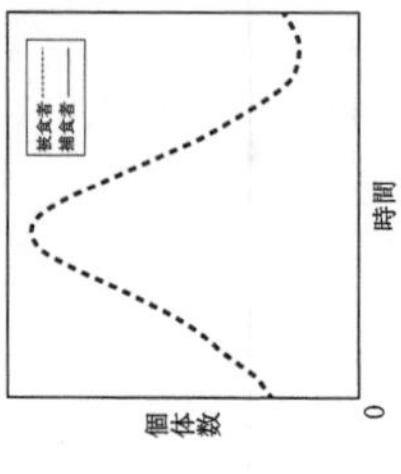

（注）この解答用紙は実物を縮小してあります。172％拡大コピーをすると、ほぼ実物大の解答欄になります。

〔理　科〕50点(推定配点)

1　各２点×7<問６は完答>　2　問１～問３　各２点×３　問４　(1)　何ジュールか…３点，何分間か…２点　(2)　２点　3　各２点×５　4　問１～問５　各２点×５　問６　３点

二〇二二年度　江戸川学園取手中学校

国語解答用紙　第一回

番号		氏名		評点	／100

一

- 問一　1　2　3
- 問二
- 問三　②　③
- 問四
- 問五
- 問六
- 問七
- 問八

二

- 問一
- 問二　1　2　3
- 問三
- 問四
- 問五
- 問六
- 問七
- 問八　創　工
- 問九
- 問十
- 問十一　ア　イ　ウ　エ　オ

（注）この解答用紙は実物を縮小してあります。Ｂ５→Ｂ４（141％）に拡大コピーすると、ほぼ実物大の解答欄になります。

〔国　語〕100点（推定配点）

一　問１　各２点×３　問２～問８　各３点×８　二　問１～問３　各３点×５　問４～問９　各５点×６　問10　15点　問11　各２点×５

２０２２年度　江戸川学園取手中学校　第１回適性型

適性型Ａ解答用紙

番号		氏名		評点	/100

1

問題1

問題2　ア　イ

問題3

問題4

問題5

2

問題1

地域経済循環のイメージ

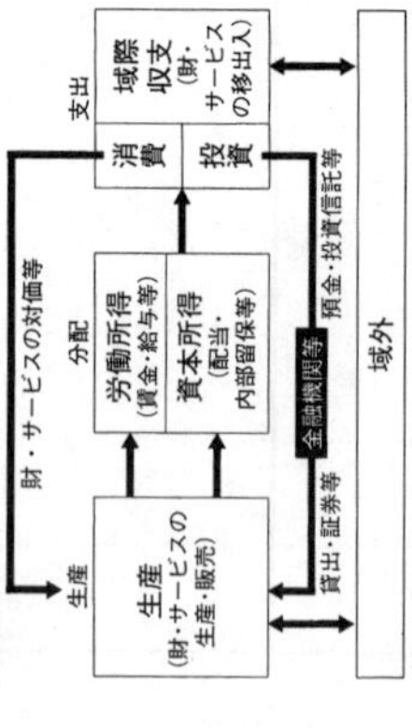

資料・環境省

問題2　ア　イ　ウ　エ

3

問題1

問題2

15　60　120　180　210

（注）この解答用紙は実物を縮小してあります。200%拡大コピーをすると、ほぼ実物大の解答欄になります。

〔適性型Ａ〕100点(推定配点)

1　問題1，問題2　各3点×3　問題3　6点　問題4　10点　問題5　15点　2　各5点×5　3　問題1　5点　問題2　30点

２０２２年度　江戸川学園取手中学校　第１回適性型

適性型Ｂ解答用紙

番号		氏名		評点	/100

1

問題1	問題2
ア	イ

問題3

ウ	
説明	

2

問題1						
問題2	約20年間で気温が（　　　）ため， エゾシカの（　　　）から					
問題3	肉食の動物		昆虫		昆虫を食べる動物	
問題4						

3

問題1	
ア　　　枚	イ

問題2	
ウ　　　列目	エ　　　番目

4

問題1	湿球温度は，乾球温度と比べて（　　　）
	湿度が高いほど差は（　　　）
問題2	水　：　アルコール　＝　１　：　（　　　）
問題3	
問題4	熱中症が多くなったと思われるのは（　　）月（　　）日
	（理由）

5

問題1	
問題2	
問題3	（記号）
	（理由）
問題4	太陽や月の光のうち，（　　　）され，
	赤色の光が（　　　）から

6

問題1

説明

（注）この解答用紙は実物を縮小してあります。204％拡大コピーをすると，ほぼ実物大の解答欄になります。

〔適性型Ｂ〕100点(推定配点)

1　問題1，問題2　各5点×2　問題3　ウ…5点，説明…5点　2　各3点×6<問題2は完答>　3　各5点×4　4　各3点×6　5　問題1，問題2　各3点×2　問題3　記号…2点，理由…3点　問題4　3点<完答>　6　10点

2022年度　江戸川学園取手中学校

算数解答用紙　第2回

番号		氏名		評点	/100

◎5の(3)は途中の計算や思考過程も書きなさい。その他の問題は答えのみを記入しなさい。

1

(1) ①	(1) ②	(1) ③

(2)	(3)	(4)
個	cm^2	cm^3

2

(1)	(2)
cm^2	cm^2

3

(1)	(2)	(3)
%	g	g

4

(1)	(2)	(3)
	段目の左から　　番目	段目

5

(1)	(2)
秒後	

(3)

(答)　　　　cm^3

6

(1)	(2)	(3)
円		通り

（注）この解答用紙は実物を縮小してあります。169%拡大コピーをすると、ほぼ実物大の解答欄になります。

〔算　数〕100点(推定配点)

1 各5点×6　2 (1) 5点　(2) 6点　3 (1) 5点　(2), (3) 各6点×2　4 (1) 5点　(2), (3) 各6点×2　5 (1), (2) 各4点×2　(3) 5点　6 各4点×3<(2)は完答>

２０２２年度　江戸川学園取手中学校

社会解答用紙　第２回

番号		氏名		評点	/50

（注）この解答用紙は実物を縮小してあります。172％拡大コピーをすると、ほぼ実物大の解答欄になります。

1

問１

問２

問３（１）

問３（２）

問４　→　→　→

問５　月　日　午前・午後　時　分

問６（１）

問６（２）

2

問１

問２

問３

問４

問５

3

問１

問２

問３

問４

4

問１

問２

問３　満　歳

問４

問５

問６

問７

〔社　会〕50点(推定配点)

1　問１～問５　各２点×6＜問４は完答＞　問６　(1)　２点　(2)　３点　2, 3　各２点×9　4　問１～問６　各２点×6＜問２は完答＞　問７　３点

2022年度　江戸川学園取手中学校

理科解答用紙　第2回

番号		氏名		評点	/50

1

問1		問2	
問3			
問4			
問5			
問6			

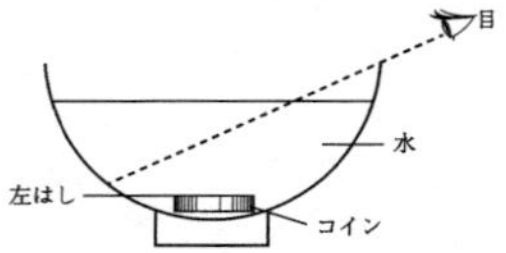

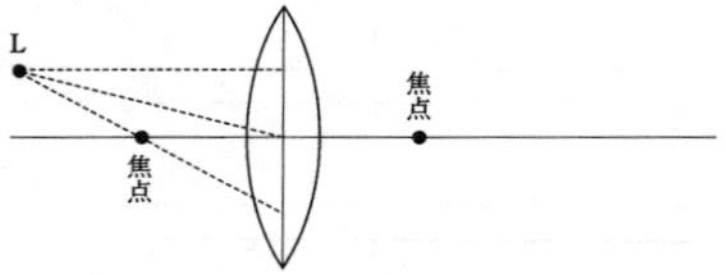

2

問1		問2	
問3	%	問4	m
問5	℃	問6	℃

3

問1		問2	
問3			
問4	(下表)		
問5		問6	倍
問7	倍		

問4

	アルミニウム	亜鉛《あえん》	鉄	銅	銀	金
硫酸《りゅうさん》		○	○	△	△	×
塩酸	○				×	×
水酸化ナトリウム水溶液	○	△		×	×	×
炭酸水			×	×	×	×

4

問1	ア		イ	
	ウ			
問2				
問3				
問4				

（注）この解答用紙は実物を縮小してあります。169％拡大コピーをすると、ほぼ実物大の解答欄になります。

〔理　科〕50点（推定配点）

1～4　各2点×25＜3の問4は完答＞

二〇二二年度　江戸川学園取手中学校

国語解答用紙　第二回

番号		氏名		評点	／100

一

一　A　B　C

二　三　四

五　六　七

八

二

一　二　三

四　五　六

七　八　九

十　A　B　C　D　E

十一

（注）この解答用紙は実物を縮小してあります。B５→A３（163%）に拡大コピーすると、ほぼ実物大の解答欄になります。

〔国　語〕100点（推定配点）

一　各３点×10　二　問１〜問９　各５点×９　問10　各２点×５　問11　15点

Memo

中学後見返し